Philip Kiefer

Dein iPhone 17

iPhone 17 Pro, iPhone 17 Pro Max & iPhone Air

Einfach alles können

Markt+Technik

ISBN 978-3-98810-087-0

Produktmanagement Christian Braun, Burkhardt Lühr
Herstellung Jutta Brunemann
Covergestaltung David Haberkamp
Coverfotos © YiuCheung – Adobe Stock, Tanja Binder
Satz inpunkt[w]o, Wilnsdorf (www.inpunktwo.de)
Druck Himmer GmbH Druckerei & Verlag, Augsburg
Printed in Germany

Inhaltsverzeichnis

Kapitel 1

Per du mit Ihrem neuen iPhone

Als Apple-Mitgründer Steve Jobs (1955–2011) am 9. Januar 2007 in San Francisco das erste iPhone vorstellte, schrieb er ein Stück Technikgeschichte. Bis 2025 hat Apple weltweit bereits über drei Milliarden iPhones unterschiedlicher Generationen verkauft. Das iPhone diente außerdem als Vorbild für viele andere Smartphones mit Multitouch-Display. Man kann also mit Fug und Recht behaupten, dass das iPhone unseren Alltag wesentlich verändert hat.

Bei einem Apple-Event am 9. September 2025 präsentierte Apple bereits die 19. iPhone-Generation. Diese besteht aus vier Modellen: dem iPhone 17, dem iPhone 17 Pro, dem iPhone 17 Pro Max sowie dem iPhone Air. Das aktuelle iPhone-Betriebssystem iOS 26 wurde am 15. September 2025 veröffentlicht, es ist der Nachfolger von iOS 18. Sie sehen: Apple ist auch bei der Nummerierung der iPhones und iOS-Versionen sehr kreativ.

Sie erfahren in diesem Praxisbuch alles, was Sie über die neuen iPhones und iOS 26 wissen sollten. Es wird Ihnen ein hilfreicher Begleiter sein, wenn Sie zum ersten Mal ein iPhone nutzen oder wenn Sie einfach mehr aus Ihrem iPhone herausholen möchten.

Zwar ist das Buch insbesondere für Sie gedacht, wenn Sie eines der neusten iPhones verwenden. Aber auch wenn Sie eines der Vorgänger-iPhones Ihr Eigen nennen, können Sie aus dem Buch großen Nutzen ziehen. Essenziell ist nur, dass auf Ihrem iPhone das Betriebssystem iOS 26 läuft. Dies ist bei allen ab 2019 veröffentlichten iPhone-Modellen der Fall, also ab dem iPhone 11. Auf einem iPhone SE ab der zweiten Generation lässt sich iOS 26 ebenfalls installieren. Das iPhone SE ist das letzte iPhone mit der sogenannten Home-Taste. Die Home-Tasten-Bedienung wird in diesem Buch aber nicht mehr gesondert dargestellt.

Haben Sie vielleicht gerade Ihr erstes iPhone gekauft oder von einem lieben Menschen geschenkt bekommen? Dann wird dieses Buch für Sie eine fantastische Entdeckungsreise voller verblüffender Erkenntnisse sein. Denn mit Ihrem neuen iPhone können Sie so ziemlich alles machen, was Sie sich vorstellen können. Ich selbst nutze es zum Chatten und für Videotelefonate, zum Surfen im Internet, zum Buchen von Reisen, zum Fotografieren und

Filmen, zum Anhören von Musik, Hörbüchern und Podcasts, für die Navigation, fürs Onlinebanking, für die Terminplanung, zur Kontrolle meiner Gesundheitsdaten und noch für eine ganze Menge mehr.

Diese Abbildung zeigt das iPhone 17 in den bei der Einführung verfügbaren Farbvarianten. (Bildquelle: Apple)

Und falls Sie von einem älteren iPhone auf ein iPhone der neuen Generation umsteigen: Erfahren Sie ausführlich, wie Sie Ihr iPhone ab sofort ohne Home-Taste bedienen, und machen Sie sich mit den neuen Geräte-Features von iPhone 17, iPhone 17 Pro und 17 Pro Max sowie iPhone Air vertraut. Auch die neuen Funktionen des iPhone-Betriebssystems iOS 26 werden in diesem Buch ausführlich behandelt.

Damit das Buch gut lesbar bleibt

Ja, es gibt gleich vier neue iPhones – und das könnte im Text dieses Buches ein ganz schönes sprachliches Durcheinander ergeben. Gestatten Sie mir deshalb, in diesem Buch lediglich »iPhone 17« zu schreiben, wenn alle vier neuen iPhone-Varianten gemeint sind. Sollte einmal eine spezielle iPhone-Variante gemeint sein, werde ich dies gesondert hervorheben.

Die neuen iPhone-Modelle im Überblick

Das Unternehmen Apple gibt sich bei der Vorstellung seiner neuen Geräte nicht gerade bescheiden. Natürlich hat auch die aktuelle iPhone-Generation zahlreiche neue und verbesserte Features zu bieten. Das iPhone Air ist sogar ein komplett neu gedachtes und designtes iPhone-Modell. Lassen Sie mich Ihnen in einem kurzen Überblick zeigen, was sich beim iPhone 17 in Sachen Technik getan hat.

Alle vier neuen iPhone-Modelle wurden mit einem schnelleren Chip ausgestattet. Das iPhone 17 enthält einen A19-Chip, der im Vergleich mit dem A18-Chip des Vorgängermodells eine Leistungssteigerung im unteren zweistelligen Bereich bieten soll. Das iPhone 17 Pro, das iPhone 17 Pro Max sowie das iPhone Air verfügen über einen noch leistungsstärkeren A19 Pro-Chip, der den A18 Pro-Chip der Pro-Vorgängermodelle ersetzt.

Auf allen vier neuen Modellen steht Apple Intelligence endlich in nennenswertem Umfang zur Verfügung. Damit sind verschiedene KI-Funktionen gemeint (KI = künstliche Intelligenz). Mit Apple Intelligence lassen sich nicht mehr nur einfache Fragen beantworten, wie es die Sprachassistenz Siri schon lange kann. Mit Apple Intelligence können Sie auch Texte live übersetzen lassen, mit visueller Intelligenz suchen, Texte umformulieren oder zusammenfassen und sogar automatisch pfiffige Bilder generieren lassen. Sie werden Apple Intelligence in diesem Buch noch ausführlich kennenlernen.

Was die Displaygröße betrifft, zieht das iPhone 17 nun mit dem iPhone 17 Pro und dessen Vorgängermodell, dem iPhone 16 Pro, gleich. Diese beträgt nun 6,3 Zoll, während das iPhone 16 eine Displaygröße von nur 6,1 Zoll bot. Das Display des iPhone Air ist mit 6,5 Zoll sogar noch etwas größer, wird aber vom iPhone 17 Pro Max geschlagen, das – wie schon das iPhone 16 Pro Max – eine Displaygröße von 6,9 Zoll aufweist.

Verbessert hat sich auch die Akkuleistung der Geräte, wobei es für das iPhone Air noch kein Vergleichsmodell gibt. Das iPhone 17 bietet nun eine Videowiedergabe von bis zu 30 Stunden, während es beim iPhone 16 noch 22 Stunden waren. Beim iPhone 17 Pro sind es bis zu 31 Stunden (iPhone 16 Pro: 27 Stunden) und beim iPhone 17 Pro Max bis zu 37 Stunden (iPhone 16 Pro Max: 33 Stunden). Das iPhone Air bildet hier mit bis zu 27 Stunden Videowiedergabe das Schlusslicht.

Geschuldet ist die relativ geringe Akkuleistung beim iPhone Air der Tatsache, dass es extrem dünn ist. Es ist mit einer Dicke von nur 5,6 mm das dünnste iPhone aller Zeiten und eines der dünnsten Smartphones insgesamt. Es ist außerdem das erste iPhone, dass weltweit ohne SIM-Lade ausgeliefert wird, was bedeutet, dass es nur mit einer eSIM betrieben werden kann. Schließlich bietet das iPhone Air auf der Rückseite nur eine einzige Kameralinse, während es beim iPhone 17 zwei und bei den beiden Pro-Modellen drei sind. In dieser einen Linse stecken aber vier Objektive. Es bleibt abzuwarten, wie die Profifotografen dies bewerten. Übrigens: Auch der bei den anderen drei neuen iPhone-Modellen vorhandene Kinomodus fehlt beim iPhone Air.

Die Frontkamera hat bei den iPhone-17-Modellen ein Upgrade bekommen. Sie bietet bei allen vier Modellen nun eine Auflösung von 18 statt 12 Megapixel wie noch bei den vier iPhone-16-Modellen. Aber nicht nur das: Die Frontkamera wurde außerdem in eine »Center-Stage-Frontkamera« verwandelt, bei der das Bild gedreht und gezoomt werden kann. So lassen sich ganz leicht auch Selfies mit mehreren Personen aufnehmen.

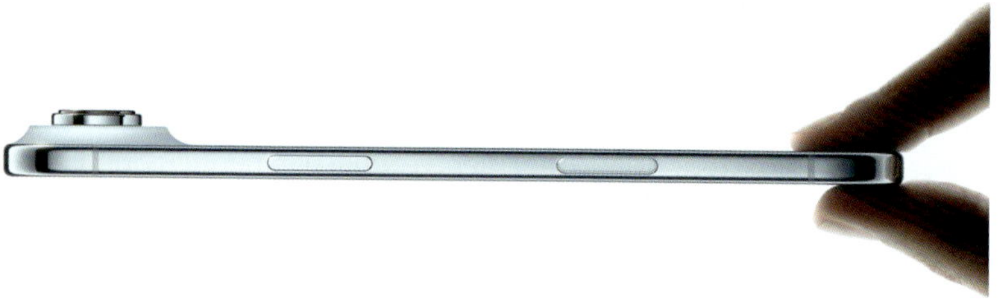

Das iPhone Air ist extrem dünn – unter anderem sind dafür Kameralinsen und SIM-Lade rausgeflogen und die Akkuleistung ist geringer. (Bildquelle: Apple)

Speziell beim iPhone 17 wurde außerdem die Auflösung der Ultraweitwinkel-Kamera deutlich erhöht, nämlich von 12 auf 48 Megapixel. Das iPhone 17 zieht nun also mit den Pro-Modellen mit. Das iPhone Air bietet hingegen gar keine Ultraweitwinkel-Kamera und ermöglicht im Gegensatz zu den anderen neuen iPhone-Modellen auch keine Makrofotografie. Noch ein Punkt, der dem extrem dünnen Design geschuldet ist.

Die beiden neuen Pro-Modelle haben ebenfalls ein Kamera-Update erhalten: Statt wie bisher fünffach ist nun ein bis zu achtfacher optischer Zoom möglich. Die neuen optischen Zoomstufen lauten beim iPhone 17 Pro und dem iPhone 17 Pro Max: 0,5x, 1x, 2x, 4x, 8x. Beim iPhone 17 sind es wie bereits beim iPhone 16 0,5x, 1x, 2x. Und beim iPhone Air lediglich 1x und 2x.

Diese Abbildung zeigt die bei der Einführung verfügbaren Farbvarianten vom iPhone 17 Pro sowie iPhone 17 Pro Max – und die drei Kameralinsen auf der Rückseite. (Bildquelle: Apple)

Weiterhin den Pro-Varianten des iPhone 17 vorbehalten ist der LiDAR-Scanner, der für bessere Aufnahmen bei Dunkelheit sorgen soll. Dies ermöglicht beim iPhone 17 Pro und dem iPhone 17 Pro Max unter anderem auch den Porträt-Nachtmodus. LiDAR steht übrigens für **Li**ght **D**etection **a**nd **R**anging.

Alle vier iPhone-Modelle bieten die ProMotion-Technologie mit adaptiven Bildwiederholungsraten von bis zu 120 Hertz. Dies war bei der iPhone-16-Generation nur bei den Pro-Modellen der Fall. Die Bildfrequenz wird dank ProMotion-Technologie automatisch geregelt und sorgt jeweils für die optimale Darstellung auf dem Display.

Das Always-on-Display kann nun sowohl beim iPhone 17, iPhone Air, iPhone 17 Pro und iPhone 17 Pro Max verwendet werden. Im Always-on-Modus wird der Sperrbildschirm zwar abgedunkelt, bleibt aber sichtbar und kann auf den ersten Blick Informationen liefern, ohne dass Sie das Display extra aktivieren müssten. Der Stromverbrauch ist im Always-on-Modus minimal. Wobei das »always« aber relativ ist, z. B. wird auch bei aktiviertem Always-on-Modus das Display ausgeschaltet, wenn das iPhone mit dem Display nach unten liegt, sich in einer Tasche befindet, der Stromsparmodus aktiviert ist und bei noch ein paar Ausnahmen mehr.

Die minimale Speichergröße beträgt bei allen vier neuen iPhone-Modellen 256 GB. Vom iPhone 16, dem iPhone 16 Plus und dem iPhone 16 Pro waren noch Varianten mit 128 GB Speicher erhältlich. Auch die maximale Speichergröße wurde erhöht. Diese reicht nun bis zu 2 TB beim iPhone Pro Max.

Nur die beiden Pro-Modelle unterstützen den schnellen USB-3-Standard, während das iPhone 17 sowie das iPhone Air lediglich den USB-2-Standard bieten. Bei den Pro-Modellen ist hierdurch eine bis zu 20-mal schnellere Datenübertragung möglich.

Haben Sie etwas gegen Kratzer auf dem iPhone-Display? Dann werden Sie sich darüber freuen, dass alle vier neuen iPhone-Modelle auf der Vorderseite mit dem »Ceramic Shield 2« ausgestattet sind, das im Vergleich mit der vorherigen Ceramic-Shield-Generation eine dreimal bessere Kratzfestigkeit bieten soll. Zumindest theoretisch. Das iPhone 17 Pro, das iPhone 17 Pro Max sowie das iPhone Air erhalten ein Ceramic Shield auch auf der Rückseite und bieten damit – nach Angaben von Apple – einen viermal besseren Bruchschutz. Sicherheitshalber sollten Sie das iPhone aber trotzdem nicht zusammen mit einem losen Schlüsselbund in Ihre Tasche packen.

Die beiden Pro-Varianten des iPhone 17 haben eine weitere Neuerung erhalten: eine »Vapor Chamber« (auf Deutsch »Dampfkammer«), die der Kühlung der Chips dienen soll. Die Vapor Chambers sind aber nur auf dem iPhone 17 Pro und dem iPhone 17 Pro Max neu, man kennt die Technologie bereits von verschiedenen Android-Geräten.

Während das iPhone 16 Pro und das iPhone 16 Pro Max noch einen Titanrahmen hatten, haben die beiden Pro-Modelle des iPhone 17 nun einen »Aluminium Unibody« erhalten. Der Titanrahmen ist zum iPhone Air gewandert. Das iPhone 17 verfügt wie sein Vorgänger über einen Aluminiumrahmen.

Dass es die neuen iPhones in peppigen Farben zu kaufen gibt, haben Sie bereits auf den bisherigen Fotos gesehen. Das iPhone 17 gibt es zum Start in den Farben Schwarz, Weiß, Nebelblau, Lavendel und Salbei. Das iPhone 17 Pro und das iPhone 17 Pro Max sind in den Farben Silber, Tiefblau sowie Cosmic Orange erhältlich. Und das iPhone Air kommt in den Farben Space Schwarz, Wolkenweiß, Himmelblau sowie Lichtgold daher. Ja, das sind die offiziellen Farbbezeichnungen.

Gehen wir nun noch etwas mehr in die Details und betrachten die einzelnen iPhone-17-Modelle in einem direkten Vergleich mit den jeweiligen Vorgängern. Das iPhone Air soll bei diesem Vergleich am iPhone 16 Plus gemessen werden, da es dieses gewissermaßen ersetzt hat.

- **iPhone 17:** Wie bereits erwähnt, ist die Bildschirmdiagonale des iPhone 17 gegenüber dem iPhone 16 um 0,2 Zoll gewachsen, nämlich von 6,1 Zoll (15,5 cm) auf 6,3 Zoll (15,9 cm). Die Auflösung beträgt nun 2.622 x 1.206 Pixel bei 460 ppi (= **p**ixels **p**er **i**nch), während es beim iPhone 16 nur 2.556 x 1.179 Pixel bei 460 ppi waren. Dabei ist das iPhone 17 insgesamt etwas gewachsen. Die Abmessungen belaufen sich auf 149,6 x 71,5 x 7,95 mm. Das iPhone 17 ist außerdem sieben Gramm schwerer als das iPhone 16. Es wiegt 177 g.
- **iPhone 17 Pro:** Auch das iPhone 17 Pro ist größer und schwerer geworden als das iPhone 16 Pro. Die Abmessungen betragen nun 150,0 x 71,9 x 8,75 mm im Vergleich mit 149,6 x 71,5 x 8,25 mm beim Vorgängermodell. Das iPhone 17 Pro wiegt 204 g, während das iPhone 16 Pro lediglich 199 g auf die Waage brachte. Die Pixelzahl ist mit 2.622 x 1.206 Pixel bei 460 ppi gleich geblieben. Die Bildschirmdiagonale beträgt wie beim Vorgängermodell und auch wie beim iPhone 17 6,3 Zoll (15,9 cm).

Diese Abbildung veranschaulicht den Größenunterschied von iPhone 17 Pro und iPhone 17 Pro Max. (Bildquelle: Apple)

- **iPhone 17 Pro Max:** Das iPhone 17 Pro Max hat ebenfalls an Gewicht zugelegt. Es wiegt 231 g im Vergleich zu 227 g beim iPhone 16 Pro Max. Die Abmessungen betragen nun 163,4 x 78,0 x 8,75 mm im Vergleich zu 163,0 x 77,6 x 8,25 mm beim iPhone 16 Pro Max. Das Display hat wie der Vorgänger eine Auflösung von 2.868 x 1.320 Pixel bei 460 ppi Die Bildschirmdiagonale beträgt 6,9 Zoll (17,4 cm).
- **iPhone Air:** Statt eines iPhone 17 Plus, also eines größeren iPhone 17, wurde das iPhone Air eingeführt. Der Vergleich hinkt etwas, aber lassen Sie uns dennoch die Unterschiede betrachten. Hatte das iPhone 16 Plus eine Bildschirmdiagonale von 6,7 Zoll (17 cm), sind es beim iPhone Air lediglich 6,5 Zoll (16,6 cm). Die Auflösung beträgt 2.736 x 1.260 Pixel bei 460 ppi gegenüber 2.796 x 1.290 Pixel beim iPhone 16 Plus. Auch die Abmessungen unterscheiden sich deutlich. Beim iPhone Air sind es 156,2 x 74,7 x 5,64 mm, während es beim iPhone 16 Plus 160,9 x 77,8 x 7,8 mm waren. Das iPhone Air ist außerdem deutlich leichter und wiegt lediglich 165 g, während das iPhone 16 Plus 199 g auf die Waage brachte.

Ein Netzteil wird auch beim iPhone 17 nicht mehr mitgeliefert, dieses müssen Sie zum Aufladen bei Bedarf nachrüsten. Sie können Ihr iPhone 17 aber z. B. auch mit dem Netzteil eines MacBooks laden oder es mit den Technologien MagSafe sowie Qi kabellos aufladen.

Wie bisher gilt, dass der Preis für ein iPhone-Modell von der gewählten Speicherkapazität abhängt. Die Spanne reicht von 949 Euro für ein iPhone 17 mit 256 GB Speicher bis zu 2.449 Euro für ein iPhone 17 Pro Max mit 2 TB Speicher.

Da sich viele Daten ins Internet verlagern lassen, ist im Normalfall gar nicht so viel lokaler Speicher nötig. Selbstverständlich unterstützen alle vier iPhone-17-Modelle den jüngsten Mobilfunkstandard 5G. Hierzulande kann ein iPhone 17, ein iPhone 17 Pro und ein iPhone 17 Pro Max entweder mit einer physischen SIM-Karte oder aber mit einer eSIM betrieben werden. In den USA ist die Nutzung – wie bereits bei den Vorgängermodellen – ausschließlich mit einer eSIM möglich. Mit dem iPhone Air kommt erstmals ein iPhone auf den Markt, das weltweit nur die Verwendung einer eSIM ermöglicht.

Generell gilt bei neu eingeführten iPhones, dass diese zu Beginn recht teuer sind, dass die Preise im Laufe der Monate aber etwas purzeln sollten. Wer es von Beginn an günstiger haben möchte, kann auf eines der Vorgängermodelle zurückgreifen. Neben dem iPhone 17 wurden im November 2025 im Apple Store weiterhin das iPhone 16 (ab 849 Euro), das iPhone 16 Plus (ab 949 Euro) sowie das iPhone 16e (ab 699 Euro) vertrieben.

Zu erwähnen ist im Zusammenhang mit den Preisen, dass ein iPhone nicht unbedingt in Deutschland gekauft werden muss. In der Schweiz ist zwar vieles teurer, die iPhones sind dort jedoch deutlich günstiger. Kostet das iPhone 17 zum Start in Deutschland und Österreich 949 Euro, sind es in der Schweiz lediglich 799 Schweizer Franken (während ich diese Zeilen schreibe, entspricht dies ca. 855 Euro).

Noch ein Hinweis: Das iPhone 17 hält im Wasser bis zu einer Tiefe von sechs Metern für eine halbe Stunde dicht. Apple selbst verwendet den Begriff »wassergeschützt«. Testen Sie das aber lieber nicht aus, denn im Kleingedruckten ist bei Apple der Hinweis zu finden, dass die Garantie keine Schäden durch Flüssigkeiten abdeckt! Beim iPhone 17 (außer beim iPhone Air) befindet sich ein Flüssigkeitssensor in der SIM-Lade, mit dessen Hilfe ein Flüssigkeitskontakt ermittelt werden kann.

Zusammenfassend lässt sich sagen, dass mit dem iPhone 17 keine wirklich bahnbrechenden technischen Neuerungen vorgelegt werden. Aber es gibt doch einige neue Features und technische Verbesserungen, die das iPhone 17 zu einem feinen und hochgeschätzten Alltagsbegleiter machen.

Das ist neu im iPhone-Betriebssystem iOS 26

Bisher konnten anhand der iOS-Nummern die iPhone-Generationen gezählt werden. So wurde 2024 iOS 18 veröffentlicht und auch die 18. iPhone-Generation. 2025 hat Apple die Zählweise allerdings geändert. Das iPhone-Betriebssystem wird nun nach dem Jahr bezeichnet, in dem es überwiegend aktuell ist. Für das im Herbst 2025 veröffentlichte iOS ist dies das Jahr 2026, weshalb die iOS-Version iOS 26 heißt. Man merkt, in der Apple-Zentrale in Cupertino wird viel nachgedacht!

Auf den iPhone-17-Modellen ist iOS 26 bereits installiert, frühere iPhone-Modelle ab dem Modelljahr 2019 können ebenfalls auf iOS 26 aktualisiert werden. Lassen Sie mich Ihnen im Folgenden die wichtigsten Neuerungen im Vergleich mit dem Vorgänger-Betriebssystem iOS 18 zunächst in einem kurzen Überblick vorstellen. Bitte lassen Sie sich nicht irritieren, falls Ihnen der eine oder andere Begriff zu diesem Zeitpunkt noch unbekannt sein sollte.

Am augenfälligsten ist das neue Design, das iOS 26 mit sich bringt. Apple nennt das Design »Liquid Glass« (auf Deutsch »flüssiges Glas«). Es bringt viele transparente Elemente, adaptive Anpassungen, dynamische Steuerelemente sowie zusätzliche Animationen auf dem Display mit sich. Leider macht es Inhalte an manchen Stellen etwas unübersichtlicher, aber Sie werden in diesem Buch auch erfahren, wie Sie die Effekte des Liquid-Glass-Designs etwas abmildern können.

Die KI-Funktionen von Apple Intelligence wurden schon 2024 mit dem iPhone 16 eingeführt. Zu diesem Zeitpunkt allerdings nur in der englischsprachigen Version, erst seit dem Frühjahr 2025 steht eine deutschsprachige Version zur Verfügung. Mit der Einführung des iPhone 17 wurde auch der Funktionsumfang der künstlichen Intelligenz erweitert.

So können Sie nun dank einer KI-gestützten Live-Übersetzung auch Konversationen mit anderssprachigen Personen folgen, sei es während des Austausches von Nachrichten oder während eines Telefongesprächs. Zu Beginn steht die Live-Übersetzung für die Sprachen Englisch, Französisch, Deutsch, Portugiesisch und Spanisch zur Verfügung. Ende 2025 kommen Italienisch, Japanisch, Koreanisch und vereinfachtes Chinesisch hinzu. Später dürften noch weitere Sprachen folgen.

Apple Intelligence ermöglicht unter anderem Live-Übersetzungen, z. B. während eines Telefonats mit einer anderssprachigen Person. (Bildquelle: Apple)

Das in iOS 26 erweiterte KI-Feature »visuelle Intelligenz« ermöglicht es zum einen, zusätzliche Informationen zu Bildschirminhalten zu erhalten, aber auch nach bestimmten Inhalten, die auf dem Display angezeigt werden, zu suchen. Auch der KI-Anbieter ChatGPT kann zu den Inhalten befragt werden. Ein praktisches Anwendungsbeispiel wäre, von der KI eine auf dem Display angezeigte Pflanze bestimmen zu lassen.

Die KI-Funktionen lassen sich auch als Kurzbefehle anlegen. So können Schreibtools (zum Umformulieren, Umformatieren oder Zusammenfassen von Texten), Image Playground (zum KI-gestützten Erstellen und Zusammenmischen von Bildern) und weitere Features der Apple Intelligence durch einen von Ihnen gewählten Kurzbefehl angestoßen werden. Auch in diesem Fall lässt sich ChatGPT verwenden, etwa um Wissensfragen ausführlich beantworten zu lassen.

Das Erstellen von Genmojis – KI-gestützten Emojis – wurde ebenfalls erweitert. Die Genmojis können Eigenschaften von Personen in der Fotomediathek übernehmen, etwa einen Bart oder eine Frisur. Auch die Gesichtsausdrücke können gewählt werden, und mehrere verschiedene Emojis lassen sich zu einem Genmoji mischen. In Sachen KI können Sie sich also auf dem iPhone 17 so richtig austoben. Natürlich werden alle wichtigen KI-Funktionen in diesem Buch noch ausführlicher beschrieben.

In Sachen Kamera und Fotos hat sich auf Ihrem iPhone mit iOS 26 ebenfalls einiges getan. Nicht nur das Kamera-Symbol wurde geändert, sondern auch das Design der Kamera-App selbst. Zunächst werden nur noch die Modi *Foto* und *Video* angezeigt, weitere Modi werden erst durch seitliches Streichen eingeblendet. Auch der Zugriff auf Kameraoptionen wie Blitz, Timer und Co. erfolgt nun auf andere Weise. Aber dazu im entsprechenden Kapitel mehr. Praktisch ist, dass Ihr iPhone nun meldet, wenn die Linse verschmiert ist und gereinigt werden sollte – das merkt man sonst oft erst, nachdem eine Aufnahme bereits getätigt wurde.

In der App *Fotos* wurde die Fotomediathek neu organisiert und lässt sich im Hinblick auf die Sammlungen auf unterschiedliche Weise anpassen. Neu ist außerdem, dass Konzerte und Sportveranstaltungen automatisch erkannt werden und Details zum jeweiligen Ereignis angezeigt werden können.

Für die Kommunikation hat iOS 26 einige nützliche Kontrollfunktionen im Gepäck. Bei Nachrichten lassen sich unbekannte Absender überprüfen und in einen eigenen Bereich verschieben. Praktisch ist die manchen bereits von WhatsApp bekannte Möglichkeit, Abstimmungen in einer Chat-Gruppe durchzuführen. Auch die Hintergründe von Konversationen lassen sich anpassen. Für Anrufe lassen sich Anruffilter nutzen. Zudem wurde eine »Warteschleifenassistenz« eingeführt – Sie erhalten damit einen Rückruf, wenn ein besetzter Gesprächspartner wieder verfügbar ist.

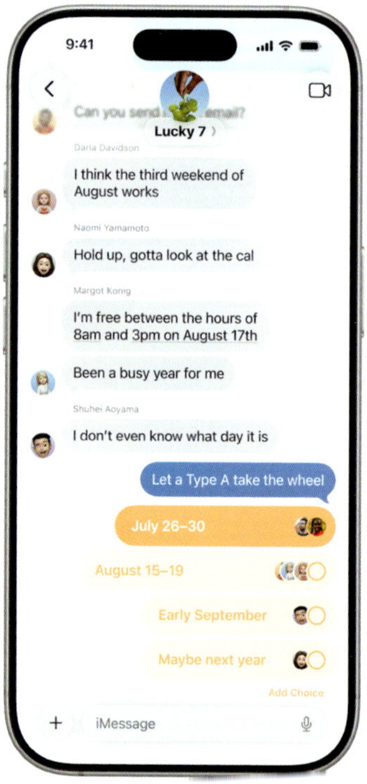

Für die gemeinsame Terminplanung und Co. lassen sich in Gruppen-Chats Abstimmungen verwenden. (Bildquelle: Apple)

Zum Thema Kommunikation gehört auch der Schutz von Kindern. Dafür bietet iOS 26 ebenfalls einige Verbesserungen. Eingeführt wurden Kommunikationsanfragen, bei denen Kinder ihre Eltern zunächst um eine Genehmigung bitten müssen, bevor sie mit neuen Anrufern kommunizieren wollen. Nacktheit wird jetzt auch in FaceTime-Anrufen und geteilten Alben erkannt. Eltern können außerdem festlegen, ob Kinder in Drittanbieter-Apps ihre Altersgruppe mitteilen dürfen, um auf altersgerechte Inhalte zugreifen zu können. Eine weitere wichtige Verbesserung: Ein bereits bestehender Apple Account lässt sich mit wenigen Handgriffen in einen Kinderaccount konvertieren.

Der Videotelefonie-App *FaceTime* wurde eine neue Startseite verpasst. Neu ist zudem, dass während eines Audio- oder Videotelefonats Aufnahmen in hoher Qualität getätigt werden können. Das ist z. B. nützlich, wenn Sie mit dem iPhone Interviews für einen Podcast aufzeichnen möchten. Die Audio-Eingabeauswahl kann dabei übers Kontrollzentrum erfolgen.

Komplett neu ist die App *Spiele*, in der Sie alle Ihre Spiele-Apps verwalten können. Aber nicht nur das: Es können auch andere Personen herausgefordert und Punktestände in Echtzeit verfolgt werden. Das bereits 2010 eingeführte Game Center wurde also in die App integriert. Außerdem werden Ihnen auf der Basis Ihrer gespielten Spiele Empfehlungen für weitere Spiele gemacht.

Wenn Sie in der App *Musik* fremdsprachige Lieder anhören, können Sie nicht nur die übersetzten Songtexte ansehen, sondern auch eine Hilfe für die Aussprache erhalten. So können Sie auch in einer Sprache mitsingen, die Sie gar nicht verstehen – die beste Voraussetzung, um später an einer Castingshow teilzunehmen. Die neue Funktion *AutoMix* liefert wie ein DJ eine kontinuierliche Wiedergabe Ihrer Playlist. Außerdem lassen sich Ihre wichtigsten Playlists, Alben oder Titel oben in der Mediathek anpinnen, um schneller darauf zugreifen zu können.

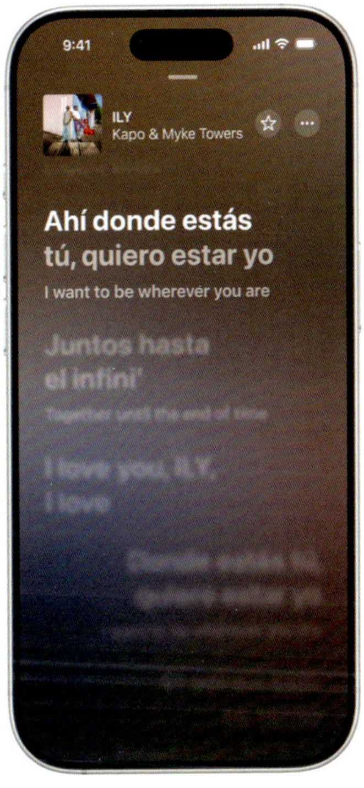

Das iPhone übersetzt fremdsprachige Songtexte, damit Sie stets wissen, was da eigentlich gesungen wird. (Bildquelle: Apple)

Die App *Vorschau* gibt es auf dem Mac bereits eine gefühlte Ewigkeit. Auf dem iPhone wurde sie nun mit iOS 26 eingeführt. Die App dient auf dem iPhone insbesondere dem Anzeigen, »Einscannen« und Bearbeiten von PDF-Dateien.

Bei den Bedienungshilfen bietet ein Reader mehr Anpassungsmöglichkeiten für Schrift, Farbe, Zeilenabstand und Co. Ein Braillezugriff erlaubt eine einfache Verbindung mit einem Brailledisplay. Zudem wird nun auch im App Store angezeigt, welche Bedienungshilfen in den jeweiligen Apps angeboten werden.

Und iOS 26 hat noch viele kleinere Neuerungen im Gepäck, etwa eine Anzeige auf dem Sperrbildschirm, wie lange es noch dauert, bis der Akku aufgeladen ist. Die Funktion *Adaptive Leistung* erfasst Ihren typischen Akkuverbrauch und nimmt automatische Anpassungen vor, damit der Akku möglichst lange durchhält.

Bei der Nutzung von CarPlay dient eine Tapback-Funktion dazu, auch während des Autofahrens auf Nachrichten reagieren zu können. Beim Fahren kann die App *Karten* sich zudem Ihre häufig besuchten Orte merken und die Routen dorthin optimieren, etwa von Ihrer Wohnung zum Arbeitsplatz. In der App *Wallet* werden mehr relevante Informationen angeboten. Neu ist auch, dass sich beim Einrichten eines Weckers in der App *Uhr* die Schlummerdauer individuell zwischen einer und 15 Minuten einstellen lässt. Vergessen Sie öfter mal, Ihren Blutdruck zu messen? Dann lassen Sie sich von der App *Health* daran erinnern.

Das sind die weiteren Inhalte dieses Buches

Sie werden sofort mit der bestmöglichen Nutzung Ihres iPhones loslegen. Verschaffen Sie sich aber zunächst noch einen schnellen Überblick über die weiteren Kapitel dieses Buches. Sie erhalten dadurch einen motivierenden Eindruck von der Funktionsvielfalt Ihres iPhone 17 und wissen, worauf Sie sich bei der Lektüre des Buches freuen können.

Mit den Informationen in Kapitel 2 nehmen Sie, sofern noch nicht erfolgt, Ihr neues iPhone in Betrieb. Ich stelle Ihnen das Äußere des iPhones vor und zeige Ihnen, wie Sie es mühelos aktivieren, optimal einrichten und per Face ID, Fingergesten, Aktionstaste, Kontrollzentrum und Co. effizient bedienen. Sie erfahren in Kapitel 2 außerdem, wie Sie eine WLAN-Verbindung herstellen, ein Bluetooth-Gerät verbinden und die eingebaute Suchfunktion verwenden, um alle Inhalte auf dem iPhone sofort aufzuspüren.

Ihnen stehen auf Ihrem iPhone zahlreiche Standard-Apps bereits zur Verfügung. Doch die sind nur der Anfang! Machen Sie sich in Kapitel 3 mit dem App Store vertraut, in dem Hunderttausende weiterer nützlicher, smarter oder verrückter Apps auf die Entdeckung durch Sie warten. Sie erfahren ausführlich, wie Sie Apps herunterladen, kostenpflichtige Apps sicher bezahlen und dank App-Mediathek und Co. auch bei vielen auf Ihrem iPhone installierten Apps den Überblick behalten. Auch eine kleine App-Sammlung für den gelungenen Start mit Ihrem iPhone halte ich für Sie parat.

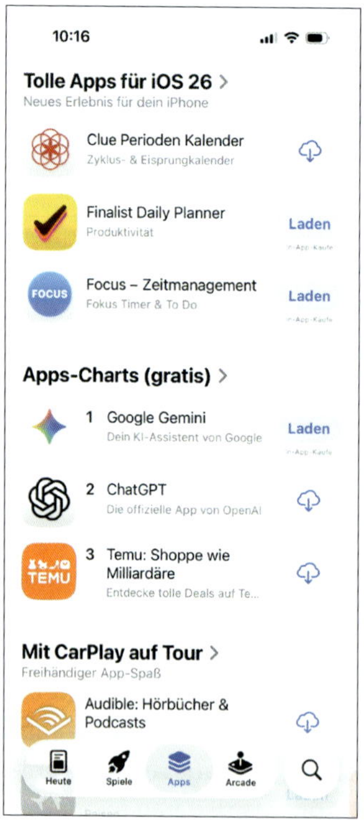

Im links abgebildeten App Store finden Sie Apps, iPhone-Programme, zu allen denkbaren Themen; zum Verwalten der Apps steht unter anderem die App-Mediathek (Bild rechts) zur Verfügung.

Das iPhone ist ein richtiger kleiner Computer, der fast alles kann – doch ist es auch immer noch ein Handy. In Kapitel 4 erhalten Sie die besten Tipps und Tricks rund um das Telefonieren und Versenden von Nachrichten mit Ihrem iPhone. Auch die Funktion *FaceTime* für Videotelefonate übers Internet stelle ich Ihnen in Kapitel 4 vor.

Mit Ihrem iPhone sind Sie jederzeit gut organisiert. Sie erfahren in Kapitel 5, wie Sie Ihr iPhone zur Verwaltung Ihrer Kontakte, Termine und Aufgaben optimal einsetzen und wie Sie sich pünktlich an ein anstehendes Meeting oder an einen Geburtstag erinnern lassen. Auch den Wecker, das Notizbuch sowie Ihr Diktiergerät ersetzt das iPhone, was ich Ihnen in Kapitel 5 ebenfalls zeigen werde.

Auch auf die Sprachassistenz Siri werden Sie sicherlich nicht verzichten wollen: Die aktuelle Wetterprognose liefern, Wissensfragen beantworten, Einstellungen ändern, Musikstücke erkennen, Restaurants empfehlen, Fußballergebnisse abrufen – das alles kann die Sprachassistenz, die Sie in Kapitel 6 kennenlernen. Verschaffen Sie sich in dem Kapitel außerdem einen Überblick darüber, was Sie mit den KI-Funktionen von Apple Intelligence so alles anstellen können.

Mit Ihrem iPhone können Sie komfortabel im World Wide Web surfen, egal, wo Sie sich gerade aufhalten mögen. Lesen Sie Onlinenachrichten, rufen Sie in der Internet-Enzyklopädie Wikipedia interessante Artikel auf oder stöbern Sie bei Google nach Webseiten zu Ihren Wunschthemen. Die besten Tipps und Tricks zum mobilen Surfen erhalten Sie in Kapitel 7.

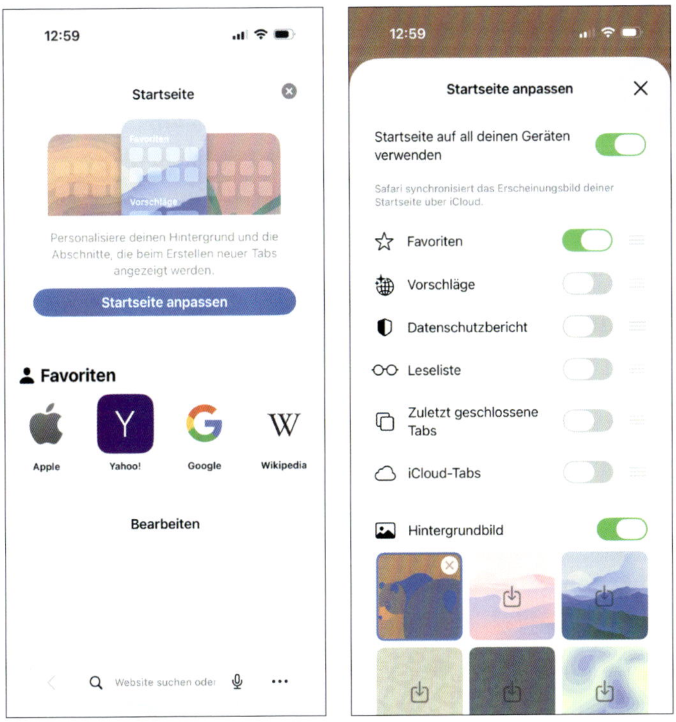

Passen Sie die Startseite in der Browser-App Safari ganz nach Ihren Bedürfnissen und Ihrem Geschmack an.

Eine weitere sehr wichtige Funktion im Zusammenhang mit dem Internet ist das Senden und Empfangen von E-Mails. Das komplette Kapitel 8 dreht sich um dieses Thema, also um das Einrichten eines E-Mail-Kontos auf dem iPhone und das clevere Senden, Empfangen und Verwalten von elektronischer Post. Zukünftig müssen Sie zu diesem Zweck nicht mehr extra Ihren PC einschalten!

Ganz nebenbei ist Ihr iPhone auch ein genialer Unterhaltungskünstler, mit dem Sie Musik anhören, Filme und TV-Sendungen wiedergeben oder Podcasts abonnieren können. In Kapitel 9 bekommen Sie die besten Tipps dazu – vom Herunterladen Ihrer Lieblingssongs im integrierten Store über das gekonnte Organisieren Ihrer Mediathek auf dem iPhone bis hin zum Übertragen Ihrer Musik- und Filmdateien aufs TV-Gerät. Auch dem kostenlosen Empfangen von Webradio und Web-TV werden Sie sich in Kapitel 9 widmen.

Die exzellente Kamera des iPhones wird selbst von professionellen Fotografen gelobt und genutzt. In Kapitel 10 stelle ich Ihnen die besten Funktionen der iPhone-Kamera vor. Damit können Sie nicht nur exzellent fotografieren, sondern auch Videoclips aufzeichnen. Sie lernen die Funktionen der Kamerasteuerung Ihres iPhone 17 kennen. Und ich zeige Ihnen auch, wie sich Aufnahmen direkt auf dem iPhone bearbeiten oder übers Internet mit anderen Personen teilen lassen.

Gerade dann, wenn Sie viel unterwegs sind, werden Sie Ihr iPhone nicht mehr missen wollen. Setzen Sie es ein, um sich per GPS zu Ihren Zielorten navigieren zu lassen, fragen Sie Bahnverbindungen oder das aktuelle Wetter ab, finden Sie in jeder Stadt das beste Hotel, organisieren Sie Bordkarten, Tickets und Co. mit der App *Wallet* oder zählen Sie mit der App *Health* die gelaufenen Schritte. Alles dazu in Kapitel 11.

Lesen Sie gern? Mit Ihrem iPhone haben Sie auch stets eine komplette Bibliothek in der Tasche mit dabei. Kostenlose Klassiker und aktuelle Bestseller lassen sich genauso darauf speichern und lesen wie aktuelle Nachrichten. In Kapitel 12 zeige ich Ihnen, wie Sie mit E-Books als Ergänzung zu gedruckten Büchern viel Freude haben werden und auch Ihre Lieblingsmagazine auf dem iPhone aufrufen.

In Kapitel 13 lesen Sie, wie Sie Daten zwischen Ihrem iPhone und dem Computer austauschen. Sie machen sich außerdem gründlich mit Apples Internetspeicher iCloud vertraut, der die Datenübertragung und -sicherung im Internet ermöglicht. Wenn Sie sich für die iCloud-Nutzung entscheiden, können Sie auch von der Familienfreigabe Gebrauch machen und unter anderem Ihre Einkäufe auf einfache Weise mit Familienmitgliedern teilen. Auch dazu alles in Kapitel 13.

In Kapitel 14 halte ich schließlich noch wichtige Ratschläge vom iPhone-Experten für Sie bereit. Sie finden darin alles beschrieben, was Sie zur Wartung und zum Schutz Ihres iPhones wissen müssen.

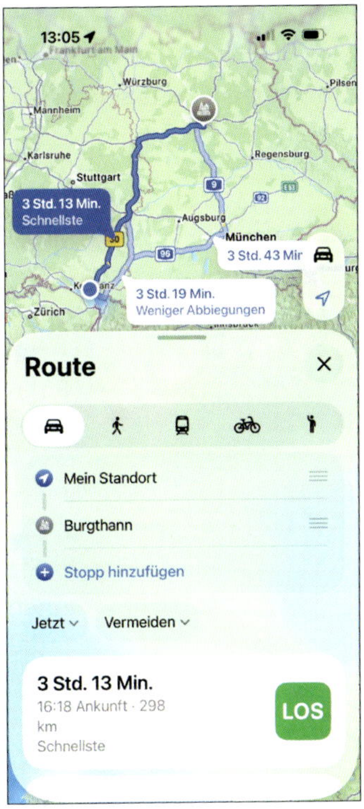

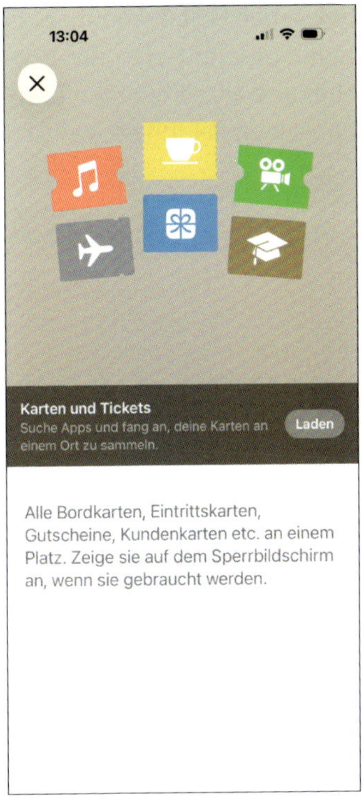

Das iPhone bietet jede Menge nützlicher Apps und Funktionen für unterwegs.

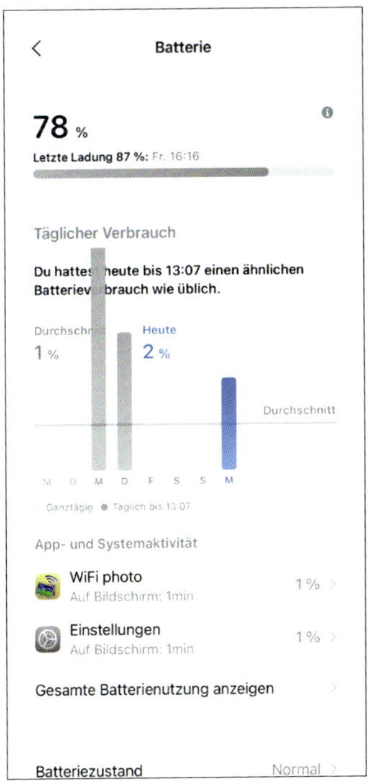

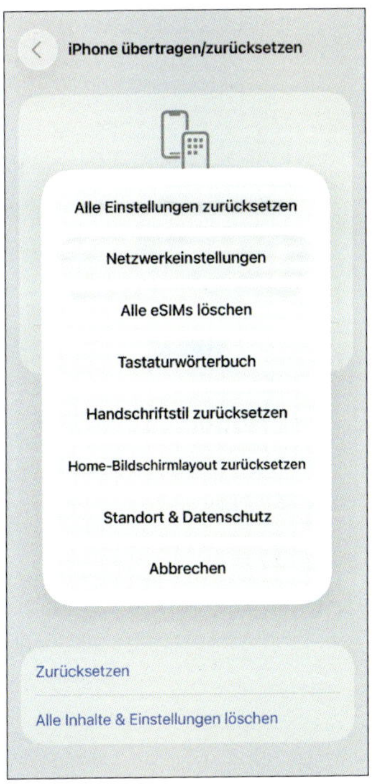

Kapitel 14 behandelt Themen von A wie Akku bis Z wie Zurücksetzen.

Haben Sie nach dem bisher Gelesenen Lust bekommen, sich mit dem iPhone 17 anzufreunden? Im folgenden Kapitel legen Sie- mitten in der Praxis – los! Mein Anspruch ist, dass Ihnen dieses Buch ein nützlicher und allzeit bereiter Ratgeber in Sachen iPhone sein möge. Viel Freude beim Lesen und Umsetzen der Inhalte wünscht Ihnen

Ihr Autor Philip Kiefer

Kapitel 2

Inbetriebnahme und clevere Bedienung

Haben Sie Ihr iPhone 17 gerade frisch erworben oder von einer lieben Person geschenkt bekommen, möchten Sie es ganz bestimmt rasch in Betrieb nehmen. In diesem Kapitel nehme ich Sie dabei an die Hand. Zunächst stelle ich Ihnen das Äußere des iPhones vor, um Ihnen anschließend bei der Inbetriebnahme Ihres Gerätes, beim Herstellen einer Internetverbindung, beim Einrichten wichtiger Funktionen und bei der Bedienung des iPhones behilflich zu sein. Lernen Sie außerdem clevere Bedienungshilfen kennen, die Möglichkeit, drahtlos ein Gerät per Bluetooth zu verbinden, und noch vieles Nützliche mehr.

Erkunden Sie das Äußere Ihres iPhones

Machen Sie sich zu Beginn mit dem Äußeren Ihres iPhones näher vertraut. Die Vorderseite wird fast zur Gänze vom Display beansprucht. Alle vier iPhone-17-Varianten verfügen über ein Super Retina XDR Display. Der von Apple geprägte Begriff Retina Display bedeutet schlicht, dass man die einzelnen Bildpunkte auf dem Display mit bloßem Auge nicht mehr ausmachen kann. Die Abkürzung XDR steht für E**x**treme **D**ynamic **R**ange.

Statt einer Notch (»Einkerbung«), die bei iPhone-Modellen bis zum iPhone 14 und iPhone 14 Plus noch oben im Display zu sehen war und Sensoren sowie die Linse der TrueDepth-Frontkamera beinhaltete, steht bei allen iPhone-17-Modellen ein variables »Dynamic Island« zur Verfügung. Oberhalb des Dynamic Island sehen Sie – ganz oben am Rand – eine kleine Rille, die einen Stereolautsprecher und ein Mikrofon beherbergt. Dazu müssen Sie Ihr iPhone aber wirklich aus der Nähe betrachten.

Das erste iPhone ohne Home-Taste war das 2017 veröffentlichte iPhone X, während das im gleichen Jahr herausgebrachte iPhone 8 noch über eine Home-Taste mit integriertem Fingerabdrucksensor verfügte, um sich die Code-Eingabe zu ersparen. Bei den iPhones ohne Home-Taste – also auch beim iPhone 17 – kommt statt dieser Touch ID eine Face ID zum Einsatz, bei der mithilfe der eingebauten Frontkamera Ihr Gesicht eingescannt wird, um das iPhone zu entsperren oder sensible Aktionen zu autorisieren.

Auf diesem Foto eines eingeschalteten iPhone 17 ist oben im Display zwischen Uhrzeit und Systemsymbolen das schwarz gefärbte Dynamic Island zu sehen.

Auf der (bei Draufsicht) linken Seite des iPhone 17 ist oben die individuell belegbare Aktionstaste zu sehen. Darunter befinden sich Tasten, um die Lautstärke leiser oder lauter zu stellen. Auch die SIM-Lade, in die zur Inbetriebnahme eine Nano-SIM-Karte eingelegt wird, befindet sich auf der linken Seite des iPhone 17 – außer beim iPhone Air, das lediglich mit digitalen eSIMs betrieben werden kann. Alternativ zur Nano-SIM-Karte können Sie aber auch bei den anderen iPhone-Varianten eine eSIM verwenden. Die Antenne des iPhones ist übrigens in dessen Rahmen integriert.

Auf der (bei Draufsicht) linken Seite eines iPhone 17 sind Aktionstaste, Lautstärketasten und SIM-Lade zu erkennen.

Auf der (bei Draufsicht) rechten Seite des iPhone 17 sehen Sie oben die Seitentaste. Sie dient dem Einschalten des iPhones sowie verschiedenen weiteren Funktionen, z. B. beim mehrfachen Betätigen oder beim Drücken in Kombination mit einer der Lautstärketasten. Darunter sehen Sie eine Taste für die Kamerasteuerung.

Die Seitentaste und die Kamerasteuerung sehen Sie auf der rechten Seite dieses iPhone 17.

Die Rückseite des iPhones wartet mit der Kamera auf – beim iPhone 17 Pro und dem iPhone 17 Pro Max sind es drei Linsen, beim iPhone 17 zwei Linsen und beim iPhone Air ist es lediglich eine Linse. Außer einer oder mehrerer Linsen finden Sie auf der Rückseite Ihres iPhones einen LED-Blitz für Aufnahmen bei schlechten Lichtverhältnissen sowie ein weiteres Mikrofon.

Bleibt noch die Unterseite des iPhone 17, und die hat es in sich: Verbinden Sie das iPhone hier – per USB-C-Anschluss – mit einem Netzteil, dem Computer oder verschiedenem Zubehör. Sie finden an der Unterseite des iPhones außerdem einen weiteren Stereolautsprecher und noch ein Mikrofon.

Dieses Foto zeigt die beiden Kameralinsen, den LED-Blitz sowie ein weiteres Mikrofon auf der Rückseite eines iPhone 17.

Neben dem Stereolautsprecher und noch einem Mikrofon befindet sich auf der Unterseite des iPhone 17 auch der USB-C-Anschluss.

Unter der Haube hat das iPhone noch allerlei mehr zu bieten: weitere Sensoren, Bluetooth, WLAN, GPS usw. Sie sehen: Das iPhone ist wirklich bestens ausgestattet, es wird so zu einem echten Multitalent für alle möglichen Einsatzzwecke.

Ein gepflegtes Äußeres: Erhalten Sie den Wert Ihres iPhones

Sie wissen bereits, dass ein iPhone 17 in der Anschaffung ziemlich teuer ist. Aber der hohe Preis relativiert sich, wenn man bedenkt, was Sie mit einem iPhone alles anstellen können. Außerdem hat das iPhone einen relativ hohen Wiederverkaufswert – sofern es sich in gutem Zustand befindet.

Ihr iPhone ist zwar sehr robust, aber es ist natürlich nicht unkaputtbar, und Kratzer oder andere Mängel würden aufgrund des edlen Designs doppelt schwer wiegen. Damit Sie möglichst lange Freude an dem Hightechgerät haben und seinen Wert erhalten, sollten Sie einige wichtige Empfehlungen beherzigen.

Laden

Zum Laden des iPhone 17 bieten sich Ihnen mehrere Möglichkeiten. Zum einen können Sie ein eventuell bereits vorhandenes Netzteil verwenden – dies wird von Apple sozusagen vorausgesetzt, denn es wird kein gesondertes Netzteil mitgeliefert. Stattdessen ist nur ein USB-C-Kabel im Gepäck, das Sie z. B. an einen Mac anschließen können, um Ihr iPhone zu laden. Natürlich können Sie auch ein Netzteil kaufen. Alternativ entscheiden Sie sich für den Kauf eines Qi- oder MagSafe-Ladezubehörs. Das Laden erfolgt in diesen beiden Fällen kabellos.

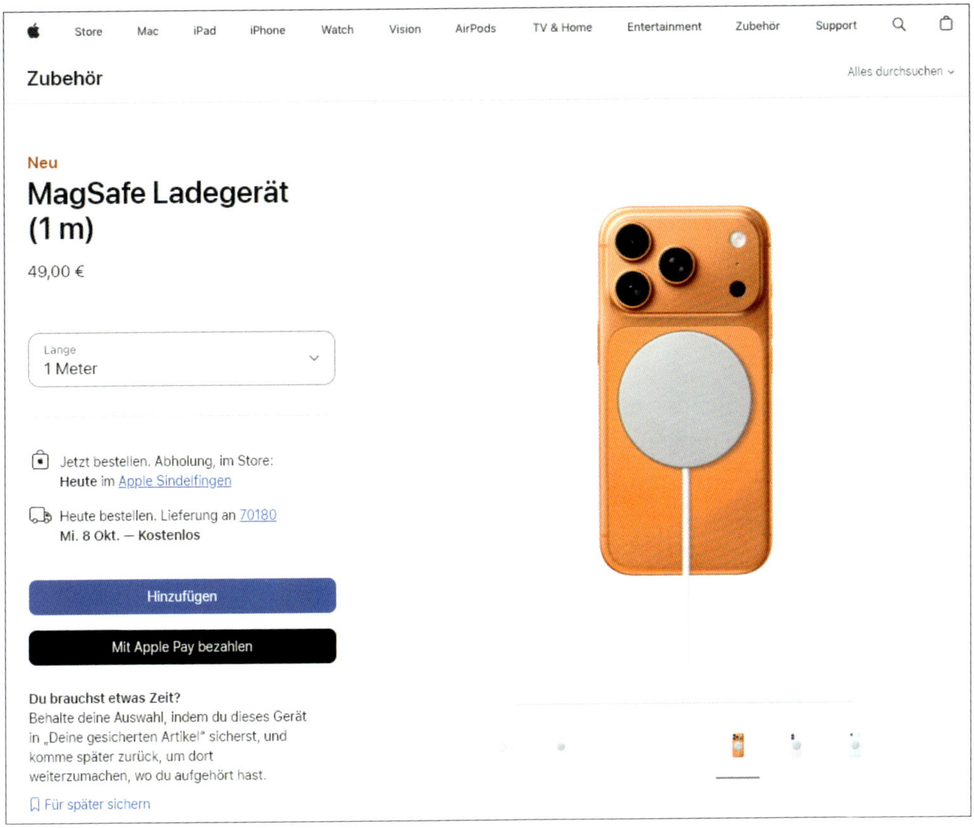

Diese Abbildung zeigt das im Apple Store angebotene MagSafe-Ladegerät, das – je nach Kabellänge – 49 oder 59 Euro kostet. (Bildquelle: Apple.com)

Da das iPhone über einen Lithium-Ionen-Akku ohne Memory-Effekt verfügt, können Sie Ihr iPhone unabhängig vom aktuellen Ladestand jederzeit ans Stromnetz hängen, ohne dass der Akku dabei Schaden nimmt. Apple empfiehlt allerdings, den Akku nicht immer proppenvoll zu laden, da dies zu einem schnelleren Verschleiß führen könnte. Wenn Sie den Akku besonders schonen wollen, laden Sie ihn meistens nur bis zu 80 % der Kapazität auf. Der iPhone-Akku behält aber in der Regel auch unabhängig von solchen Maßnahmen mehrere Jahre lang eine normale Kapazität.

Schutz

Um das iPhone-Gehäuse vor Kratzern und sonstigen Macken zu schützen, empfehle ich die Verwendung einer Silikon- oder Feingewebehülle, wie sie – mit entsprechenden Öffnungen für Tasten und Anschlüsse – auch speziell für die vier Varianten des iPhone 17 erhältlich ist. Apple selbst hat entsprechende Hüllen (Cases) in unterschiedlichen Farben im Angebot – auch solche mit MagSafe-Kompatibilität. Natürlich gibt es auch alternative Anbieter mit deutlich günstigeren Preisen – schauen Sie sich doch mal im örtlichen Elektronikfachmarkt um.

Für den Schutz des iPhone-Displays können Sie den Gebrauch einer speziellen Schutzfolie in Erwägung ziehen. Im Apple Store sind solche Folien ebenfalls erhältlich. Natürlich gibt es auch deutlich kostengünstigere No-Name-Produkte. Beachten Sie aber, dass es gerade bei Billigprodukten zu Blasenbildungen kommen kann.

Generell gilt es, Kratzer auch durch einen behutsamen Umgang mit dem iPhone zu vermeiden. Wenn Sie es in die Hosen- oder Handtasche stecken, sollten nicht Ihre Schlüssel dagegenschlagen. Wenn Sie Ihr iPhone auf den Tisch legen, tun Sie dies, als ob das iPhone ein rohes Ei wäre. Vermeiden Sie jeden unnötigen Kratzer!

Männer, aufgepasst!

Der Transport des iPhones – oder eines anderen Handys – sollte nur in Ausnahmefällen in der Hosentasche erfolgen. Wissenschaftler einer britischen Universität haben nämlich herausgefunden, dass das die männliche Fruchtbarkeit deutlich reduzieren kann.

Reinigung

Hin und wieder bedarf das iPhone einer Säuberung. Verwenden Sie zu diesem Zweck ausschließlich ein handelsübliches Mikrofasertuch. Damit lassen sich sowohl das Display als auch das Gehäuse reinigen. Damit eine Säuberung nicht allzu oft erforderlich ist, verwenden Sie das iPhone besser nicht, wenn Sie sich gerade die Hände eingecremt oder Kartoffelchips gegessen haben. Versuchen Sie dies, und Sie wissen, was ich meine!

Vermeiden Sie extreme Temperaturen!

Setzen Sie das iPhone weder großer Hitze noch großer Kälte aus! Das Handschuhfach im Auto ist deshalb kein guter Ablageplatz für das Gerät. Die iPhone-Nutzung unter 0 °C sowie über 35 °C kann zu diversen Problemen führen. Für die Aufbewahrung sind Temperaturen zwischen -20 °C und 45 °C vorgesehen.

Für Ihr iPhone gibt es noch viele weitere Zubehörprodukte, z. B. Sportarmbänder oder Musikstationen. Eine gute Anlaufstelle zum Einkaufen von iPhone-Zubehör ist etwa der Apple Store unter der Webadresse *store.apple.com/de*, aber im Internet finden sich auch zahlreiche andere Anbieter, deren Preise durchaus günstiger sind.

Dem iPhone mit einer SIM oder eSIM Leben einhauchen

Machen Sie Ihr iPhone empfangsbereit, indem Sie die von Ihrem Mobilfunkanbieter erhaltene SIM betriebsbereit machen. Hierbei kann es sich entweder um eine physische SIM-Karte – genauer gesagt: eine besonders kleine Nano-SIM-Karte – handeln oder um eine eSIM, die digitale Variante der SIM-Karte.

Die SIM – Kurzform für **S**ubscriber **I**dentity **M**odule – dient dazu, eine Verbindung zum Mobilfunknetz des Netzbetreibers herzustellen – um mit dem iPhone telefonieren und mobil im Internet surfen zu können.

Verwenden einer physischen SIM-Karte

Das Einlegen einer Nano-SIM-Karte in die SIM-Lade des iPhone 17, iPhone 17 Pro oder iPhone 17 Pro Max ist schnell erledigt:

1. Sie finden in der iPhone-Verpackung einen kleinen Metallpiekser. Entnehmen Sie diesen.
2. Drücken Sie den Metallpiekser in die kleine Öffnung der SIM-Lade auf der linken Seite des iPhones. Die SIM-Lade springt daraufhin ein Stück heraus, und Sie können sie entnehmen. Sollten Sie den Metallpiekser einmal verlieren, erfüllt eine aufgebogene Büroklammer den gleichen Zweck.
3. Legen Sie die Nano-SIM-Karte in die Lade ein; die abgeschnittene Ecke an der Nano-SIM-Karte zeigt Ihnen, wie diese richtig in die Lade eingelegt werden muss.
4. Führen Sie die nun bestückte SIM-Lade wieder in die dafür vorgesehene Öffnung ein.

5. Werden Sie zum Entsperren der Nano-SIM-Karte aufgefordert, tippen Sie auf die Option zum Entsperren und geben – über die auf dem Display eingeblendeten Zifferntasten – den zusammen mit der Nano-SIM-Karte erhaltenen PIN-Code ein.

Ein wichtiger Vorteil der physischen SIM-Karte gegenüber einer eSIM: Diese können Sie bei Bedarf ganz einfach in Sekundenschnelle in ein anderes Gerät einfügen.

Eine eSIM installieren

Ihr iPhone ist Dual-SIM-fähig. Bei Bedarf können Sie also z. B. neben einer Nano-SIM-Karte eine eSIM verwenden oder auch nur eine eSIM. Die eSIM kann dem neuen iPhone bereits von einem Mobilfunkanbieter zugewiesen sein, vom Vorgänger-iPhone übertragen werden oder über die iPhone-Kamera mit einem QR-Code eingescannt werden. Praktisch ist die eSIM auch auf Reisen, um auf die Schnelle einen lokalen Mobilfunktarif zu konfigurieren. Beim Verwenden einer eSIM führt ein Assistent Sie durch den Einrichtungsvorgang.

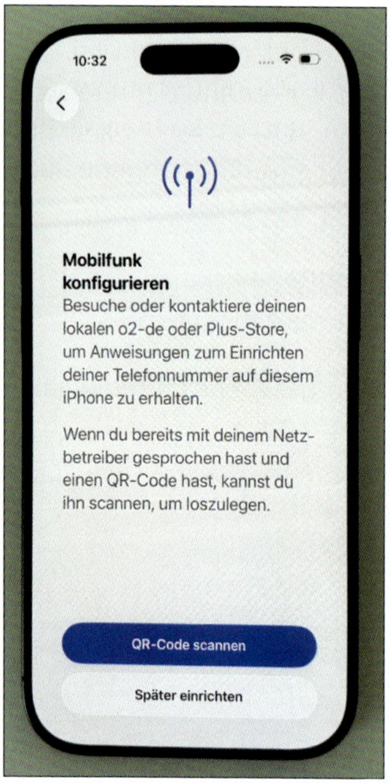

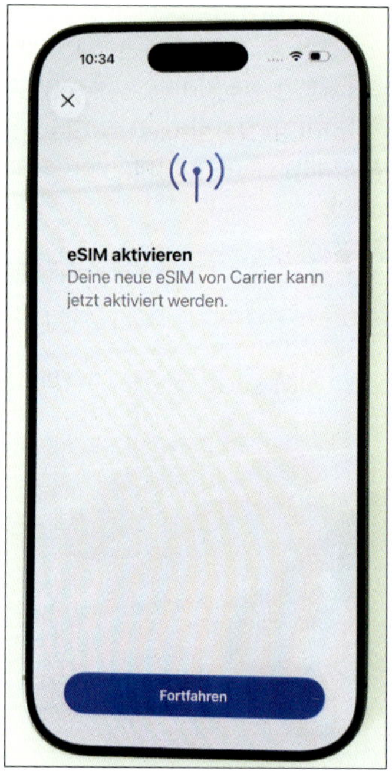

Hier wurde ein vom Mobilfunkanbieter erhaltener QR-Code eingescannt, um eine eSIM auf dem iPhone 17 zu installieren.

Kostenlose Flatrate für 30 Tage zum Nulltarif

Zum Thema eSIM ein kleiner Tipp am Rande: Bei Redaktionsschluss stellte der Mobilfunkanbieter O2 eine Testkarte mit unbegrenztem Datenvolumen und Allnet-Flatrate für 30 Tage kostenlos zur Verfügung, wobei der Tarif automatisch endet. Nähere Informationen finden Sie hier: *www.o2online.de/e-shop/tarif/netz/o2-testkarte*.

Ihr iPhone 17 aktivieren und einrichten

Um Ihr neues iPhone einzurichten, sind einige Konfigurationsschritte erforderlich, die ich Ihnen in diesem Abschnitt vorstelle. Sie müssen Ihr neues iPhone einmalig aktivieren und konfigurieren, um es verwenden zu können.

Dies gelingt ganz ohne Computer, es muss lediglich eine Internetverbindung hergestellt werden, entweder übers Mobilfunknetz oder in einem WLAN.

Für die Aktivierung und das Einrichten des iPhones schalten Sie dieses zunächst ein, indem Sie die Seitentaste auf der rechten Seite des iPhones einen Moment lang gedrückt halten, sodass das Apple-Logo auf dem Display angezeigt wird. Folgen Sie nun den Hinweisen auf dem iPhone-Display, wobei Sie jeweils durch Antippen mit dem Finger eine Option auswählen bzw. bestätigen.

Nach dem Einschalten werden Sie von Ihrem iPhone begrüßt. Streichen Sie mit dem Finger vom unteren Displayrand nach oben, um mit der Einrichtung zu beginnen. Ein Assistent führt Sie nun durch die Konfigurationsschritte. Folgen Sie jeweils den Anweisungen, die Sie auf dem Display erhalten. Unter anderem legen Sie Sprache und Land fest, stellen eine Internetverbindung her, konfigurieren die Face ID, erstellen einen Code und machen noch eine ganze Reihe weiterer Angaben. Besonders, wenn es um den Datenschutz geht, sollten Sie sich die Informationen gut durchlesen. Seien Sie sich stets darüber im Klaren, dass Sie bei der Nutzung eines iPhones viele Daten übers Internet senden!

Sprache und Land

Das iPhone beherrscht eine Menge Sprachen. Wählen Sie Ihre eigene Sprache aus und bestimmen Sie anschließend das Land, in dem Sie leben.

Anredeform

Beim iPhone 17 können Sie auswählen, ob Sie vom iPhone als männlich, weiblich oder lieber divers (*Hallo Benutzer:in*) angesprochen werden möchten.

Erscheinungsbild

In diesem Schritt können Sie außer der Standardansicht auch eine Ansicht mit mittelgroßen Texten und Symbolen sowie eine Ansicht mit großen Texten und Symbolen wählen. Das lässt sich aber natürlich auch später noch ändern.

Beginnen Sie das Einrichten Ihres iPhones, indem Sie Sprache und Land bzw. Region auswählen.

Schnelles Einrichten oder manuelle Konfiguration

Nun können Sie Ihr iPhone entweder mit der Option *iPhone schnell einrichten* einrichten, benötigen dazu allerdings ein bereits eingerichtetes iPhone oder iPad, das Sie neben dem iPhone 17 positionieren, um die Einstellungen des anderen Gerätes zu übernehmen. Falls kein anderes Gerät verfügbar ist bzw. Sie die manuelle Konfiguration sowieso bevorzugen, wählen Sie *Ohne anderes Gerät konfigurieren*.

Internet und Aktivierung

Nun stellen Sie eine Internetverbindung her. Wenn Sie sich für ein WLAN entscheiden, geben Sie das zugehörige Passwort ein und tippen auf *Verbinden*. Möchten Sie für die Internetverbindung das Mobilfunknetz nutzen, tippen Sie auf die Option *Ohne WLAN fortfahren*. Stehen weder WLAN noch Mobilfunknetz zur Verfügung, wählen Sie *Mit einem Mac oder PC verbinden*. Sobald die Internetverbindung besteht, wird die Aktivierung des iPhones durchgeführt.

Wenn Sie bereits ein iPhone oder iPad eingerichtet haben, können Sie die Konfiguration Ihres neuen iPhone 17 beschleunigen.

Softwareupdate

Gegebenenfalls kann übers Internet noch eine Software-Aktualisierung durchgeführt werden, damit Ihr iPhone-Betriebssystem auf dem neusten Stand ist. Das Update lässt sich alternativ nach dem Einrichten des iPhones durchführen. Wenn Sie die Software-Aktualisierung sofort durchführen, beginnt der Einrichtungsprozess wieder ab der Auswahl der Anredeform.

Daten und Datenschutz

Es wird ein Hinweis zum Thema Daten und Datenschutz angezeigt, den Sie sich gründlich durchlesen und anschließend mit *Weiter* bestätigen. Sie senden bei der Nutzung eines iPhones viele Daten übers Internet, das sollte Ihnen stets bewusst sein.

Altersgruppe

Wählen Sie in diesem Schritt, ob Sie das iPhone 17 für ein Kind, für eine jugendliche Person oder für eine erwachsene Person einrichten. Zur Auswahl stehen dementsprechend die Altersgruppen *Kinder (15 oder jünger)*, *Jugendliche (16 bis 17)* sowie *Erwachsene (ab 18 oder älter)*. Wer juristisch bewandert ist, weiß, dass man in Deutschland mit 15 bereits zu den Jugendlichen gezählt wird, aber auf dem iPhone wird nun mal anders gerechnet.

Face ID

Im nächsten Schritt richten Sie die Face ID ein. Hierbei scannen Sie Ihr Gesicht mit der True-Depth-Kamera des iPhones ein, um die so erstellte Face ID anschließend zum Entsperren des iPhones, aber auch zum Autorisieren von Käufen oder zum automatischen Ausfüllen von Passwörtern verwenden zu können. Zum Einrichten der Face ID sind nur wenige Schritte erforderlich. Bestätigen Sie zunächst den Hinweis zur Face ID mit *Weiter*. Tippen Sie dann auf *Los geht's* und positionieren Sie Ihr Gesicht in dem angezeigten Rahmen. Bewegen Sie Ihr Gesicht langsam im Kreis, sodass der angezeigte Rahmen rundherum grüne Striche anzeigt. Bestätigen Sie anschließend mit *Weiter*, um einen zweiten Scan durchzuführen und das Einrichten der Face ID abzuschließen.

Scannen Sie Ihr Gesicht ein, um sich später unzählige PIN- und Passworteingaben zu ersparen.

Code

Erstellen Sie einen Code, der dann jeweils beim Starten oder Entsperren des iPhones abgefragt wird. Und nein: Sie sollten nicht Ihr Geburtsdatum verwenden, sondern eine willkürliche Ziffernkombination! Standardmäßig werden Sie dazu aufgefordert, einen aus sechs Ziffern bestehenden Code festzulegen. Wenn Sie auf *Codeoptionen* tippen, können Sie sich jedoch auch für einen lediglich vierstelligen (und damit deutlich unsichereren) Code entscheiden oder aber für einen alphanumerischen Code, der sowohl aus Ziffern als auch aus Buchstaben bestehen kann. Den Code dürfen Sie nicht vergessen!

Wiederherstellung aus Backup oder Neuanfang

Im nächsten Schritt haben Sie die Möglichkeit, die Daten aus einem bestehenden Backup wiederherzustellen, das Sie entweder mit iCloud oder auf einem Computer durchgeführt haben. Auch für Umsteiger von einem anderen iPhone oder einem Android-Smartphone wird eine Option angeboten. Sofern Sie nicht über ein Backup verfügen, den Umstieg zum gründlichen Ausmisten nutzen möchten oder einfach zum ersten Mal ein iPhone verwenden, wählen Sie die Option *Nichts übertragen*.

Apple Account einrichten

Einen Apple Account, der früher Apple-ID hieß, benötigen Sie unbedingt. Er dient beispielsweise dazu, Apps aus dem App Store zu laden, iCloud zu nutzen und für die Verwendung einer ganzen Reihe weiterer Funktionen. Um einen neuen Apple Account zu erstellen, wählen Sie *Passwort vergessen oder noch keinen Account?* und machen die geforderten Angaben. Akzeptieren Sie schließlich noch die Nutzungsbedingungen. Ein kleiner Tipp: Im Browser am PC erfolgt das Anlegen eines Apple Account komfortabler, und zwar unter der Webadresse *account.apple.com*.

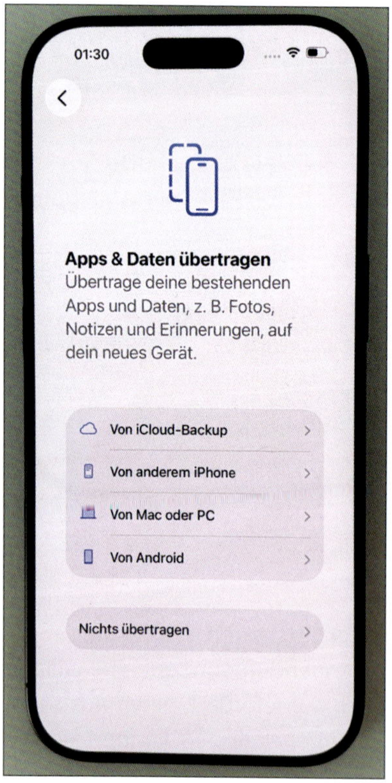

Entscheiden Sie, ob Sie Daten von einem vorhandenen Gerät übernehmen wollen oder nicht.

Der Apple Account ist unter anderem erforderlich, um Ihre Daten und Käufe im Internet zuzuordnen.

Allgemeine Geschäftsbedingungen

Werden Ihnen die allgemeinen Geschäftsbedingungen angezeigt, bleibt Ihnen nichts anderes übrig, als auf *Akzeptieren* zu tippen.

Weitere Konfiguration

In der Konfigurationsübersicht wird Ihnen die aktuelle Konfiguration des iPhones angezeigt, die Sie einfach mit *Fortfahren* bestätigen könnten. Zuvor können Sie sich unter *Einstellungen* aber auch noch einen Überblick über die verschiedenen Einstellungen zu Ortungsdiensten und Co. verschaffen.

Wählen Sie *Anpassen*, falls Sie einzelne Einstellungen verändern möchten. Hier ein Überblick über die weiteren Konfigurationsoptionen:

- **Automatische Aktualisierungen:** Aktualisierungen (im Englischen Updates) können automatisch auf Ihrem iPhone installiert werden. Grundsätzlich ist gegen eine automatische Installation von Aktualisierungen nichts einzuwenden, allerdings gab es in der Vergangenheit auch schon mal Fälle, in denen eine Aktualisierung nicht richtig funktioniert hat, sodass es besser gewesen wäre, erst mal abzuwarten. Sie können die automatischen Aktualisierungen in den *Einstellungen* unter *Allgemein* und dort unter *Softwareupdate* deaktivieren.
- **Ortungsdienste:** Die Ortungsdienste dienen dazu, jederzeit die Position Ihres iPhones zu ermitteln. Dies ist auf alle Fälle empfehlenswert für Navigation, Wettervorhersage usw. Sie können später immer noch im Einzelnen entscheiden, welche Apps auf Ihren Standort zugreifen dürfen.
- **Bildschirmzeit:** Diese Funktion dient dazu, Ihnen einen Überblick über Ihre iPhone-Nutzung zu verschaffen und diese ggf. auch zu beschränken. Sie werden zu diesem Thema noch mehr erfahren. Wählen Sie beim Einrichten Ihres iPhones entweder *Fortfahren* oder *Später konfigurieren*.
- **Apple Pay:** Mit Apple Pay können Sie eine Kreditkarte angeben, um über Apple sicher und einfach im Internet, aber auch in lokalen Geschäften zu bezahlen. Wenn Sie Apple Pay verwenden möchten, können Sie es auch später in der App *Wallet* einrichten.
- **iPhone-Analyse:** Sie werden gefragt, ob Sie Analysedaten zur Produktverbesserung an Apple senden möchten. Hier sollten Sie sich aus Gründen des Datenschutzes in jedem Fall für die Option *Nicht teilen* entscheiden. Falls Sie allerdings mit Ihren Analysedaten zur Produktverbesserung beitragen möchten, tippen Sie hingegen auf *Mit Apple und App-Entwicklungsteams teilen*.
- **Apple Intelligence:** Ihnen wird angeboten, die KI-Funktionen von Apple Intelligence einzurichten. Die Konfiguration kann aber auch noch später erfolgen, indem Sie hier *Später konfigurieren* wählen.

- **Helles oder dunkles Display:** Sie können zwischen einem hellen und einem dunklen Display wählen. Natürlich können Sie diese Einstellung später jederzeit ändern, wie ich Ihnen noch zeigen werde. Die Darstellung in diesem Buch erfolgt anhand des hellen Displays.
- **Kamerasteuerung:** Ihnen wird die rechts am iPhone 17 befindliche Taste *Kamerasteuerung* vorgestellt. Sie lernen diese noch in Kapitel 10 dieses Buches kennen.
- **Aktionstaste:** Entscheiden Sie durch horizontales Streichen, wie die Aktionstaste auf der linken Seite des iPhone 17 belegt werden soll. Sie können die Einstellung später jederzeit ändern.
- **Siri & Diktierfunktion:** Die Verwendung der Sprachassistenz Siri und der Diktierfunktion ist in den meisten Fällen zu empfehlen. Wählen Sie die Siri-Stimme und bestimmen Sie, ob Sie die Audioaufnahmen teilen möchten.
- **Notruf SOS:** Auch die Notruf-Funktionen Ihres iPhone 17 werden vorgestellt. Dazu zählen die automatische Unfallerkennung sowie die Funktion »Notruf SOS via Satellit«. Bestätigen Sie die Hinweise mit *Fortfahren*.

Nachdem Sie Ihr iPhone fertig eingerichtet haben, streichen Sie mit dem Finger vom unteren Displayrand nach oben, um Ihr Gerät ab sofort in vollem Umfang nutzen zu können.

Machen Sie sich mit Home- und Sperrbildschirm vertraut

Auf dem Home-Bildschirm, der Ihnen nach dem Einrichten des iPhones angezeigt wird, sind bereits einige Standard-Apps vorhanden, mit denen ich Sie im Laufe des Buches noch vertraut machen werde. Die Apps lassen sich auf mehreren Seiten anordnen, der Seitenwechsel erfolgt durch horizontales Streichen. Einige Apps werden als sogenannte Widgets auf dem Home-Bildschirm dargestellt – diese ermöglichen das Anzeigen und Bearbeiten wichtiger Informationen, ohne dass die jeweilige App extra geöffnet werden muss.

Oben auf dem Home-Bildschirm sehen Sie eine Statusleiste mit der aktuellen Uhrzeit, einer Info zum aktuellen Akkuladestand und einer Reihe von Symbolen für WLAN usw. Unten auf dem Home-Bildschirm befindet sich das Dock, in dem besonders wichtige Apps zur Verfügung stehen, die auf allen App-Seiten zu sehen sind. Oberhalb des Docks sehen Sie einen Such-Button, den Sie antippen, um eine Suche auf dem iPhone durchzuführen.

> **Woher kommt das Wort App?**
>
> Das Wort App für Programme auf dem iPhone sowie anderen Geräten kommt vom englischen Wort »application«, was so viel wie »Anwendung« bedeutet.

Diese Abbildung zeigt den Home-Bildschirm des iPhones.

Im gesperrten Zustand wird statt des Home-Bildschirms der Sperrbildschirm angezeigt, wenn Sie im Sperrzustand das iPhone entweder anheben oder das Display antippen. Zum Sperren des iPhones drücken Sie kurz die Seitentaste, nach einer bestimmten Zeit der Nichtnutzung wird es allerdings automatisch gesperrt. Bei allen vier iPhone-17-Modellen kann der Sperrbildschirm dank Always-on-Technologie in abgedunkeltem Zustand auch im Sperrzustand angezeigt werden. Bei der vorherigen iPhone-Generation war diese Option noch den Pro-Modellen vorbehalten.

Zum Entsperren des iPhones halten Sie Ihr Gesicht in die Frontkamera – dank Face ID gelingt das Entsperren in der Regel blitzschnell, sodass Sie es kaum bemerken werden. Nach dem Entsperren streichen Sie mit dem Finger vom unteren Displayrand nach oben, um vom Sperrbildschirm zum Home-Bildschirm zu wechseln.

Streichen Sie auf dem Sperrbildschirm von rechts nach links, wird die App *Kamera* eingeblendet, um Foto- und Videoaufnahmen machen zu können, ohne dass Sie das iPhone zuvor entsperren müssen. Zum Aufrufen der Kamera sowie zum Einschalten des Kamerablitzes als »Taschenlampe« finden Sie unten auf dem Sperrbildschirm auch Symbole.

Auch die vom Home-Bildschirm her bekannte Statusleiste wird Ihnen auf dem Sperrbildschirm angezeigt, wobei statt der Uhrzeit der Netzanbieter in der Statusleiste platziert ist. Die Uhrzeit finden Sie auf dem Sperrbildschirm unterhalb der Statusleiste zusammen mit dem aktuellen Datum. Wenn Sie z. B. Musik abspielen, werden Funktionen zum Steuern der Wiedergabe eingeblendet. Auch diverse Live-Aktivitäten können von Apps auf dem Sperrbildschirm angezeigt werden, etwa um die Pizza-Lieferung zu verfolgen.

So sieht der Sperrbildschirm des iPhones aus – er lässt sich später aber auch anders gestalten.

Mit einem WLAN verbinden

Wie bereits erwähnt, können Sie mit Ihrem iPhone entweder übers Mobilfunknetz oder über ein WLAN (häufig auch Wi-Fi) ins Internet gehen. Der Internetzugang übers Mobilfunknetz bietet den Vorteil, dass Sie fast überall ins Internet kommen und dass Sie den Zugang nicht extra einrichten müssen – das Ganze ist über Ihren Mobilfunkvertrag geregelt. Steht vonseiten Ihres Tarifanbieters der Mobilfunkstandard 5G zur Verfügung, brauchen Sie auch in Sachen Download-Geschwindigkeit keine Abstriche gegenüber dem WLAN zu machen.

Allerdings macht der Internetzugang übers Mobilfunknetz nur dann Spaß, wenn Sie über eine Datenflatrate mit hohem Übertragungsvolumen verfügen. Ansonsten machen Sie es so wie ich: Suchen Sie sich einen preisgünstigen Mobilfunkanbieter, um auch unterwegs eine Internetverbindung herstellen zu können, zu Hause gehen Sie jedoch per WLAN ins Internet. Voraussetzung ist auch hier ein entsprechender Vertrag mit dem Telefonanbieter oder Kabelnetzbetreiber sowie ein WLAN-Gerät, das vom Anbieter in vielen Fällen kostenlos zur Verfügung gestellt wird.

Im Zusammenhang mit dem WLAN-Gerät – dem WLAN-Router – ist insbesondere wichtig, dass dieser mit dem Internet verbunden ist und dass Sie das WLAN mit einem Passwort absichern. Bei mehreren WLANs in der Umgebung sollten Sie außerdem wissen, wie Ihr eigenes WLAN heißt. Falls Ihr WLAN-Gerät über eine Zugriffsliste verfügt, müssen Sie das iPhone dort ggf. zunächst hinzufügen, um eine WLAN-Verbindung herstellen zu können.

Wenn Sie eine Verbindung in einem fremden WLAN, z. B. in einem Hotel oder am Flughafen, herstellen möchten, ist die Vorgehensweise die gleiche wie zu Hause. Was Sie auf dem iPhone benötigen, ist der Name des WLANs sowie das zugehörige Passwort.

Sie kennen die Zugangsdaten? Dann ist das Herstellen einer WLAN-Verbindung auf dem iPhone eine Sache nur noch weniger Handgriffe:

1. Tippen Sie auf dem Home-Bildschirm des iPhones auf das graue Zahnradsymbol, das zum Öffnen der *Einstellungen* dient.

2. Wählen Sie in den *Einstellungen* – wiederum per Fingertipp – den Eintrag *WLAN*.

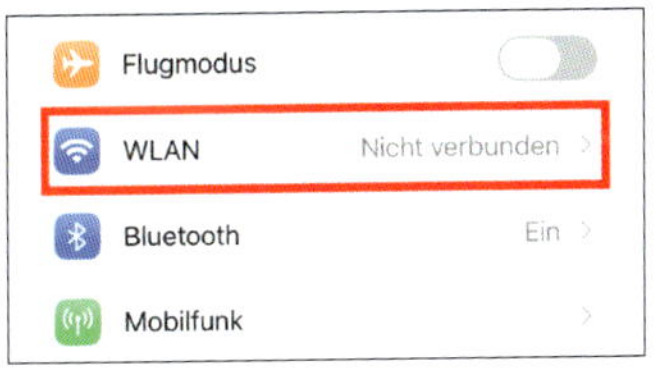

3. Die Option *WLAN* ist standardmäßig bereits aktiviert; falls sie nicht aktiviert sein sollte, aktivieren Sie sie mit dem entsprechenden Schalter. Warten Sie einen Augenblick, bis das WLAN vom iPhone erkannt und angezeigt wird. Tippen Sie dann Ihr WLAN an.

4. Geben Sie das Passwort ein, mit dem das WLAN verschlüsselt ist. Bestätigen Sie mit dem blauen Häkchensymbol ✓. Die WLAN-Verbindung wird daraufhin hergestellt. Wichtig ist: Groß- und Kleinschreibung beachten und nicht vertippen!

Dass die WLAN-Verbindung hergestellt wurde, erkennen Sie am Symbol in der Statusleiste sowie am Häkchen ✓ neben dem WLAN-Namen, wobei ersteres Symbol Sie gleichzeitig über die Empfangsqualität des WLANs in Kenntnis setzt. Gut zu wissen: Wenn das iPhone Zugang zu einem WLAN hat, nutzt es dieses automatisch für die Datenverbindung und lässt die mobilen Daten außen vor.

Erkunden Sie die Bedienfunktionen Ihres iPhones

Die Bedienung des iPhones erfolgt zwar sehr intuitiv. Dennoch wird Ihnen der folgende Überblick über die wichtigsten Bedienfunktionen sicherlich hilfreich sein, damit Sie auch ganz sicher keine der Funktionen verpassen. Ich unterscheide dabei zwischen solchen Bedienfunktionen, die Sie mit den Tasten des iPhones durchführen (z. B. Seitentaste, Lautstärketasten, Aktionstaste), und solchen, die Sie auf dem Touchscreen ausführen.

> **Aktivieren beim Anheben und Always-on-Funktion ausschalten**
>
> Ihr iPhone wird standardmäßig beim Anheben aktiviert, zudem wird auch im ausgeschalteten Zustand der Sperrbildschirm angezeigt (Always-on-Funktion). Wenn Sie diese Funktionen nicht wünschen, z. B. um den iPhone-Akku zu schonen, gehen Sie in die *Einstellungen* und wählen den Eintrag *Anzeige & Helligkeit*. Deaktivieren Sie dort den Schalter *Beim Anheben aktivieren* sowie auf einem iPhone mit Always-on-Funktion (gilt für alle iPhone-17-Modelle) den Schalter *Immer eingeschaltet* unter dem gleichlautenden Eintrag.

Bedienung mit den Tasten

Beim iPhone 17 übernehmen die Seitentaste und die Lautstärketasten einige der Funktionen, die bei älteren iPhone-Modellen mit der Home-Taste verbunden waren; andere Funktionen werden hingegen durch Face ID und neue Touch-Gesten ersetzt. Wenn Sie bisher ein iPhone mit Home-Taste genutzt haben, erfordern die neuen Bedienfunktionen eine gewisse Einarbeitungszeit, doch Sie werden feststellen, dass die Umstellung sehr schnell gelingt und Sie nicht mehr zu einem iPhone mit Home-Taste zurückkehren möchten.

Die Seitentaste erfüllt zunächst mal die wichtige Funktion, das iPhone einzuschalten, indem Sie die Seitentaste gedrückt halten. Ist das iPhone bereits eingeschaltet und Sie halten die Seitentaste gedrückt, aktivieren Sie dadurch die Sprachassistenz Siri. Drücken Sie die Seitentaste bei eingeschaltetem iPhone hingegen lediglich kurz, sperren Sie den Bildschirm bzw. aktivieren bei bereits gesperrtem Bildschirm das Display. Ein doppeltes schnelles Drücken der Seitentaste ruft die Apple-Pay-Option auf, sofern Sie Apple Pay in der App *Wallet* eingerichtet haben.

Die Seitentaste können Sie – bei dreimaligem Betätigen – auch zum Verwenden bestimmter Bedienungshilfen einsetzen, sofern Sie dies in den *Einstellungen* unter *Allgemein* und dort unter *Bedienungshilfen* einrichten. Doch zu den verschiedenen Bedienungshilfen später in diesem Kapitel mehr.

Möchten Sie Ihr iPhone wieder ausschalten, halten Sie hierzu die Seitentaste und eine der beiden Lautstärketasten gedrückt. Es erscheint daraufhin der Schieberegler *Ausschalten* auf dem Display, den Sie mit dem Finger nach rechts ziehen, um das iPhone auszuschalten, beispielsweise abends vor dem Schlafengehen oder wenn Sie am Wochenende mal einen iPhone-freien Tag einlegen möchten. Außer dem Schieberegler *Ausschalten* werden Ihnen bei dieser Vorgehensweise auch zwei Optionen für Notfälle angezeigt, nämlich der Zugriff auf den Notfallpass sowie das Tätigen eines Notrufs.

Bestimmt wird es nicht nur mir so gehen, dass bei dem einen oder anderen Ausschaltversuch durch zu kurzes Drücken stattdessen ein Bildschirmfoto aufgenommen wird (dazu gleich mehr). Dem lässt sich durch die Verwendung des Ausschalt-Icons vorbeugen, das sich rechts oben im Kontrollzentrum befindet – Sie lernen das Kontrollzentrum in diesem Kapitel noch näher kennen. Halten Sie das Ausschalt-Icon im Kontrollzentrum kurz gedrückt, um ebenfalls zum Schieberegler *Ausschalten* zu gelangen.

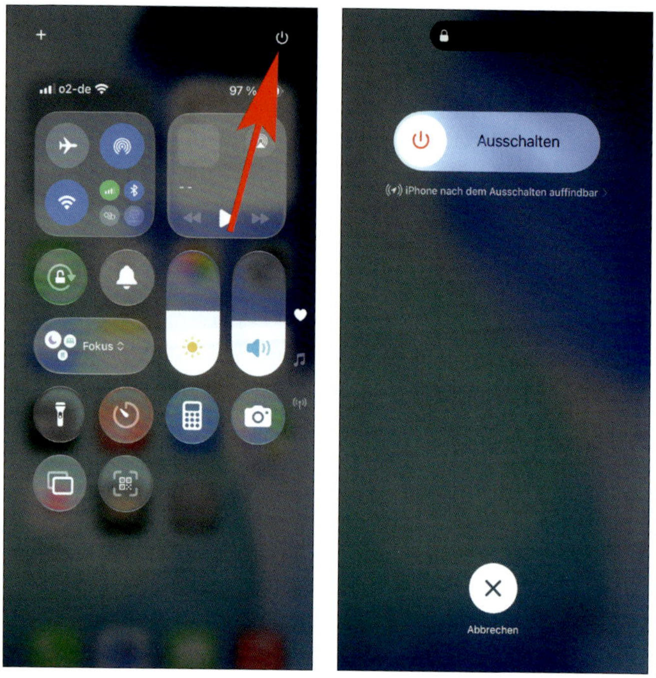

Um den Schieberegler zum Ausschalten des iPhones einzublenden, halten Sie die Seitentaste sowie eine der beiden Lautstärketasten gedrückt oder verwenden Sie – wie hier – den Ausschalter im Kontrollzentrum.

Falls das iPhone nicht mehr reagieren sollte

Verwenden Sie eine App und das iPhone reagiert plötzlich überhaupt nicht mehr, können Sie einen Reset durchführen: Drücken Sie dazu kurz die obere Lautstärketaste, dann die untere Lautstärketaste und halten Sie schließlich die Seitentaste so lange gedrückt, bis ein Neustart des iPhones erfolgt. Machen Sie von dieser Funktion aber wirklich nur im Ernstfall Gebrauch!

Möchten Sie den aktuellen iPhone-Bildschirm abfotografieren, also einen sogenannten Screenshot aufnehmen, drücken Sie kurz die Seitentaste sowie die obere Lautstärketaste. Es ertönt daraufhin ein kurzer Aufnahmeton, und das Bildschirmfoto wird nach einer Bestätigung in der App *Fotos* gesichert. Soll das Bildschirmfoto – wie bei früheren iOS-Versionen – ohne Bestätigung gespeichert

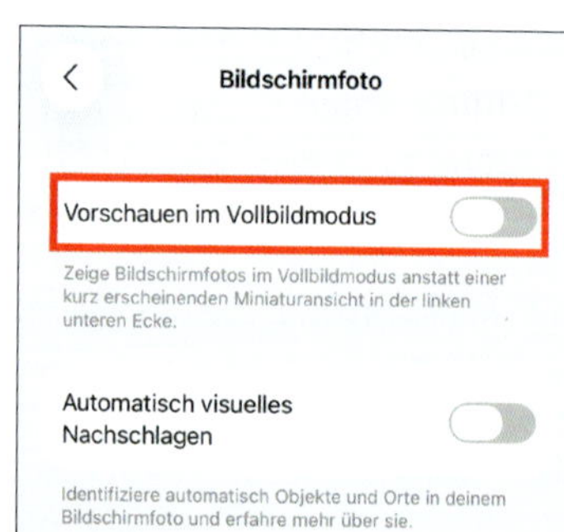

Auf Ihrem iPhone 17 wird zunächst eine Vorschau des Bildschirmfotos angezeigt – es sei denn, Sie deaktivieren diese Option.

werden? Dazu wählen Sie in den *Einstellungen* den Eintrag *Allgemein* und dann *Bildschirmfoto*. Deaktivieren Sie den Schalter *Vorschauen im Vollbildmodus*. Die Vorschauen bieten allerdings auch einen Vorteil: Sie erlauben es Ihnen, die Bildschirmfotos mithilfe visueller künstlicher Intelligenz zu durchsuchen.

Die normale Funktion der Lautstärketasten ist sowieso klar. Wenn Sie die Kamera verwenden, bieten die Lautstärketasten darüber hinaus eine zusätzliche Option, um eine Foto- oder Videoaufnahme zu starten sowie eine Videoaufnahme auch wieder zu beenden.

Zum Widerrufen schütteln

Sie haben sich beim Schreiben vertippt oder möchten eine sonstige Eingabe widerrufen? Schütteln Sie Ihr iPhone (halten Sie es dabei gut fest, damit es Ihnen nicht aus der Hand gleitet) und Ihnen wird ein kleines Auswahlfenster angezeigt, in dem Sie sich für *Widerrufen* entscheiden. Dazu muss die Funktion *Zum Widerrufen schütteln* in den *Einstellungen* unter *Bedienungshilfen* und dort unter *Tippen* aktiviert sein.

Die Aktionstaste einrichten

Die Aktionstaste, die bei allen vier iPhone-17-Modellen zur Verfügung steht, ist standardmäßig mit dem Stummmodus belegt. Sie können die Taste aber auch individuell belegen und auf die Lautlos-Funktion im Kontrollzentrum zugreifen, mit dem Sie sich später in diesem Kapitel noch ausführlich vertraut machen werden. Um die Aktionstaste anders zu belegen, gehen Sie so vor:

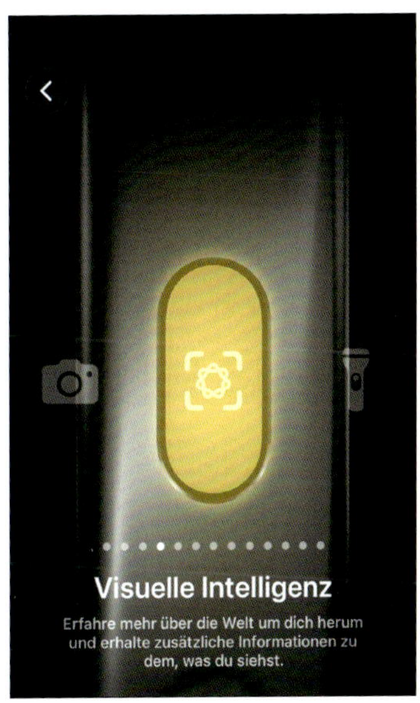

1. Öffnen Sie auf dem Home-Bildschirm die *Einstellungen*.
2. Entscheiden Sie sich für den Eintrag *Aktionstaste*.
3. Wählen Sie durch horizontales Streichen die gewünschte Belegung für die Aktionstaste aus. Hier wähle ich z. B. die Option *Visuelle Intelligenz*, um durch längeres Drücken der Taste die visuelle Intelligenz zu starten, etwa um nach einer mit der Kamera erfassten Pflanze zu suchen.
4. Schließen Sie die *Einstellungen* wieder, indem Sie mit dem Finger vom unteren Displayrand nach oben streichen.

Bedienung auf dem Touchscreen

Viele weitere Bedienfunktionen werden ausschließlich auf dem Touchscreen, also dem berührungsempfindlichen Display des iPhones, ausgeführt. Lassen Sie mich Ihnen alle in diesem Zusammenhang wichtigen Funktionen in einem Überblick vorstellen.

- Streichen Sie mit dem Finger vom unteren Displayrand nach oben, um zum Home-Bildschirm zu wechseln. Streichen Sie mit dem Finger nach links, rechts, unten oder oben, um die entsprechenden Inhalte innerhalb einer Seite anzuzeigen bzw. um eine Seite zu wechseln. Übrigens: In einigen Fällen kann es von Bedeutung sein, ob Sie mit nur einem oder mit mehreren Fingern streichen.
- Tippen Sie beim Einrichten des iPhones auf eine Option, um diese auszuwählen. Tippen Sie mit einem Finger auf ein App-Symbol, um die entsprechende App zu starten. Innerhalb einer App tippen Sie auf einen Menüpunkt oder in ein Formular, um die entsprechende Auswahl zu treffen.

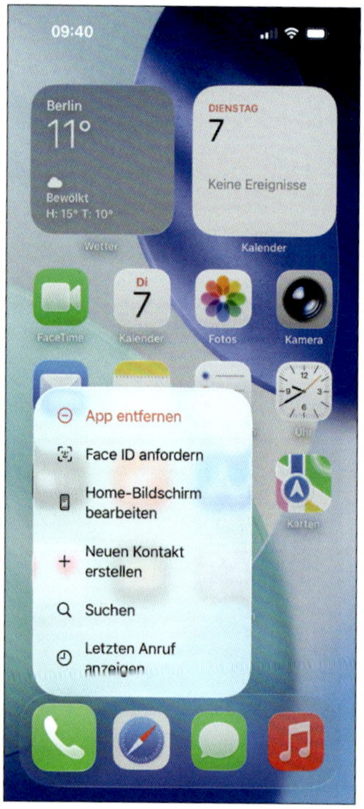

Die linke Abbildung zeigt das Kontextmenü der Telefon-App, das durch Gedrückthalten des App-Symbols aufgerufen wurde; in der rechten Abbildung wird ein Dokument per Drag and Drop in die App Notizen gezogen.

- Tippen und Gedrückthalten: Durch das Tippen und Gedrückthalten lassen sich verschiedene Optionen aufrufen. Ein Beispiel: Halten Sie auf einer Webseite einen Link gedrückt, öffnen Sie damit ein Kontextmenü und gleichzeitig wird das Linkziel in einem Pop-up-Fenster angezeigt. Bei verschiedenen App-Symbolen auf dem Home-Bildschirm öffnen Sie durch festes Gedrückthalten ebenfalls ein Kontextmenü, beispielsweise bei der App *Telefon*, der App *Safari*, der App *Mail* usw. Das Tippen und Gedrückthalten bietet noch weitere Möglichkeiten: Halten Sie auf der iPhone-Tastatur eine Taste gedrückt, um weitere Zeichenvarianten einzublenden. Halten Sie in manchen Apps Text gedrückt, um ihn zu markieren und gleichzeitig Copy and Paste sowie ggf. weitere Optionen einzublenden.

- Wenn Sie eine Datei in einer App gedrückt halten, z. B. ein in der App *Dateien* gespeichertes Dokument oder ein in der App *Fotos* gespeichertes Bild, können Sie die Datei per Drag and Drop in eine andere App bewegen, was allerdings einige Fingerfertigkeit erfordert. In der App *Fotos* lassen sich sogar Motive durch Gedrückthalten markieren und dann durch Ziehen freigestellt in eine andere App einfügen.
- Das Doppeltippen dient in einigen Apps dem Markieren von Text, in anderen Apps, etwa der App *Karten*, bewirkt es eine Zoomfunktion, also ein Vergrößern der angetippten Inhalte.
- Bewegen Sie Daumen und Zeigefinger auf dem iPhone-Display auseinander, um in vielen Apps die Displayinhalte zu vergrößern; durch Zueinanderbewegen von Daumen und Zeigefinger auf dem Display werden die Inhalte wieder verkleinert.

Doppeltipp für die Tastatur

Auch auf der iPhone-Tastatur ist der Einsatz des Doppeltipps sehr nützlich. Vermissen Sie auf der Tastatur die Feststelltaste zur Eingabe mehrerer Großbuchstaben hintereinander? Doppeltippen Sie zum Feststellen auf die [⇧]-Taste; ein erneuter Fingertipp auf die Taste löst die Feststellung wieder. Und wenn Sie Texte noch schneller eintippen möchten: Doppeltippen Sie am Satzende auf die *Leerzeichen*-Taste, um einen Punkt mit anschließendem Leerzeichen einzufügen.

Keine Bange: Sie müssen diese Bedienfunktionen nicht auswendig lernen – die meisten Funktionen entsprechen der intuitiven Anwendung, und bereits nach kurzer Zeit, die Sie mit Ihrem iPhone umgehen, werden sie Ihnen in Fleisch und Blut übergegangen sein. In den verschiedenen Apps können noch eine Reihe weiterer Gesten hinzukommen, etwa das Drehen eines Elements durch eine Drehbewegung mit Daumen und Zeigefinger.

Den Einhandmodus verwenden

Bedienen Sie das iPhone mit lediglich einer Hand, kommen Sie aufgrund der Größe des iPhones vermutlich nicht an den oberen Bereich des Displays heran. In solchen Fällen schafft der Einhandmodus Abhilfe. Dieser schiebt den oberen Bereich des Displays temporär nach unten.

Um den Einhandmodus zu verwenden, vollziehen Sie am unteren Displayrand, auf Höhe des Docks, eine Streichbewegung nach unten. Voraussetzung ist lediglich, dass die Option *Einhandmodus* in den *Einstellungen* unter *Bedienungshilfen* und dort unter *Tippen* aktiviert ist. Falls Sie den Einhandmodus nicht benötigen, aber manchmal versehentlich aktivieren, schalten Sie ihn dort ab.

So blenden Sie den App-Umschalter ein

Eine weitere wichtige Funktion bietet der App-Umschalter. In ihm greifen Sie auf die zuletzt geöffneten Apps zu und können außerdem nicht mehr benötigte Apps, die im Hintergrund laufen, beenden. Um den App-Umschalter aufzurufen, streichen Sie mit dem Finger vom unteren Displayrand nach oben, halten dann jedoch mit der Bewegung inne. Streichen Sie im App-Umschalter horizontal, um eine App auszuwählen. Um eine App im App-Umschalter zu beenden, streichen Sie diese mit dem Finger nach oben aus dem Display heraus.

In der linken Abbildung wird der Einhandmodus verwendet; rechts werden im App-Umschalter die zuletzt geöffneten und ggf. im Hintergrund laufenden Apps verwaltet.

Im Kontrollzentrum auf wichtige Funktionen zugreifen

Für den schnellen Zugriff auf wichtige Funktionen steht Ihnen auf Ihrem iPhone das bereits mehrfach erwähnte Kontrollzentrum zur Verfügung. Streichen Sie mit dem Finger von der rechten oberen Ecke des Bildschirms nach unten, um das Kontrollzentrum einzublenden.

Sie finden im Kontrollzentrum Funktionen zum Aktivieren und Deaktivieren von Flugmodus, WLAN, Bluetooth, mobilen Daten, Ausrichtungssperre, Fokus, zum Steuern der Musikwiedergabe, zum Einstellen von Bildschirmhelligkeit und Lautstärke sowie weitere Steuerelemente.

Das Kontrollzentrum ist in mehrere Bereiche unterteilt, die Sie mit den Icons rechts im Kontrollzentrum auswählen. Wenn Sie im Kontrollzentrum eine Funktionsgruppe gedrückt halten, können sich Ihnen weitere Funktionen bieten. Auch beim Gedrückthalten einiger Symbole zeigen sich weitere Funktionen, so lassen sich beispielsweise Einstellungen zum Timer oder zur Kamera vornehmen.

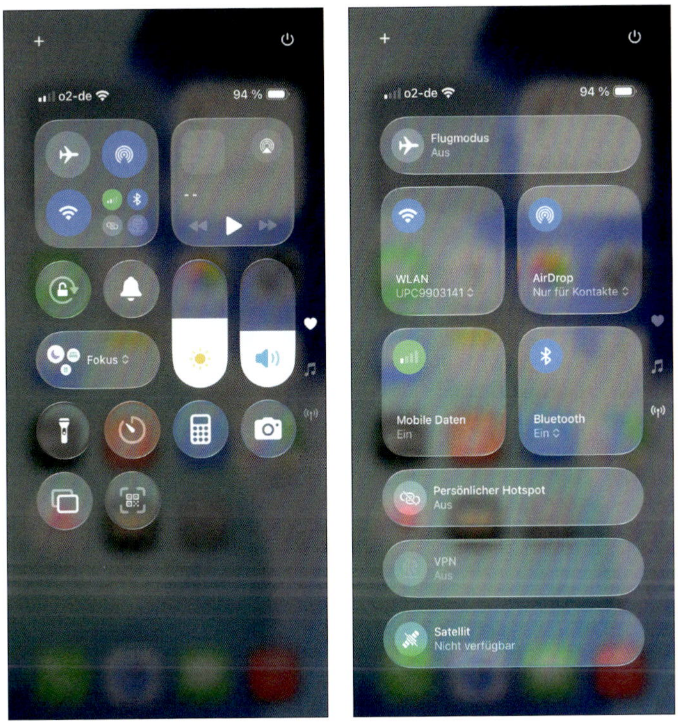

Das Kontrollzentrum bietet schnellen Zugriff auf wichtige Funktionen Ihres iPhones; es ist in mehrere Bereiche untergliedert.

Um das Kontrollzentrum zu schließen, schieben Sie es mit einem Finger einfach wieder zum Displayrand zurück.

> **Batterieanzeige in Prozent**
>
> Sie sehen den Akkuladestand in Prozent im Kontrollzentrum und können diesen auch in einem Batterie-Widget darstellen. Um außerdem in der Statusleiste Ihres iPhones eine Prozentangabe zu erhalten, aktivieren Sie in den *Einstellungen* unter *Batterie* den Schalter *Batterieladung in %*.

Steuerelemente hinzufügen und entfernen

Dem Kontrollzentrum lassen sich weitere Steuerelemente hinzufügen bzw. Sie können auch nicht benötigte Steuerelemente aus dem Kontrollzentrum entfernen. Dazu gehen Sie auf Ihrem iPhone 17 folgendermaßen vor:

1. Streichen Sie das Kontrollzentrum von der rechten oberen Ecke auf das Display Ihres iPhones.
2. Halten Sie eine freie Fläche des Kontrollzentrums gedrückt, um das Kontrollzentrum in den Bearbeitungszustand zu versetzen.
3. Um ein Steuerelement aus dem Kontrollzentrum zu entfernen, tippen Sie bei dem Steuerelement auf das Minussymbol .
4. Möchten Sie das Kontrollzentrum hingegen mit weiteren Funktionen versehen, tippen Sie unten im Kontrollzentrum auf *Steuerelement hinzufügen*.

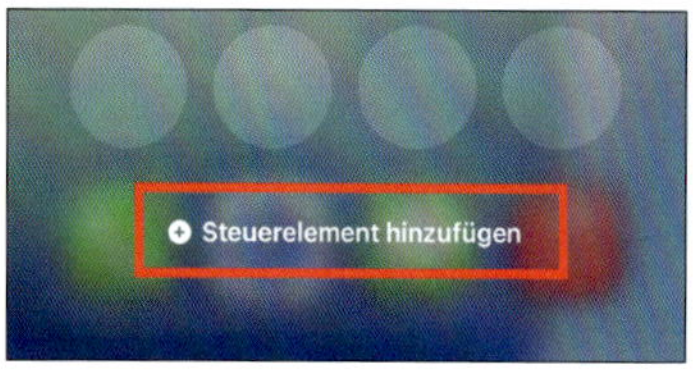

5. Tippen Sie in der Steuerelemente-Galerie die gewünschte Funktion an, um diese im Kontrollzentrum verfügbar zu machen.

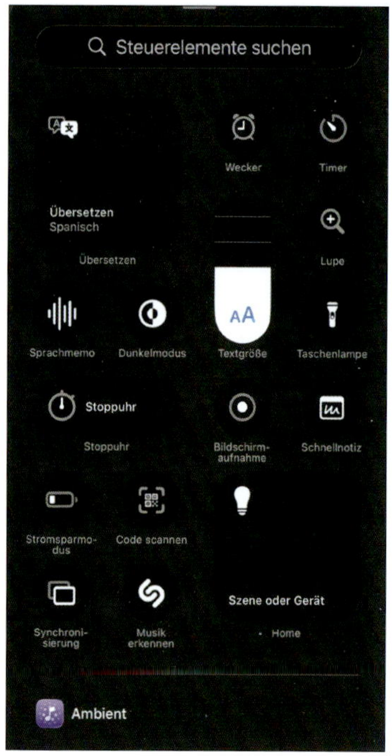

Sie müssen die neuen Steuerelemente keineswegs auf der Startseite des Kontrollzentrums einfügen, sondern können dafür auch eine neue Seite erstellen. Wenn Sie das Kontrollzentrum in den Bearbeitungszustand versetzen, wird Ihnen rechts eine leere Seite zur Auswahl angeboten. Meine Empfehlung an dieser Stelle: Nutzen Sie im Kontrollzentrum nur diejenigen Steuerelemente, die Sie tatsächlich benötigen. Soll z. B. der Zugriff auf die Kamera im Kontrollzentrum erforderlich sein, da Sie diese auf Ihrem iPhone 17 doch auch mit der Kamerasteuerung öffnen können?

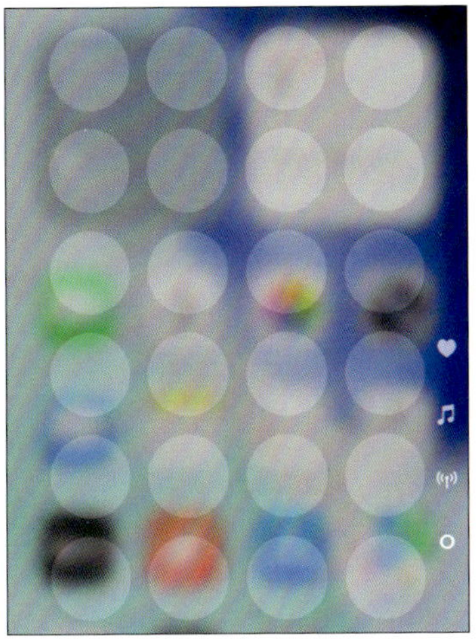

Steuerelemente lassen sich auch auf einer neuen Seite des Kontrollzentrums hinzufügen.

Steuerelemente anpassen

Wenn Sie im Kontrollzentrum eine freie Fläche gedrückt halten und es auf diese Weise in den Bearbeitungszustand versetzen, stellen Sie fest, dass die verfügbaren Steuerelemente außer mit einem Minussymbol noch mit einem Kurvensymbol versehen sind, und zwar am rechten unteren Rand.

Mithilfe dieses Symbols lässt sich ein Steuerelement größer ziehen. Halten Sie das Symbol dazu gedrückt und ziehen Sie es diagonal nach rechts unten. Das Steuerelement wird vergrößert und die anderen Steuerelemente werden ggf. automatisch verschoben.

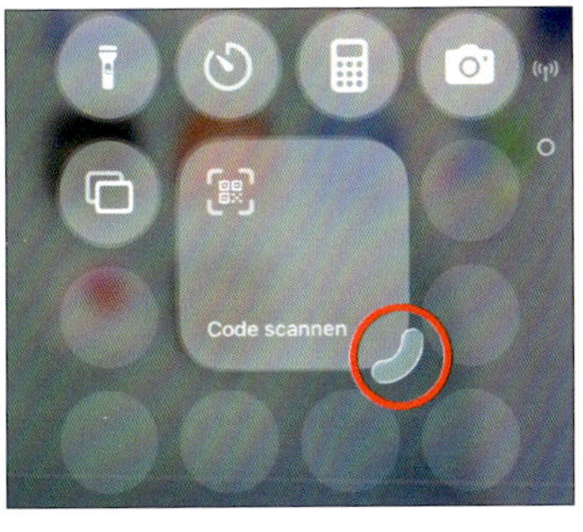

Die Größe eines Steuerelements lässt sich durch Ziehen dieses Symbols anpassen.

Steuerelemente lassen sich außerdem an eine andere Position ziehen. Dazu halten Sie das Steuerelement gedrückt, verschieben es und lassen es dann los. Die Steuerelemente müssen nicht aneinandergrenzen. Auch das Verschieben auf eine andere Seite ist möglich, indem Sie das Steuerelement nach unten ziehen – es wird dann automatisch zu den weiteren Steuerelement-Seiten geblättert.

Zoom, Sprachsteuerung und weitere nützliche Bedienungshilfen

Viele Inhalte in einer App lassen sich größer anzeigen, indem Sie Daumen und Zeigefinger auf dem Display auseinanderbewegen, auf das Display doppeltippen oder auch, indem Sie das iPhone ins Querformat drehen, um die Displayinhalte auf diese Weise vergrößert darzustellen.

Wenn das einmal nicht funktionieren sollte, nutzen Sie die allgemeine Zoomfunktion, die das iPhone – nebst einer ganzen Reihe weiterer nützlicher Bedienungshilfen – bietet. Gern stelle ich Ihnen diese Funktionen im Folgenden vor.

Das Aktivieren einer Bedienungshilfe erfolgt jeweils in den *Einstellungen* und dort unter *Bedienungshilfen*. Aktivieren Sie dort die gewünschte Bedienungshilfe und passen Sie diese ggf. an. Die Bedienungshilfen wurden zwar für Personen mit körperlichen Einschränkungen unterschiedlicher Art konzipiert, können aber auch anderen Nutzern in vielfacher Hinsicht nützlich sein.

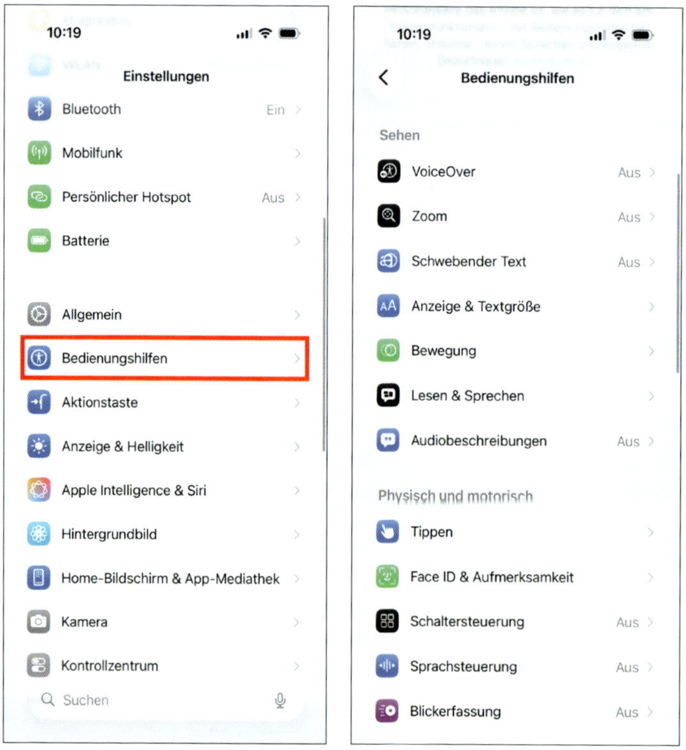

Die Bedienungshilfen werden jeweils in den Einstellungen aktiviert bzw. wieder deaktiviert.

Wenn Sie sich in den iPhone-Einstellungen für die *Bedienungshilfen* entscheiden, werden Ihnen folgende Funktionen angeboten:

Bedienungshilfe	Funktion
VoiceOver	Lassen Sie sich mit dieser Bedienungshilfe die Menüführung und Ihre sämtlichen Eingaben vorlesen. Sogar Blindenschriftgeräte lassen sich verbinden. Aber aufgepasst: Das Aktivieren von VoiceOver verändert die Bedienfunktionen des iPhones!
Zoom	Wenn Sie diese Funktion aktivieren, werden die Inhalte auf dem iPhone-Display mit einer Vergrößerungsstufe dargestellt. Zum Herein-, aber auch zum Herauszoomen doppeltippen Sie mit drei Fingern auf das Display. Durch Ziehen mit drei Fingern können Sie sich auf dem Display bewegen. Statt die gesamten Displayinhalte zu vergrößern, können Sie sich unter *Zoombereich* auch für ein Zoomfenster entscheiden.
Schwebender Text	Auch diese Bedienungshilfe dient dazu, Texte auf dem Display besser lesbar zu machen. Aktivieren Sie die Option *Schwebender Text*, wird ein Symbol dauerhaft eingeblendet. Tippen Sie zunächst auf das Symbol und dann auf den Text, um diesen in einem kleinen Fenster einzublenden. Dadurch, dass Sie zuerst auf das Symbol tippen, wird verhindert, dass Sie durch das Antippen eine Menüauswahl treffen. 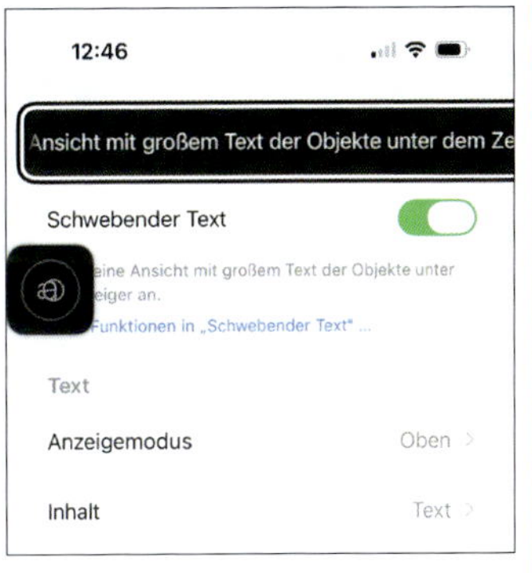
Anzeige & Textgröße	Unter diesem Eintrag finden Sie verschiedene Optionen zum Anpassen der Anzeige auf dem iPhone-Display, z. B. können Sie sich für die Darstellung von fett gedrucktem oder größerem Text entscheiden, einen erhöhten Kontrast aktivieren oder die Farben umkehren. Eine weitere wichtige Funktion: Wählen Sie hier *Transparenz reduzieren*, um die Designeffekte von iOS 26 abzumildern.
Bewegung	Mit dieser Funktion werden unnötige Bewegungen auf dem Display abgeschaltet. Auch das kann dazu beitragen, die verspielten Designeffekte von iOS 26 zurückzunehmen.

Bedienungshilfe	Funktion
Lesen & Sprechen	Sie möchten sich von Ihrem iPhone E-Mails und weitere Texte vorlesen lassen? Dann aktivieren Sie unter *Lesen & Sprechen* die Option *Auswahl sprechen*. Wenn Sie anschließend in einer App Text markieren, wird Ihnen das Sprechen des markierten Textes angeboten. Aktivieren Sie die Option *Bildschirminhalt sprechen*, dann ziehen Sie mit zwei Fingern vom oberen Displayrand nach unten, um sämtliche Display-inhalte vorzulesen. Auch ein *Reader für Bedienungshilfen* ist im Angebot, um Texte komfortabler lesen und anhören zu können. 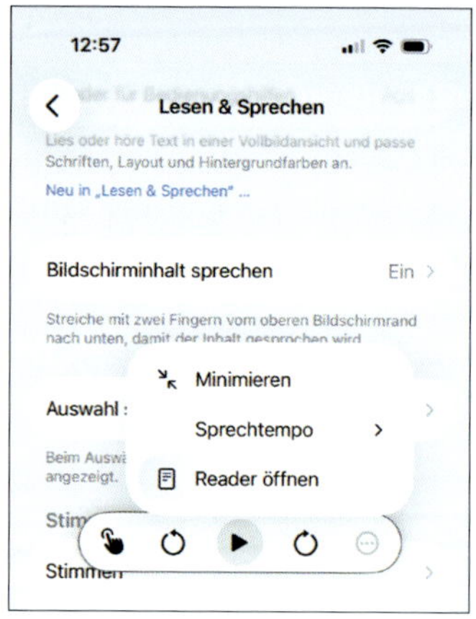
Audio-beschreibungen	Sofern in einem Medium Audiobeschreibungen enthalten sind, können Sie mit dieser Option deren Wiedergabe aktivieren.
Tippen	Unter diesem Eintrag werden mehrere Bedienungshilfen für die Texteingabe zusammengefasst. Hier stelle ich Ihnen besonders wichtige Funktionen vor: ▪ Dank *AssistiveTouch* lässt sich das iPhone mit nur einem Finger bedienen – Gesten lassen sich in einem Menü auswählen. ▪ Beim *Einhandmodus* wird der iPhone-Bildschirm, wie bereits weiter vorn in diesem Kapitel beschrieben, nach unten verschoben, sodass die oberen Inhalte besser erreichbar sind. ▪ Mit dem *Haptic Touch* lassen sich Inhaltsvorschauen und Co. durch eine unterschiedliche Druckstärke aufrufen, die Sie hier festlegen. ▪ Haben Sie Probleme mit der Bedienung auf dem Touchscreen, nehmen Sie *Touchanpassungen* vor, etwa die Zeit, die vergehen muss, damit das Antippen mit dem Finger als solches erkannt wird. ▪ Mit der Funktion *Zum Aufwecken tippen oder streichen* entscheiden Sie, ob das iPhone durch Antippen des Displays bzw. Streichen vom unteren Displayrand nach oben aus dem Stand-by-Modus aufgeweckt werden soll oder nicht.

Bedienungshilfe	Funktion
	■ *Zum Widerrufen schütteln* funktioniert so: Haben Sie sich vertippt und möchten lediglich die letzte Eingabe rückgängig machen? Dazu schütteln Sie Ihr iPhone und wählen anschließend die Option *Widerrufen*. ■ Unter dem Eintrag *Anrufaudioausgabe* können Sie festlegen, ob die Anrufannahme immer auf einem Headset oder dem Lautsprecher erfolgen soll. ■ Besonders pfiffig ist die Bedienungshilfe *Auf Rückseite tippen*. Unter diesem Eintrag können Sie festlegen, welche Aktion bei einem Doppel- oder Dreifachtipp auf die Rückseite des iPhones ausgeführt werden soll, z. B. das Aufrufen des App-Umschalters oder das Aufnehmen eines Bildschirmfotos.
Face ID & Aufmerksamkeit	Legen Sie fest, ob Sie zum Entsperren per Face ID in die Kamera blicken müssen oder nicht. Auch bei bestimmten Funktionen wird auf diese Weise Ihre Aufmerksamkeit geprüft.
Schaltersteuerung	Dank der Schaltersteuerung lässt sich das iPhone auf vielfältige Weise bedienen – u. a. auch durch ein Schnalzen oder Klicken. Aktivieren Sie dazu in den Bedienungshilfen unter *Schaltersteuerung* die Option *Schaltersteuerung*. Tippen Sie dann auf *Schalter* und wählen Sie *Neuen Schalter hinzufügen*. Entscheiden Sie sich für die »Quelle« *Geräusch* und bestimmen Sie anschließend, welche Aktion bei welchem erzeugten Geräusch ausgeführt werden soll.
Sprachsteuerung	Die Sprachsteuerung ermöglicht eine iPhone-Bedienung komplett ohne motorische Aktionen. Eine Übersicht über die Befehle, die Ihnen für die Sprachsteuerung zur Verfügung stehen, erhalten Sie, wenn Sie unter *Sprachsteuerung* auf den Eintrag *Befehle* tippen.
Blickerfassung	Auch mit Ihren Blicken können Sie das iPhone steuern. Dazu aktivieren Sie zunächst die Option *Blickerfassung* und richten diese ein. Anschließend können Sie z. B. eine App oder einen Menüpunkt durch Anschauen und Verweilen mit dem Blick aufrufen. Auch das mit der Blickerfassung aktivierte AssistiveTouch-Menü zur Auswahl von Optionen lässt sich durch Anblicken öffnen.

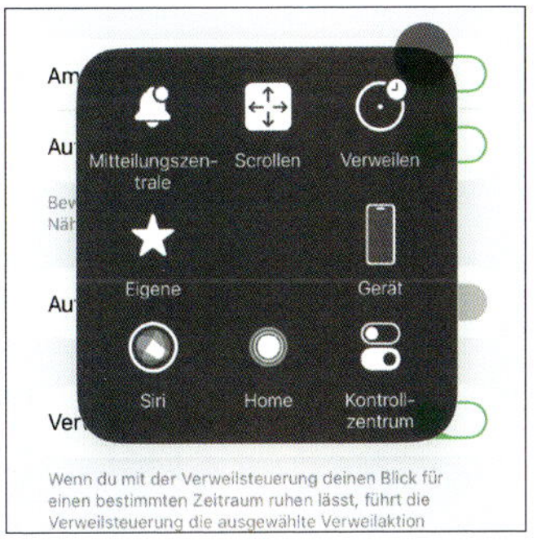

Bedienungshilfe	Funktion
Kopferfassung	Bei der Kopferfassung werden von Ihnen ausgewählte Aktionen bei bestimmten Bewegungen ausgeführt, etwa Augenbrauen hochziehen, Zunge herausstrecken oder Nase rümpfen.
Seitentaste	Wie schnell muss das doppelte oder dreifache Drücken der Seitentaste erfolgen, um als Doppel- bzw. Dreifachtipp erkannt zu werden? Hier passen Sie die Geschwindigkeit an Ihre Bedürfnisse an.
Kamerasteuerung	Bestimmen Sie hier, wie Sie die Kamerasteuerungstaste am iPhone 17 drücken müssen, um die verschiedenen Kameraoptionen zu nutzen.
Geräte in der Nähe steuern	Diese Funktion erlaubt es, andere Geräte zu steuern, die den gleichen iCloud-Account verwenden, etwa um die Medienwiedergabe zu pausieren und fortzusetzen.
Hörhilfen	Wenn Sie über ein »Made for iPhone«-Hörgerät bzw. einen kompatiblen Klangprozessor verfügen, lassen sich diese unter *Hörhilfen* mit dem iPhone verbinden.
Hörkontrollzentrum	Hier legen Sie fest, welche Optionen Sie im Kontrollzentrum verwenden möchten. Zur Verfügung stehen Kopfhörer-Anpassungen, Hintergrundgeräusche, Live-Mithören sowie Konversationsverstärkung. Um darauf Zugriff zu erhalten, fügen Sie dem Kontrollzentrum das Symbol *Hören* hinzu.
Geräuscherkennung	Dank Geräuscherkennung können Sie dem iPhone erlauben, ständig auf Geräusche zu hören und Sie im Fall von Geräuschen, die Gefahr bedeuten könnten, etwa dem Knistern von Feuer oder dem Bellen eines Hundes, zu warnen. 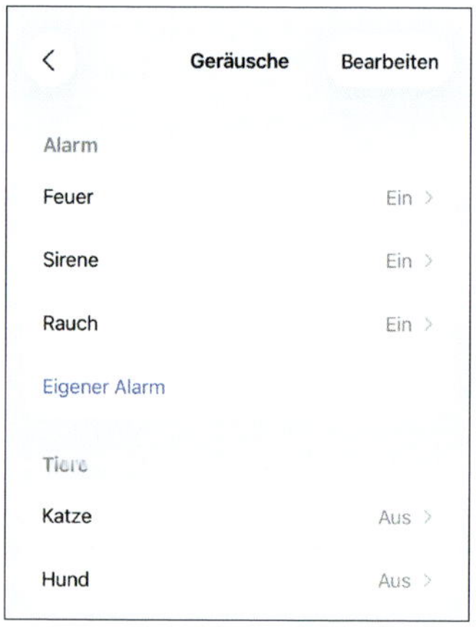
RTT	RTT ist die Abkürzung für **R**eal-**T**ime **T**ext, also Text in Echtzeit. Die Funktion ermöglicht die Textkommunikation während Ihrer Telefonate mit dem iPhone.
Untertitel & erweiterte UT	Diese Möglichkeit dient dem Einblenden von Untertiteln bei der Videowiedergabe.

Bedienungshilfe	Funktion
Audio/Visuelles	Schalten Sie unter diesem Eintrag zwischen *Stereoklang* und *Mono-Audio* um, aktivieren Sie bei einem Tinnitus *Hintergrundgeräusche*, fügen Sie eine Stimmisolation für bessere Verständlichkeit hinzu oder regeln Sie die *Lautstärke-Balance*. Darüber hinaus können Sie mit der Option *LED-Blitz bei Hinweisen* Hinweistöne und Vibrationen beim Eingehen neuer E-Mails und Co. durch den eingebauten LED-Blitz visualisieren lassen.
Live-Untertitel	Bei Live-Untertiteln werden die Untertitel mithilfe künstlicher Intelligenz erzeugt. Live-Untertitel können auch bei Telefonaten verwendet werden. Ist die Funktion eingeschaltet, gibt das iPhone alles als Text aus, was das Mikrofon erfasst. 
Musikhaptik	Diese Funktion gibt bei der Musikwiedergabe ein haptisches Feedback, um auch Gehörlose am Musikgenuss teilhaben zu lassen. Das funktioniert aber nur bei Musiktiteln, die diese Funktion unterstützen.
Live-Sprachausgabe	Praktisch bei Heiserkeit oder anderen Sprech-Handicaps: Mit der Live-Sprachausgabe lassen sich von Ihnen eingetippte Texte vom iPhone vorlesen, z. B. auch während Telefonaten. Zum Aktivieren wird dreimal die Seitentaste gedrückt.
Eigene Stimme	Die Live-Sprachausgabe soll wie Ihre eigene Stimme klingen? Ja, das ist tatsächlich möglich. Fügen Sie Ihre Stimme unter dem Eintrag *Eigene Stimme* hinzu, indem Sie dort *Eigene Stimme erstellen* wählen und zahlreiche Sätze vorlesen, die das iPhone vorgibt. Bei Redaktionsschluss konnte man allerdings nur zwischen englischer, spanischer und chinesischer Sprache wählen. 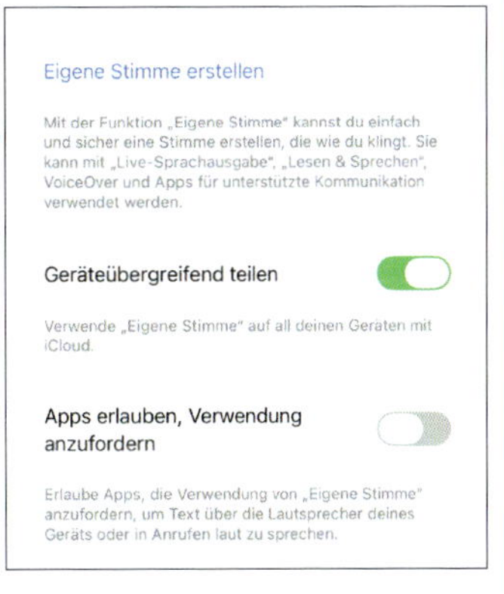

Bedienungshilfe	Funktion
Stimmkurzbefehle	Mit den Stimmkurzbefehlen lassen sich zahlreiche Aktionen ausführen. Sie können – gemäß Ihrem Sprechvermögen – individuelle Sprachbefehle erstellen.
Tastaturen & Texteingabe	Unter diesem Eintrag können Sie die iPhone-Steuerung mit einer externen Tastatur aktivieren, eine schwebende Texteingabe aktivieren, aber auch Einstellungen zur Tastenwiederholung, Einfingerbedienung und Tastenverzögerung vornehmen.
Apple TV Remote	Wenn Sie Ihr iPhone als Apple-TV-Fernsteuerung verwenden, können Sie dies entweder durch Tasten oder durch Streichgesten tun. Das bestimmen Sie hier.
Geführter Zugriff	Verwenden Sie den geführten Zugriff, um das Aktivieren nicht gewünschter Funktionen von vornherein auszuschließen oder bei bestimmten Funktionen eine »Kindersicherung« für andere Nutzer einzubauen. Wenn der geführte Zugriff aktiviert ist, öffnen Sie eine beliebige App und drücken dreimal schnell hintereinander die Seitentaste, um nun einzelne Funktionen der App durch Einkreisen zu deaktivieren. Unter der *Optionen*-Schaltfläche links unten lassen sich außerdem allgemeine Bedienfunktionen deaktivieren.
Unterstützender Zugriff	Mit dem unterstützenden Zugriff können Sie die Darstellungen auf dem Home-Bildschirm auf ein Minimum beschränken. Die iPhone-Nutzung wird dadurch allerdings stark eingeschränkt. Der unterstützende Zugriff wird zunächst konfiguriert und mit einem Code versehen. Zum Beenden wird dreimal die Seitentaste gedrückt – auch dazu ist die Code-Eingabe erforderlich.
Siri	Bestimmen Sie hier unter anderem das Sprechtempo und die Pausenzeit für die Sprachassistenz Siri. Sie können außerdem bestimmen, ob Sie geräuschlose oder gesprochene Antworten bevorzugen.
Kurzbefehl	Hier entscheiden Sie, welche Bedienungshilfe Sie durch dreimaliges Drücken der Seitentaste schnell hintereinander aufrufen möchten. Wenn Sie nur eine Bedienungshilfe auswählen, wird diese direkt aktiviert, bei mehreren ausgewählten Bedienungshilfen erhalten Sie beim Dreifachklick ein entsprechendes Auswahlmenü. 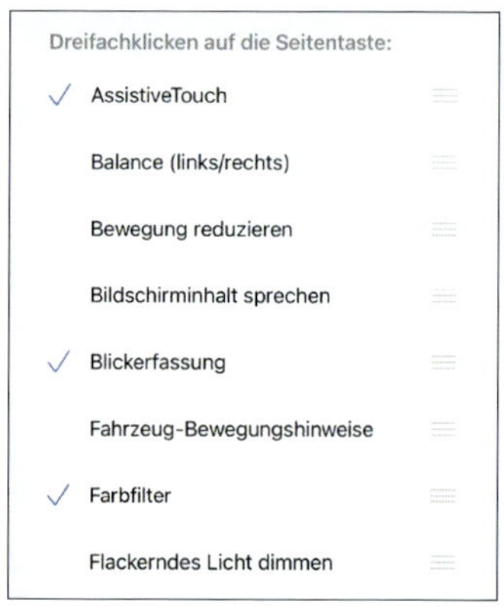

Bedienungshilfe	Funktion
App-spezifische Einstellungen	Verschiedene Bedienungshilfen, etwa das Verwenden von fettem Text, lassen sich für einzelne Apps konfigurieren, und zwar unter diesem Eintrag. Fügen Sie die App hinzu und wählen Sie anschließend die Bedienungshilfen aus, die für diese App angewendet werden sollen.
Einstellungen für Bedienungshilfen teilen	Sie können unter diesem Eintrag entscheiden, Ihre Einstellungen für die Bedienungshilfen auch auf anderen Geräten zu verwenden. Das ist vorübergehend sogar bei geliehenen Geräten möglich.

Einige der Bedienungshilfen erfordern eine gewisse Einarbeitung, doch die kann sich für Sie in jedem Fall lohnen! Beachten Sie außerdem, dass Funktionen, bei denen das iPhone laufend zuhört, am Akku saugen.

Die iPhone-Tastatur gekonnt einsetzen

Nun machen Sie sich noch etwas näher mit der iPhone-Tastatur vertraut. Das Tippen auf der iPhone-Tastatur erfolgt recht komfortabel. Ihnen werden oberhalb der Tastatur während des Eintippens jeweils Wortvorschläge unterbreitet, die Sie einfach durch Antippen auswählen können. Die Tastatur wird jeweils automatisch aktiviert, wenn Sie in ein Eingabefeld oder in ein Dokument tippen. Außerdem gut zu wissen: Sie können die Zeichen nicht nur klassisch eintippen, sondern auch von einem Buchstaben zum anderen wischen. Je nach App kann sich die Tastatur leicht unterscheiden, sie bietet aber grundsätzlich folgende Ebenen:

- **Buchstaben:** Diese Tastaturebene wird in den allermeisten Fällen automatisch aktiviert. Sie dient der Eingabe von Text, aber z. B. auch zur Eingabe von E-Mail-Adressen in der App *Mail* oder von Webadressen in der App *Safari*. Halten Sie einen Buchstaben gedrückt, um auf Buchstabenvarianten zuzugreifen, etwa auf ein **ß** statt eines **s**. Von der Zahlen- und Zeichen-Tastaturebene wechseln Sie per ABC-Taste zurück zur Buchstaben-Tastaturebene.

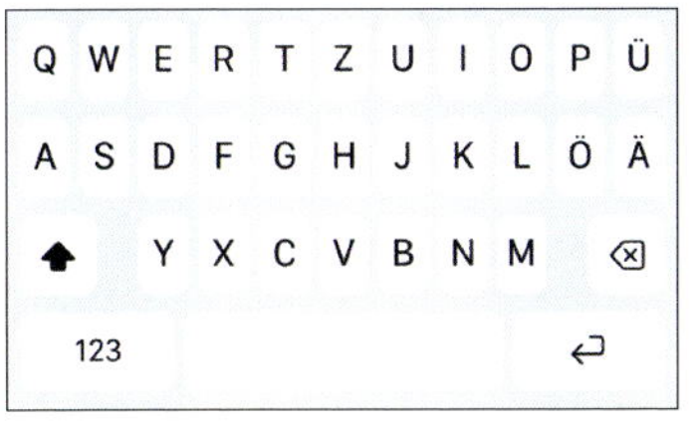

- **Zahlen:** Zu dieser Tastaturebene gelangen Sie durch Drücken der Taste 123 links unten auf der Buchstaben- sowie der Zeichen-Tastaturebene. Angeboten werden Ihnen hier die Ziffern 0–9 und die wichtigsten Sonderzeichen.

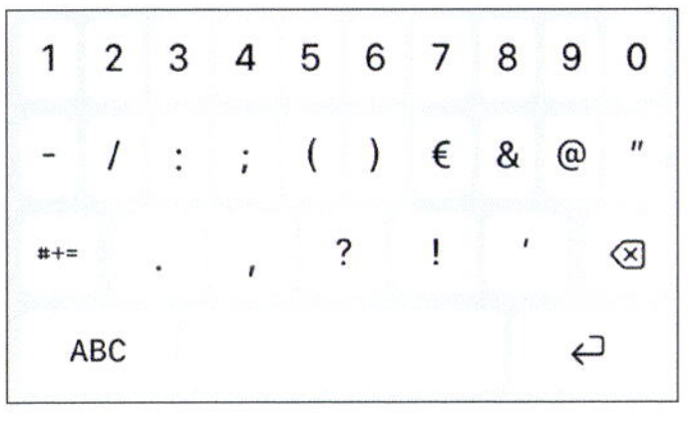

- **Zeichen:** Diese Tastaturebene, die Sie über die Taste #+= auf der Zahlen-Tastaturebene aufrufen, bietet weitere Zeichen, die hin und wieder, aber nicht ganz so häufig benötigt werden.

- **Symbole:** Wenn Sie Smileys oder andere Emojis sowie sogenannte Memoji-Sticker in eine Nachricht einfügen möchten, entscheiden Sie sich unterhalb der iPhone-Tastatur für das Symbol 😀. Wählen Sie ein Emoji per Fingertipp aus. Sie können auch mit dem eingebauten Suchfeld oberhalb der Emoji-Übersicht nach einem passenden Emoji suchen. Um wieder zu den anderen Tastaturebenen zurückzukommen, tippen Sie unterhalb der Tastatur auf die ABC -Taste.

> **Sie wünschen Emojis mit anderer Hautfarbe?**
>
> Das iPhone ist politisch ziemlich korrekt: So wie sich beim Gedrückthalten einiger Buchstaben verschiedene Buchstabenvarianten aufrufen lassen, lässt sich beim Gedrückthalten einiger Symbole eine Auswahl zusätzlicher Varianten einblenden – dies erlaubt es, Körperteile oder Gesichter in unterschiedlichen Hautfarben zu versenden.

Für Mails in andere Länder: Tastaturen hinzufügen

Die iPhone-Tastatur kann noch viel mehr Zeichen! Aktivieren Sie mit wenigen Handgriffen weitere Tastaturen, wenn Sie E-Mails und andere Texte in fremden Sprachen erstellen möchten. Das geht so:

1. Öffnen Sie auf dem Home-Bildschirm die *Einstellungen* und entscheiden Sie sich unter *Allgemein* relativ weit unten für den Eintrag *Tastatur*.
2. Wählen Sie im nächsten Schritt den Eintrag *Tastaturen*.

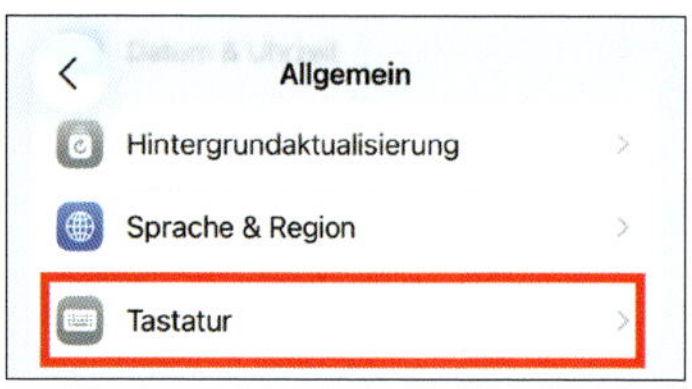

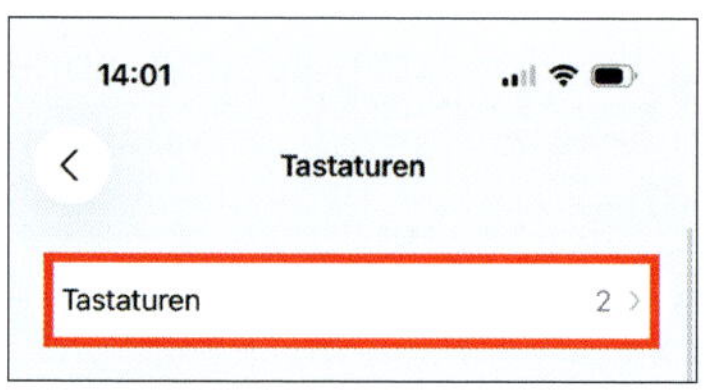

3. Die bereits vorhandene Standardtastatur sowie die standardmäßig aktivierte Emoji-Tastatur werden Ihnen angezeigt. Tippen Sie darunter auf *Tastatur hinzufügen*.

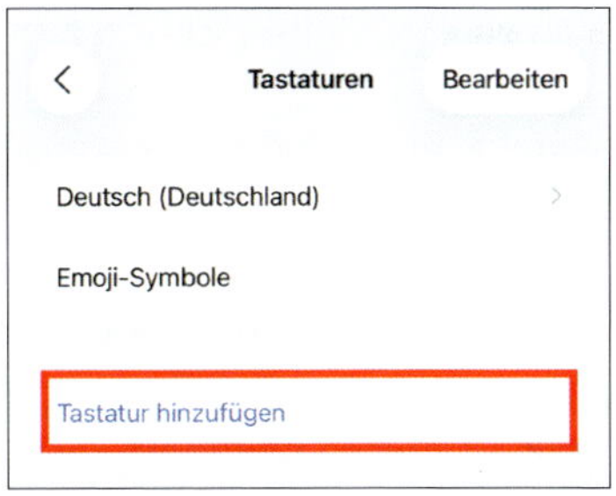

4. Wählen Sie die gewünschte zusätzliche Tastatur aus. Hier z. B. entscheide ich mich für das Hinzufügen einer thailändischen Tastatur.

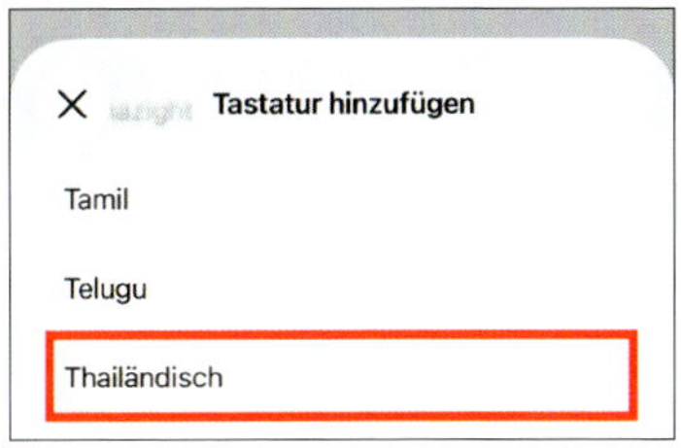

5. Tippen Sie auf der iPhone-Tastatur auf das nun angezeigte Symbol , halten Sie dieses gedrückt und wählen Sie im Menü die gewünschte Tastatur aus. Alternativ tippen Sie das Symbol mehrfach an, um zwischen den einzelnen Tastaturen zu wechseln.

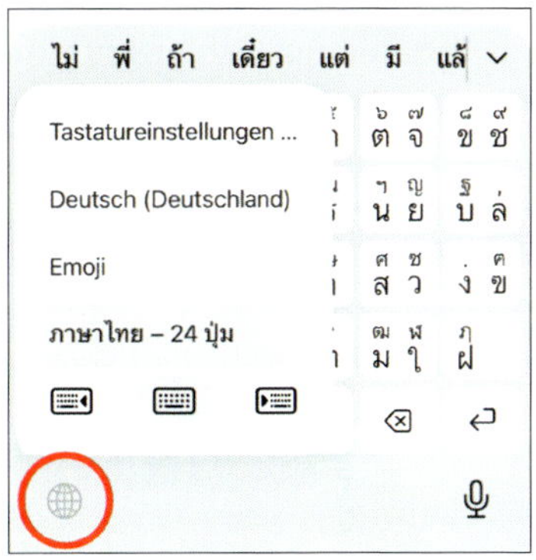

Sie können in Schritt 4 übrigens auch die Tastatur eines Drittanbieters auswählen – Sie müssen nur die entsprechende App installiert haben. Auf diese Weise lässt sich das Tastatur-Layout Ihres iPhones ganz individuell anpassen. Ein Beispiel für eine Drittanbietertastatur, die Sie im App Store finden, ist *Gboard* aus dem Hause Google.

Wenn Sie das Symbol zur Tastatur-Auswahl bzw. das Symbol gedrückt halten, finden Sie übrigens auch Optionen zur Auswahl einer Einhandtastatur, die das einfachere Eintippen mit einer Hand ermöglichen soll, indem die Tastatur auf die linke oder die rechte Seite des Displays verlagert wird. Dazu dienen die Symbole bzw. . Um die Einhandtastatur zu beenden, tippen Sie einfach auf den eingeblendeten Pfeil.

So löschen Sie auf dem iPhone

Sie benötigen eine Tastatur nicht mehr und möchten diese wieder löschen? Tippen Sie die Tastatur in der Übersicht aus Schritt 3 an und ziehen Sie den Finger auf dem Eintrag nach links. Es erscheint eine *Löschen*-Schaltfläche, die Sie antippen, um die Tastatur zu entfernen. Diese Option zum Löschen steht nicht nur in den iPhone-Einstellungen, sondern auch in vielen Apps zur Verfügung.

Bluetooth-Geräte mit dem iPhone verbinden

Mithilfe der nach einem mittelalterlichen Wikinger benannten Bluetooth-Technologie können Geräte drahtlos auf kurze Distanz mit dem iPhone verbunden werden. Vielleicht sagt Ihnen das Eintippen von Texten auf der Touchscreen-Tastatur nicht zu? Dann können Sie Ihrem iPhone die Texte auch diktieren, wie ich es in Kapitel 6 noch detailliert beschreiben werde. Oder Sie schließen per Bluetooth-Technologie drahtlos eine externe physische Tastatur an. Solche Bluetooth-Tastaturen sind – in verschiedenen Formen, etwa auch zum Zusammenrollen – bereits für etwa 20 Euro erhältlich. Wie das Verbinden mit dem iPhone erfolgt, zeige ich Ihnen am Beispiel einer Bluetooth-Tastatur des Herstellers Rapoo:

1. Achten Sie zunächst darauf, dass auf Ihrem iPhone Bluetooth aktiviert ist. Falls dies nicht der Fall sein sollte, aktivieren Sie es in den *Einstellungen* oder im Kontrollzentrum.

2. Schalten Sie die Bluetooth-Tastatur ein. Aktivieren Sie außerdem die Bluetooth-Verbindung. Bei meiner Tastatur muss ich hierzu eine von mehreren zur Auswahl angebotenen Tastenkombinationen drücken, z. B. Fn + 1.

3. Das iPhone erkennt automatisch, dass ein Bluetooth-Gerät in der Nähe zur Verfügung steht. Tippen Sie die angezeigte Tastatur in den *Einstellungen* unter *Bluetooth* an.

4. Um die Bluetooth-Verbindung herzustellen, wählen Sie schließlich *Koppeln*.

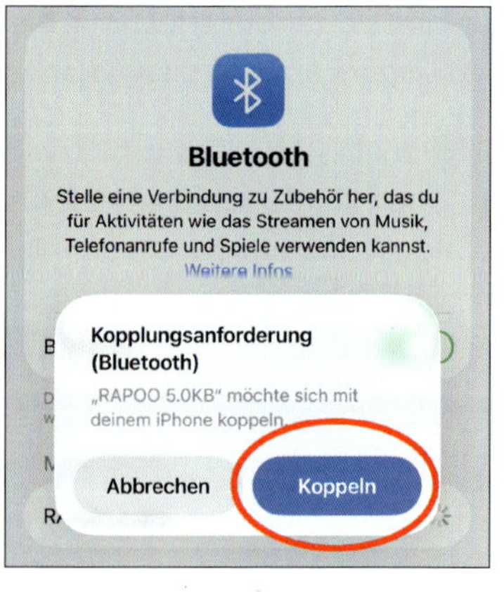

Auf ähnliche Weise lassen sich auch weitere Geräte wie Bluetooth-Headsets, Bluetooth-Stereoanlagen oder Bluetooth-Freisprecheinrichtungen mit dem iPhone verbinden. Bluetooth taugt allerdings nur für einen relativ geringen Geräteabstand von wenigen Metern ohne Mauer dazwischen.

Grundeinstellungen vornehmen

Führen Sie auf dem iPhone nun einige Grundeinstellungen durch. Öffnen Sie dazu auf dem Home-Bildschirm die *Einstellungen*. Nehmen Sie anschließend die gewünschten Änderungen vor – diese Einstellungen sind optional, Sie entscheiden selbst, welche davon Sie festlegen möchten.

Hintergrundbild ändern

Der Standardhintergrund auf dem iPhone gefällt Ihnen nicht oder Sie wünschen sich einfach etwas Abwechslung auf dem Display? Richten Sie mit wenigen Fingertipps ein anderes Hintergrundbild ein – dabei kann es sich um einen auf dem iPhone bereits verfügbaren Standardhintergrund handeln oder aber um ein selbst aufgenommenes Foto.

Zum Ändern des Hintergrundbildes entscheiden Sie sich in den iPhone-Einstellungen für den Eintrag *Hintergrundbild* und tippen dann auf *Neues Hintergrundbild auswählen*.

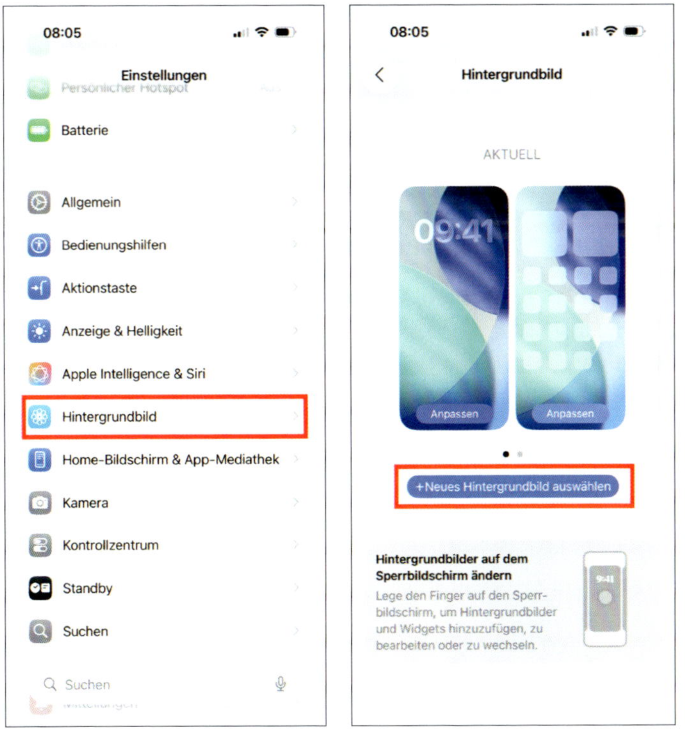

Für etwas Abwechslung zwischendurch: Ändern Sie auf Ihrem iPhone das Hintergrundbild.

Suchen Sie nun einen Hintergrund aus, der Ihnen zusagt. Bestätigen Sie, nachdem Sie ein Hintergrundbild ausgewählt haben, mit *Hinzuf.* und tippen Sie anschließend auf *Als Hintergrundbildpaar festlegen*. Das neue Hintergrundbild wird anschließend wie von Ihnen gewünscht dargestellt.

Das gewählte Hintergrundbild wird im Anschluss an Ihre Einstellungen auf dem iPhone dargestellt.

Steuerelemente auf dem Sperrbildschirm austauschen

Wenn Sie ein neues Hintergrundbild auswählen, werden die beiden Steuerelemente unten auf dem Sperrbildschirm (Taschenlampe und Kamera) mit einem Minuszeichen versehen. Sie können diese durch Antippen des Minuszeichens löschen und dann andere Steuerelemente auswählen.

App-Symbole anpassen

Was die Gestaltung des Home-Bildschirms betrifft, so können Sie noch die App-Symbole in Ihrer Wunschfarbe einfärben sowie die Symbole vergrößert darstellen. Wie Sie hierzu vorgehen, zeigt Ihnen die folgende Anleitung.

1. Tippen Sie mit dem Finger auf eine freie Fläche des Home-Bildschirms, bis die App-Symbole anfangen zu wackeln. Der Home-Bildschirm befindet sich nun im Bearbeitungszustand.

2. Im Bearbeitungszustand wird links oben auf dem Home-Bildschirm die Schaltfläche *Bearbeiten* angezeigt. Tippen Sie diese an.

3. Wählen Sie im Menü den Eintrag *Anpassen*.

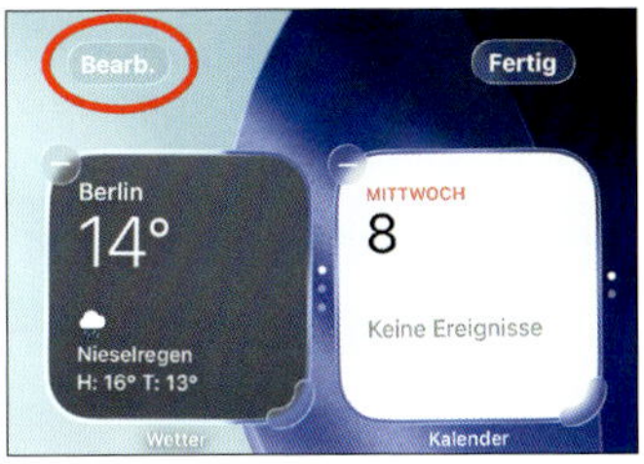

4. Sollen die App-Symbole vergrößert dargestellt und dafür die App-Beschriftungen weggelassen werden? Dann entscheiden Sie sich im Anpassungsmenü für das Symbol .

5. Für App-Symbole in Ihrer Wunschfarbe wählen Sie die Option *Eingefärbt* und stellen anschließend mithilfe der Schieberegler die gewünschte Farbe ein.

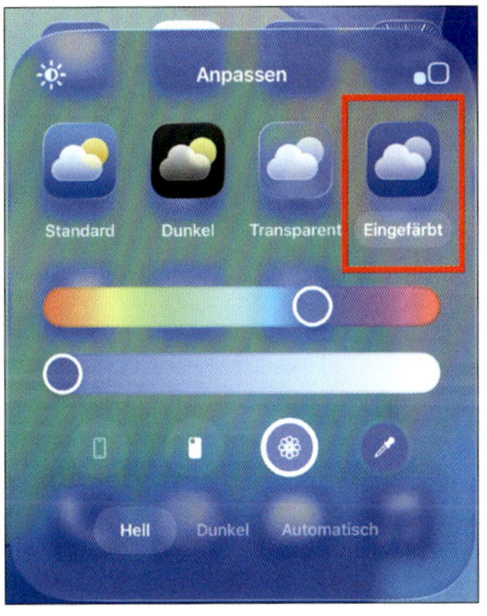

6. Um die Bearbeitung zu beenden, tippen Sie einfach auf den Home-Bildschirm.

Mehrere Sperrbildschirme verwenden

Sie können auf Ihrem iPhone mehrere Sperrbildschirme mit unterschiedlichen Hintergründen anlegen und diese auch mit sogenannten Widgets versehen, die unterschiedliche Informationen bzw. Funktionen bieten. Die folgende Anleitung beschreibt das Anlegen und Konfigurieren eines weiteren Sperrbildschirms:

1. Tippen Sie auf den aktuellen Sperrbildschirm und halten Sie ihn gedrückt.

2. Um den aktuellen Sperrbildschirm anzupassen, wählen Sie *Anpassen*. Um einen neuen Sperrbildschirm anzulegen, tippen Sie auf das Plussymbol .

3. Wie bereits im Zusammenhang mit den Hintergrundbildern gezeigt, wählen Sie einen Hintergrund aus, der Ihnen zusagt.

4. Ihnen bieten sich jetzt unterschiedliche Anpassungsmöglichkeiten, die vom gewählten Hintergrund abhängen. Bei einem Hintergrund mit Emojis können Sie z. B. unter dem Symbol andere Emojis festlegen, während Sie unter dem Symbol die Hintergrundfarbe bestimmen. Außerdem lässt sich die Gittergröße anpassen.

5. Auch die eingerahmten Elemente lassen sich anpassen, indem Sie diese antippen. Wählen Sie also z. B. *Widgets hinzufügen*.

6. Anschließend können Sie eines oder mehrere Widgets in den Rahmen einfügen.

7. Bestätigen Sie mit *Hinzuf.* und dann mit *Als Hintergrundbildpaar festlegen*.

Sperrbildschirme lassen sich manuell wechseln, indem Sie den aktuellen Sperrbildschirm gedrückt halten und dann horizontal zu einem anderen Sperrbildschirm streichen. Sperrbildschirme lassen sich aber auch mit einem

Fokus verknüpfen und z. B. bei einer bestimmten Aktivität automatisch aktivieren. Wie Sie einen Fokus einrichten, lesen Sie in Kapitel 4.

Und so können Sie einen Sperrbildschirm wieder entfernen: Halten Sie den aktuellen Sperrbildschirm gedrückt und streichen Sie horizontal zum Sperrbildschirm, den Sie löschen möchten. Schieben Sie diesen anschließend mit dem Finger nach oben und tippen Sie auf den eingeblendeten Papierkorb.

Ein nicht mehr benötigter Sperrbildschirm lässt sich mit wenigen Handgriffen wieder entfernen.

Standby nutzen

Das iPhone 17 unterstützt einen *Standby*-Modus, um auch im Stand-by-Betrieb Inhalte auf dem Display darzustellen. Dieser Modus ist bereits standardmäßig aktiviert. Zum Deaktivieren würden Sie ihn in den *Einstellungen* unter *Standby* abschalten. Laden Sie Ihr iPhone 17 auf und stellen Sie es im Querformat auf die Seite – oder bringen Sie es auf einer entsprechenden Halterung an –, wird bei aktiviertem *Standby*-Modus ein Stand-by-Bildschirm angezeigt, der unterschiedliche Widgets enthalten kann. Der Stand-by-Bildschirm lässt sich durch horizontales Streichen wechseln.

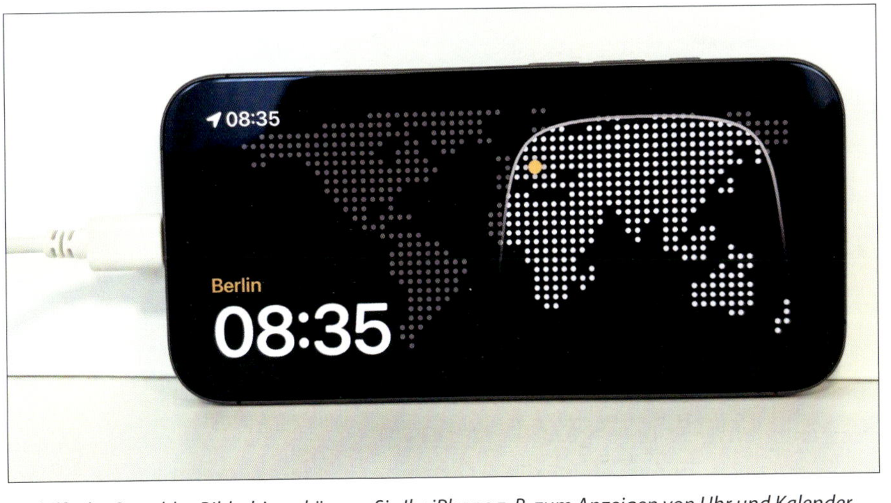

Mithilfe des Stand-by-Bildschirms können Sie Ihr iPhone z. B. zum Anzeigen von Uhr und Kalender, aber auch als digitalen Bilderrahmen nutzen.

Erscheinungsbild wechseln

Bei der Inbetriebnahme Ihres iPhones haben Sie sich entweder für ein helles oder ein dunkles Erscheinungsbild auf dem iPhone-Display entschieden. Diese Einstellung lässt sich mit wenigen Schritten ändern. Dazu wählen Sie in den *Einstellungen* die Option *Anzeige & Helligkeit*. Tippen Sie dann im Abschnitt *Erscheinungsbild* die gewünschte Option an. Wenn Sie den Schalter *Automatisch* aktivieren, können Sie das iPhone auch je nach Tageszeit das Erscheinungsbild einstellen lassen.

Wichtige Einstellungen zum Datenschutz

Damit Sie als iPhone-Nutzer nicht völlig gläsern werden, legen Sie großen Wert auf den Datenschutz und geben nur gerade so viele Daten preis, wie es für bestimmte Zwecke unbedingt notwendig ist. Grundsätzlich werden Sie bei der Nutzung einer App gefragt, wenn die App auf Ihren Standort, auf Ihre Kontakte und auf weitere Daten zugreifen möchte. Die entsprechende Erlaubnis lässt sich selbstverständlich auch wieder entziehen.

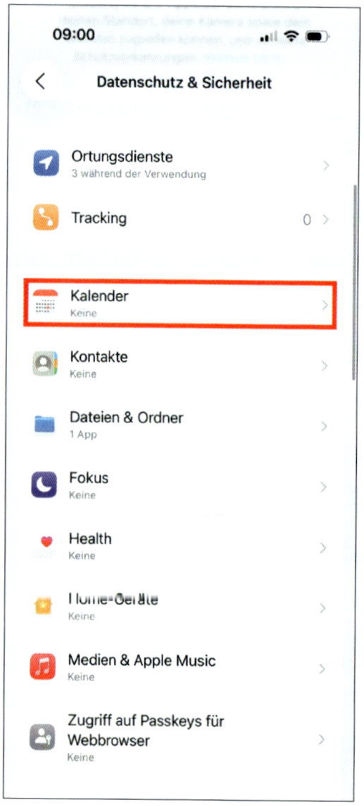

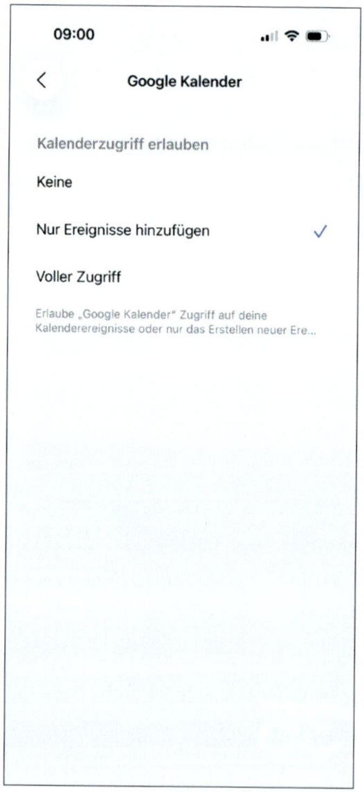

Hier entscheide ich, ob eine App auf meine Kalenderdaten zugreifen darf oder nicht.

Für die Konfiguration des Datenschutzes tippen Sie in den *Einstellungen* auf den Eintrag *Datenschutz & Sicherheit*. Tippen Sie nun die einzelnen Einträge an, um herauszufinden, welche Apps auf welche Daten zugreifen, also auf *Ortungsdienste, Tracking, Kalender, Kontakte, Dateien & Ordner, Fokus, Health, Home-Geräte, Medien & Apple Music, Zugriff auf Passkeys für Webbrowser, Fotos, Erinnerungen, Wallet, Zubehör, Bluetooth, Kamera, Dringende Nachrichten, Lokales Netzwerk, Mikrofon, Bewegung & Fitness, Interaktionen in der Nähe, Gekoppelte Geräte, Sensor- und Nutzungsdaten* und *Spracherkennung*. Um einer App den Zugriff auf die entsprechenden Daten zu verbieten, deaktivieren Sie einfach die entsprechende Option.

Was den Zugriff auf Ihren aktuellen Standort betrifft, können Sie statt Ihres exakten Standorts auch nur einen ungefähren Standort preisgeben, was in vielen Apps sicherlich ausreichend sein wird. Dazu wählen Sie unter *Datenschutz* den Eintrag *Ortungsdienste* und entscheiden sich für die entsprechende App. Deaktivieren Sie, wenn Sie bereits den exakten Standort freigegeben haben, den Schalter *Genauer Standort*.

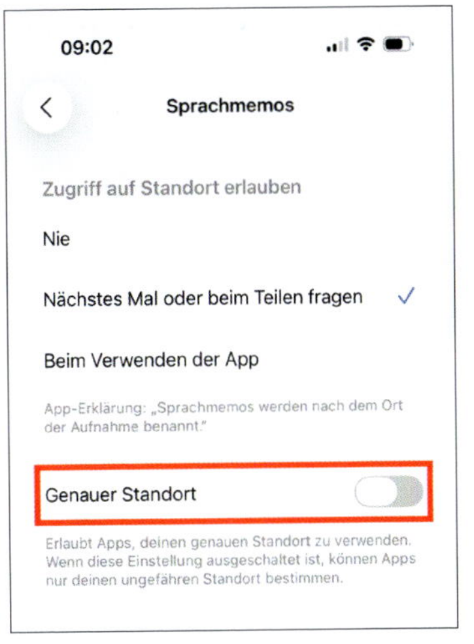

Der Zugriff auf Ihren exakten Standort ist z. B. für die Navigation und verschiedene andere Zwecke notwendig; häufig wird jedoch auch der Zugriff auf Ihre ungefähre Position ausreichen.

In den Datenschutzeinstellungen finden Sie noch einen weiteren Eintrag, der dazu dient, dass Sie von Werbetreibenden maßgeschneiderte Werbung erhalten – dass dies eine gewisse Beobachtung voraussetzt, ist klar. Um die diesbezüglichen Einstellungen zu prüfen, tippen Sie unter *Datenschutz & Sicherheit* auf den Eintrag *Apple-Werbung*. Deaktivieren Sie hier ggf. den Schalter *Personalisierte Werbung*.

Analysedaten verwalten

Auf das Teilen Ihrer Analysedaten mit Apple sollten Sie lieber verzichten. Die entsprechenden Daten können Sie sich auch selbst ansehen, und zwar unter *Datenschutz & Sicherheit*, indem Sie dort *Analyse & Verbesserungen* wählen und sich dann für den Eintrag *Analysedaten* entscheiden. Sie werden mit diesen Daten zwar nicht viel anfangen können, aber interessant ist das Betrachten derselben allemal.

Eine etwas verstecktere Einstellung betrifft den Zugriff von Systemdiensten auf Ihren Standort. Wählen Sie unter *Datenschutz* den Eintrag *Ortungsdienste* und tippen Sie unten auf *Systemdienste*, um eine Übersicht zu erhalten. Hier können Sie z. B. den Schalter *Vorschläge & Suche* sowie alle Schalter im Abschnitt *Produktverbesserungen* deaktivieren.

Schalten Sie außerdem die Funktion *Wichtige Orte & Routen* lieber aus, denn damit wird ein Verlauf der von Ihnen häufig besuchten Orte erstellt. Mit *Verlauf löschen* können Sie den bereits gespeicherten Verlauf der häufig besuchten Orte bereinigen.

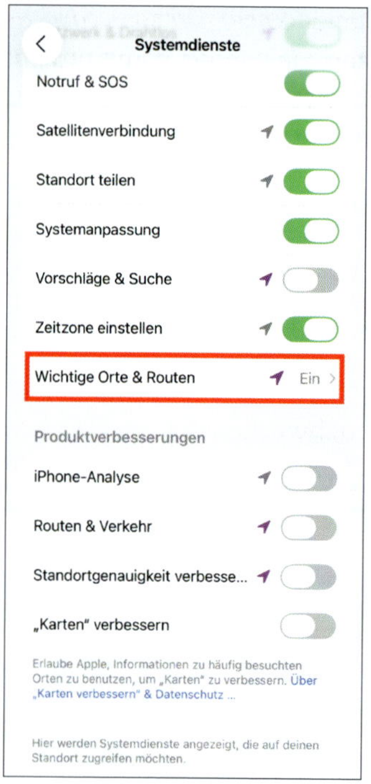

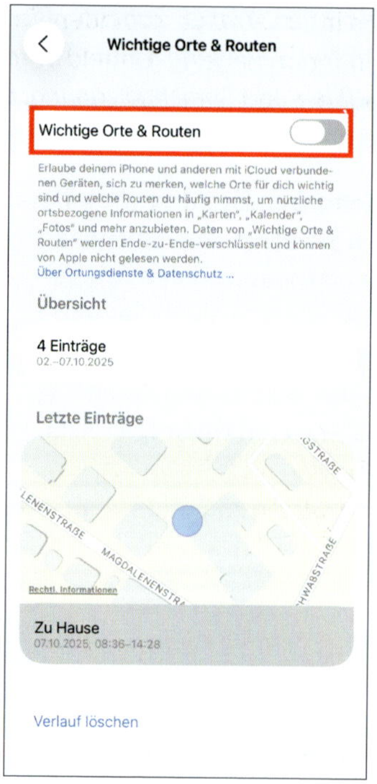

Die Systemdienste greifen häufig auf Ihren Standort zu, ohne dass Sie es mitbekommen – werfen Sie deshalb einen genauen Blick darauf!

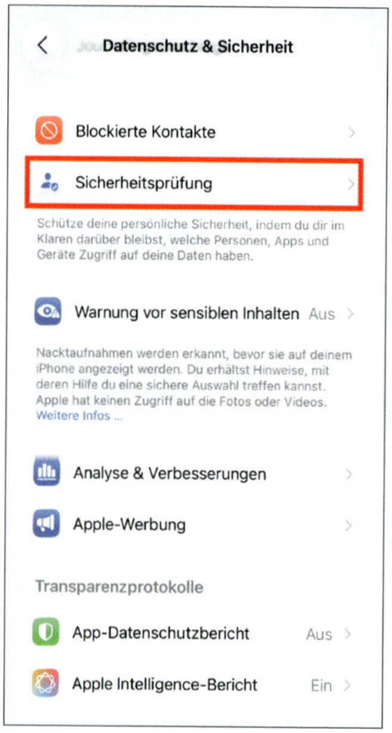

Hier wird eine Sicherheitsprüfung durchgeführt, um festzustellen, wer Zugriff auf welche Ihrer Daten hat.

In den *Einstellungen* unter *Datenschutz & Sicherheit* finden Sie noch weitere im Ernstfall hilfreiche Sicherheitsfunktionen. Nämlich zum einen den *Blockierungsmodus*, der verschiedene Datenverbindungen zwischen Ihrem iPhone und dem Internet kappt und dazu dient, akute Hackerangriffe aus dem Internet zu unterbinden. Die Option *Sicherheitsprüfung* wählen Sie, wenn Sie Spionage in Ihrem näheren Umfeld vermuten. Sie können damit prüfen, welchen Kontakten Sie Zugriff auf welche Daten genehmigt haben, und die Freigabe mit ein paar Handgriffen unterbinden.

Die *Warnung vor sensiblen Inhalten* soll dafür sorgen, dass Sie nicht versehentlich Nacktaufnahmen aufrufen. Werden Nacktaufnahmen bei aktiviertem Modus erkannt, werden diese verschwommen dargestellt.

Apps durch Gesichtserkennung schützen

Wenn Sie Ihr iPhone auch mal anderen Personen in die Hand geben, möchten Sie vielleicht einzelne Apps vor fremden Zugriffen schützen, damit z. B. nicht jede Person, die Ihr iPhone benutzt, auf Ihre E-Mails oder Notizen zugreifen kann. Nun, eine App lässt sich ganz einfach mit der Gesichtserkennung (Face ID) schützen, damit nur Sie persönlich darauf zugreifen können.

1. Tippen Sie auf die betreffende App und halten Sie sie gedrückt, hier z. B. die App *Notizen*.
2. Es öffnet sich ein Kontextmenü, in dem Sie die Option *Face ID anfordern* wählen.

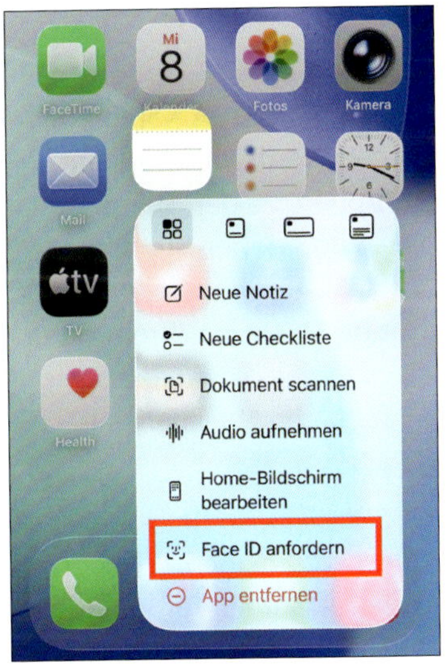

3. Bestätigen Sie anschließend nochmals mit *Face ID anfordern*. Ab sofort prüft dann die Gesichtserkennung, ob tatsächlich Sie diejenige Person sind, die die App öffnen möchte.

Möchten Sie die App nicht mehr mit der Gesichtserkennung schützen, tippen Sie sie erneut an und halten sie gedrückt. Im Kontextmenü entscheiden Sie sich dann für den Eintrag *Face ID nicht anfordern*.

Weitere nützliche Grundeinstellungen

Hier noch ein paar weitere kleinere Grundeinstellungen, die Ihnen bei der Verwendung Ihres iPhones nützlich sein könnten:

- **Automatische Sperre einrichten:** Nach welchem Zeitraum der Nichtnutzung soll das iPhone gesperrt und das Display abgeschaltet werden? Wählen Sie in den *Einstellungen* unter *Anzeige & Helligkeit* den Eintrag *Automatische Sperre*, um Ihren Wunschzeitraum festzulegen. Um den Akku nicht unnötig zu belasten, sollte der Zeitraum möglichst kurz gewählt werden, allerdings kann es für die optimale Nutzung einiger Apps hilfreich sein, die automatische Sperre zu verhindern.

- **iPhone-Name ändern:** Sie möchten Ihrem iPhone einen anderen Namen geben? Entscheiden Sie sich dazu in den *Einstellungen* unter *Allgemein* für *Info*. Tippen Sie den standardmäßig vergebenen Namen an und geben Sie den gewünschten neuen Namen ein. Unter *Info* finden Sie übrigens auch viele wichtige Daten zu Ihrem iPhone: die IMEI, die Seriennummer, die WLAN-Adresse, eine Angabe zum verfügbaren Speicher usw.

- **Auto-Korrektur abschalten:** Wenn Sie sich in den *Einstellungen* unter *Allgemein* für den Eintrag *Tastatur* entscheiden, sehen Sie, dass die Optionen für die Rechtschreibprüfung und -korrektur standardmäßig bereits aktiviert sind. Die Option *Auto-Korrektur* kann sich aber mitunter als störend erweisen, da manchmal von Ihnen richtig geschriebene Wörter vom iPhone durch andere Wörter ersetzt werden, ohne dass dies von Ihnen gewünscht ist. Deaktivieren Sie die Option einfach! Zurückhaltender ist da schon die Option *Rechtschreibprüfung*. Bei dieser Option werden (vermeintliche) Fehler lediglich unterstrichen. Wenn Sie ein unterstrichenes Wort antippen, werden Ihnen alternative Wörter vorgeschlagen und Sie können bei Bedarf eines auswählen.

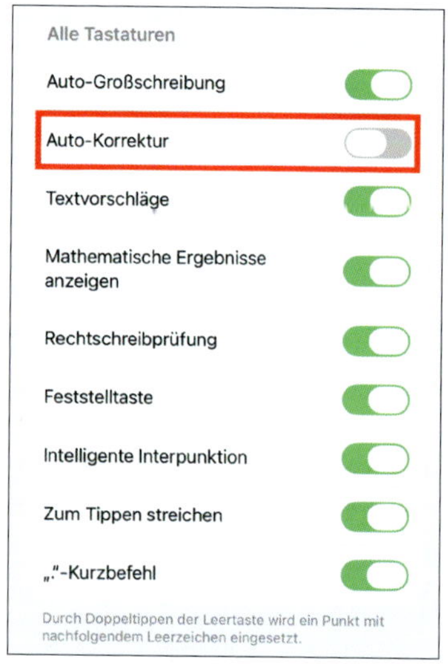

Das iPhone bietet natürlich noch viele weitere Einstellungsmöglichkeiten. Stöbern Sie gern selbst ein wenig in den iPhone-Einstellungen herum. Weitere wichtige Optionen werden Sie auch noch im Verlauf dieses Buches kennenlernen.

Ihr iPhone als Hotspot einsetzen

Sofern Ihr Mobilfunkanbieter es gestattet, lässt sich das iPhone auch als WLAN-, Bluetooth- oder USB-Hotspot einsetzen. Das bedeutet schlicht, dass Sie die mobile Datenverbindung anderen Geräten, etwa einem Notebook, drahtlos (WLAN bzw. Bluetooth) oder über den USB-Anschluss zur Verfügung stellen: Die Internetverbindung wird zwar mit dem iPhone hergestellt, aber Sie surfen auf dem Notebook im Internet. Und so funktioniert es:

1. Öffnen Sie die iPhone-Einstellungen und entscheiden Sie sich für den Eintrag *Persönlicher Hotspot*. Die mobilen Daten müssen aktiviert sein, damit der Eintrag ausgewählt werden kann.

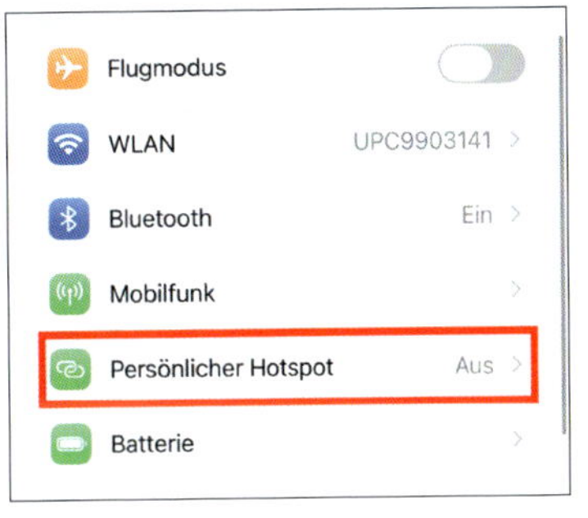

2. Aktivieren Sie die Option *Zugriff für andere erlauben*. Das automatisch erstellte WLAN-Passwort können Sie verwenden oder es durch ein einfacheres Passwort ersetzen. Der persönliche Hotspot ist nun aktiviert.
3. Der Hotspot kann jetzt auf dem anderen Gerät ausgewählt werden, z. B. auf einem Windows-Notebook. Dazu muss lediglich das iPhone ausgewählt und das auf dem iPhone angegebene WLAN-Passwort eingegeben werden.

VPN-Verbindung herstellen

Mit dem iPhone können Sie eine Verbindung zu einem VPN – einem virtuellen privaten Netzwerk, z. B. einem Firmennetzwerk – herstellen: Dazu entscheiden Sie sich in den *Einstellungen* unter *Allgemein* für den Eintrag *VPN und Geräteverwaltung*, wählen unter *VPN* die Option *VPN-Konfiguration hinzufügen* und geben die vom Systemadministrator mitgeteilten Zugangsdaten ein.

Alles suchen und finden

Wenn Sie auf dem Home-Bildschirm auf den Such-Button oberhalb des Docks tippen oder auf dem iPhone-Display eine kurze Streichbewegung von oben nach unten vollführen, werden Ihnen ein Suchfeld sowie standardmäßig diverse Siri-Vorschläge angezeigt.

Um eine individuelle Suche zu starten, geben Sie einen Suchbegriff in das Suchfeld ein. Bereits während der Texteingabe werden Ihnen passende Treffer angezeigt. Sie können auch mehrere Wörter eingeben, um die Suche bei vielen Treffern einzugrenzen – die Wörter werden durch ein unsichtbares UND verknüpft. Tippen Sie ein gefundenes Element an, um es zu öffnen.

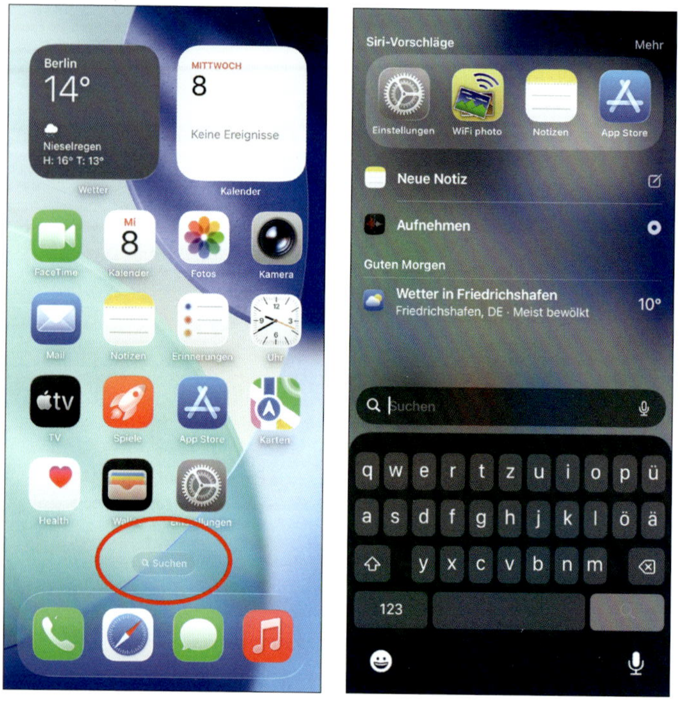

Mit der Suchfunktion Ihres iPhones spüren Sie blitzschnell die von Ihnen gesuchten Elemente auf und können auch direkt verschiedene Funktionen ausführen.

Wenn Sie die Suchfunktion regelmäßig verwenden, beispielsweise um Ihre Apps zu finden und zu öffnen, sollten Sie die Funktion für Sie ideal einrichten. Um festzulegen, welche Elemente mit der Suchfunktion angezeigt werden, gehen Sie so vor:

1. Tippen Sie in den iPhone-Einstellungen auf den Eintrag *Suchen*.

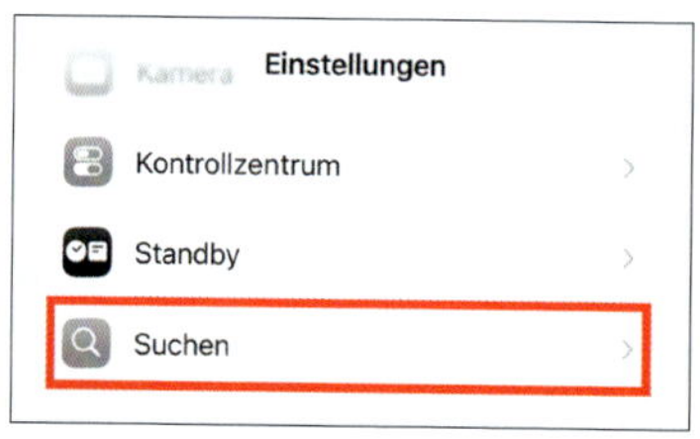

2. Entscheiden Sie zunächst per Schalter, ob zugehörige Inhalte von Apple-Partnern angezeigt und Ihre Suchdaten zu Analysezwecken an Apple gesandt werden dürfen.

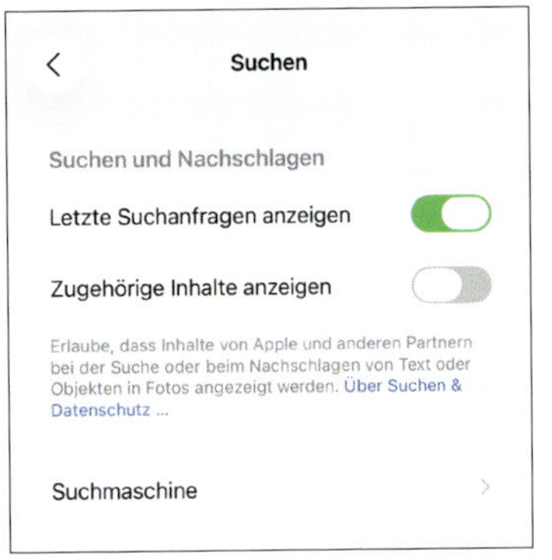

3. Nun bestimmen Sie, welche Apps bzw. welche App-Inhalte in die Suche einbezogen werden sollen.

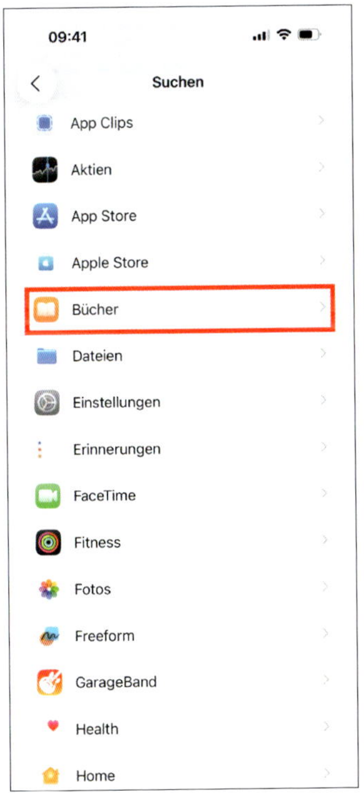

Seitenanzeige statt Such-Button

Um oberhalb des Docks statt des Such-Buttons eine Seitenanzeige des Home-Bildschirms einzublenden, wählen Sie in den *Einstellungen* den Eintrag *Home-Bildschirm & App-Mediathek*. Deaktivieren Sie nun im Abschnitt *Suchen* den Schalter *Auf Home-Bildschirm anzeigen*.

KAPITEL 3

Geniale Apps installieren und gekonnt verwalten

Mit Ihrem iPhone können Sie viel mehr machen als nur telefonieren, kommunizieren, organisieren und was Sie sonst noch von einem Smartphone erwarten würden – Sie werden all diese Funktionen in den nachfolgenden Kapiteln noch ausführlich kennenlernen.

Dank – laut Statista – knapp 2,1 Millionen im App Store verfügbarer Apps lässt sich der Funktionsumfang des iPhones beinahe beliebig erweitern. Rüsten Sie komplette Wörterbücher und Sprachführer, vollwertige Navigationssysteme, Office-Apps, Instrumente-Apps, Shopping-Apps und viele weitere Apps nach. In diesem Kapitel erfahren Sie, wie Sie die besten Apps finden und installieren. Außerdem zeige ich Ihnen, wie Sie mithilfe der App-Mediathek, der App-Ordner und weiterer Funktionen stets den Überblick über Ihre Apps behalten.

Gewünschte Apps sofort finden

Voraussetzung für die Nutzung des App Stores ist, dass Sie über einen Apple Account verfügen. Diesen haben Sie spätestens bei der Inbetriebnahme Ihres neuen iPhones erstellt. Zum Herunterladen kostenpflichtiger Apps müssen Sie den Apple Account zusätzlich mit Zahlungsdaten hinterlegen, Ihre diesbezüglichen Möglichkeiten stelle ich Ihnen gleich noch vor. Zunächst machen Sie sich mit den Rubriken des App Stores vertraut, um jederzeit die besten Apps zu den von Ihnen gewünschten Themen zu finden. Öffnen Sie den App Store, indem Sie auf dem Home-Bildschirm das entsprechende Symbol antippen.

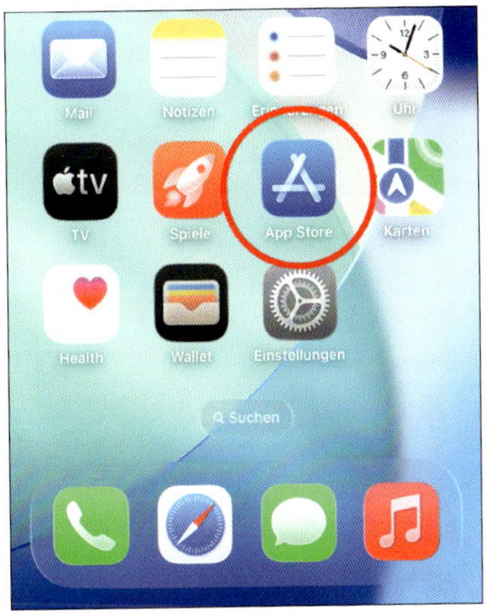

Das Symbol des App Stores zeigt ein weißes A auf blauem Hintergrund.

Heute

Diese Rubrik im App Store ist eine spannende Anlaufstelle, wenn Sie nicht nach Apps zu bestimmten Themen suchen, sondern sich einfach inspirieren lassen möchten. Es werden Ihnen ausgewählte Apps aus unterschiedlichen Bereichen vorgestellt, darunter Apps und Spiele des Tages sowie weitere App-Tipps.

Spiele

In dieser Rubrik finden Sie viele Spiele-Apps, sortiert in unterschiedlichen Kategorien und Charts. Wer sein iPhone gern auch mal zum Spielen einsetzen möchte, wird in dieser Rubrik garantiert fündig. Viele Spiele lassen sich kostenlos auf das iPhone laden; kostenpflichtig wird es häufig erst, wenn Sie bestimmte Funktionen freischalten oder höhere Level spielen möchten.

Apps

In dieser Rubrik finden Sie alle weiteren Apps, also Apps, die keine Spiele sind. Wie bei den Spielen können Sie sich die Apps in unterschiedlichen Kategorien und Charts anzeigen lassen. Tolle App-Angebote landen früher oder später auch in den Charts. Werfen Sie daher regelmäßig einen Blick dort rein!

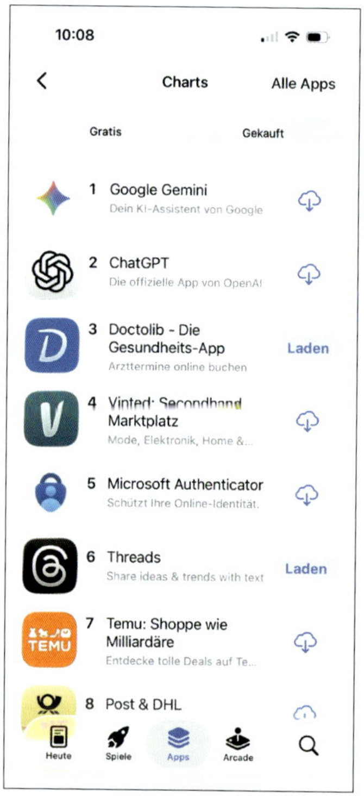

Diese beiden Abbildungen zeigen die Rubrik »Apps« im App Store.

Arcade

Für Spiele-Begeisterte bietet Apple ein Spiele-Abo mit dem Namen *Arcade* an. Dieses finden Sie im App Store in der gleichlautenden Rubrik. Das Spiele-Abo kann kostenlos getestet werden. Es stehen zahlreiche Spiele zum Ausprobieren zur Verfügung. Da wird es sicherlich niemandem langweilig! Bevor Sie das Arcade-Test-Abo oder sonstige Abonnements abschließen, lesen Sie aber zunächst den Abschnitt zu den Zahlungsmethoden weiter hinten in diesem Kapitel.

Das Spiele-Abo »Arcade« wird in der gleichlautenden Rubrik im App Store oder alternativ in der App Spiele aufgerufen.

Suchen

Falls Sie die Kategorien und Charts nicht ergiebig finden, suchen Sie einfach nach Apps zu bestimmten Themen bzw. nach dem Namen einer bestimmten App. Hierzu entscheiden Sie sich im App Store für die Lupenschaltfläche. Tippen Sie Ihren Suchbegriff ein – oder auch mehrere Wörter, die dann durch ein unsichtbares UND verknüpft werden. Wählen Sie entweder einen der Suchvorschläge aus oder tippen Sie auf die Lupentaste, um Apps zu finden, die zu Ihrer Suche passen. Die Suchfunktion erhalten Sie auch in einem Kontextmenü, wenn Sie das *App Store*-Symbol auf dem Home-Bildschirm gedrückt halten.

Stöbern Sie eine Zeit lang im App Store herum, bevor Sie loslegen, Apps herunterzuladen. Grundsätzlich gilt: Sämtliche Apps werden von Apple relativ gründlich geprüft, bevor diese im App Store veröffentlicht werden. Das Ganze ist also – im Hinblick auf Schadsoftware oder betrügerische Absichten von App-Anbietern – ziemlich sicher. Wobei es die absolute Sicherheit natürlich auch im App Store nicht gibt. So wurde schon vor einiger Zeit ein größerer Hackerangriff bekannt, durch den zahlreiche manipulierte Apps Eingang in den App Store fanden.

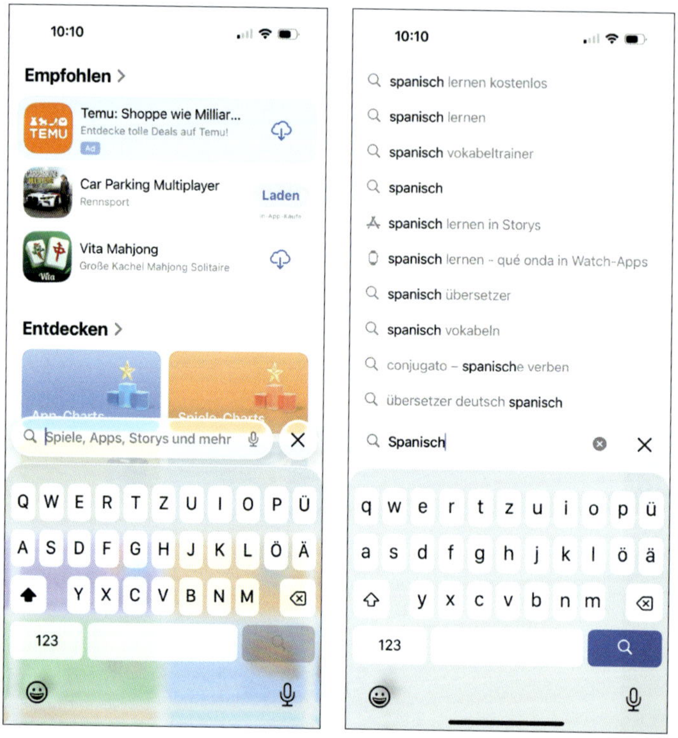

Durchsuchen Sie den App Store nach Ihren Begriffen.

Was Sie vor dem Herunterladen von Apps ebenfalls wissen sollten: Jeder App-Download wird mit Ihrem Apple Account verknüpft. Das bietet Ihnen den Vorteil, dass Sie eine einmal gekaufte App später jederzeit erneut herunterladen können, ohne sie erneut kaufen zu müssen. Es bedeutet aber auch, dass die einmal heruntergeladenen Apps immer mit Ihrem Apple Account verknüpft sein werden. Laden Sie also besser keinen Mist aus dem App Store!

App-Rezensionen richtig interpretieren

Bevor Sie eine App herunterladen, sollten Sie in jedem Fall die Ihnen dazu präsentierten Sternebewertungen betrachten und die Rezensionen lesen. Tippen Sie dazu eine im App Store gefundene App an und wählen Sie *Bewertungen & Rezensionen*. Standardmäßig sind die Rezensionen nach »Nützlichkeit« sortiert, Sie können jedoch z. B. eine chronologische Sortierung vornehmen oder die negativen Bewertungen, die manchmal interessante Informationen enthalten, zuerst lesen.

Eine hohe Anzahl von Sternen spricht in jedem Fall schon mal für eine ausgezeichnete App. Wenn dann auch noch begeisterte Rezensionen zu lesen sind, was sollte Sie dann noch vom Download abhalten?

Nun, zunächst mal sollten Sie abwägen, ob die Bewertungen überhaupt repräsentativ, sprich: in ausreichender Zahl vorhanden sind. Beachten Sie außerdem, dass nicht alle Rezensionen zwingend von App-Nutzern abgegeben werden müssen – sie können theoretisch auch von den App-Herstellern selbst bzw. von deren Handlangern stammen. Wenn eine App zu sehr bejubelt wird, und das in erster Linie mit kurzen, ähnlichen Rezensionen, dann sollten Ihre Alarmglocken schrillen!

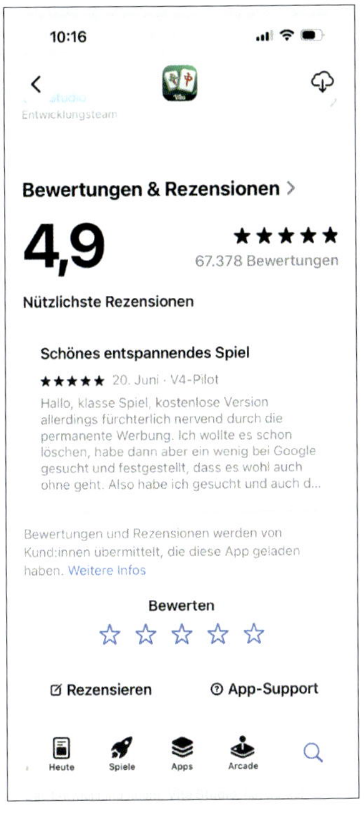

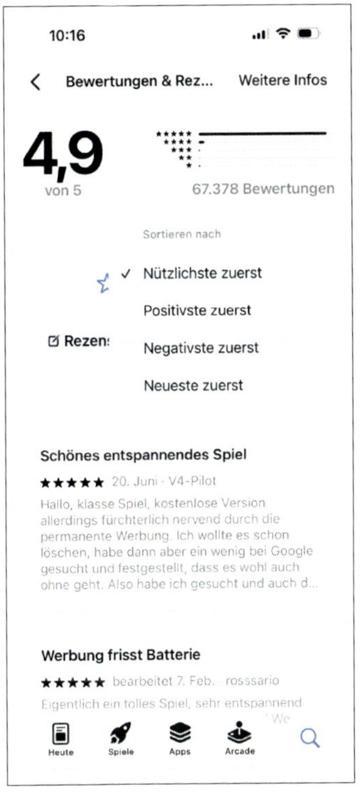

Zumindest bei größeren Anbietern können Sie sich ziemlich sicher sein, dass die Bewertungen echt sind; die Rezensionen lassen sich nach unterschiedlichen Kriterien sortieren.

Andererseits muss nicht jede App, die schlecht bewertet wird, tatsächlich schlecht sein. Auf dem älteren iPhone eines anderen Nutzers mag eine App vielleicht nicht perfekt funktionieren, während sie auf Ihrem iPhone 17 exzellent läuft. In so einem Fall hilft nur Ausprobieren!

Weitere Apps eines Entwicklers gewünscht?

Wenn ein App-Entwickler eine tolle App herausgebracht hat, ist es nicht unwahrscheinlich, dass auch seine anderen Apps Sie begeistern könnten. Wählen Sie eine gefundene App im App Store aus und tippen Sie unterhalb der App-Beschreibung – sofern verfügbar – auf *Mehr von*. Sie erhalten daraufhin eine Übersicht über die weiteren vom Entwickler veröffentlichten iPhone-Apps.

Neue Apps aufs iPhone laden

Bevor Sie gleich Ihre erste kostenlose App installieren, noch ein paar Worte zum Thema »Gratis«. Viele Apps, die Sie im App Store finden, sind tatsächlich dauerhaft und in vollem Umfang gratis. Andere Apps jedoch sind nur vorübergehend oder nur mit eingeschränktem Funktionsumfang kostenlos – weitere Funktionen lassen sich dann durch sogenannte In-App-Käufe freischalten oder – nach dem Ausprobieren der Lite-Version – durch das Herunterladen der Vollversion auf das iPhone bringen.

Zum Herunterladen einer App aus dem App Store sind nur wenige Schritte erforderlich. Gern zeige ich Ihnen den genauen Vorgang Schritt für Schritt:

1. Wählen Sie eine beliebige Gratis-App aus. Tippen Sie bei der App, die Sie auf Ihr iPhone herunterladen möchten, auf die Schaltfläche *Laden*. Bei kostenpflichtigen Apps wird Ihnen auf der Schaltfläche der jeweilige Preis angezeigt.

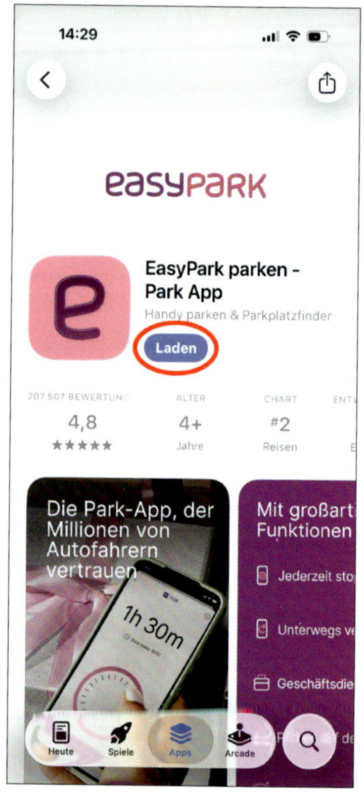

2. Bestätigen Sie das Laden entweder mit Ihrer Face ID, indem Sie zweimal schnell hintereinander die Seitentaste drücken, oder geben Sie das zu Ihrem Apple Account gehörende Passwort ein.

3. Das Herunterladen der App erfolgt prompt, und zwar entweder nur in die App-Mediathek oder auch auf den Home-Bildschirm (dazu später in diesem Kapitel mehr). Wie lange der Download dauert, richtet sich nach der Größe der App und der Geschwindigkeit Ihrer Internetverbindung. Auf dem Home-Bildschirm bzw. in der App-Mediathek lässt sich der Lade- und Installationsvorgang verfolgen – bis schließlich das App-Symbol zum Starten der App zur Verfügung steht. Per Fingertipp lässt sich das Laden bei Bedarf pausieren und später wieder fortsetzen.

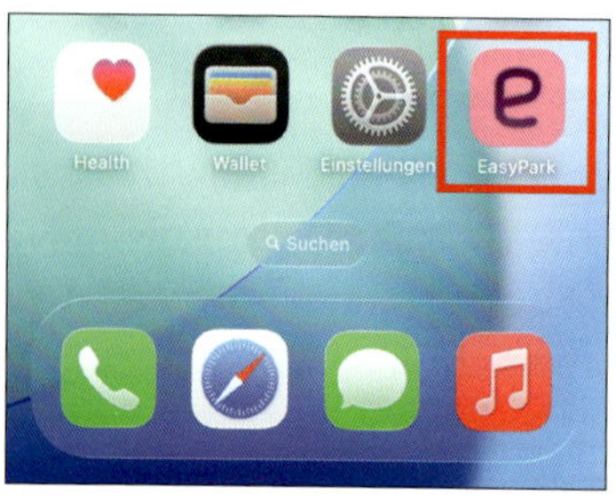

Speichergröße beachten!

Beachten Sie vor dem Herunterladen einer App unbedingt auch deren Speichergröße. Diese Angabe finden Sie bei einer im App Store ausgewählten App im Abschnitt *Informationen*. Handelt es sich um ein einfaches Spiel oder Tool, die App verstopft aber mit mehreren Hundert Megabyte den kostbaren Speicher Ihres iPhones? Dann sollten Sie auf den Download lieber verzichten.

Übrigens: Es gibt keine Begrenzung für Downloads im Mobilfunknetz, bei Downloads von über 200 MB erfolgt jedoch standardmäßig eine Rückfrage.

Zahlungsmethoden im Überblick

Zu Beginn werden Sie mit den Gratis-Apps vielleicht genug zu tun haben, aber Sie werden sicherlich auch auf die eine oder andere kostenpflichtige App stoßen, die Sie gern auf Ihrem iPhone installieren würden. Um kostenpflichtige Apps erwerben zu können, müssen Sie sich zunächst für eine Zahlungsmethode entscheiden.

Guthabenkarte

Sie finden in verschiedenen Supermärkten und Discountern, in Elektronikfachmärkten oder an Tankstellen (natürlich auch direkt bei Apple) Guthabenkarten, auch Gift Cards genannt, für den App Store, iTunes Store und Book Store. Diese Prepaid-Karten in unterschiedlicher Höhe sind sehr empfehlenswert, um Ihre Ausgaben im App Store (sowie im iTunes Store und Book Store, dazu später mehr) unter Kontrolle zu behalten. Sie können immer nur so viel Geld ausgeben, wie Guthaben zur Verfügung steht. Wenn Sie mehr Guthaben benötigen, kaufen Sie einfach weitere Guthabenkarten.

Ein weiterer Vorteil: Hin und wieder gibt es Guthabenkarten-Sonderangebote. Halten Sie nach solchen Angeboten Ausschau oder suchen Sie im Internet beispielsweise nach »iTunes Rabatt« – mit dieser Suche werden Sie oftmals fündig. Dank der Sonderangebote kaufen Sie Ihre Apps manchmal mit 10 % oder noch mehr Rabatt ein.

Um eine Guthabenkarte im App Store einzulösen, rubbeln Sie den Gutscheincode auf der Guthabenkarte frei. Entscheiden Sie sich dann beispielsweise im App Store für die Rubrik *Heute*, *Spiele* oder *Apps*. Tippen Sie dort fast ganz unten auf die Schaltfläche *Einlösen*. Melden Sie sich mit Ihrem Apple Account an und entscheiden Sie, ob Sie den auf der Guthabenkarte freigerubbelten Code manuell eintippen oder mit der iPhone-Kamera einscannen möchten. Bestätigen Sie mit *Einlösen*.

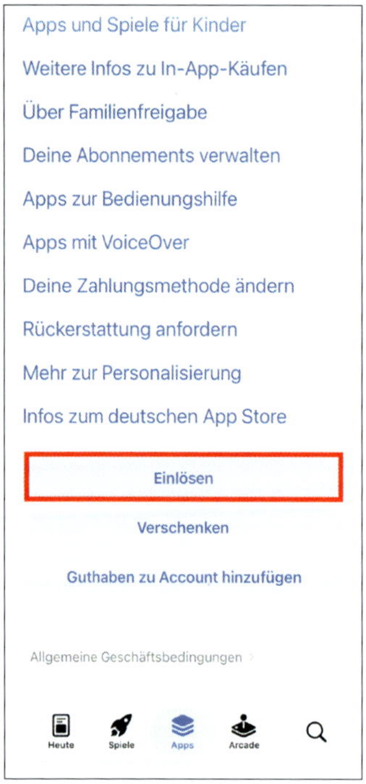

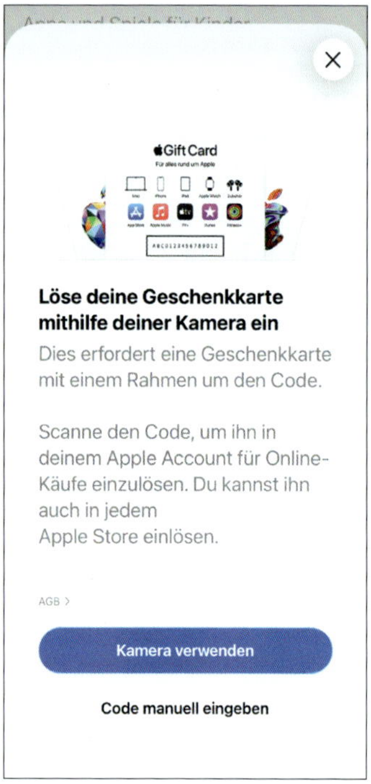

Das Einlösen einer Guthabenkarte erfordert nur wenige Handgriffe.

Apple Pay

Apple Pay ist ein Zahlungsdienst des iPhone-Herstellers Apple selbst. Bei diesem Dienst können Sie eine oder ggf. mehrere Kreditkarten hinzufügen, die Apple Pay unterstützen, und dann Zahlungen direkt mit dem iPhone vornehmen. Apple Pay richten Sie auf Ihrem iPhone in der App *Wallet* ein. Anschließend können Sie Apple Pay als Zahlungsmethode für Ihre Käufe auf dem iPhone auswählen.

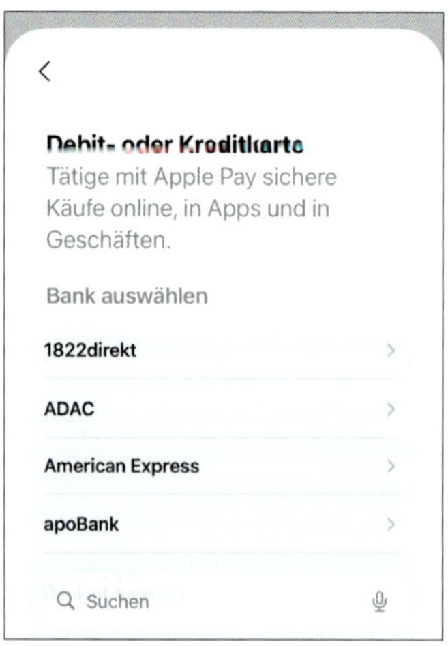

Apple Pay wird in der Wallet-App eingerichtet, die auf dem Home-Bildschirm des iPhones zur Verfügung steht.

Kreditkarte

Sehr bequem ist die Zahlung per Kreditkarte oder Debitkarte. Sie brauchen nur einmal Ihre Kreditkartendaten einzugeben und können anschließend nach Herzenslust Ihre Downloads tätigen. Die Abrechnung erfolgt monatlich per Kreditkartenabrechnung. Unter der Webadresse *www.cardscout.de* finden Sie eine Übersicht von Kreditkartenanbietern – auch solcher ohne Jahresgebühr. Im Unterschied zur Kreditkarte muss für die Verwendung der Debitkarte ein entsprechendes Guthaben zur Verfügung stehen.

Die Kreditkartendaten lassen sich ebenfalls direkt auf dem iPhone hinzufügen. Hierzu gehen Sie folgendermaßen vor:

1. Öffnen Sie auf dem Home-Bildschirm die iPhone-Einstellungen und tippen Sie ganz oben auf den Eintrag mit Ihrem Benutzernamen.

2. Tippen Sie als Nächstes auf den Eintrag *Zahlung & Versand*.

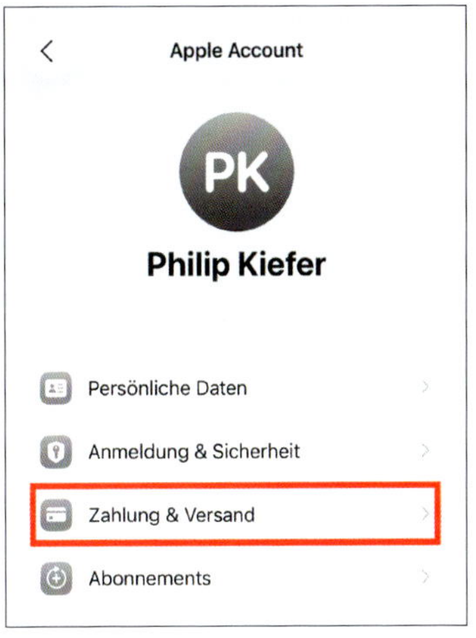

3. Tippen Sie nun auf *Zahlungsmethode hinzufügen*.

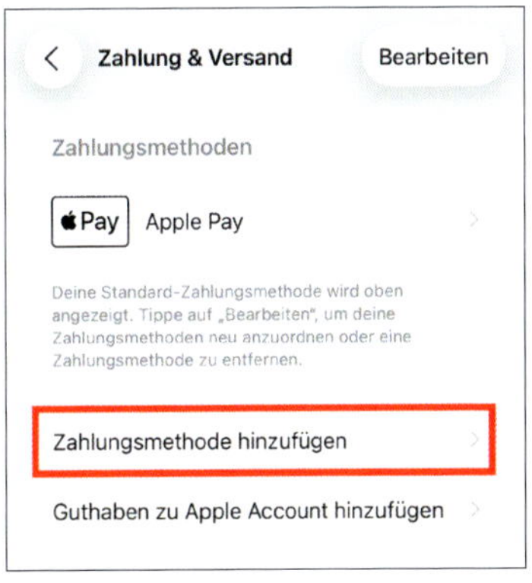

4. Wählen Sie in diesem Fall den Eintrag *Kredit-/Debitkarte*.

5. Geben Sie Ihre Kreditkartennummer, das Gültigkeitsdatum sowie den Sicherheitscode Ihrer Kreditkarte ein. Wenn Sie im Feld für die Kreditkartennummer auf das Symbol 📷 tippen, können Sie die Daten auch mit der iPhone-Kamera einscannen.

6. Bestätigen Sie mit *Fertig*.

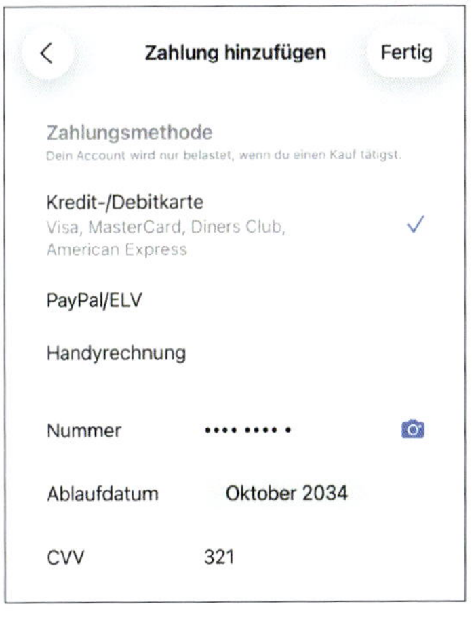

Zahlung mit PayPal

Eine Alternative zur Zahlung mit der Kreditkarte bzw. mit Apple Pay bietet der amerikanische Zahlungsdienstleister PayPal. Wenn Sie sich unter der Webadresse *www.paypal.com* für diesen Dienst anmelden, können Sie sich das Geld für Ihre Zahlungen von PayPal vorstrecken lassen. Die fälligen Beträge werden jeweils von dem von Ihnen hinterlegten Bankkonto abgebucht. Um PayPal als Zahlungsmethode zu nutzen, wählen Sie unter *Zahlungsmethode hinzufügen* den Eintrag *PayPal/ELV* aus und melden sich mit Ihren PayPal-Zugangsdaten an. Die Abkürzung ELV in dem Eintrag steht übrigens für **e**lektronisches **L**astschrift**v**erfahren.

Zahlung per Handyrechnung

Eine weitere Zahlungsoption, die Sie unter dem Eintrag *Zahlungsmethode hinzufügen* finden, nennt sich *Handyrechnung*. Diese Zahlungsoption wird in Deutschland z. B. von der Telekom, O2 (inkl. Partnermarken) sowie Vodafone unterstützt. Vom Prinzip her entspricht die Zahlung per Handyrechnung der Zahlung per Kreditkarte, d. h., Sie erhalten sofort die gewünschte Leistung, bezahlen diese aber erst zu einem späteren Zeitpunkt. Das Herunterladen kostenpflichtiger Apps erfolgt – nach dem Hinterlegen der Zahlungsdaten – genauso wie das Herunterladen von Gratis-Apps. Einziger Unterschied: Statt auf die *Laden*-Schaltfläche tippen Sie auf den angezeigten Preis und bestätigen anschließend per Face ID bzw. mit dem zu Ihrem Apple Account gehörenden Passwort.

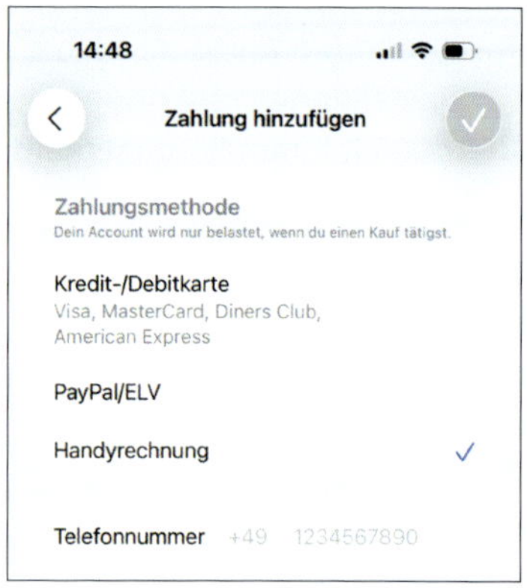

Bei verschiedenen Mobilfunkanbietern ist auch eine Zahlung per Handyrechnung möglich.

Abonnements verwalten

Viele Dienste auf dem iPhone werden inzwischen im Abonnement angeboten, etwa ein Musik-Streamingdienst, ein Zeitschriften-Abo o. Ä. Wird ein solches Abo über den integrierten Store abgeschlossen, erfolgt die Zahlung mit der zuvor Ihrem Apple Account hinzugefügten Zahlungsmethode. Und auch das Kündigen des Abos erfolgt über den Apple Account. Tippen Sie dazu in den *Einstellungen* oben auf Ihren Benutzernamen und wählen Sie anschließend den Eintrag *Abonnements*, um Ihre Abos verwalten zu können.

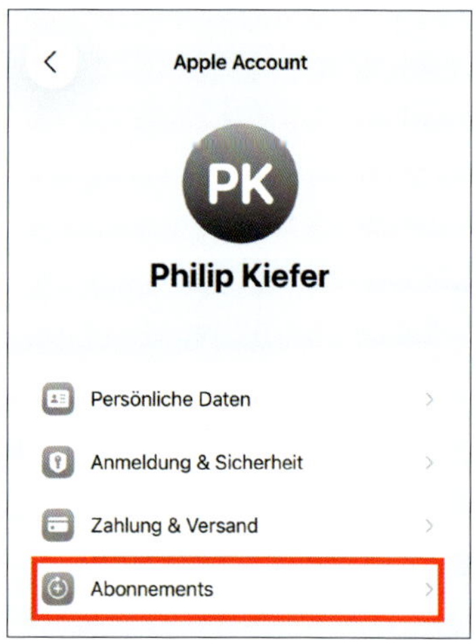

Denken Sie daran, nicht mehr benötigte Abonnements rechtzeitig zu kündigen, ansonsten laufen diese automatisch weiter!

Auf Ihre gekauften Apps jederzeit erneut zugreifen

Wie bereits erwähnt, stehen Ihre einmal gekauften oder auch kostenlos heruntergeladenen Apps jederzeit erneut zum Download bereit. Einzige Voraussetzung ist, dass die Apps überhaupt noch im App Store zur Verfügung stehen. Apps, die Sie bereits einmal heruntergeladen haben, erkennen Sie im App Store am Symbol . Tippen Sie auf das Symbol, um die App erneut zu laden. Sie können auch oben im App Store auf Ihr Profilbild bzw. den Bildplatzhalter tippen und dann *Apps* wählen, um auf bereits heruntergeladene Apps zuzugreifen.

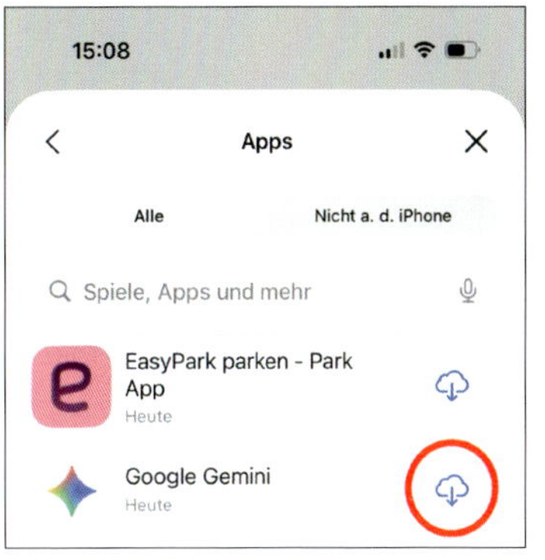

Ihre Käufe sind mit Ihrem Apple Account verknüpft, Sie können sie dadurch jederzeit erneut laden.

Das Prinzip »gekauft ist gekauft« gilt auch für In-App-Käufe. Manchmal finden Sie in den entsprechenden Apps eine Schaltfläche zum Wiederherstellen von Käufen nach einer Neuinstallation. Ansonsten tätigen Sie den In-App-Kauf einfach erneut – Sie werden dann darauf hingewiesen, dass Sie den Kauf bereits einmal getätigt haben, und können den In-App-Download kostenlos vornehmen.

Vielleicht erledigen Sie App-Käufe lieber auf einem iPad? Sofern es sich um iPhone-kompatible Apps handelt, lassen sich diese automatisch auf das iPhone laden. Hier öffnen Sie die *Einstellungen*, wählen ganz unten *Apps* und entscheiden sich dann für den Eintrag *App Store*. Aktivieren Sie, sofern noch nicht geschehen, im Abschnitt *Automatische Downloads* den Schalter *App-Downloads*. **Achtung:** Verwechseln Sie diese Option nicht mit dem Schalter *Automatische Downloads* im Abschnitt *Mobile Daten*!

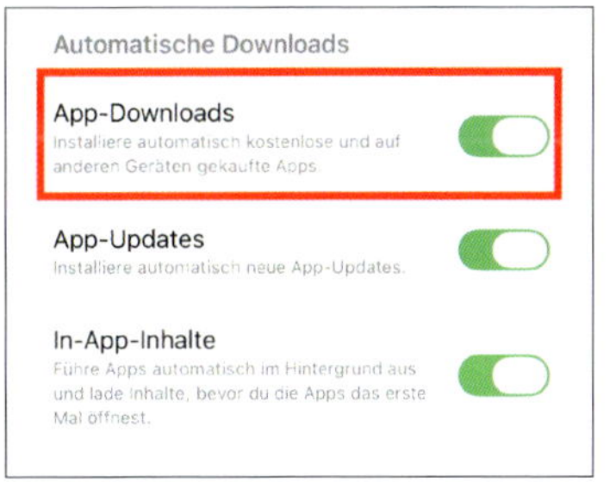

Auf anderen Geräten erworbene Apps lassen sich auf dem iPhone automatisch herunterladen.

Falls eine App nicht wie gewünscht funktioniert

Falls eine App nicht so funktionieren sollte, wie es in den Informationen zur App versprochen wird, oder falls Sie eine App einfach versehentlich erworben haben, können Sie es mit einer Reklamation versuchen. Apple zeigt sich da häufig kulant. Verfassen Sie unter der Webadresse *reportaproblem.apple.com* eine entsprechende Nachricht an den Apple-Support.

Ihre iPhone-Apps gekonnt verwalten

Ihr iPhone bietet Platz für jede Menge Apps. Wenn eine Seite auf dem Home-Bildschirm mit Apps gefüllt ist, wird für neue Apps automatisch eine weitere Seite angelegt. Zudem können Sie sich entscheiden, Apps erst gar nicht auf dem Home-Bildschirm erscheinen zu lassen, sondern nur in der App-Mediathek rechts neben dem Home-Bildschirm aufzurufen. Lassen Sie mich Ihnen im Folgenden alle wichtigen Verwaltungsfunktionen für Ihre Apps vorstellen, damit Sie auch bei zahlreichen Apps stets den Überblick behalten.

Mit der App-Mediathek den Überblick über Ihre Apps behalten

Auf Ihrem iPhone finden Sie rechts neben der letzten Seite des Home-Bildschirms eine App-Mediathek, die alle Apps enthält, die Sie auf dem iPhone installiert haben. Dank App-Mediathek müssen Sie die Apps nicht mehr unbedingt auf dem Home-Bildschirm verfügbar haben. Meine Empfehlung: Auf selten genutzte Apps greifen Sie zukünftig in der App-Mediathek zu, während die häufig verwendeten Apps auf dem Home-Bildschirm verbleiben.

Entscheiden Sie zunächst, wie mit Apps verfahren werden soll, die Sie neu installieren: Sollen diese ausschließlich in der App-Mediathek oder auch auf dem Home-Bildschirm verfügbar sein? Um dies festzulegen, wählen Sie die *Einstellungen* und entscheiden sich für den Eintrag *Home-Bildschirm & App-Mediathek*. Nun haben Sie die Wahl zwischen den Optionen *Zum Home-Bildschirm* (App-Symbol erscheint auch auf dem Home-Bildschirm) oder *Nur App-Mediathek* (App-Symbol der neu installierten App befindet sich ausschließlich in der App-Mediathek).

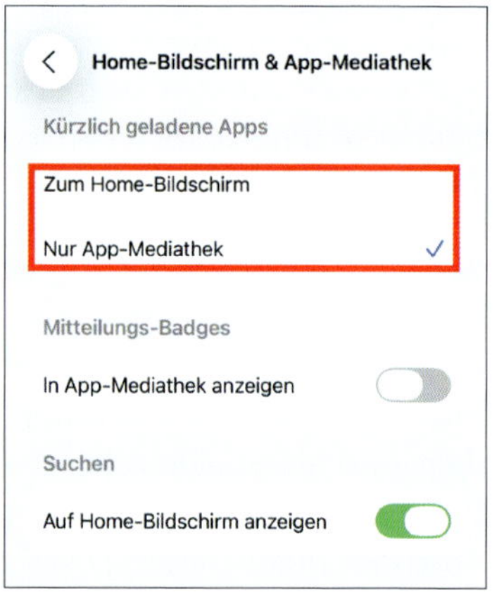

Sie können in den Einstellungen festlegen, ob neue Apps zunächst nur in der App-Mediathek oder auch auf dem Home-Bildschirm verfügbar sein sollen.

Und wie entfernen Sie Apps vom Home-Bildschirm so, dass sie in der App-Mediathek weiterhin zur Verfügung stehen?

Die folgende Anleitung zeigt es Ihnen:

1. Halten Sie eine freie Fläche des Home-Bildschirms gedrückt, sodass die Apps anfangen zu wackeln. Der Home-Bildschirm befindet sich jetzt im Bearbeitungszustand.

2. Tippen Sie bei der App, die Sie vom Home-Bildschirm entfernen möchten, auf das Minussymbol.

3. Wählen Sie im folgenden Menü den Eintrag *Vom Home-Bildschirm entfernen.*

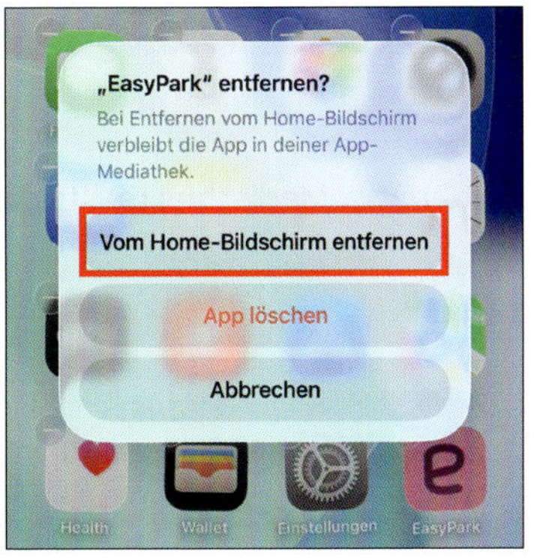

4. Um die App-Mediathek aufzurufen, streichen Sie auf dem Home-Bildschirm so lange von rechts nach links, bis die App-Mediathek eingeblendet wird.

5. Die Sortierung der Apps erfolgt automatisch. Sie können die App entweder im passenden Ordner aufrufen oder zum Auffinden der App die eingebaute Suchfunktion nutzen. Enthält ein Ordner mehr als vier Apps, wird dies durch kleinere App-Symbole angezeigt. Tippen Sie diese an, um den Ordner zu öffnen – die linke Abbildung zeigt einen geöffneten Ordner in der App-Mediathek. Streichen Sie in der App-Mediathek mit dem Finger nach unten, wird statt der Ordner eine alphabetisch sortierte App-Liste mit Register angezeigt (siehe rechte Abbildung).

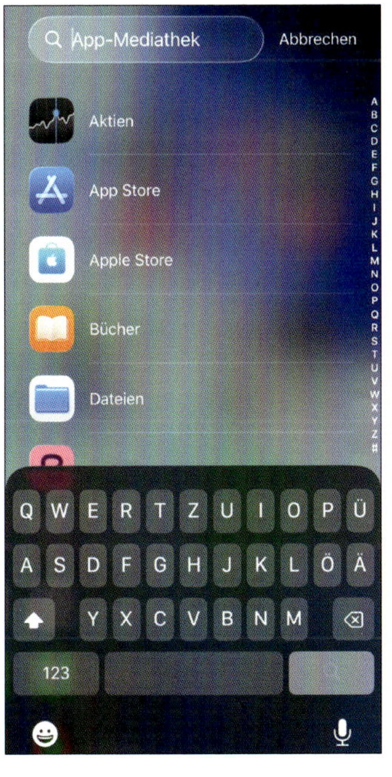

Natürlich können Sie umgekehrt eine App, die nur in der App-Mediathek zur Verfügung steht, auch auf dem Home-Bildschirm verfügbar machen. Dazu halten Sie entweder die App gedrückt und ziehen sie nach links auf den Home-Bildschirm, oder Sie entscheiden sich im Kontextmenü der App – das erscheint bei Gedrückthalten ohne Bewegung – für den Eintrag *Zum Home-Bildschirm hinzufügen*.

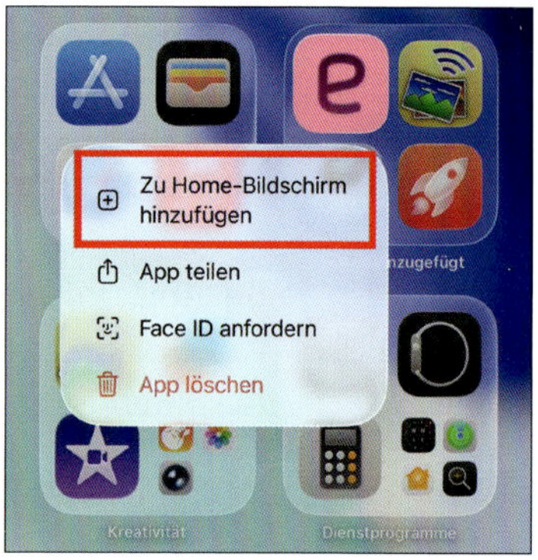

Eine lediglich in der App-Mediathek befindliche App kann jederzeit auf dem Home-Bildschirm verfügbar gemacht werden.

Ganze Seiten des Home-Bildschirms ausblenden

Sie können auch ganze Seiten des Home-Bildschirms ausblenden. Die entsprechenden Apps bleiben weiterhin in der App-Mediathek verfügbar. Zum Ausblenden halten Sie eine freie Fläche des Home-Bildschirms gedrückt, bis die Apps wackeln. Tippen Sie dann links oben auf dem Bildschirm auf die Schaltfläche *Bearbeiten* und wählen Sie *Seiten bearbeiten*. Das Ausblenden einer Seite des Home-Bildschirms erfolgt durch Entfernen des entsprechenden Kontrollhäkchens.

Apps verschieben oder löschen

Die Apps auf dem Home-Bildschirm sind nicht festgeklebt. Sie lassen sich jederzeit verschieben oder auch wieder löschen.

Um eine nicht mehr benötigte App zu löschen, halten Sie diese auf dem Home-Bildschirm oder alternativ in der App-Mediathek gedrückt. Entscheiden Sie sich dann im Kontextmenü für den Eintrag *App entfernen*. Oder Sie tippen im Bearbeitungszustand (wackelnde Apps nach Gedrückthalten des Home-Bildschirms) auf das bei jeder App – außer bei einigen Standard-Apps – erscheinende Minussymbol. Anschließend wählen Sie *App löschen*. Das Löschen der App muss dann nochmals bestätigt werden.

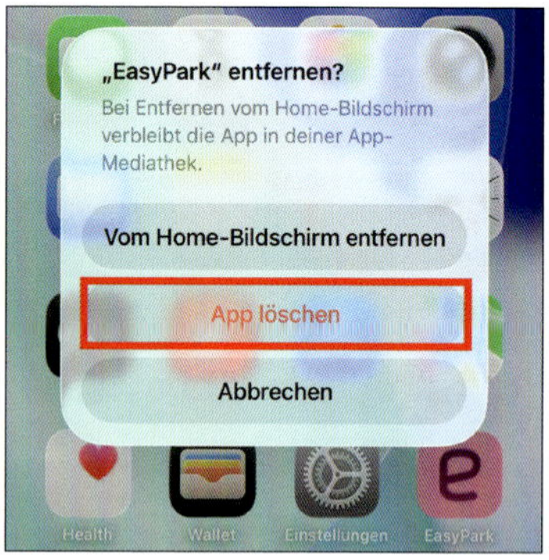

Die Optionen zum Entfernen lassen sich durch Antippen des Minussymbols, aber alternativ auch in einem Kontextmenü aufrufen.

Meine Empfehlung: Löschen Sie regelmäßig Apps, die Sie einen Monat oder länger nicht verwendet haben – das können Sie durchaus mit dem Ausmisten Ihres Kleiderschranks vergleichen.

Auch das Verschieben von Apps auf dem Home-Bildschirm erfolgt im Bearbeitungszustand, den Sie durch das Gedrückthalten einer freien Fläche des Home-Bildschirms aktivieren. Tippen Sie eine wackelnde App an und ziehen Sie sie mit dem Finger in die gewünschte Position. Um eine App auf einer anderen Seite des Home-Bildschirms zu platzieren, ziehen Sie sie an den linken oder rechten Rand der aktuellen Seite – die Seite wird daraufhin prompt gewechselt. Apps können dabei im Raster frei platziert werden, müssen also nicht unbedingt an andere Apps angrenzen. Auch innerhalb von App-Ordnern, die Sie gleich kennenlernen werden, lassen sich Apps verschieben.

Apps lassen sich innerhalb einer Seite des Home-Bildschirms, aber auch auf eine neue Seite verschieben.

Um den Bearbeitungszustand wieder zu beenden, tippen Sie rechts oben auf dem Bildschirm auf *Fertig* oder einfach erneut auf eine freie Fläche des Home-Bildschirms. Übrigens können Sie eine App auch ins Dock ziehen, allerdings müssten Sie zuvor – wiederum im Bearbeitungszustand – eine der Standard-Apps herausziehen bzw. löschen, um für die andere App Platz zu schaffen. Auch im Dock können Sie zudem einen App-Ordner anlegen.

Apps in Ordnern sortieren

App-Ordner sind sehr nützlich, wenn Sie viele Apps auf Ihrem iPhone speichern. Sie erlauben es Ihnen, Ihre Apps auf dem Home-Bildschirm thematisch zu sortieren. Um einen neuen App-Ordner zu erstellen, halten Sie zunächst eine freie Fläche des Home-Bildschirms – wie zuvor beschrieben – gedrückt, um den Bearbeitungszustand zu aktivieren. So geht es weiter:

1. Tippen Sie auf eine App, die Sie in den zu erstellenden Ordner aufnehmen möchten, und ziehen Sie sie auf eine andere App, die Sie ebenfalls in den Ordner aufnehmen möchten. Erst dann lassen Sie die App los.

2. Der App-Ordner wird automatisch erstellt. Öffnen Sie den Ordner und tippen Sie ggf. in das Namensfeld, um die automatisch erstellte Bezeichnung für den Ordner anzupassen. Wählen Sie keinen zu langen Namen – dieser wird ansonsten auf dem Home-Bildschirm abgeschnitten. Um den Ordner zu schließen, aber den Bearbeitungszustand zu erhalten, tippen Sie aus dem Ordner heraus auf den Home-Bildschirm.

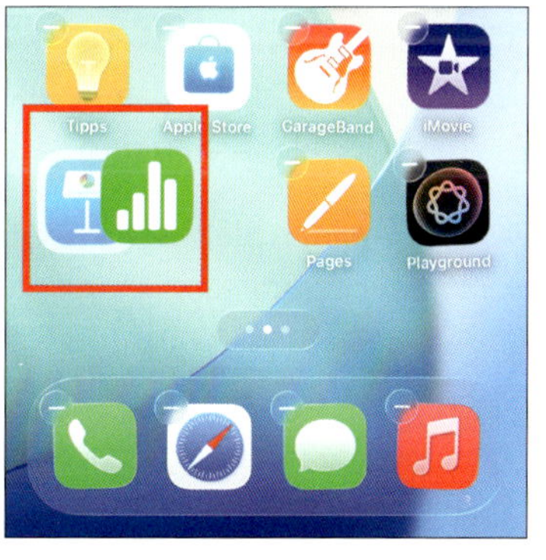

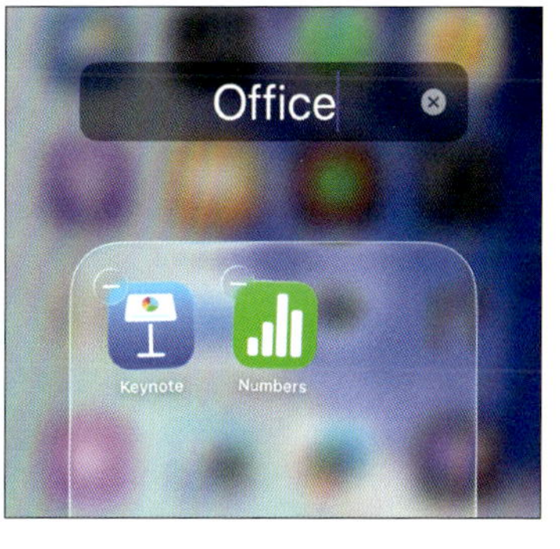

3. Möchten Sie weitere Apps in den Ordner aufnehmen, ziehen Sie diese wie gehabt im Bearbeitungszustand darauf. Die Platzierung von Apps innerhalb eines Ordners bzw. auf den Ordnerseiten erfolgt wie die Platzierung von Apps auf dem Home-Bildschirm durch Ziehen mit dem Finger.

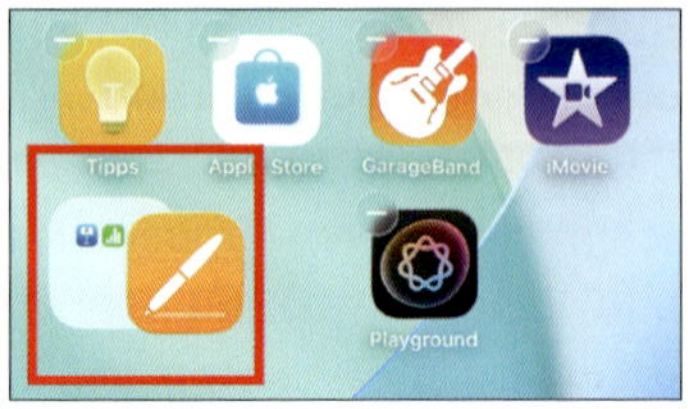

Widgets verwenden

Außer in Form von App-Symbolen lassen sich viele Apps auch als Widgets – also App-Schnipsel – auf dem Home-Bildschirm darstellen, die verschiedene Informationen und Funktionen anbieten, etwa eine Wetterprognose oder eine Wertpapierliste. So wandeln Sie ein App-Symbol auf dem Home-Bildschirm per Kontextmenü in ein Widget um:

1. Tippen Sie auf das betreffende App-Symbol und halten Sie es gedrückt. Als Beispiel wähle ich die App *Aktien*.
2. Im Kontextmenü werden Ihnen ggf. verschiedene Widget-Größen angezeigt. Entscheiden Sie sich für die gewünschte Größe. Ein Widget kann die Fläche von 2 x 2, 4 x 2 oder 4 x 4 App-Symbolen einnehmen.
3. Für einige Widgets lassen sich die Einstellungen anpassen, so auch für das Aktien-Widget. Tippen Sie das Widget dazu an und halten Sie es gedrückt.
4. Entscheiden Sie sich im Kontextmenü für den Eintrag *Widget bearbeiten*.
5. Nehmen Sie dann die App-spezifischen Einstellungen vor.

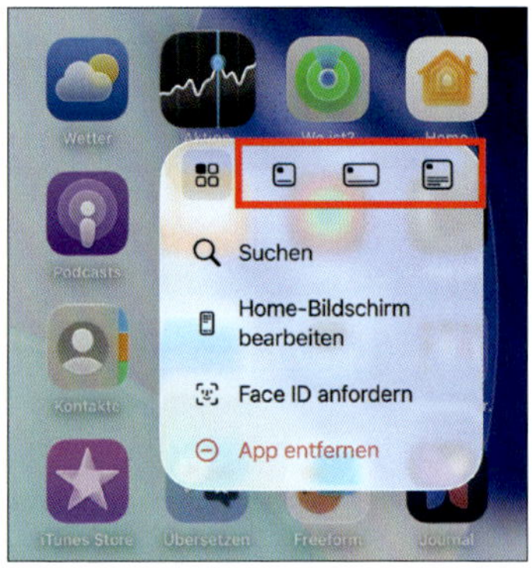

Aufgepasst! Wenn Sie das umgewandelte Widget löschen, entfernen Sie damit gleichzeitig die App vom Home-Bildschirm und müssen es dann aus der App-Mediathek neu hinzufügen. Wählen Sie im Kontextmenü des Widgets besser das Symbol zum Umwandeln in eine App, das sich links neben den Widget-Symbolen befindet.

Die oben gezeigte Möglichkeit, Widgets auf den Home-Bildschirm zu bringen, hat kleinere Haken. Zum Beispiel wissen Sie ja zu Beginn vielleicht nicht, welche Apps überhaupt Widgets anbieten. Außerdem wollen Sie eventuell nicht das App-Symbol in ein Widget umwandeln, sondern ein extra Widget auf einer dafür vorgesehenen Seite des Home-Bildschirms

– oder auch auf der Widget-Seite links neben dem Home-Bildschirm – erstellen. Gehen Sie auf die folgende Weise vor:

1. Tippen Sie auf eine freie Fläche des Home-Bildschirms bzw. der Widget-Seite, um den Bearbeitungszustand (wackelnde App-Symbole) aufzurufen.

2. Streichen Sie ggf. zunächst zur Seite des Home-Bildschirms, auf der Sie das Widget hinzufügen möchten. Tippen Sie dann links oben auf die Schaltfläche *Bearbeiten*.

3. Entscheiden Sie sich im Menü für den Eintrag *Widget hinzufügen*.

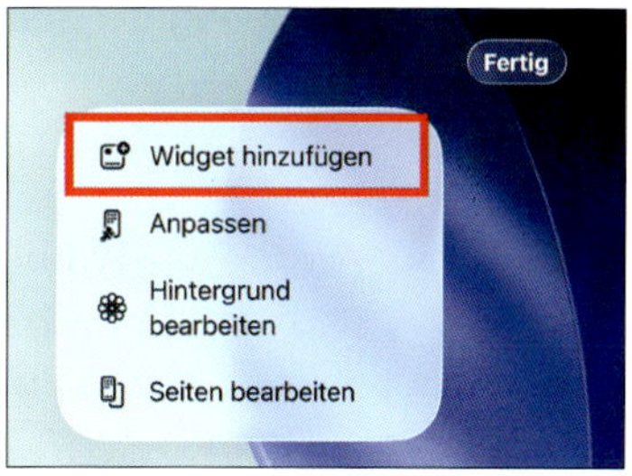

4. Wählen Sie ein Widget aus, das Sie hinzufügen möchten. Sie können auch das eingebaute Suchfeld nutzen, um ein gewünschtes Widget aufzuspüren. Neben Widgets, die Informationen lediglich einer App anzeigen, können Sie auch Smart-Stapel hinzufügen, bei denen Sie sich durch vertikales Streichen durch die Informationen mehrerer Apps scrollen. Einige Widgets stehen standardmäßig schon auf der ersten Seite des Home-Bildschirms Ihres iPhone 17 zur Verfügung sowie auch auf der Widget-Seite links neben dem Home-Bildschirm (Sie streichen auf dem Home-Bildschirm nach rechts, um sie einzublenden).

5. Entscheiden Sie sich durch horizontales Streichen für die gewünschte Widget-Größe.

6. Bestätigen Sie mit der Schaltfläche *Widget hinzufügen*.

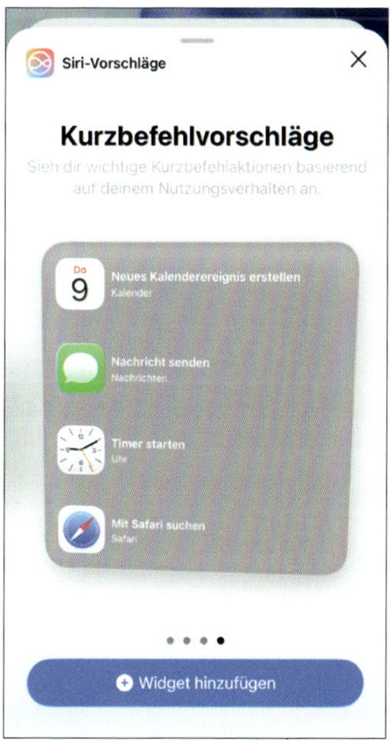

Das Widget steht nun auf dem Home-Bildschirm bzw. der Widget-Seite zur Verfügung und kann im Bearbeitungszustand wie eine App an eine andere Position gezogen oder wieder entfernt werden. Auch die Größe des Widgets lässt sich nachträglich anpassen, indem Sie das Symbol rechts unten am Widget gedrückt halten und ziehen.

Das Widget wurde hinzugefügt und kann im Bearbeitungszustand noch an eine andere Position gezogen sowie in der Größe angepasst werden.

Apps aktualisieren

Für viele Apps stehen regelmäßige Aktualisierungen (sogenannte Updates) zur Verfügung, die neue Funktionen mitbringen oder erkannte Fehler korrigieren. Das Aktualisieren von Apps erfolgt auf Ihrem iPhone standardmäßig automatisch.

Allerdings können manche Aktualisierungen Verschlimmbesserungen mit sich bringen, sodass Sie vielleicht manuelle Updates bevorzugen werden. Wenn dies der Fall ist, deaktivieren Sie in den *Einstellungen* unter *Apps* und dort unter *App Store* im Abschnitt *Automatische Downloads* den Schalter *App-Updates*.

Um eine Aktualisierung manuell durchzuführen, öffnen Sie den App Store und tippen dort oben rechts auf Ihr Profilbild. Ihnen werden nun die anstehenden Aktualisierungen aufgelistet und Sie können diese durchführen.

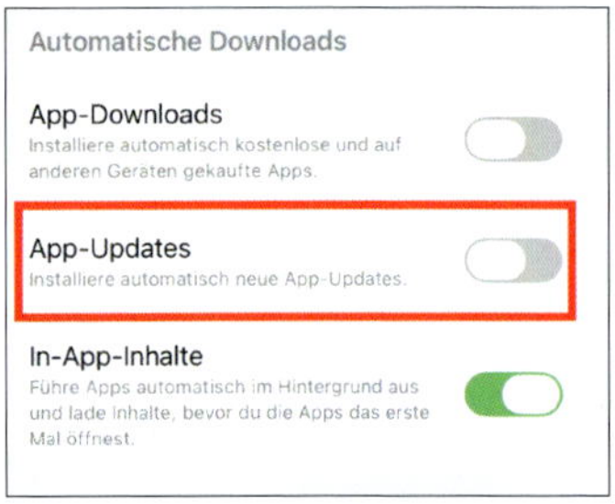

Entscheiden Sie per Schalter in den iPhone-Einstellungen, ob die App-Updates automatisch erfolgen sollen oder nicht.

App-Einstellungen vornehmen

Das Einrichten der Apps erfolgt meistens in den Apps selbst – und zwar von App zu App unterschiedlich. Einstellungen zum Datenschutz, zum Mitteilungsverhalten, zum Speicherverhalten sowie noch weitere Optionen nehmen Sie in den iPhone-Einstellungen vor. Öffnen Sie die *Einstellungen* und entscheiden Sie sich ganz unten für den Eintrag *Apps*. Wählen Sie dann eine App aus, um sich die zur Verfügung stehenden Einstellungen anzeigen zu lassen.

Oder möchten Sie eine andere Standard-App für E-Mail, Navigation, Surfen im Internet und weitere Funktionen festlegen? Tippen Sie dazu unter *Apps* auf den Eintrag *Standard-Apps*, wählen Sie die Funktion und dann die gewünschte Standard-App aus.

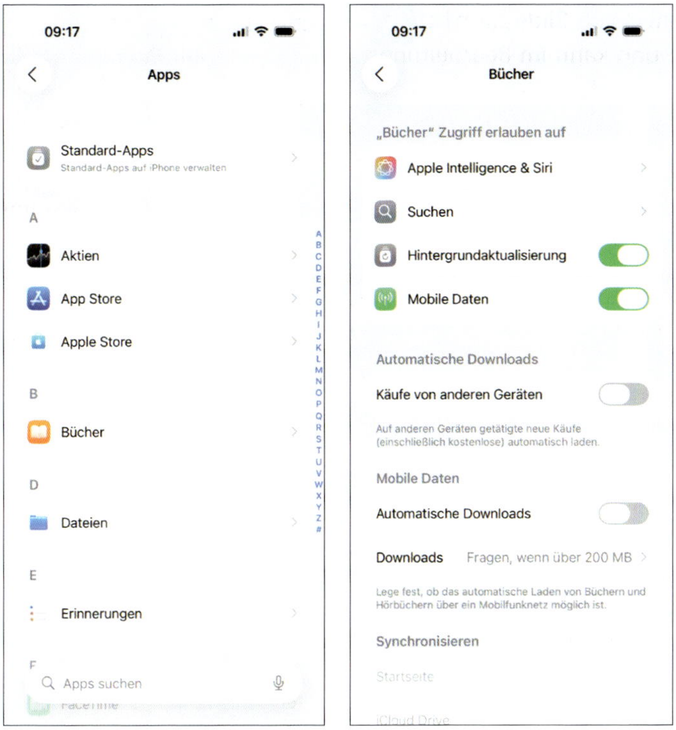

Hier werden App-Einstellungen in den iPhone-Einstellungen vorgenommen.

Spiele verwalten und Freunde herausfordern

Falls Sie Ihr iPhone hin und wieder auch zum Spielen verwenden, werden Sie sich vielleicht über die App *Spiele* freuen, die mit iOS 26 auf dem iPhone eingeführt wurde.

Sie greifen darin nicht nur auf die in einem Apple-Arcade-Abo enthaltenen Games zu, sondern auch auf anderweitig installierte bzw. früher einmal heruntergeladene Spiele. Die App finden Sie auf der ersten Seite des Home-Bildschirms direkt neben dem App Store.

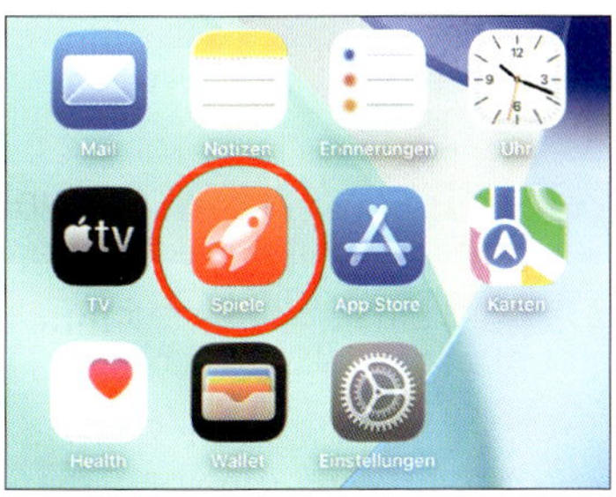

Rufen Sie die App Spiele auf der ersten Seite des Home-Bildschirms auf.

Was die App für Gamer vor allem interessant macht, ist – entsprechende Spiele vorausgesetzt – die Möglichkeit, Freunde herauszufordern. Diesem Zweck dient in der App *Spiele* die

Rubrik *Freund:innen*. Laden Sie unter dem Symbol  Freunde ein. Mit der Schaltfläche *Freund:innen herausfordern* messen Sie Ihre Kräfte.

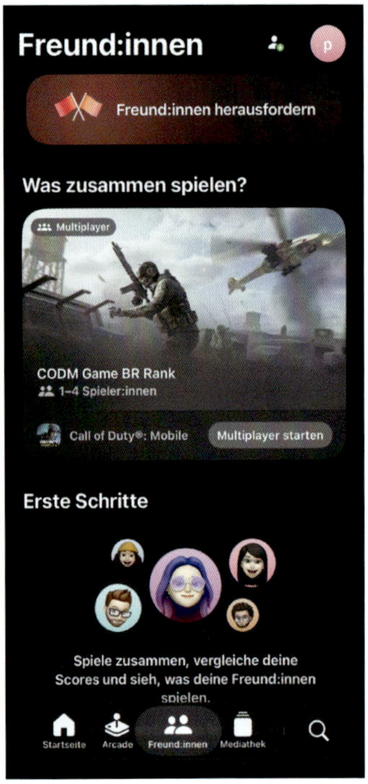

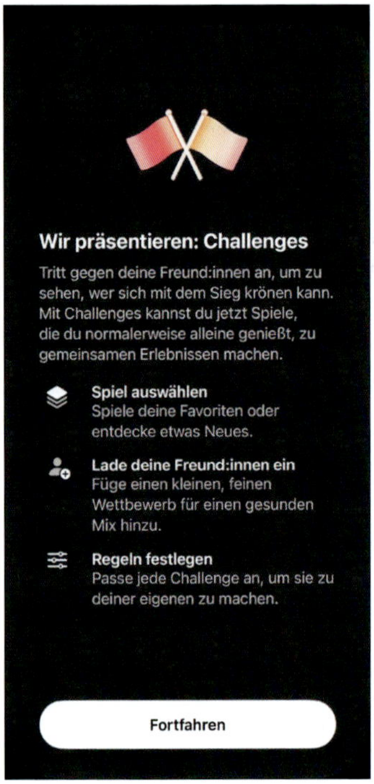

Laden Sie Ihre Freunde zu einer Spiele-Challenge ein.

Die 33 besten Apps für den Start mit Ihrem iPhone

Sie wissen noch nicht so recht, welche Apps Sie auf Ihrem iPhone installieren sollen? Entnehmen Sie der folgenden Tabelle 33 Apps in einer bunten Mischung, aber alphabetisch sortiert, die Ihnen einen gelungenen Start mit dem iPhone ermöglichen sollen. Gut zu wissen: Alle Apps in der Tabelle waren bei Redaktionsschluss zumindest in ihrer Basisvariante kostenlos zu haben.

App-Name	Symbol	Kurze Beschreibung
aboalarm		Damit Sie nie wieder vergessen, einen Vertrag (z. B. Zeitschriftenabonnement, Mobilfunkvertrag usw.) rechtzeitig zu kündigen, lassen Sie sich von dieser App rechtzeitig an fällige Kündigungstermine erinnern. Gegen einen geringen Betrag kann die Kündigung sogar direkt aus der App heraus durchgeführt werden.

App-Name	Symbol	Kurze Beschreibung
Airbnb		Reiselustige machen mit dieser App Privatunterkünfte auf der ganzen Welt ausfindig – und wenn Sie selbst ein Zimmer frei haben, können Sie dieses mit Airbnb bequem an Gäste vermieten. Ein Bewertungssystem hilft dabei, Fehlgriffe zu vermeiden.
Aktien & Börse – onvista		Dieses Finanzportal bietet Ihnen Informationen zu Wertpapieren aller Art und kann als Alternative zur Standard-App *Aktien* dienen.
AusweisApp Bund		Verwenden Sie diese App, um die Daten Ihres elektronischen Personalausweises einzulesen und z. B. Ihre Renteninformation abzurufen oder ein Bankkonto zu eröffnen, sofern die Bank das anbietet.
Blockudoku		Bei diesem Spiel müssen die blauen Blöcke möglichst clever angeordnet werden, damit auch für die nächsten Blöcke noch Platz ist und weitere Punkte gesammelt werden können.
Car Scanner		Mit dieser App lässt sich der Fehlerspeicher Ihres Autos auslesen. Die Verbindung zu einem OBD-Adapter kann per Bluetooth oder WLAN hergestellt werden.
Chefkoch		Greifen Sie übers Internet auf eine äußerst umfangreiche Rezeptdatenbank zu und finden Sie stets das passende Koch- oder Backrezept für jeden Anlass. Auch eigene Rezepte lassen sich in der App sammeln.
Codecheck		Scannen Sie auf einem Lebensmittel- oder Kosmetikprodukt den Barcode ein, um sich über die Inhaltsstoffe zu informieren. Durch ein Farbensystem wird Ihnen angezeigt, welche Inhaltsstoffe empfehlenswert sind und welche überhaupt nicht.
Dropbox		Dropbox ist ein beliebter Onlinespeicherdienst für Ihre Dokumente, Bilder und sonstigen Dateien und kann als Alternative oder zusätzlich zu iCloud Drive verwendet werden. Dropbox ist deshalb besonders interessant, weil zahlreiche Apps eine Verbindung zu diesem Dienst anbieten. Das ist ideal, um kostbaren Speicherplatz auf dem iPhone zu sparen.

App-Name	Symbol	Kurze Beschreibung
finanzblick Online-Banking		Wenn Sie eines oder mehrere Onlinekonten führen, können Sie mit dieser App darauf zugreifen, Budgets verwalten, Geldautomaten suchen und noch mehr.
gesund.de		Fachärzte und Apotheken suchen, Rezepte elektronisch einlösen oder Medikamente vorbestellen – das klappt mit dieser Gesundheits-App. Zum Thema Gesundheit finden Sie noch viele weitere Apps im App Store.
Get a Power Nap!		Wenn Sie sich gern mal hypnotisieren lassen, können Sie dazu beispielsweise diese Gratis-App verwenden, die Sie in einen Power Nap – einen erholsamen Kurzschlaf – führt. Ideal, um neue Kraft zu tanken!
Google Drive		Google Drive ist ein in der Basisversion kostenloser Onlinespeicher von Google. Greifen Sie mit dieser App auf die in Google Drive gespeicherten Dokumente und weitere Dateien zu.
Google Earth		Google Earth ist ein digitaler Globus für die Jacken- oder Handtasche: Fliegen Sie Ihre Reiseziele mit dieser App vorab an und blenden Sie Informationen und Bilder dazu ein.
Groupon		Schnäppchenjäger gehen in dieser App auf Jagd nach aktuellen Rabatten und Vergünstigungen.
ImmoScout24		Wer eine Wohnung mieten oder ein Haus kaufen möchte, findet in dieser App unzählige Angebote. Ein Merkzettel hilft Ihnen beim schnellen Wiederfinden besonders interessanter Objekte. Auch das Anbieten von Objekten ist per App möglich.
Indeed Jobs		Sie sind auf der Suche nach einem (neuen) Job? Finden Sie mit dieser App von *indeed.com* jede Menge Jobangebote auch in Ihrer Nähe! Auch ein Gehaltscheck ist im Angebot. Die Aufforderung zum Registrieren nach dem Starten der App kann ignoriert werden.
Instagram		Instagram ist eine sehr beliebte App, um Ihre Fotos, die Sie mit dem iPhone aufnehmen, durch Effekte, Filter & Co. zu verschönern und anschließend direkt im Internet zu veröffentlichen. Achtung: Anmeldung erforderlich!

App-Name	Symbol	Kurze Beschreibung
kaufDa		Geschäfte in der Nähe aufspüren und deren Werbeprospekte ansehen – das alles geht auch auf dem iPhone. Sie brauchen sich also keinen Papiermüll mehr in den Briefkasten stecken zu lassen.
Kleinanzeigen		Kostenlose Kleinanzeigen schalten oder Waren und Dienstleistungen aller Art finden – mit dieser App ist das kein Problem.
Microsoft Word		Als Alternative zu den Apple-Apps können Sie das leistungsstarke Microsoft 365 verwenden. Microsoft Word (hier als Beispiel) ersetzt dabei Pages, Excel Numbers und PowerPoint Keynote. Für die vollumfängliche Nutzung ist ein Microsoft-365-Abo erforderlich.
Microsoft To Do		*Microsoft To Do* ist eine To-do-App, eine gute Alternative zur auf dem iPhone bereits verfügbaren App *Erinnerungen*. Planen und synchronisieren Sie damit Ihre Aufgaben und Ziele. Die App ist übrigens aus dem von Microsoft gekauften beliebten Dienst Wunderlist hervorgegangen.
mobile.de		Wer ein Auto übers Internet kaufen möchte, ist mit der App *mobile.de* gut beraten. Es lassen sich darin sowohl Gebraucht- als auch Neuwagen fast aller Typen finden.
Pluto TV		Mit dieser App lassen sich eine Menge Sendungen und Serien streamen, und zwar zum Nulltarif. Dafür müssen Sie ein wenig Werbung in Kauf nehmen und bei einer Serie unter Umständen mittendrin einsteigen.
Post & DHL		Mithilfe dieser App können Sie unter anderem Briefe kostenlos ankündigen lassen sowie Pakete an eine Filiale Ihrer Wahl umleiten, wenn Sie in den Urlaub fahren.
Preply		Mit dieser App finden Sie Onlinesprachlehrer aus aller Welt, z. B. können Sie mit einer Peruanerin Ihr Spanisch aufpäppeln oder mit einem Gegenüber aus Bangkok Thailändisch lernen. Achten Sie in den Bewertungen darauf, dass die Lehrenden zuverlässig sind.
Rechenknecht		Eine äußerst nützliche App, die zahlreiche verschiedene Rechner vereint, etwa einen Zinsrechner, einen Umsatzsteuerrechner, einen Dreisatzrechner, einen Gehaltsrechner, einen Inflationsrechner und noch mehr.

App-Name	Symbol	Kurze Beschreibung
Schach – Spielen und Lernen		Eine tolle App, mit der Sie Ihr iPhone in einen perfekten Schachcomputer verwandeln.
SkyView Lite		Erkunden Sie mit dieser Augmented-Reality-App den Nachthimmel und spüren Sie sofort jedes gesuchte Sternbild auf. Perfekt für Hobbyastronomen!
Spotify		Diese beliebte App bietet kostenloses Musikstreaming und bietet somit eine Alternative zu Apple Music. In der kostenlosen Variante kommt allerdings hin und wieder nervige Werbung; außerdem können Musikalben und Wiedergabelisten lediglich in zufälliger Reihenfolge wiedergegeben werden.
TV Movie		Verwandeln Sie Ihr iPhone mit dieser App in ein talentiertes Fernsehprogramm und lassen Sie sich rechtzeitig vor einer gewünschten Sendung daran erinnern, das TV-Gerät einzuschalten.
vanilla bean		Wer sich hin und wieder oder immer fleischlos ernähren möchte, findet mithilfe dieser App passende vegetarische oder vegane Restaurants in der Umgebung bzw. auch solche Restaurants, die neben Fleischgerichten vegetarische Gerichte anbieten.
Wise		Wise ist eine sehr nützliche App für internationale Finanztransaktionen. Sie können damit Ihr Geld in zahlreiche Währungen umtauschen oder kostengünstig in andere Länder versenden. Auch eine kostenlose Debitkarte ist im Angebot, die Ihnen auf Ihren Reisen gute Dienste erweisen kann.

QR-Codes einscannen ohne Zusatz-App

Zum Einscannen von QR-Codes benötigen Sie keine zusätzliche App. Verwenden Sie hierzu einfach die Kamera-App: Scannen Sie den QR-Code mit der eingebauten Kamera ein, wird Ihnen die dem QR-Code entsprechende Option angeboten.

Kapitel 4

Anrufe und Nachrichten auf dem iPhone

Sie haben in den vorherigen Kapiteln erfahren, wie Sie Ihr iPhone optimal einrichten und perfekt bedienen. Außerdem habe ich Ihnen gezeigt, wie Sie Ihr iPhone per App Store um geniale und nützliche Funktionen erweitern. Dieses Kapitel widmet sich nun wichtigen Kommunikationsfunktionen des Gerätes, nämlich dem Telefonieren (auch mit Videoübertragung) sowie dem Versenden von Nachrichten als SMS oder – mit einer Menge Zusatzfunktionen – als iMessage.

So nehmen Sie einen Anruf entgegen

Wenn Sie selbst auf Ihrem iPhone angerufen werden, wählen Sie auf dem Home-Bildschirm entweder die *Annehmen*-Option, um den Anruf entgegenzunehmen, oder Sie tippen auf den *Ablehnen*-Button.

Übrigens werden Ihnen Name und Bild des Anrufers angezeigt, sofern Sie die Rufnummer und das Bild beim entsprechenden Kontakt gespeichert haben. Rufen Sie selbst eine Person an und verfügt Ihr Gegenüber ebenfalls über ein iPhone mit aktuellem Betriebssystem, kann dieser auch ein von Ihnen gestaltetes »Kontaktposter« angezeigt bekommen.

Diese Abbildung zeigt einen Anruf auf dem Home-Bildschirm, nachdem das Banner angetippt wurde.

Bei einem nicht den Kontakten hinzugefügten Anrufer wird, sofern verfügbar, dessen Rufnummer eingeblendet. Auf dem Home-Bildschirm wird Ihnen ein eingehender Anruf zunächst nur als Banner oben auf dem Bildschirm angezeigt. Wenn Sie auf das Banner tippen, wird der Anruf auf dem ganzen Bildschirm dargestellt und Ihnen werden die Optionen *Nachricht* sowie *Voicemail* angezeigt, die Sie gleich noch kennenlernen werden.

Geht ein Anruf auf dem Sperrbildschirm ein, nehmen Sie diesen durch Streichen des Schalters *Annehmen* an. Das Ablehnen eines Anrufs erfolgt in diesem Fall, indem Sie zweimal hintereinander die Seitentaste drücken. Betätigen Sie die Seitentaste lediglich einmal, wird der Anruf stummgeschaltet – das ist praktisch, wenn Sie sich gerade in einem Konzertsaal oder einem Meeting befinden und das Stummschalten des iPhones vergessen haben sollten.

Wenn Sie einen Anruf gerade nicht entgegennehmen können oder wollen, bieten sich Ihnen noch weitere Möglichkeiten:

- **Anruf ablehnen und Nachricht senden:** Möchten Sie dem Anrufer eine Kurznachricht senden, wenn Sie den Anruf ablehnen? Tippen Sie hierzu auf den Button *Nachricht*. Wählen Sie eine der fertigen Kurznachrichten aus oder tippen Sie auf *Eigene*, um eine individuelle Kurznachricht zu verfassen und zu versenden.

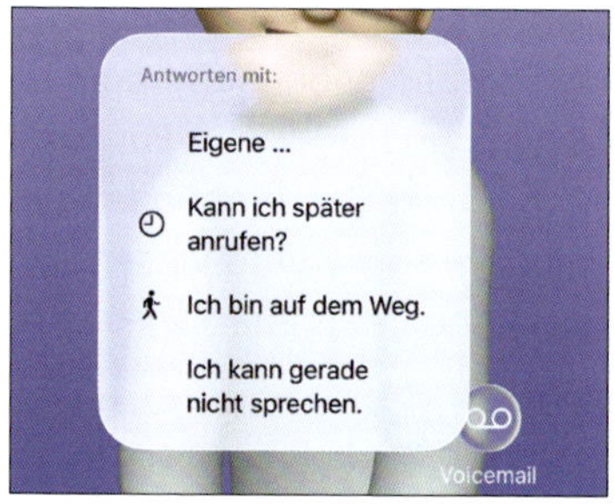

- **Anruf ablehnen und auf Voicemail weiterleiten:** Wenn Sie sich für die Option *Voicemail* entscheiden, kann der Anrufer auf Ihre Voicemail, also Ihren digitalen Anrufbeantworter im Mobilfunknetz, sprechen. Das Besondere: Dank Live-Voicemail-Funktion lassen sich die aufgesprochenen Inhalte des Anrufers in transkribierter Form mitlesen.

Andere Antwortnachrichten erstellen

Die vorgeschlagenen Antwortnachrichten beim Ablehnen eines Anrufs sind nicht für jeden Nutzer passend. Ersetzen Sie in so einem Fall die Standard-Antwortnachrichten durch eigene. Öffnen Sie dazu die iPhone-Einstellungen, wählen Sie dann unter *Apps* den Eintrag *Telefon* und dort den Eintrag *Mit Nachricht antworten*. Tippen Sie in ein Feld, um Ihren eigenen Nachrichtentext einzugeben. Wenn Sie den Text in einem Feld löschen, werden wieder die Standard-Antwortnachrichten verwendet.

Mit mehreren Teilnehmern gleichzeitig telefonieren

Möchten Sie selbst einen Anruf tätigen oder eine Telefonkonferenz mit gleich mehreren Teilnehmern starten? Auch das funktioniert mit dem iPhone einfach und komfortabel, und zwar folgendermaßen:

1. Entscheiden Sie sich auf Ihrem iPhone für das App-Symbol *Telefon*, das Sie standardmäßig links unten im Dock finden.

2. Um eine Rufnummer einzutippen, gehen Sie unten in der App auf *Ziffernblock*. Geben Sie nun wie bei einem herkömmlichen Telefon die Rufnummer ein und tippen Sie auf den grünen Telefon-Button, um den Anruf zu starten. Wenn Sie Kontakte angelegt haben (vgl. Kapitel 5), können Sie diese unter *Kontakte* bzw. *Favoriten* auswählen, statt die Rufnummer einzutippen.
3. Sobald der Empfänger den Anruf annimmt, wird eine Reihe von Anrufoptionen eingeblendet, z. B. zum Beenden des Anrufs, zum Stummschalten oder für die Nutzung des Lautsprechers. Möchten Sie mit mehreren Personen eine Telefonkonferenz abhalten? Dann tippen Sie unter *Mehr* auf *Personen hinzufügen*, um einen weiteren Teilnehmer anzurufen.

4. Der erste Teilnehmer kommt dann kurz in eine Warteschleife. Sobald die zweite Person das Gespräch annimmt, starten Sie die Konferenz – ideal, um auf die Schnelle geschäftliche Probleme zu klären, aber auch für das Familiengespräch zwischendurch oder für Verabredungen mit Freunden!

Während eines Telefonats tippen Sie ebenfalls auf *Mehr*, um die bereits an anderer Stelle erwähnte *Warteschleifenassistenz* zu verwenden. Diese sorgt dafür, dass Sie zurückgerufen werden, falls eine angerufene Person nicht direkt zur Verfügung steht. Auch die *Live-Übersetzung* fremdsprachiger Telefonate mithilfe von künstlicher Intelligenz wählen Sie unter *Mehr* aus.

Damit die SIM-PIN nicht beim iPhone-Start abgefragt wird

Die im iPhone verwendete SIM-Karte ist eventuell durch eine SIM-PIN, eine vierstellige Geheimzahl, gesichert, um zu verhindern, dass andere Personen die SIM-Karte zum Telefonieren verwenden können. Um mit dem iPhone in diesem Fall telefonieren zu können, muss die SIM-PIN standardmäßig jeweils beim iPhone-Start eingegeben werden. Wenn Sie dies nicht wünschen, gehen Sie in die iPhone-Einstellungen. Wählen Sie den Eintrag *Mobilfunk* und legen Sie ggf. zunächst den Mobilfunkanbieter fest. Tippen Sie dann auf *SIM-PIN*, deaktivieren Sie den gleichlautenden Schalter und bestätigen Sie die Änderung durch die Eingabe der vom Mobilfunkanbieter mitgeteilten SIM-PIN.

Weitere wichtige Telefonfunktionen im Überblick

Das iPhone bietet natürlich noch weitere Telefonfunktionen. Lassen Sie mich Ihnen diese in einem kleinen Überblick vorstellen:

- **Voicemail:** In der Telefon-App unter *Voicemail* greifen Sie auf Ihre Mailbox zu, also Ihren Anrufbeantworter im Mobilfunknetz. Zeichnen Sie in dieser Rubrik eine eigene Begrüßung auf und rufen Sie alle aufgezeichneten Voicemail-Botschaften auf – dank Live-Voicemail auch in transkribierter Form.
- **Anrufe:** In der Telefon-App unter *Anrufe* finden Sie eine Liste der ein- und ausgegangenen Telefonate sowie der entgangenen Anrufe. Um jemanden aus der Liste anzurufen, brauchen Sie nur den jeweiligen Eintrag anzutippen. Möchten Sie die komplette Anrufliste leeren? Dann wählen Sie *Bearbeiten*, anschließend *Auswählen* und schließlich *Löschen*. Alternativ lassen sich auch einzelne Einträge entfernen, indem Sie auf einem Eintrag mit dem Finger nach links streichen und dann das Papierkorbsymbol betätigen.

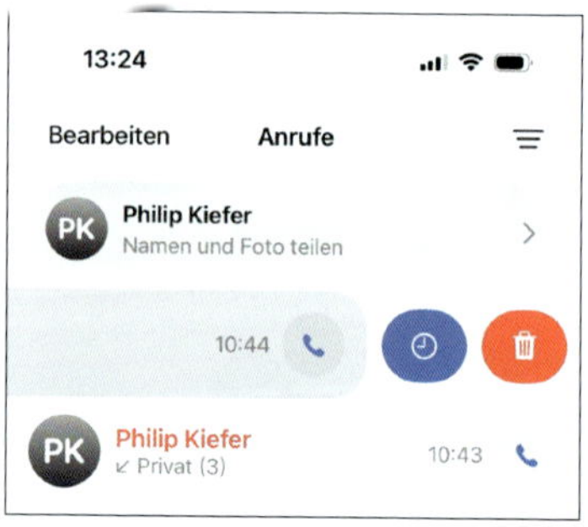

- **Anrufe ankündigen:** Möchten Sie bei einem Anruf durch die Siri-Stimme informiert werden, wer gerade anruft? Das können Sie in den *Einstellungen* unter *Apps* in der Rubrik *Telefon* unter dem Eintrag *Anrufe ankündigen* festlegen.
- **WLAN-Anrufe:** Abhängig von Ihrem Mobilfunktarif können Sie in den *Einstellungen* unter *Apps* in der Rubrik *Telefon* und dort unter dem Eintrag *WLAN-Anrufe* das Verwenden von Anrufen im WLAN aktivieren bzw. auch wieder deaktivieren.
- **Auf anderen Geräten:** Mit der Option *Auf anderen Geräten* in den *Einstellungen* unter *Apps* und dort unter *Telefon* lassen sich Telefonate auch auf anderen Geräten durchführen, die mit Ihrem iPhone verbunden sind, etwa auf einem Mac. Voraussetzung ist, dass die Geräte mit dem gleichen Apple Account angemeldet sind.

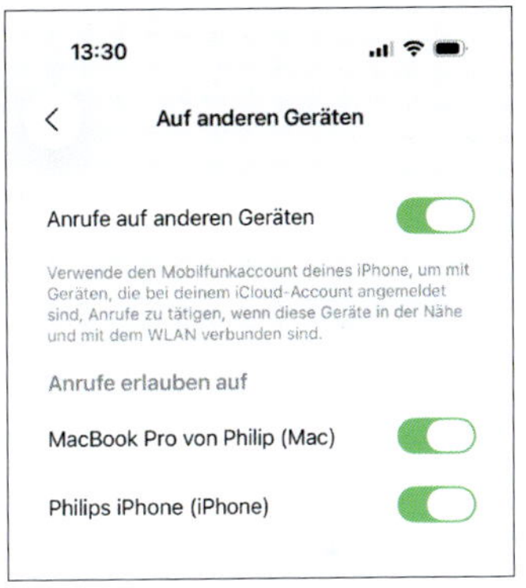

- **Rufweiterleitung:** Wenn Sie auf Ihrem iPhone eingehende Anrufe an eine andere Rufnummer weiterleiten möchten, öffnen Sie die *Einstellungen* und wählen unter *Apps* die Rubrik *Telefon* und dort den Eintrag *Rufweiterleitung*. Schalten Sie die Option *Rufweiterleitung* ein und geben Sie die gewünschte Rufnummer für die Weiterleitung ein. Besprechen Sie die anfallenden Kosten für die Rufweiterleitung mit Ihrem Mobilfunkanbieter.
- **Anklopfen/Makeln:** Wenn die Funktionen *Anklopfen* und *Makeln* vom Mobilfunkanbieter unterstützt werden, lassen sie sich in den *Einstellungen* unter *Apps* in der Rubrik *Telefon* und dort unter *Anklopfen/Makeln* aktivieren. Anklopfen bedeutet, dass sich ein Anrufer durch ein Signal bemerkbar machen kann, wenn Sie gerade mit jemand anderem telefonieren. Beim Makeln können Sie zwei Anrufe gleichzeitig annehmen und zwischen den Anrufern hin- und herschalten.
- **Meine Anrufer-ID senden:** Soll Ihr Telefon-Gesprächspartner nicht sehen, welche Rufnummer Sie verwenden? Um diese zu unterdrücken, entscheiden Sie sich in den *Einstellungen* unter *Apps* und dort in der Rubrik *Telefon* für den Eintrag *Meine Anrufer-ID senden*. Deaktivieren Sie anschließend den Schalter *Meine Anrufer-ID senden*.

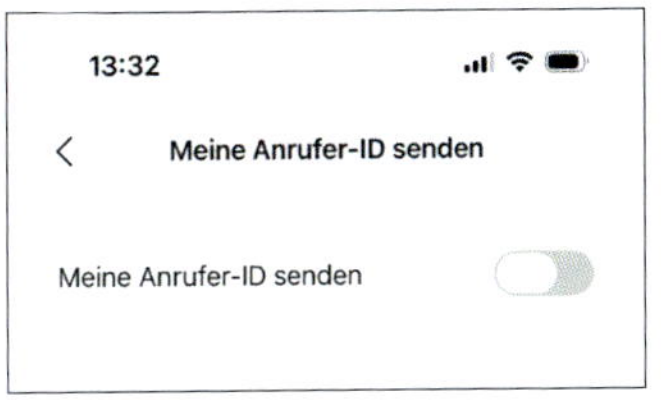

- **Unbekannte Nummern überprüfen**: Bestimmen Sie im Abschnitt *Unbekannte Nummern überprüfen* in den *Einstellungen* unter *Apps* und dort unter *Telefon*, wie mit Anrufen von unbekannten Nummern verfahren werden soll. Die Überprüfung ist standardmäßig deaktiviert. Aktivieren Sie *Nach Grund des Anrufs fragen*, wird bei der anrufenden Person um weitere Informationen gebeten. Entscheiden Sie sich für *Stumm*, wird die anrufende Person an die Voicemail weitergeleitet.

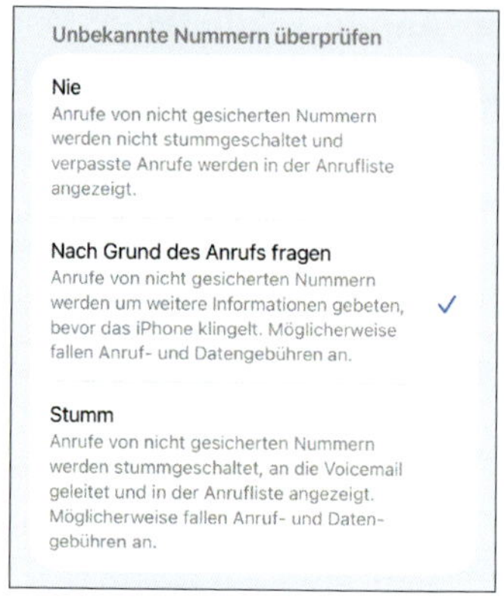

- **Unbekannte Nummern:** Aktivieren Sie diese Option, werden – wie bei der Option *Stumm* bei der Nummernüberprüfung – Anrufe von unbekannten Nummern automatisch herausgefiltert, ohne dass das iPhone klingelt. Im Unterschied zur Stummschaltung bei der Nummernüberprüfung werden die Anrufe in einer eigenen Liste gespeichert.
- **Blockierte Kontakte:** Sie können ungewünschte Rufnummern sperren. Voraussetzung ist allerdings, dass Sie diese Ihren Kontakten hinzugefügt oder aber bereits einen Anruf oder eine Nachricht von dem Kontakt erhalten haben. Zum Sperren vorhandener Kontakte entscheiden Sie sich in den *Einstellungen* unter *Apps* und dort unter *Telefon* für den Eintrag *Blockierte Kontakte*. Wählen Sie *Kontakt hinzufügen*, um den zu sperrenden Kontakt zu bestimmen – von diesem Kontakt können Sie dann weder Anrufe noch Kurznachrichten (SMS, iMessage) empfangen.
- **SMS- und Anrufberichte:** Diese Option erlaubt es, unerwünschte Anrufe oder Nachrichten an Drittanbieter zu melden, sofern diese die Funktion bereithalten.

Damit Ihr iPhone in Grenznähe nicht den Netzbetreiber wechselt

Wenn Sie sich in Grenznähe aufhalten, kann es passieren, dass Ihr iPhone automatisch von Ihrem eigentlichen Netzbetreiber zu einem ausländischen wechselt. Um das zu verhindern, entscheiden Sie sich in den iPhone-Einstellungen unter *Mobilfunk* für den Eintrag *Netzauswahl*. Deaktivieren Sie die Option *Automatisch*, warten Sie einen Moment, bis die verfügbaren Netzbetreiber aufgeführt werden, und wählen Sie Ihren Netzbetreiber manuell aus.

Klingel- und Hinweistöne einrichten

Falls Ihnen der Standard-Klingelton bei eingehenden Anrufen nicht zusagt oder Sie einen anderen Hinweiston – z. B. den Hinweiston bei eingehenden Kurznachrichten – ändern möchten: kein Problem! Hierzu gehen Sie wie folgt vor:

1. Entscheiden Sie sich in den *Einstellungen* für den Eintrag *Töne & Haptik*.

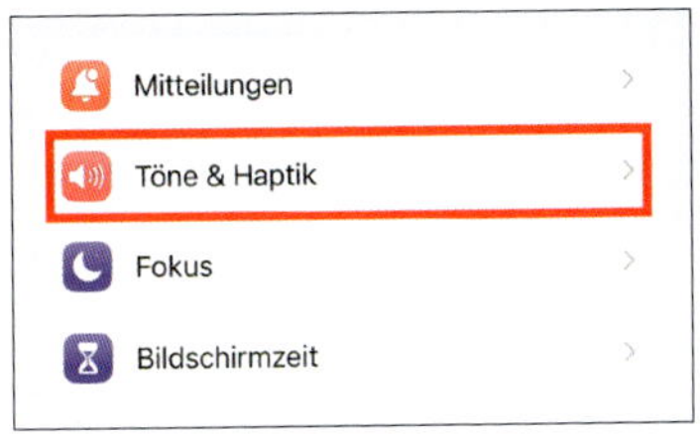

2. Im Abschnitt *Klingelton und Hinweise* legen Sie zunächst per Schieberegler die Lautstärke für die Töne fest. Wenn Sie die Klingelton-Lautstärke manchmal versehentlich ändern, weil Sie beim Drücken der Seitentaste aus Versehen die Lautstärketasten nutzen, deaktivieren Sie ggf. lieber den Schalter *Mit Tasten ändern*.

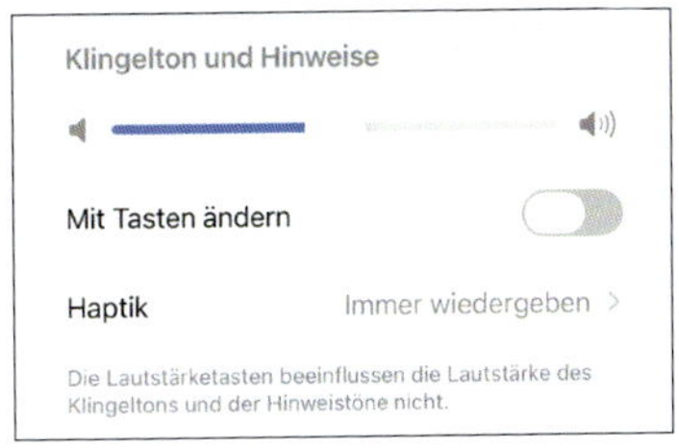

3. Wählen Sie dann unter *Haptik* aus, ob und wann das iPhone ein haptisches Feedback geben soll.

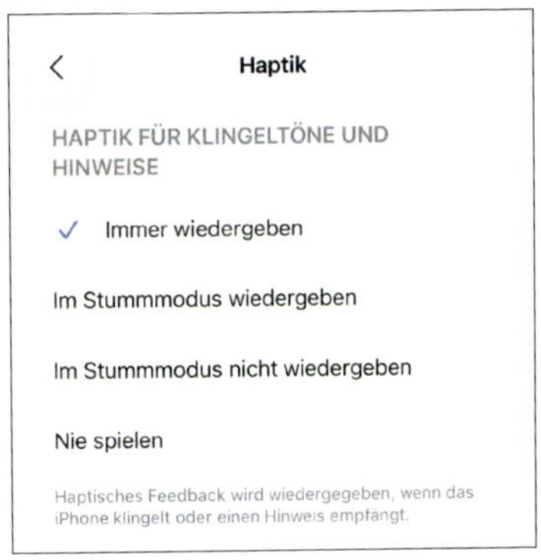

4. Wählen Sie als Nächstes einen Eintrag nach dem anderen aus, um den entsprechenden *Klingelton*, *Nachrichtenton* usw. festlegen zu können sowie ggf. Einstellungen zur Vibration vorzunehmen.

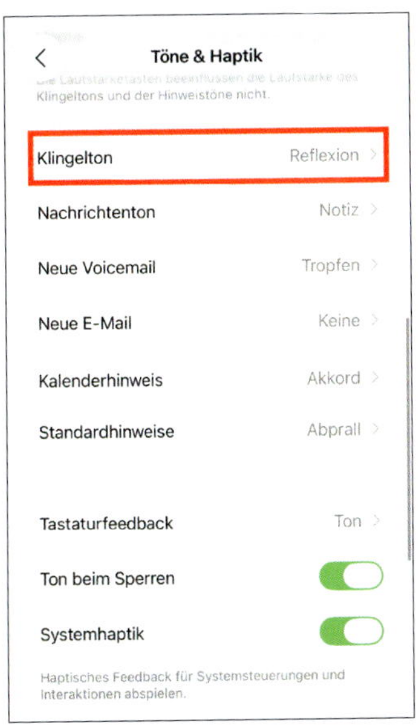

Übrigens: Jedem Kontakt (zu diesem Thema noch viel mehr in Kapitel 5) lässt sich ein eigener Klingelton bzw. eine eigene Vibration zuweisen – so wissen Sie stets sofort, ob Ihr bester Kumpel oder Ihre Chefin anruft. Falls Ihnen die bereits verfügbaren Töne nicht zusagen sollten, können Sie welche im *Tone Store* kaufen, der sich direkt aus den Töne-Einstellungen heraus aufrufen lässt. Oder Sie setzen eine eigene Aufnahme als Klingelton ein.

Ton beim Sperren und Tastaturfeedback abschalten

Sie verwenden Ihr iPhone in der Univorlesung oder im Großraumbüro? In diesem Fall könnten das Tastaturfeedback sowie der Ton beim Sperren des iPhones störend sein. Um diese Töne abzuschalten, deaktivieren Sie in den *Einstellungen* unter *Töne & Haptik* den Schalter *Ton beim Sperren*. Unter dem Eintrag *Tastaturfeedback* legen Sie fest, ob Sie Ton und/oder haptisches Feedback bzw. gar kein Feedback wünschen. Auch das haptische Feedback bei System-Interaktionen lässt sich deaktivieren, indem Sie ganz unten unter *Töne & Haptik* den Schalter *Systemhaptik* deaktivieren.

Mit Fokus: Lassen Sie sich von Ihrem iPhone nicht stören

Wenn Sie Ihr iPhone auch nachts, während der Arbeit oder einer sonstigen Aktivität, die Ihre volle Konzentration erfordert, eingeschaltet lassen, verwenden Sie den Stummschalter auf der linken Seite des iPhones, um die Klingel- und Hinweistöne vollständig zu deaktivieren. Sie können sich dann auf eingehende Anrufe, Nachrichten usw. immer noch durch eine Vibration hinweisen lassen.

Eine Alternative zum Stummschalter bietet die *Fokus*-Funktion Ihres iPhones, die über erweiterte Einstellungsmöglichkeiten verfügt. Sie können einen Fokus für unterschiedliche Tätigkeiten einrichten, z. B. allgemein *Nicht stören*, für die Arbeit, zum Schlafen, fürs Yoga und und und. Bestimmen Sie selbst, von welchen Kontakten Sie Anrufe oder von welchen Apps Sie Mitteilungen erhalten möchten. Der Fokus lässt sich im Kontrollzentrum manuell einschalten, aber auch per Zeitplan bei einer bestimmten Aktivität.

Aktivieren Sie den gewünschten Fokus z. B. im Kontrollzentrum.

Um Ihre individuellen Fokuseinstellungen vorzunehmen, entscheiden Sie sich in den *Einstellungen* für den Eintrag *Fokus*. Wählen Sie nun einen vorhandenen Fokus aus, um diesen zu konfigurieren, oder fügen Sie einen weiteren Fokus hinzu. Die folgende Anleitung skizziert, wie Sie einen Fokus anlegen und diesen mit einem Sperrbildschirm (vgl. Kapitel 2) verknüpfen – bei aktiviertem Fokus wird dann der gewählte Sperrbildschirm angezeigt.

1. Wählen Sie unter dem Plussymbol + einen Fokus als Basis aus bzw. wählen Sie die Option *Eigener*.

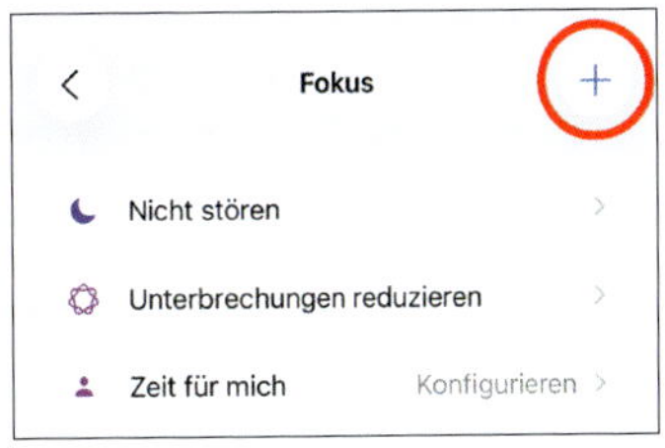

2. Geben Sie dem eigenen Fokus eine sinnvolle Bezeichnung. Wählen Sie außerdem eine passende Farbe und ggf. ein Symbol aus, bevor Sie auf *Weiter* tippen.

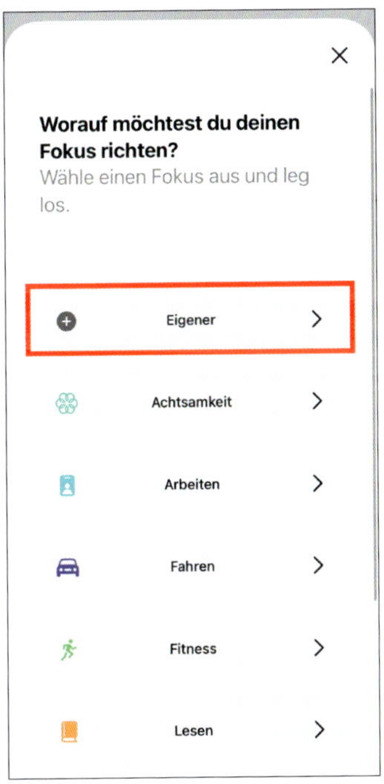

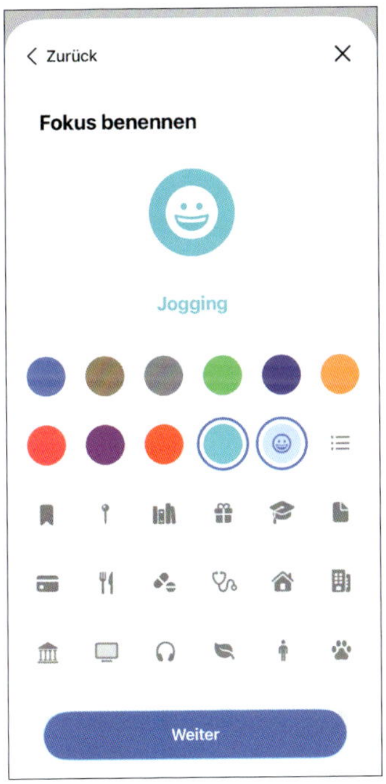

3. Als Nächstes tippen Sie auf *Fokus anpassen*.

4. Nun soll ein Sperrbildschirm mit dem Fokus verknüpft werden. Dazu tippen Sie im Abschnitt *Bildschirme anpassen* beim Sperrbildschirm auf *Wählen*.

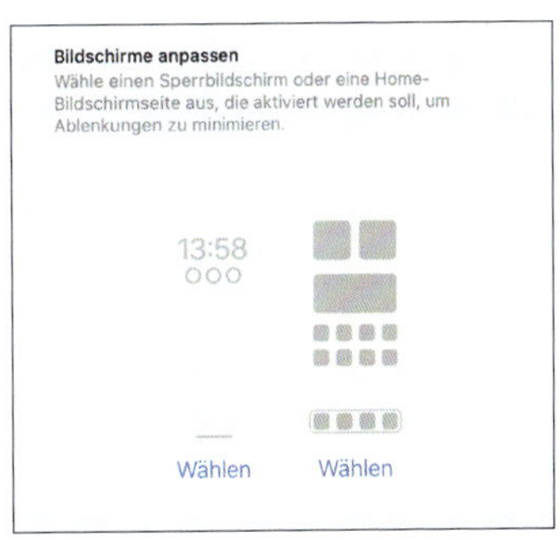

5. Entscheiden Sie sich anschließend für den gewünschten Sperrbildschirm und bestätigen Sie mit *Fertig*. Es geht aber auch umgekehrt, Sie können also, wie in Kapitel 2 beschrieben, einen Sperrbildschirm auswählen und dann unter *Fokus* die Verknüpfung des Sperrbildschirms mit dem Fokus vornehmen.

6. Nun können Sie noch Personen und Apps auswählen, die auch bei aktiviertem Fokus zu Ihnen durchdringen sollen, Fokusfilter definieren sowie für eine Aktivierung nach Zeitplan bzw. eine »intelligente Aktivierung« sorgen. Kurz: Sie richten den Fokus ganz nach Ihrem Bedarf ein.

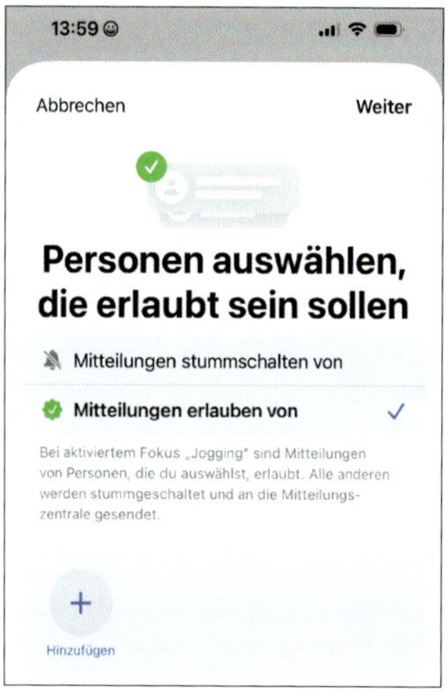

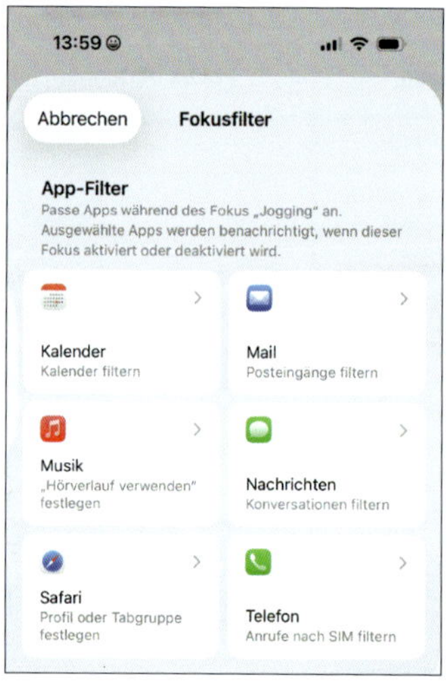

7. Das manuelle Aktivieren des Fokusses erfolgt, wie bereits oben dargestellt, im Kontrollzentrum.

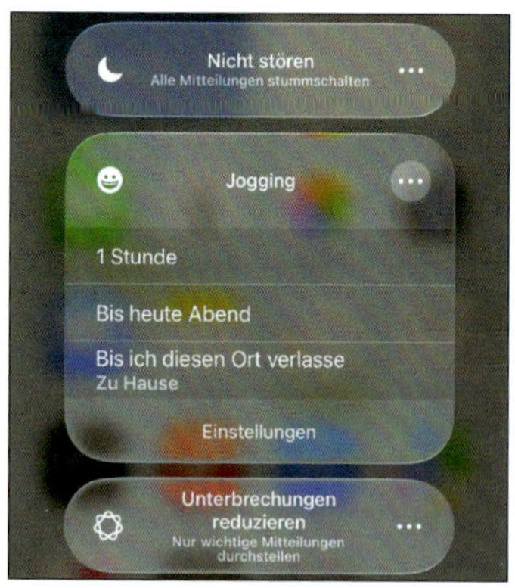

Möchten Sie einen nicht mehr benötigten Fokus wieder löschen, wählen Sie in den *Einstellungen* unter *Fokus* einen Fokus aus, scrollen ganz nach unten und tippen auf *Fokus löschen*.

Zwei weitere Einstellungen betreffen alle Fokusse: Mit *Geräteübergreifend teilen* entscheiden Sie, ob die von Ihnen eingerichteten Fokusse auch auf etwaigen anderen Apple-Geräten zur Verfügung stehen sollen. Auch das Aktivieren bzw. Deaktivieren eines Fokus erfolgt dann synchron. Unter *Fokusstatus* entscheiden Sie außerdem jeweils per Schalter, ob auch andere Personen über einen von Ihnen aktivierten Fokus informiert werden sollen oder nicht.

SMS senden

Für eine schnelle Benachrichtigung ist eine Kurznachricht das probate Kommunikationsmittel. Hier ist zu unterscheiden zwischen Nachrichten, die über das mobile Telefonnetz übertragen werden, und solchen, die eine Internetverbindung voraussetzen. Die Übertragung über das mobile Telefonnetz erfolgt in Form einer SMS. Mit dem iPhone geht das Versenden von SMS ganz leicht:

1. Starten Sie per Fingertipp die App *Nachrichten*, die Sie standardmäßig im Dock finden. Alternativ können Sie das App-Symbol gedrückt halten und im Kontextmenü *Neue Nachricht* wählen.

2. Sie erhalten ggf. eine Übersicht der bislang erhaltenen Nachrichten. Um eine neue Nachricht zu verfassen, tippen Sie rechts oben auf das Symbol ☐.

3. Geben Sie die Handynummer des Kurznachrichtenempfängers ein (bzw. wählen Sie den Empfänger per + -Symbol aus Ihren Kontakten aus). Sie können Ihre Nachricht auch an mehrere Empfänger richten, indem Sie deren Rufnummern jeweils per ↵ -Taste trennen.

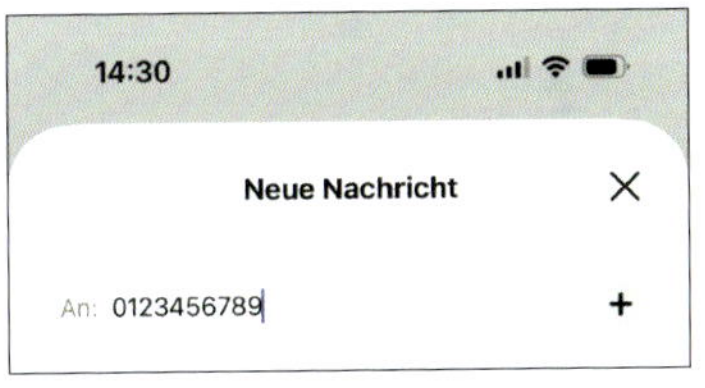

4. Verfassen Sie anschließend Ihre Kurznachricht (160 Zeichen pro SMS, wobei sich die SMS auch verketten lassen) und bringen Sie diese per Fingertipp auf das Symbol ↑ auf den Weg.

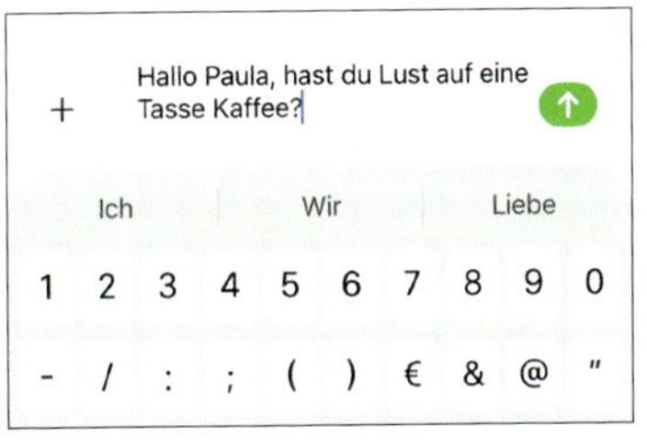

Was die Kosten für eine SMS anbelangt, prüfen Sie Ihren Mobilfunkvertrag bzw. erkundigen Sie sich vor dem Versand von SMS bei Ihrem Mobilfunkanbieter, welche Kosten anfallen.

> **Zeichenanzahl der SMS anzeigen lassen**
>
> Sie bezahlen pro SMS? Dann empfehle ich Ihnen, in den *Einstellungen* unter *Apps* und dort unter *Nachrichten* die Option *Zeichenanzahl* zu aktivieren. Sie sehen dann beim Verfassen der Nachricht ab der zweiten Zeile, wie viele Zeichen Sie bereits eingegeben haben, und vermeiden auf diese Weise, dass Sie ab dem 161. Zeichen eine weitere SMS bezahlen müssen.

Mit iMessage chatten und mehr

Statt SMS können Sie natürlich auch einfach E-Mails versenden, wie ich es Ihnen in Kapitel 8 zeige. Der Vorteil von Kurznachrichten ist jedoch, dass sich ein richtiger Dialog entwickeln kann, eine Art Chat. Falls Sie keine SMS-Flatrate haben, ist das allerdings teuer.

Eine Alternative kann hier der Dienst *iMessage* sein, mit dem Nutzer von Apple-Geräten (iPhone, iPad, Mac) Nachrichten untereinander austauschen können. Das setzt dann allerdings eine Internetverbindung voraus. Dafür bietet der Dienst *iMessage*, wie Sie sogleich sehen werden, eine Menge pfiffiger Funktionen.

Für iMessage gibt es keine extra App. Achten Sie lediglich darauf, dass in den *Einstellungen* unter *Apps* und dort unter *Nachrichten* die Option *iMessage* aktiviert ist. Bestimmen Sie in den *Einstellungen* unter *Apps* und *Nachrichten* außerdem unter anderem, ob Sie eine Lesebestätigung senden möchten, ob Sie Audionachrichten nach der Wiedergabe automatisch löschen möchten, wie mit den Nachrichten unbekannter Absender verfahren werden soll oder ob Sie eine Kurznachricht als SMS senden möchten, falls iMessage nicht zur Verfügung steht.

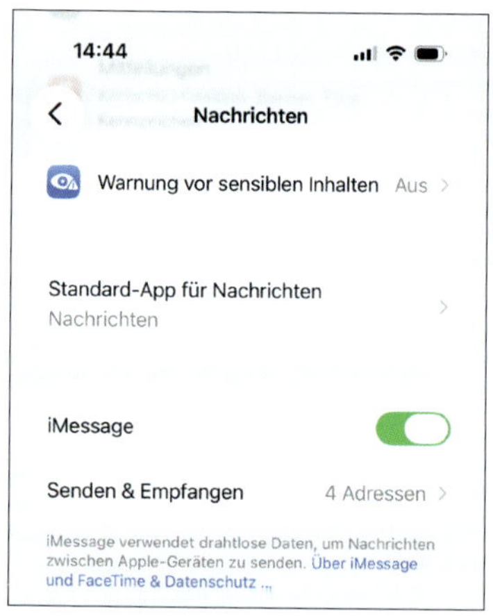

Entscheiden Sie in den iPhone-Einstellungen, ob Sie den Dienst iMessage nutzen möchten oder nicht.

Das Senden und Empfangen von Nachrichten mit dem Dienst iMessage erfolgt grundsätzlich wie das Senden und Empfangen einer SMS in der App *Nachrichten*. Wenn eine Rufnummer oder E-Mail-Adresse für iMessage zur Verfügung steht, ändert sich die Überschrift automatisch von *Neue Nachricht* in *Neue iMessage*. Und während SMS-Empfänger grün dargestellt werden, werden iMessage-Empfänger blau angezeigt. Ansonsten funktioniert das Ganze wie ein normaler SMS-Versand.

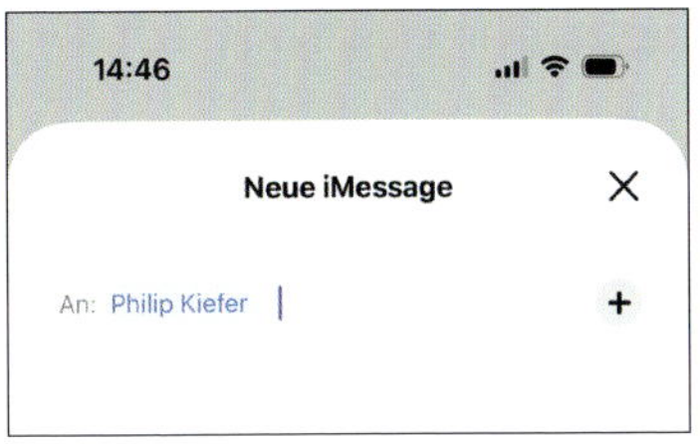

Einen iMessage-Empfänger erkennen Sie an der Blaufärbung.

Übrigens: Am Symbol ••• erkennen Sie jeweils, wenn die andere Person gerade dabei ist, Ihnen zu antworten – so macht Chatten richtig Spaß!

Neben Textnachrichten können Sie mit iMessage auch Audionachrichten senden. Tippen Sie dazu links neben dem Eingabefeld auf das Plussymbol +. Wählen Sie dann im folgenden Menü den Eintrag *Audio*. Die Audioaufnahme wird prompt gestartet und lässt sich anschließend an den iMessage-Empfänger versenden. Der Empfänger kann die Audionachricht abhören, aber er kann sie auch lesen, da sie vom iPhone automatisch transkribiert wird.

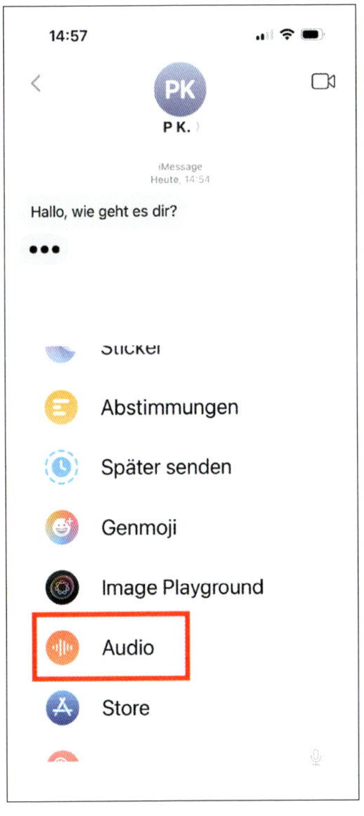

Sie können iMessage auch verwenden, um Audionachrichten zu versenden.

Ebenfalls gut zu wissen, falls Sie mehrere Apple-Geräte verwenden: Dank der iCloud-Funktion *Handoff* lassen sich Aktivitäten auf dem einen Apple-Gerät beginnen und auf einem anderen Apple-Gerät fortsetzen. Sie können also beispielsweise auf dem iPhone mit dem Schreiben einer Nachricht anfangen und auf dem iPad weitermachen. Das Ganze funktioniert auch noch mit anderen Apps, z. B. können Sie auch ein FaceTime-Telefonat auf dem iPhone beginnen und dann auf dem Mac fortführen.

Die Handoff-Aktivitäten werden Ihnen jeweils im App-Umschalter angezeigt, auf dem Mac erscheinen sie im Dock. Wenn Sie auf die Handoff-Funktion lieber verzichten möchten, deaktivieren Sie sie in den *Einstellungen* unter *Allgemein*, indem Sie dort den Eintrag *AirPlay & Integration* wählen und dann die Option *Handoff* deaktivieren.

Auch mit Nicht-Apple-Nutzern Nachrichten austauschen

Um auch mit Nutzern von Android- und weiteren Geräten Nachrichten übers Internet auszutauschen, verwenden Sie am besten eine Zusatz-App aus dem App Store. Mit Abstand der beliebteste Dienst – trotz Bedenken im Hinblick auf den Datenschutz, nicht zuletzt seit er zum Facebook-Konzern Meta gehört – ist *WhatsApp*. Nach der Installation der gleichnamigen App auf Ihrem iPhone können Sie den Dienst kostenlos nutzen.

Nachrichten später senden, zurückholen und bearbeiten

Sie können eine Nachricht sofort verfassen, um den Kopf freizubekommen. Aber vielleicht möchten Sie diese zu einem späteren Zeitpunkt versenden. Dazu tippen Sie links neben dem Eingabefeld auf das Plussymbol + und wählen die Option *Später senden*. Bestimmen Sie anschließend im eingeblendeten Menü Tag und Uhrzeit.

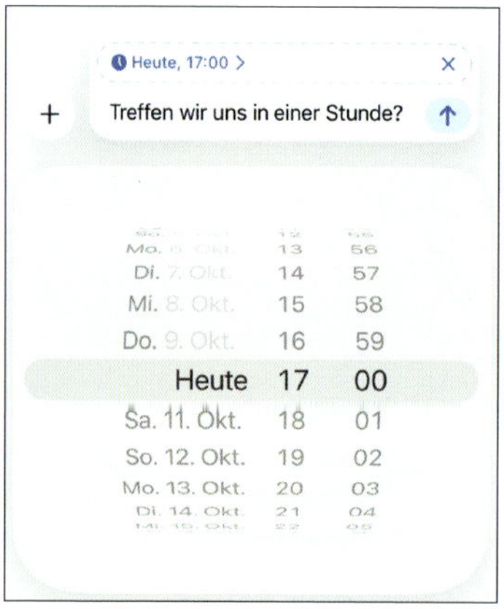

Bestimmen Sie exakt, an welchem Tag und zu welcher Uhrzeit die Nachricht verschickt werden soll.

Wenn Sie in der App *Nachrichten* eine Nachricht gesendet haben, können Sie das Senden noch zwei Minuten lang widerrufen. Halten Sie die Nachricht dazu gedrückt und wählen Sie im Kontextmenü *Senden widerrufen*. Bei der empfangenden Person wird in diesem Fall nur noch die Meldung angezeigt, dass das Senden widerrufen wurde.

Auch das nachträgliche Bearbeiten von Nachrichten ist eine Viertelstunde lang möglich. Die empfangende Person kann sich allerdings ansehen, welche Bearbeitungen duchgeführt wurden. Zum Bearbeiten halten Sie die Nachricht ebenfalls gedrückt und entscheiden sich im Kontextmenü für den Eintrag *Bearbeiten*.

Aufgepasst: Tippen Sie in der Nachricht nicht auf einen unterstrichenen Termin, sonst wird statt des Kontextmenüs ein Kalendereintrag angeboten.

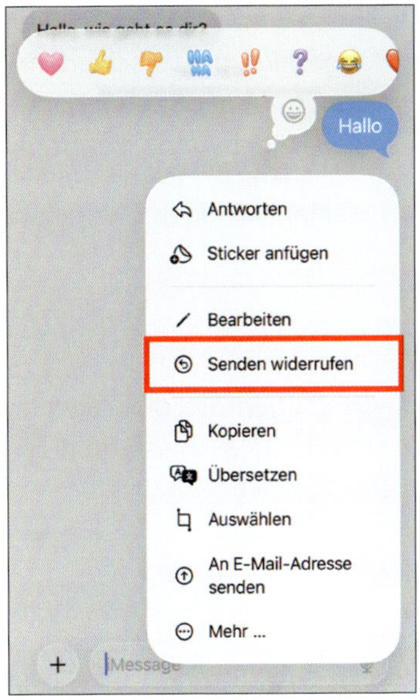

Rufen Sie die Optionen zu einer Nachricht in deren Kontextmenü auf.

Einen anderen Chat-Hintergrund wählen

Der Standardhintergrund in Ihren Konversationen in der App *Nachrichten* ist grau. Wenn Ihnen das zu trist ist, wählen Sie mit wenigen Handgriffen einen neuen Chat-Hintergrund aus.

Dieses Feature wurde mit iOS 26 eingeführt und funktioniert auf folgende Weise:

1. Wählen Sie in der App *Nachrichten* durch Antippen eine Konversation aus.

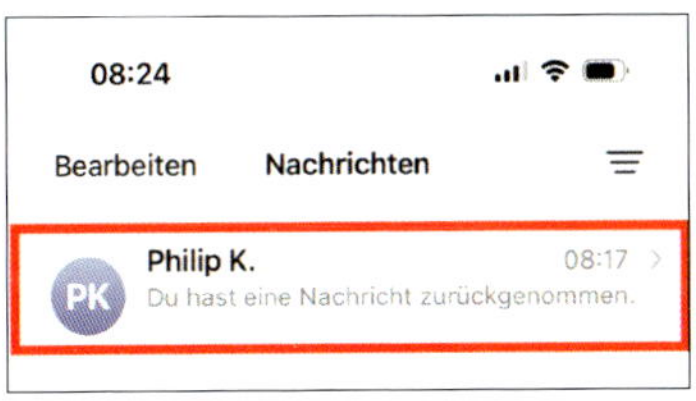

2. Oben werden die Chat-Teilnehmer angezeigt. Tippen Sie darauf.

3. Ihnen wird zunächst die Registerkarte *Informationen* angezeigt, die verschiedene Informationen und Aktionen zur geöffneten Konversation bietet. Entscheiden Sie sich für die Registerkarte *Hintergründe*.

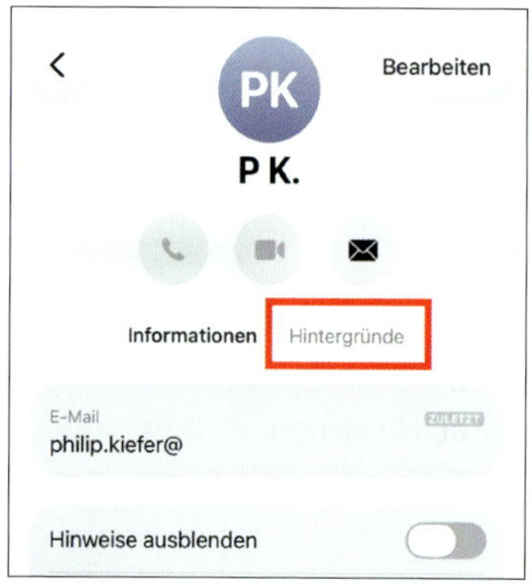

4. Wählen Sie einen Chat-Hintergrund nach Ihrem Geschmack aus.

5. Bestätigen Sie die Verwendung des Hintergrunds mit dem Häkchensymbol ✓.

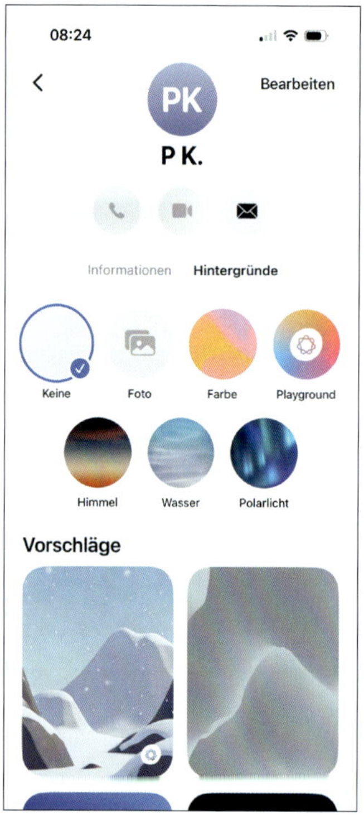

Texteffekte, handschriftliche Nachrichten, Genmojis und mehr

Sie finden in der App *Nachrichten* zahlreiche weitere pfiffige Funktionen für das Versenden von iMessages, unter anderem das Verschicken handschriftlicher Nachrichten oder Sticker, das Erstellen von Genmojis, das Verwenden von Fotoeffekten sowie das Senden sogenannter Digital-Touch-Nachrichten.

Dazu eine kleine Übersicht:

- **Texteffekte:** Versehen Sie Glückwünsche und andere kurze Texte mit netten Effekten. Tippen Sie den Text dazu ein und wählen Sie dann das Symbol unterhalb des Eingabefeldes, um ein Texteffekt-Menü einzublenden. Entscheiden Sie sich für einen passenden Effekt. Die Option *Texteffekte* können Sie alternativ auch im Menü auswählen, das erscheint, wenn Sie Text innerhalb einer verfassten Nachricht markieren.

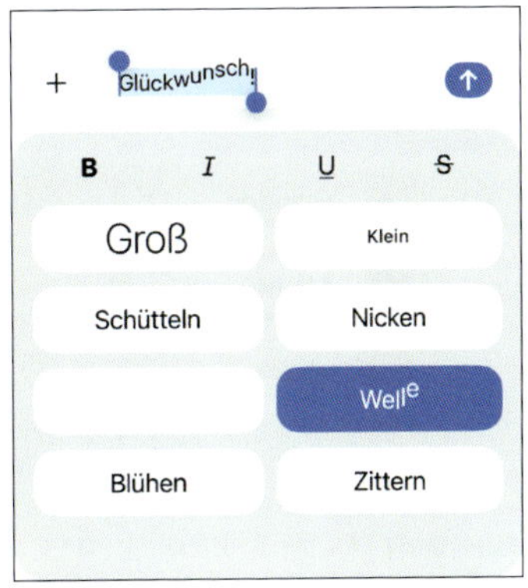

- **Handschriftliche Nachricht:** Um eine handschriftliche Nachricht zu erstellen, tippen Sie in das Eingabefeld, drehen das iPhone ins Querformat und wählen auf der Tastatur die Taste mit dem Symbol. Entscheiden Sie sich nun für einen bereits verfügbaren handschriftlichen Text bzw. schreiben Sie einen neuen Text auf das Display. Möchten Sie eine handschriftliche Nachricht wieder aus der Liste löschen, halten Sie die handschriftliche Nachricht gedrückt. Ähnlich wie bei den Apps auf dem Home-Bildschirm aktivieren Sie damit einen Bearbeitungszustand und haben nun die Möglichkeit, einzelne handschriftliche Nachrichten zu löschen.

- **Memoji:** Memojis sind animierte Bildchen, die Sie mit Ihrer eigenen Mimik ausstatten können. Um in einer Nachricht ein Memoji zu verwenden und Ihre Mimik aufzuzeichnen, streichen Sie die Optionen, die Sie unter dem Plussymbol + aufrufen, nach oben und entscheiden sich für den Eintrag *Memoji*. Zeichnen Sie nun Ihr Memoji auf – bitte lächeln!

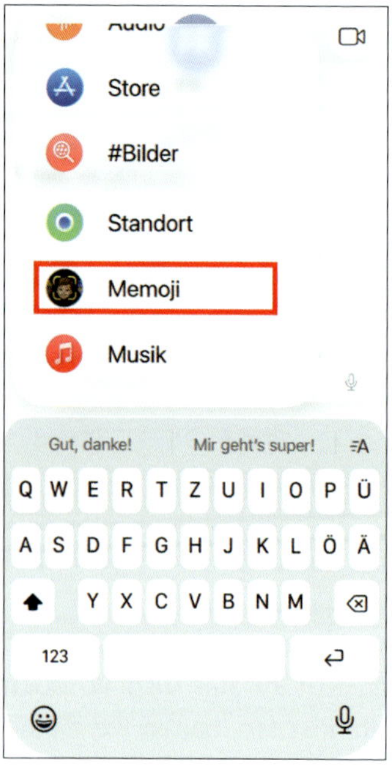

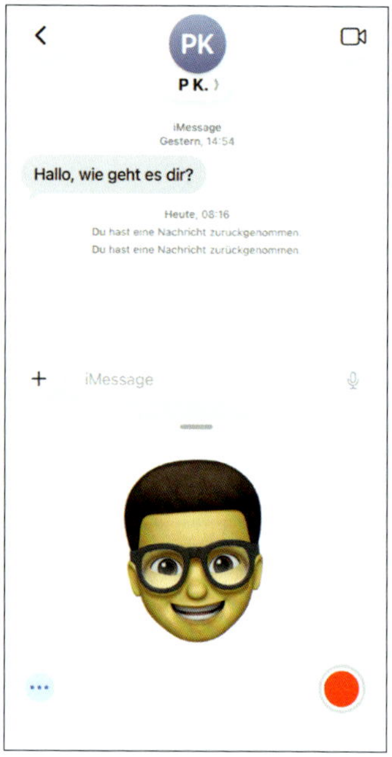

- **Memoji-Sticker:** Wenn Sie Memojis erstellen, können Sie diese in verschiedenen anderen Apps – etwa im vorhin erwähnten WhatsApp oder in einer E-Mail-App – als Memoji-Sticker senden. Greifen Sie in diesem Fall über die Emoji-Tastatur unter dem Symbol 😀 auf Ihre von Apple so genannte »Sticker Box« zu, die Sie links neben den Emojis finden. In iMessage lassen sich die Sticker auch unter dem Plussymbol + unter *Sticker* auswählen. Die Memoji-Sticker rufen Sie in der Sticker Box unter dem Symbol auf.
- **Weitere Sticker:** Neben den Memoji-Stickern lassen sich viele weitere Sticker einsetzen. Um Sticker-Apps aufzuspüren, tippen Sie in der Symbolleiste der Sticker Box rechts auf *Bearbeiten* (wenn Sie gerade die Memoji-Sticker anzeigen, blättern Sie zunächst zurück) und dann auf *Sticker-Apps aus dem App Store laden*, um die im App Store verfügbaren Sticker-Apps anzuzeigen. Die Auswahl einer Sticker-App bzw. der enthaltenen Sticker erfolgt dann ebenfalls in der Sticker Box.

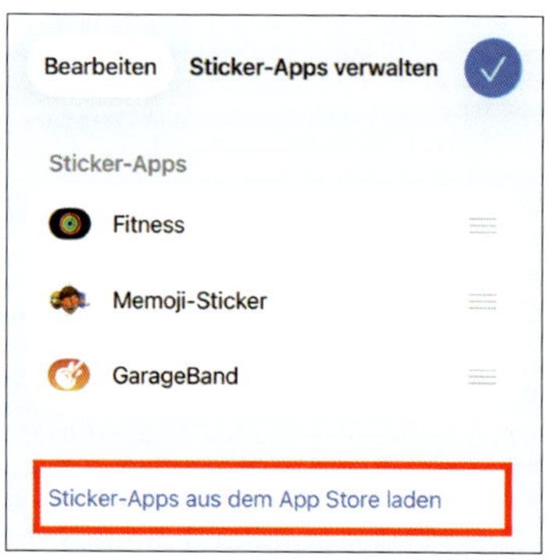

- **Genmoji:** Möchten Sie ein Emoji mit dem gewissen Etwas senden, gestalten Sie mit KI-Unterstützung ein individuelles Genmoji. Wählen Sie dazu die Option *Genmoji* unter dem Plussymbol + aus. Nun können Sie vorhandene Emojis zusammenmischen oder eine Beschreibung eingeben, wie das Genmoji aussehen soll. Hier ist Experimentieren und Spaßhaben angesagt!

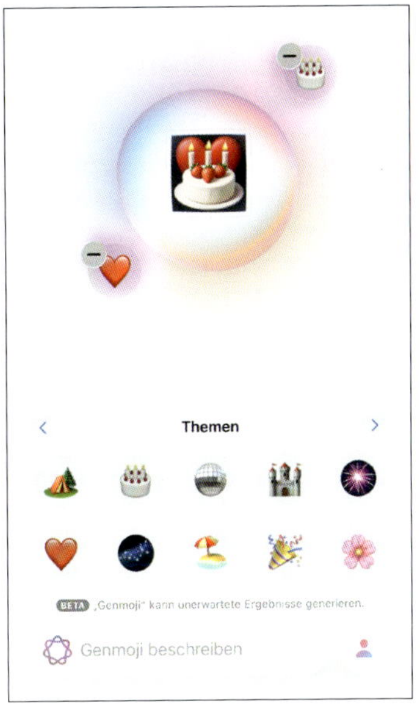

- **Image Playground:** Ebenso lassen sich KI-generierte Bilder, die Sie mit Image Playground erstellen, in eine Nachricht einfügen, indem Sie unter dem Plussymbol + den Eintrag *Image Playground* wählen. In Kapitel 6 wird die App *Image Playground* näher beschrieben.
- **Digital-Touch-Nachricht:** Sehr pfiffig sind auch die Digital-Touch-Nachrichten. Scrollen Sie unter dem Plussymbol nach unten und wählen Sie den Eintrag *Digital Touch*, um eine Digital-Touch-Nachricht aufzuzeichnen und dann als Animation an den Nachrichtenempfänger zu schicken. Sie können eine Digital-Touch-Nachricht mit dem Finger frei zeichnen (Scribble), aber auch verschiedene Standardanimationen senden: Das Tippen mit einem Finger bewirkt einen Tap, das Tippen und Gedrückthalten mit einem Finger einen Feuerball, das Tippen mit zwei Fingern einen Kuss, das Tippen und Gedrückthalten mit zwei Fingern einen Herzschlag. Wenn Sie mit zwei Fingern tippen, gedrückt halten und nach unten ziehen, senden Sie ein animiertes zerbrochenes Herz.

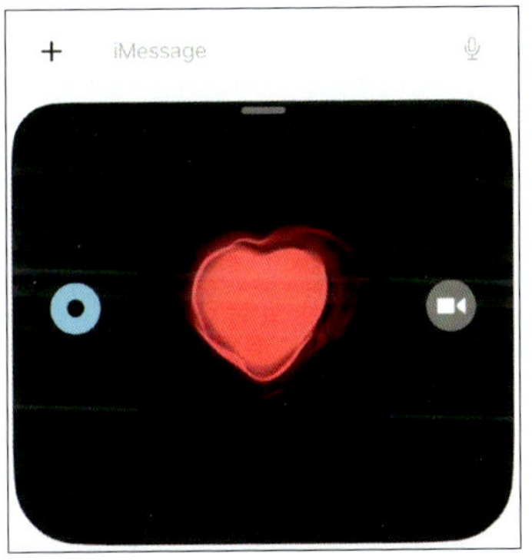

Feuerball, Kuss und Co.: Versenden Sie pfiffige Animationen als Digital-Touch-Nachricht.

Nachrichten kommentieren und beantworten

Sie können einzelne Nachrichten mit einer Sprechblase kommentieren. Man nennt das auch Tapback. Dazu halten Sie eine Nachricht in einer Konversation einfach gedrückt – schon erhalten Sie eine entsprechende Auswahl. Zusätzlich zur Sprechblasenauswahl wird das bereits an anderer Stelle vorgestellte Kontextmenü geöffnet, in dem Sie sich zum Beispiel für das Beantworten, Zurückholen oder Übersetzen dieser speziellen Nachricht entscheiden können.

Zusätzlich wird Ihnen hier auch die Option *Sticker anfügen* angeboten, um statt der vorgegebenen Icons einen eigenen Sticker zum Kommentieren der Nachricht auszuwählen.

Halten Sie eine Nachricht in einem Chat gedrückt, um diese mit einer Sprechblase zu kommentieren sowie in einem Kontextmenü weitere Optionen zu erhalten.

In einer Nachricht Ihren Standort freigeben

Praktisch, wenn Sie sich per Kurznachricht mit anderen Personen verabreden möchten: Geben Sie Ihren eigenen Standort frei, um ihn für eine gewisse Zeit von anderen Personen orten zu lassen. So geht's:

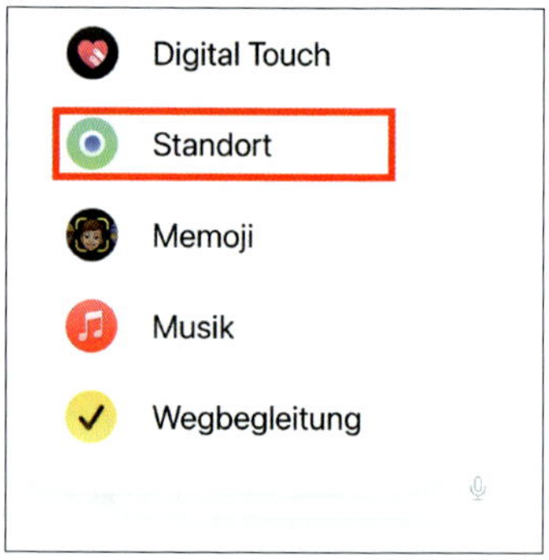

1. Wählen Sie in der App *Nachrichten* die Konversation mit einer Person aus.
2. Tippen Sie links neben dem Eingabefeld auf das Plussymbol + und wählen Sie im Menü den Eintrag *Standort*.
3. Entscheiden Sie sich nun für die Schaltfläche *Teilen*. Sie sehen auch die Schaltfläche *Anfordern*, mit der Sie den Standort einer anderen Person anfordern können.
4. Bestimmen Sie per Menü, ob die Freigabe *Eine Stunde* lang, *Bis zum Ende des Tages* oder *Unbegrenzt* erfolgen soll.

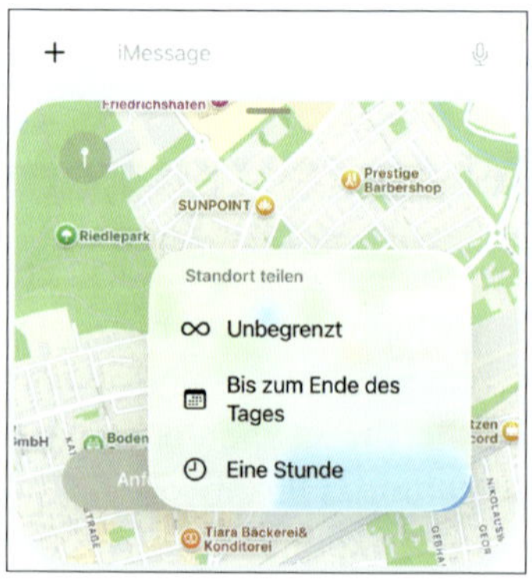

Der geteilte Standort kann direkt in der App *Nachrichten* angezeigt werden. Noch deutlich komfortabler erfolgt der Zugriff auf den geteilten Standort aber in der auf Ihrem iPhone 17 bereits verfügbaren Standard-App *Wo ist?*.

Konversationen und einzelne Nachrichten löschen

Wenn Sie in der App *Nachrichten* aufräumen, können Sie entweder komplette Konversationen löschen oder aber nur einzelne Nachrichten innerhalb einer Konversation.

Zum Löschen der kompletten Konversation tippen Sie diese in der App *Nachrichten* an und ziehen den Finger nach links. Tippen Sie auf das erscheinende Papierkorbsymbol. Alternativ gehen Sie auf *Bearbeiten*, wählen eine oder mehrere Konversationen aus und tippen dann rechts unten auf das Papierkorbsymbol.

In diesem Fall wird eine komplette Konversation in der Nachrichten-App gelöscht.

Um einzelne Nachrichten innerhalb einer Konversation zu löschen, wählen Sie die Konversation in der App *Nachrichten* aus. Halten Sie eine Nachricht gedrückt und entscheiden Sie sich im sich dann öffnenden Menü für *Mehr*. Wählen Sie die zu löschenden Nachrichten aus und tippen Sie links unten auf das Papierkorbsymbol.

Infos eines Gruppen-Chats anpassen

In der App *Nachrichten* können Sie auch Gruppen-Chats führen. Hierzu geben Sie einfach mehrere Nachrichten-Empfänger in das Adressfeld ein. Damit der Gruppen-Chat in der Liste der Konversationen übersichtlich dargestellt wird, versehen Sie die Gruppe am besten mit einem individuellen Namen und Gruppenbild. Das geht so:

1. Wählen Sie die Gruppen-Konversation in der App *Nachrichten* aus und tippen Sie oben auf die Gruppe.

2. Entscheiden Sie sich jetzt für *Bearbeiten*.

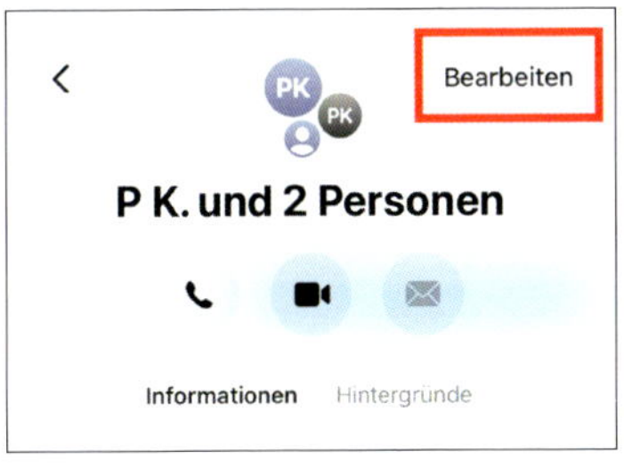

3. Tippen Sie dann auf *Name und Foto bearbeiten* und geben Sie eine passende Bezeichnung für den Gruppen-Chat ein.

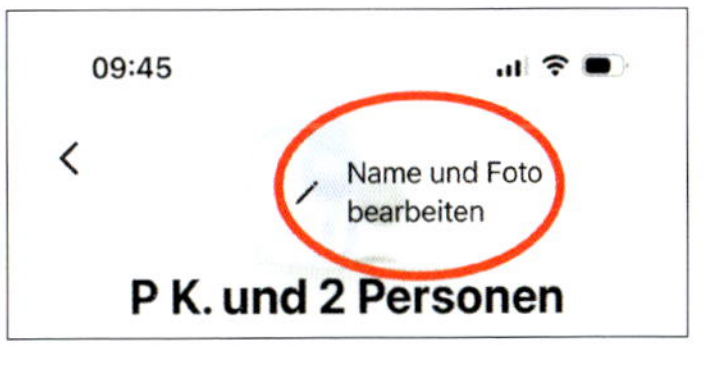

4. Wählen Sie ein Bild aus, das Ihnen zusagt. Es kann sich hierbei entweder um ein Icon handeln oder um eine Aufnahme, die Sie mit dem iPhone machen bzw. schon gemacht haben.

5. Bestätigen Sie mit dem Häkchensymbol ✓. Den Effekt Ihrer Änderungen sehen Sie in der Liste mit den Konversationen.

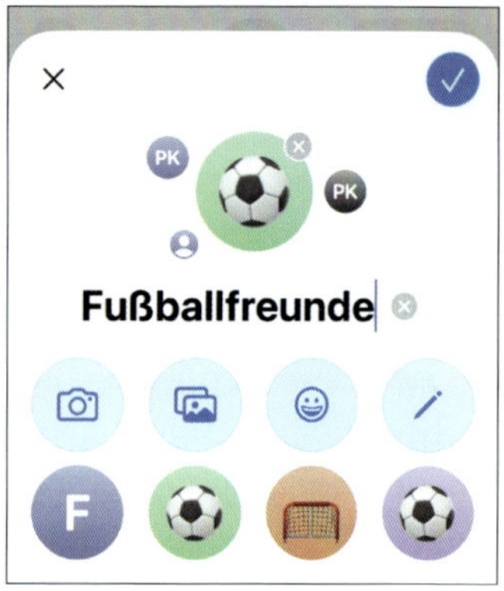

In einem Gruppen-Chat eine Abstimmung durchführen

Wann soll eine bestimmte Veranstaltung durchgeführt werden? Welches Menü ist gewünscht? Wer bringt welche Leckerei mit? Es gibt vieles, was in einem Gruppen-Chat abgestimmt werden kann.

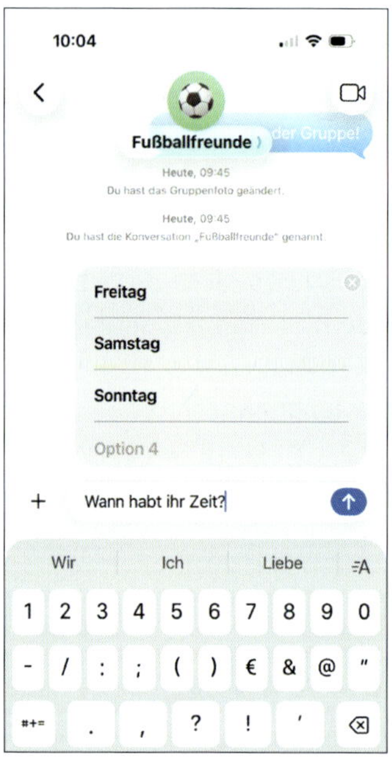

Für eine Abstimmung im Gruppen-Chat müssen lediglich die einzelnen Optionen eingetippt werden; im Chat kann dann jede Person eine oder mehrere der Optionen auswählen.

Um in der App *Nachrichten* eine Abstimmung einzufügen, tippen Sie links neben dem Eingabefeld auf das Plussymbol + und wählen *Abstimmungen*. Geben Sie anschließend die Optionen für die Abstimmung ein. Fügen Sie noch einen passenden Kommentar hinzu und senden Sie die Nachricht. Die Personen in der Gruppe können nun eine oder mehrere Optionen auswählen. Es erfolgt jeweils eine Benachrichtigung.

Halten Sie eine Abstimmung im Gruppen-Chat gedrückt und wählen Sie im Kontextmenü *Abstimmungsdetails*, um zu sehen, wer abgestimmt hat, und um eine Abstimmungsstatistik zu erhalten.

Eine gesuchte Konversation rasch finden

Wenn Sie die Liste mit den Konversationen in der App *Nachrichten* nach unten ziehen, erscheint ein Suchfeld für die Suche nach einer bestimmten Nachricht. Wichtige Konversationen können Sie außerdem oberhalb der Liste anheften, um diese schnellstmöglich verfügbar zu haben. Zum Anheften einer Konversation tippen Sie diese in der Liste mit den Konversationen an und halten sie gedrückt. Entscheiden Sie sich im so geöffneten Kontextmenü für den Eintrag *Anpinnen*. Um eine angeheftete Konversation wieder zu lösen, lautet der entsprechende Eintrag im Kontextmenü *Loslösen*.

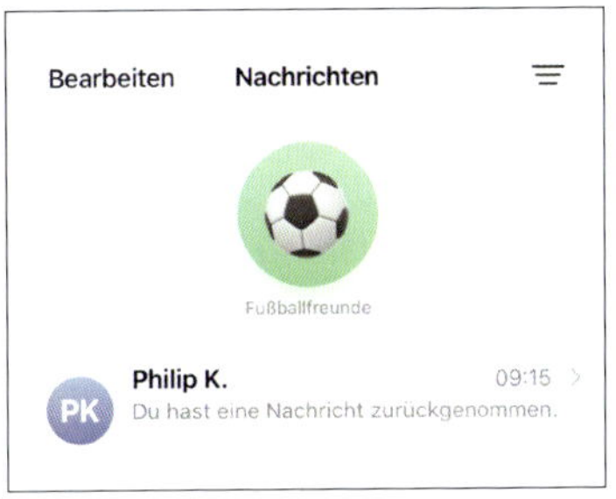

Hier wurde die Konversation mit der zuvor erstellten Gruppe oberhalb der Liste mit den Konversationen angeheftet, um schnell darauf zugreifen zu können.

Übers Internet telefonieren – auch mit Videoübertragung

Sie können übers Internet nicht nur Kurznachrichten austauschen, sondern auch telefonieren, wenn gewünscht mit Videoübertragung, und das mit dem iPhone 17 auch noch in HD-Qualität. Das Telefonieren übers Internet ist insbesondere dann praktisch, wenn sich der Gesprächspartner im Ausland befindet und herkömmliche Telefonate zu teuer wären. Oder dann, wenn Sie Ihre Tochter, die in Pinneberg lebt, selten zu Gesicht bekommen, und sie deshalb wenigstens beim wöchentlichen Telefonat auf dem iPhone-Display sehen möchten. Vielleicht möchten Sie auch eine Videokonferenz mit mehreren Kollegen durchführen? Dafür sind Videotelefonate übers Internet ebenfalls geeignet. Diesem Zweck dient auf Ihrem iPhone der Dienst *FaceTime*.

FaceTime-Telefonate können dabei nicht mehr nur zwischen Nutzern von Apple-Geräten geführt werden, sondern es lässt sich ein »FaceTime-Link« zur Teilnahme an Gesprächen an Nutzer anderer Geräte (Android, Windows) senden.

Voraussetzung für die FaceTime-Nutzung ist zunächst, dass Sie die Option *FaceTime* in den *Einstellungen* unter *Apps* und dort unter *FaceTime* aktiviert haben. Bestimmen Sie in den *Einstellungen* außerdem, mit welchen Rufnummern und E-Mail-Adressen Sie für FaceTime erreichbar sein möchten. Übrigens: Für die FaceTime-Aktivierung wurde in der Vergangenheit einmalig eine SMS ins Ausland verschickt, die – je nach Vertrag – mit Kosten verbunden ist! Wundern Sie sich also nicht, falls ggf. ein entsprechender Posten in Ihrer Mobilfunkrechnung auftaucht.

Um eine FaceTime-Übertragung zu starten, bieten sich Ihnen ganz verschiedene Optionen. Hier ein kleiner Überblick:

- Sie entscheiden sich während eines herkömmlichen Telefonats für die Option *FaceTime*. Bei dieser Variante können Sie zunächst abklären, ob eine Videoübertragung gewünscht ist (nicht jeder ist zu jeder Zeit geschminkt oder angezogen).
- Sie wählen in der App *Nachrichten* eine Konversation aus und tippen rechts oben auf das FaceTime-Symbol . Wählen Sie anschließend im Menü *FaceTime-Audio* bzw. *FaceTime-Video*.

- Sie rufen einen Kontakt in der App *Kontakte* bzw. in der App *Telefon* unter *Kontakte* auf und entscheiden sich per Button entweder für ein Audio- oder Videotelefonat. Die Rufnummer oder E-Mail-Adresse, unter der der Kontakt für FaceTime erreichbar ist, muss dabei selbstverständlich eingetragen sein.
- Geben Sie der Sprachassistenz Siri einen entsprechenden Sprachbefehl (dazu mehr in Kapitel 6). Der Befehl könnte beispielsweise »FaceTime-Anruf mit Lisa« lauten.
- Sie öffnen die App *FaceTime* und wählen unter *Neuer Anruf* einen Kontakt aus bzw. geben die Rufnummer oder E-Mail-Adresse ein, unter der die Person für FaceTime erreichbar ist. Entscheiden Sie anschließend, ob Sie ein Audio- oder ein Videotelefonat führen möchten. Alternativ wählen Sie das Link-Symbol , um einen Link zu erstellen, mit dem Sie Nutzer eines Nicht-Apple-Gerätes zu einem FaceTime-Telefonat einladen.

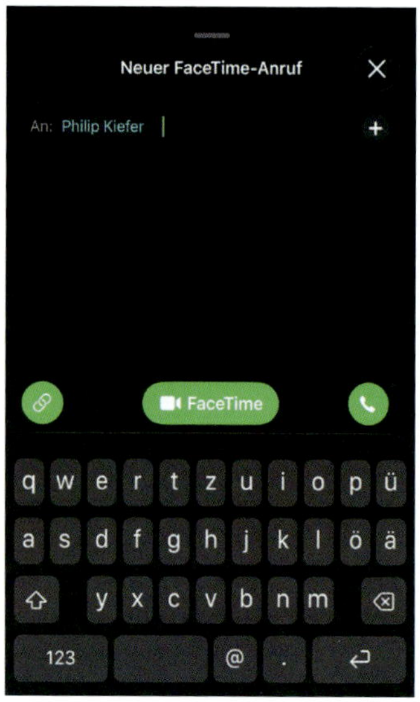

Nutzer von Android- oder Windows-Geräten laden Sie per FaceTime-Link zur Teilnahme ein.

Ein FaceTime-Telefonat verläuft ganz unkompliziert und bietet verschiedene Möglichkeiten wie etwa SharePlay oder eine Bildschirmfreigabe. Die folgende Anleitung skizziert die Vorgehensweise:

1. Starten Sie auf eine der beschriebenen Arten ein FaceTime-Telefonat. Entscheiden Sie sich also beispielsweise direkt in der App *FaceTime* für ein Videotelefonat mit einem bereits einmal angerufenen Kontakt.

2. Auf dem eigenen iPhone erscheint zunächst das eigene Bild und Sie erhalten verschiedene Optionen wie das Wechseln der Kamera, das Stummschalten usw. Praktisch, wenn mal nicht aufgeräumt sein sollte: Mit dem Symbol ƒ stellen Sie den Hintergrund unscharf. Sollte ein Gesprächspartner nicht live erreichbar sein, erhalten Sie eine Option zum Aufzeichnen einer Videobotschaft.

3. Nimmt der Empfänger den Anruf an, geht's los! Sie sehen Ihren Gesprächspartner nun im Großformat und sich selbst in einer Ecke des Displays. Das eigene Bild lässt sich mit dem Finger jederzeit in eine andere Ecke streichen.

4. Sie können dem Gespräch noch weitere Teilnehmer hinzufügen. Dazu tippen Sie auf das Symbol mit den drei Punkten und entscheiden sich anschließend für die Option *Personen hinzufügen*.

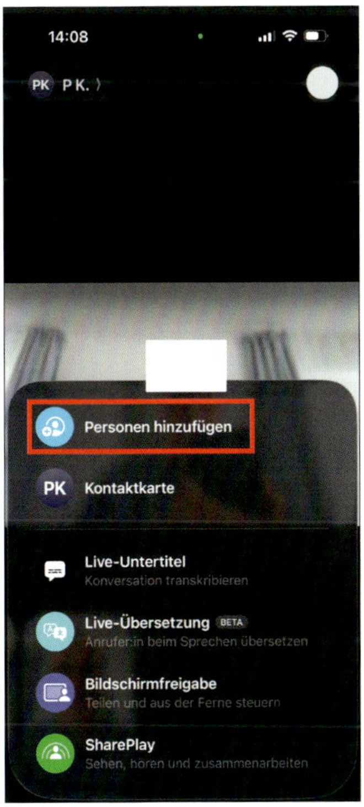

5. In dem Menü, das Sie mit dem Symbol öffnen, finden Sie noch weitere spannende Optionen. Möchten Sie gemeinsam Mediendateien betrachten, mit einer ausgewählten App zusammenarbeiten oder Ihren iPhone-Bildschirm freigeben? Wählen Sie dazu die Optionen *Bildschirmfreigabe* bzw. *SharePlay*. Für KI-generierte Skripte entscheiden Sie sich für *Live-Untertitel*. Möchten Sie einen in einer fremden Sprache gesprochenen Text von künstlicher Intelligenz übersetzen lassen, wählen Sie *Live-Übersetzung*.

6. Auch noch während eines Telefonats lassen sich weitere Personen anrufen. Tippen Sie dazu links oben auf die Initialen und entscheiden Sie sich im Anschluss für *Personen hinzufügen*.

Achten Sie bei Ihren FaceTime-Videotelefonaten auf gute Lichtverhältnisse, um Ihrem Gegenüber einen perfekten Videostream von sich zu übermitteln! Übrigens: Aus einem Gruppen-Chat in der App *Nachrichten* heraus können Sie per FaceTime-Symbol direkt ein FaceTime-Telefonat mit mehreren Teilnehmern starten.

Pfiffige Videoeffekte durch Gesten

Möchten Sie Ihre Gesprächspartner während der Videotelefonate ein wenig überraschen? Senden Sie dazu animierte Videoeffekte, die sich ganz einfach durch Gesten erstellen lassen. Zeigen Sie z. B. das Victory-Zeichen in die Kamera, steigen Luftballons auf. Eine Liste der verfügbaren Videoeffekte finden Sie auf dieser Webseite: *https://support.apple.com/de-de/guide/iphone/iphaa0b5671d/ios*.

Kapitel 5

Kontakte, Termine, Aufgaben und Co. organisieren

Sie haben auf dem iPhone, wenn Sie dies möchten, alle Ihre Kontakte, Termine und Aufgaben stets mit dabei. Lernen Sie eine nette Person kennen, tippen Sie deren Kontaktdaten sofort ein oder lassen sich diese per AirDrop (siehe Kapitel 13) senden. Lassen Sie sich außerdem vom iPhone-Kalender an wichtige Termine erinnern, verwalten Sie Ihre Aufgaben mit der App *Erinnerungen*, nutzen Sie die App *Uhr* für Wecker, Weltzeit und Co. und halten Sie Ihre Ideen per Notiz oder Sprachmemo fest. In diesem Kapitel stelle ich Ihnen alle in diesem Zusammenhang wichtigen Funktionen vor.

Mitteilungen vom iPhone erhalten

Machen Sie sich zunächst mit den unterschiedlichen Formen der Mitteilungen vertraut, die Ihnen Ihr iPhone bei neu eingegangenen Nachrichten, aber auch bei anstehenden Terminen, Aufgaben usw. liefert:

- **Sperrbildschirm:** Ihr iPhone ist auch im gesperrten (jedoch nicht im ausgeschalteten!) Zustand empfangsbereit und zeigt Ihnen neue Nachrichten und Co. als Hinweise auf dem Sperrbildschirm an. Streichen Sie in der Mitte des Sperrbildschirms von unten nach oben, werden Ihnen die letzten Mitteilungen angezeigt. Ziehen Sie auf einer auf dem Sperrbildschirm angezeigten Mitteilung mit dem Finger leicht nach links, um verschiedene Optionen für den Umgang mit dem Hinweis zu erhalten. Ziehen Sie den Hinweis vollständig nach links, wird er auf dem Sperrbildschirm ausgeblendet.

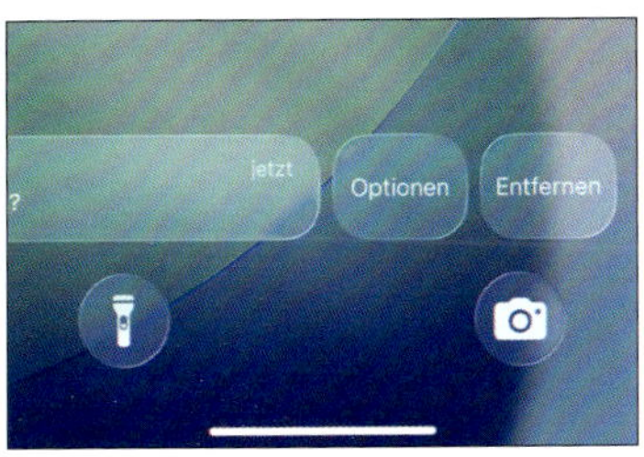

Ziehen Sie auf einem Hinweis mit dem Finger leicht nach links, um Optionen dazu einzublenden.

- **Home-Bildschirm:** Auf dem Home-Bildschirm werden die Hinweise als Banner oben auf dem Bildschirm angezeigt. Sie können selbst festlegen, ob diese automatisch ausgeblendet werden sollen oder erst nach einer Aktion Ihrerseits – wie das gemacht wird, zeige ich Ihnen gleich im Anschluss an diese Auflistung.

Ziehen Sie den Hinweis über eine eingegangene Nachricht am unteren Rand nach unten, um die Nachricht direkt zu beantworten.

- **Kennzeichen:** Eine Reihe von Apps gibt Kennzeichen aus. Das sind kleine, runde Nummern 1, die direkt auf dem App-Symbol angezeigt werden und über neue Nachrichten oder sonstige Inhalte, entgangene Anrufe, anstehende Aufgaben usw. informieren.

Dieses Kennzeichen informiert über eine neue ungelesene Nachricht; um sie zu lesen, öffnen Sie die entsprechende App.

> **Push-Benachrichtigungen**
>
> Viele Apps bieten Push-Benachrichtigungen an, können also Hinweise direkt auf das iPhone-Display senden. Erlauben Sie Mitteilungen nur solchen Apps, von denen Sie Meldungen erhalten möchten. Sie werden von einer entsprechenden App beim ersten Start danach gefragt.

Festlegen, wie die Benachrichtigungen erfolgen sollen

Das Mitteilungsverhalten der einzelnen Apps lässt sich jederzeit bearbeiten. Entscheiden Sie sich dazu in den *Einstellungen* für den Eintrag *Mitteilungen*. Wählen Sie zunächst, wie Sie die Mitteilungen angezeigt haben wollen, zur Auswahl stehen die Anzeigeoptionen *Anzahl*, *Stapel* sowie *Liste*.

Außerdem können Sie eine *Geplante Übersicht* einrichten, um einen Zeitplan für die Zustellung von Hinweisen zu erstellen – damit Sie nicht jederzeit vom iPhone gestört werden. Bestimmen Sie darüber hinaus, ob eine Vorschau auch auf dem Sperrbildschirm angezeigt werden soll oder nicht. Und ob Mitteilungen auch dann erfolgen sollen, wenn Sie Ihren Bildschirm über FaceTime freigegeben haben. Im Abschnitt *Apple Intelligence* können Sie die Optionen *Mitteilungen priorisieren* sowie *Mitteilungen zusammenfassen* wählen, um Ihre Mitteilungen mithilfe künstlicher Intelligenz zu organisieren.

Richten Sie eine »Geplante Übersicht« ein, um nicht rund um die Uhr nicht ganz so wichtige Hinweise auf dem iPhone zu erhalten; außerdem können Mitteilungen mit KI organisiert werden.

Um das Mitteilungsverhalten einer einzelnen App zu ändern, tippen Sie die gewünschte App im Abschnitt *Mitteilungsstil* an. Dies sind die wichtigsten Optionen:

- *Mitteilungen erlauben:* Mit dieser Option bestimmen Sie, ob Sie von einer App überhaupt Mitteilungen erhalten möchten oder nicht.
- *Kritische Hinweise:* Die kritischen Hinweise sind sehr dringend und werden auch bei aktiviertem Fokus oder bei Stummschaltung ausgegeben. Sie stehen z. B. für die App *Nachrichten* zur Verfügung.
- *Dringliche Mitteilungen:* Das iPhone erkennt standardmäßig dringliche Mitteilungen einer App und kann diese auch bei einer geplanten Übersicht sofort zustellen – es sei denn, Sie deaktivieren diesen Schalter.
- *Sperrbildschirm:* Dürfen Benachrichtigungen auch auf dem Sperrbildschirm angezeigt werden? Dies entscheiden Sie mit diesem Schalter.
- *Mitteilungen:* Dürfen Mitteilungen einer App in der Mitteilungszentrale dargestellt werden? Bestimmen Sie das mit dieser Option.

- *Banner:* Entscheiden Sie z. B., ob Hinweise oben auf dem Home-Bildschirm erfolgen sollen oder nicht.
- *Bannerstil:* Bestimmen Sie unter diesem Eintrag, ob Hinweise auf dem Display temporär oder dauerhaft (bis zum Durchführen einer Aktion) dargestellt werden sollen.
- *Töne:* Entscheiden Sie, ob bei der Benachrichtigung ein Ton ausgegeben werden soll. Bei einigen Apps lässt sich auch der Benachrichtigungston individuell auswählen.
- *Kennzeichen:* Mit dieser Option bestimmen Sie, ob die App Kennzeichen auf dem App-Icon anzeigen darf. Bei einer Reihe von Apps können die Kennzeichen wirklich nerven, in so einem Fall deaktivieren Sie sie lieber.
- *Vorschauen zeigen:* Vorschauen werden auf dem Sperrbildschirm standardmäßig nur im entsperrten Zustand angezeigt. So können Unbefugte keine Inhaltsschnipsel von Nachrichten und Co. sehen. Vorschauen lassen sich aber auch komplett deaktivieren oder auch im nicht entsperrten Zustand verfügbar machen.
- *Mitteilungsgruppierung:* Die Mitteilungen der einzelnen Apps werden auf dem Sperrbildschirm standardmäßig gruppiert dargestellt – es sei denn, Sie deaktivieren diese Option.

Das Mitteilungsverhalten lässt sich für jede App individuell einrichten.

Bei einigen Apps finden Sie noch weitere Einstellungsmöglichkeiten, z. B. lassen sich bei der App *Kalender* Mitteilungen auf bestimmte Ereignisse beschränken. Treffen Sie für jede App Ihre ganz persönliche Auswahl!

Zu erwähnen sind im Zusammenhang mit den Mitteilungen auch Live-Aktivitäten, die von einigen Apps ausgegeben werden. Die Anzeige der App-spezifischen Informationen erfolgt auf dem Home-Bildschirm oben im Dynamic Island, die Live-Aktivitäten werden aber auch auf dem Sperrbildschirm dargestellt. Das können z. B. ein Timer sein, Hinweise zur Navigation oder der Bestellstatus beim Lieferdienst.

Hier werden Navigationshinweise im Dynamic Island auf dem Home-Bildschirm angezeigt.

Kontakte auf dem iPhone verwalten

Auf Ihrem iPhone haben Sie alle Ihre Kontakte immer mit dabei. Die Verwaltung der Kontakte erfolgt entweder in der App *Telefon* unter *Kontakte* oder aber in der App *Kontakte*, die Sie auf Ihrem iPhone standardmäßig auf der zweiten Seite des Home-Bildschirms finden. Die Funktionsweise ist jeweils die gleiche.

Lassen Sie mich Ihnen zunächst Schritt für Schritt (am Beispiel der App *Telefon*) zeigen, wie einfach Sie einen neuen Kontakt anlegen:

1. Entscheiden Sie sich in der App *Telefon* für die Rubrik *Kontakte* und tippen Sie rechts oben auf das Plussymbol + . Alternativ halten Sie das App-Symbol der App *Telefon* bzw. *Kontakte* gedrückt und wählen im Kontextmenü *Neuen Kontakt erstellen*.

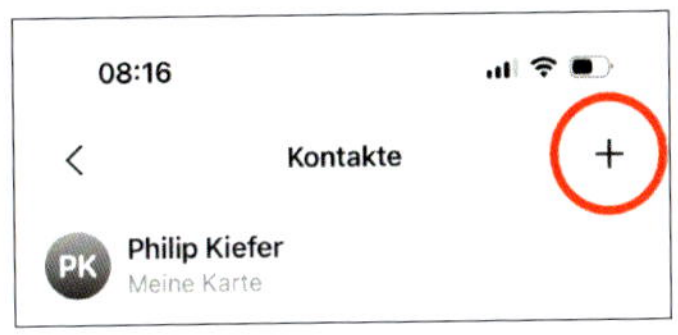

2. Es werden Ihnen verschiedene Felder und Optionen angezeigt. Tippen Sie jeweils in ein Feld, um es auszufüllen. Tippen Sie auf eine Option, um Felder hinzuzufügen.

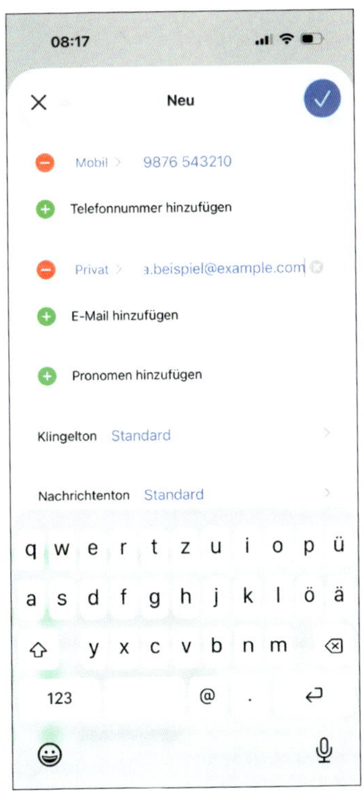

3. Die Optionen links neben einem Eingabefeld sind die sogenannten Etiketten. Geben Sie hier z. B. an, ob es sich bei einer E-Mail-Adresse um eine private oder geschäftliche Adresse handelt. Tippen Sie ein Etikett an, um die entsprechende Auswahl zu erhalten.

4. Möchten Sie ein Foto hinzufügen? Dazu tippen Sie auf *Foto hinzufügen* und wählen anschließend entweder ein gespeichertes Foto aus oder nehmen es direkt auf, wenn Ihnen der Kontakt gerade gegenübersteht.

5. Schließlich lassen sich einem Kontakt auch noch individuelle Klingel- und Nachrichtentöne (sowie Vibrationsmuster) zuweisen. Treffen Sie dazu unter *Klingelton* bzw. *Nachrichtenton* Ihre Auswahl.
6. Bestätigen Sie zum Schluss mit *Fertig*, um den Kontakt anzulegen.

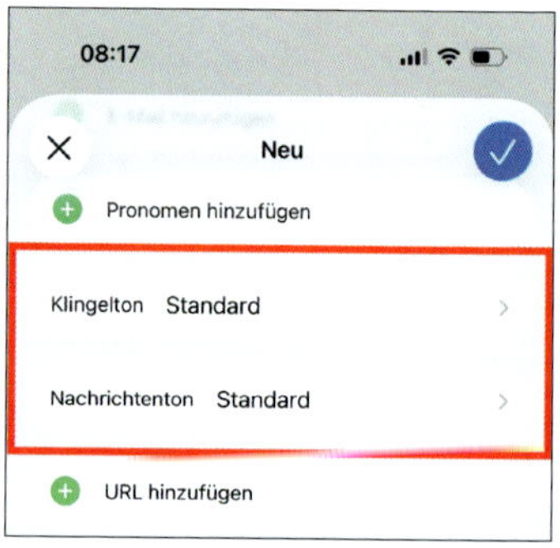

Kontaktdaten aus einer anderen App übernehmen

Um sich einiges an Tipparbeit zu ersparen, können Sie Kontaktdaten auch aus einer anderen App übernehmen, etwa aus der App *Nachrichten*. Dazu rufen Sie eine Konversation auf, tippen dann oben auf den Personenplatzhalter und wählen *Info*. Sie erhalten nun unterhalb der Daten die Optionen *Neuen Kontakt erstellen* bzw. *Zu Kontakt hinzufügen*, falls der Kontakt bereits angelegt ist und lediglich um weitere Daten ergänzt werden soll.

Kontakte von anderen Geräten aufs iPhone bringen

Vielleicht haben Sie schon auf einem anderen Gerät bereits fleißig Kontakte angelegt und deshalb verständlicherweise keine Lust, diese auf dem iPhone erneut manuell einzugeben. Selbstverständlich können Sie die bereits anderweitig eingegebenen Kontakte auf dem iPhone übernehmen. Dies sind Ihre Möglichkeiten:

- Verwenden Sie für die Synchronisierung von Kontakten beispielsweise die Software *CopyTrans Contacts* (Preis bei Redaktionsschluss 19,99 US-Dollar, Webadresse: *www.copytrans.net/copytranscontacts*).
- Legen Sie den Anbieter, bei dem Sie Ihre Kontakte erstellt haben, direkt auf dem iPhone an, und zwar in den *Einstellungen* unter *Apps* und dort unter *Kontakte*, indem Sie die Option *Kontakteaccount* wählen und sich dann für *Account hinzufügen* entscheiden. So lassen sich Kontakte, die bei Drittanbietern gespeichert sind, mit nur wenigen Handgriffen in die iPhone-Kontakte übernehmen.

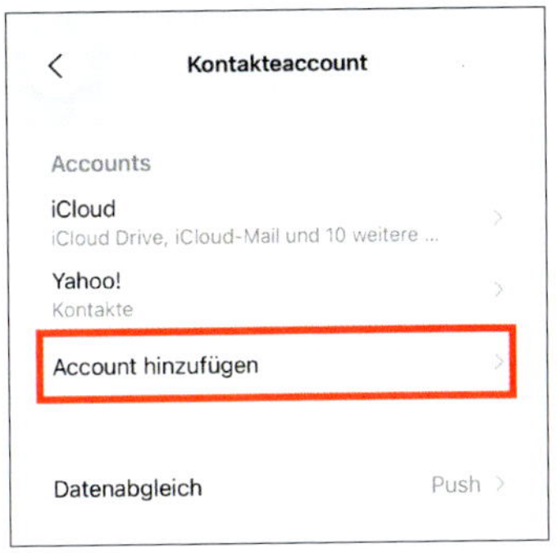

Externe Kontakte, z. B. solche, die Sie bei Microsoft oder Google gespeichert haben, lassen sich ganz einfach auch auf dem iPhone verwenden.

- Importieren Sie Kontakte im vCard-Format (Dateiendung *.vcf*). Wenn Sie sich eine vCard selbst per E-Mail zusenden und in der App *Mail* öffnen (vgl. Kapitel 8), erhalten Sie unten in der geöffneten Visitenkarte die Optionen *Neuen Kontakt erstellen* bzw. *Zu Kontakt hinzufügen*.
- Falls Sie Kontakte auf Ihrer SIM-Karte gespeichert haben, lassen sich diese ebenfalls importieren. Öffnen Sie hierzu die *Einstellungen* und wählen Sie unter *Apps* den Eintrag *Kontakte*. Tippen Sie unten auf die Schaltfläche *SIM-Kontakte importieren*.

Kontaktquellen verwalten

Wenn Sie Ihre bei einem anderen Anbieter gespeicherten Kontakte – wie im zweiten Aufzählungspunkt beschrieben – in die iPhone-Kontakte integrieren, können Sie diese extra aus- bzw. wieder einblenden. Tippen Sie dazu links oben in der App *Kontakte* bzw. in der App *Telefon* unter *Kontakte* auf den nach links weisenden Pfeil < bzw. streichen Sie auf dem Display von links nach rechts. Die verfügbaren Kontaktquellen werden Ihnen angezeigt und können per Fingertipp ausgewählt werden.

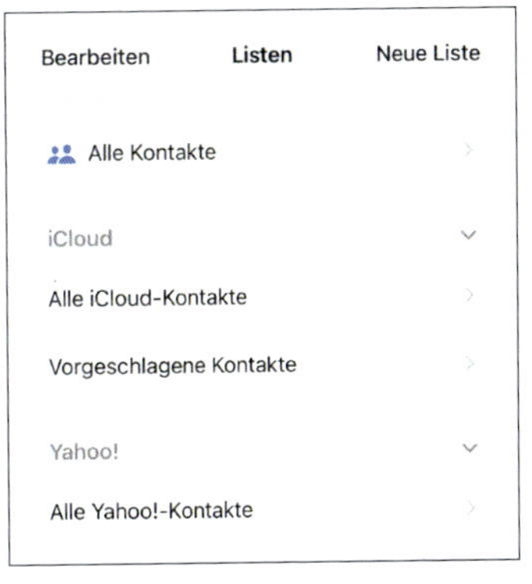

Sie können jederzeit einzelne Kontaktquellen auswählen, um sich nur die entsprechenden Kontakte anzeigen zu lassen.

Wenn Kontakte doppelt gelistet werden

Bei der Verwendung mehrerer Kontaktquellen ist es gut möglich, dass ein und derselbe Kontakt mehrfach auftaucht. Die Lösung besteht darin, einen überflüssigen Kontakt entweder zu löschen oder ihn mit dem Duplikat zu verknüpfen. Öffnen Sie dazu zunächst einen doppelten Kontakt und wählen Sie rechts oben *Bearbeiten*.

Um einen Kontakt zu löschen, tippen Sie ganz unten auf den Eintrag *Kontakt löschen*. Zum Verknüpfen eines Kontaktes wählen Sie den Eintrag *Kontakte verknüpfen*. Wählen Sie anschließend das zu verknüpfende Duplikat aus – es taucht dann nur noch einmal in der Kontaktliste auf.

Das Problem doppelt vorkommender Kontakte beheben Sie ganz einfach durch das Verknüpfen von Duplikaten.

Auf Ihre Kontakte schnell zugreifen

Für den schnellen Zugriff auf Ihre Kontakte können Sie die Spotlight-Suchfunktion verwenden, die Sie per Such-Button oberhalb des Docks oder durch eine Streichbewegung von oben nach unten auf dem Display einblenden. Aber auch in der App *Kontakte* bzw. in der App *Telefon* unter *Kontakte* finden Sie eine eingebaute Suchfunktionen, die den Vorteil bietet, dass damit ausschließlich nach Kontakten gesucht wird.

Wählen Sie die Lupe und tippen Sie dann in das Suchfeld ein, wen Sie suchen – die passenden Kontakte werden Ihnen bereits während der Eingabe angezeigt. Wählen Sie einen gefundenen Eintrag aus, um den entsprechenden Kontakt zu öffnen.

In vielen Fällen ist außerdem das Register nützlich, das rechts in der App *Kontakte* bzw. in der App *Telefon* unter *Kontakte* angezeigt wird. Tippen Sie hier auf einen Buchstaben, um direkt zu den Kontakten mit dem entsprechenden Anfangsbuchstaben zu wechseln.

Vielleicht irritiert es Sie, dass die Kontakte in der Reihenfolge »Vorname, Nachname« angezeigt, jedoch in der Reihenfolge »Nachname, Vorname« sortiert werden? Wählen Sie in den *Einstellungen* unter *Apps* und dort unter *Kontakte* den Eintrag *Sortierfolge* bzw. *Anzeigefolge* und passen Sie diese Einstellungn an.

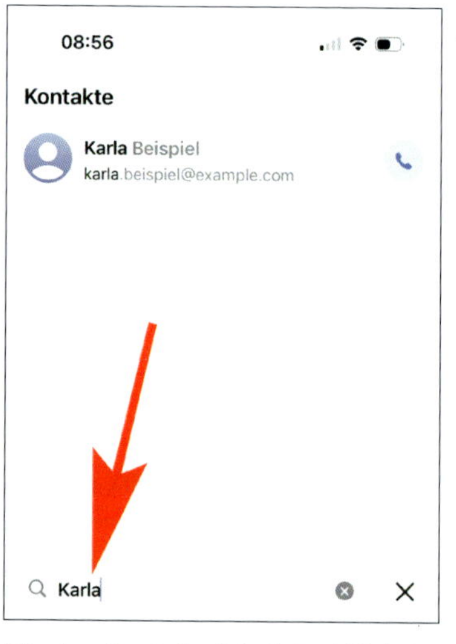

Die eingebaute Suchfunktion hilft beim schnellen Auffinden eines Kontaktes.

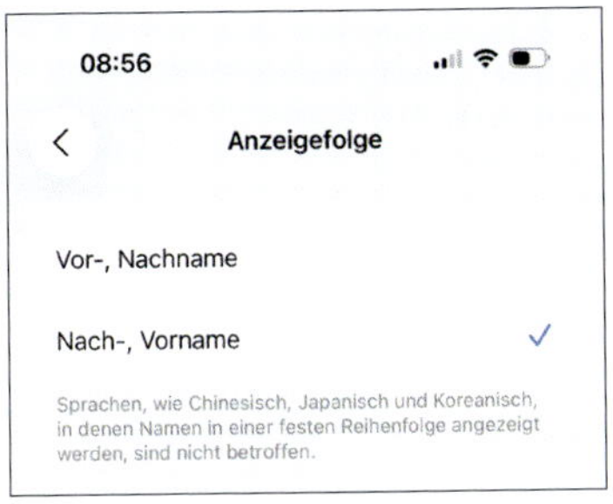

Hier wird die Anzeigefolge so angepasst, dass gemäß der Sortierung zuerst die Nachnamen der Kontakte angezeigt werden.

Ihre eigene Rufnummer anzeigen

Sie haben Ihre eigene Rufnummer gerade nicht mehr im Kopf? Öffnen Sie die App *Einstellungen* und wählen Sie unter *Apps* den Eintrag *Telefon*. Ihre eigene Rufnummer wird Ihnen beim Eintrag *Meine Nummer* angezeigt.

Einen Kontakt zu Ihren Favoriten hinzufügen

Um in der App *Telefon* schneller auf besonders wichtige Kontakte zugreifen zu können und bestimmten Kontakten während eines aktivierten Fokus Sonderrechte zuzuweisen, fügen Sie diese Ihren Favoriten hinzu.

So einfach geht's:

1. Um Ihren ersten Favoriten hinzuzufügen, wählen Sie unten in der App *Telefon* die Rubrik *Anrufe*.
2. Nun tippen Sie links oben auf *Bearbeiten*.

3. Entscheiden Sie sich im Menü für *Favoriten hinzufügen*.

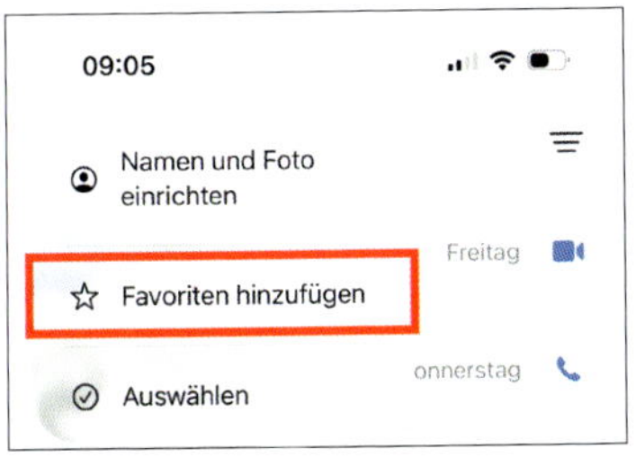

4. Wählen Sie als Nächstes den Kontakt aus, den Sie zu Ihren Favoriten hinzufügen möchten.

5. Bestimmen Sie, welche Kontaktdaten hinzugefügt werden sollen, also z. B. welche Rufnummer oder welche E-Mail-Adresse.

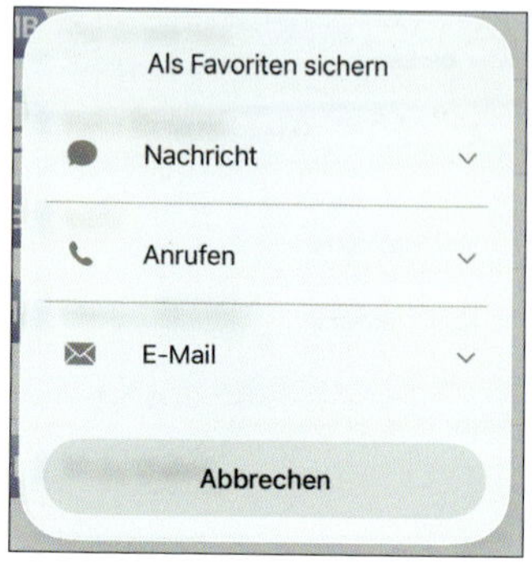

6. Bestätigen Sie mit dem blauen Häkchensymbol. Auf den Kontakt kann nun oben in der Rubrik *Anrufe* zugegriffen werden.

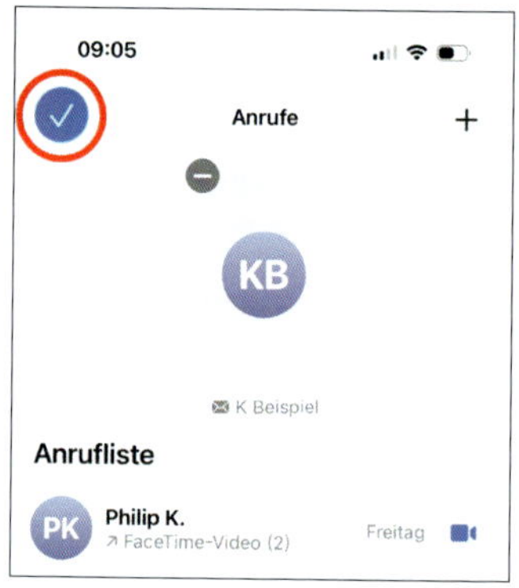

Steht ein erster Favorit zur Verfügung, ändert sich der Menüeintrag in Schritt 3 in *Favoriten bearbeiten*, und zum Hinzufügen eines weiteren Favoriten tippen Sie auf das Plussymbol +. Möchten Sie einen Favoriten wieder entfernen, entscheiden Sie sich ebenfalls für *Favoriten bearbeiten* und tippen dann bei einem Favoriten auf das Minussymbol.

Auf Rufnummern und Adressen übers Internet zugreifen

Da Sie mit Ihrem iPhone praktisch immer ins Internet gehen können, haben Sie jederzeit Zugriff auf Millionen weiterer Kontakte – ganz einfach durch Telefonbücher und Gelbe Seiten, die im App Store erhältlich sind. Suchen Sie im App Store nach dem Begriff *telefonbuch*, um Telefonbücher für Deutschland, Österreich und die Schweiz ausfindig zu machen. Hier einige Empfehlungen für Gratis-Apps:

Name der App	App-Symbol	Kurzbeschreibung
Das Telefonbuch		Diese App der Deutschen Telekom erlaubt es, nach Rufnummern und Adressen in ganz Deutschland zu suchen. Wenn eine Adresse verfügbar ist, lässt sich der Standort auch gleich noch auf einer Karte anzeigen und die Route dorthin planen.
Das Örtliche		Diese App bietet eine gute Alternative zur App *Das Telefonbuch* und dient ebenfalls der Suche nach Rufnummern und Adressen in Deutschland mitsamt nützlichen Zusatzfunktionen wie etwa einem Benzinpreisvergleich.

Name der App	App-Symbol	Kurzbeschreibung
Gelbe Seiten		Für die Suche nach einem Handwerker oder einem Blumengeschäft in der Nähe nutzen Sie die *Gelben Seiten*, das bekannte deutsche Branchentelefonbuch in einer App-Version.
search.ch		Mit dieser App installieren Sie ein Telefonbuch speziell für die Schweiz auf Ihrem iPhone. Auch Routenplaner, Wetterprognose und Co. sind im Angebot.
Herold.mobi		Für Österreich bietet sich statt einer App aus dem App Store die Webseite *www.herold.mobi* als mobiles Branchentelefonbuch an. Die mobile Seite können Sie ebenfalls als Symbol dem Home-Bildschirm hinzufügen, wie Sie es in Kapitel 7 noch erfahren werden.

Sie finden im App Store weitere nützliche Apps rund um Ihre Kontakte, z. B. auch solche Apps, die Visitenkarten mithilfe der iPhone-Kamera erfassen und daraus einen neuen Kontakt erstellen. Ein Beispiel hierfür ist die App *CamCard KI-Scanner*.

Termine und Kalender effizient verwalten

Auf dem App-Symbol der App *Kalender* auf dem Home-Bildschirm Ihres iPhones wird Ihnen jeweils der aktuelle Tag angezeigt, doch die App *Kalender* kann selbstverständlich noch viel mehr. Verwenden Sie diese App für Ihre Terminplanung und lassen Sie sich rechtzeitig an wichtige Termine erinnern. So einfach erstellen Sie einen Termin mit Erinnerungshinweis:

1. Tippen Sie auf dem Home-Bildschirm auf das Symbol der App *Kalender*, um diese App zu öffnen. Alternativ halten Sie das Symbol der App *Kalender* auf dem Home-Bildschirm gedrückt und wählen im Kontextmenü *Ereignis hinzufügen*.

2. Entscheiden Sie sich zunächst für eine Ansichtsoption: Wählen Sie in der Jahresansicht einen Monat aus, um sich die einzelnen Tage des Monats anzeigen zu lassen. Durch Antippen eines Tages gelangen Sie zur Tagesansicht. Auch eine Wochenansicht ist verfügbar, um diese zu sehen, drehen Sie das iPhone ins Querformat. Die Ansicht lässt sich mit Daumen und Zeigefinger in der Größe anpassen.

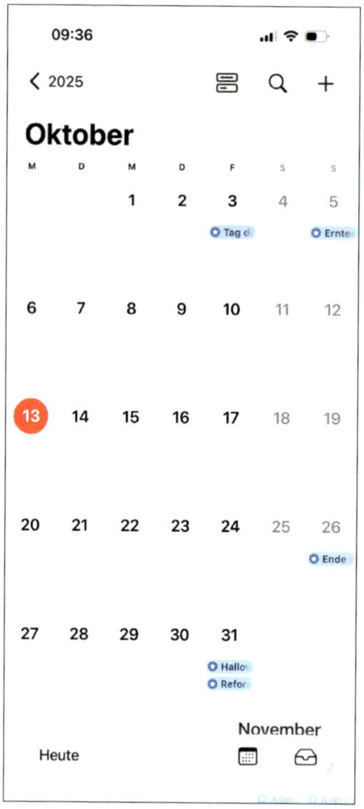

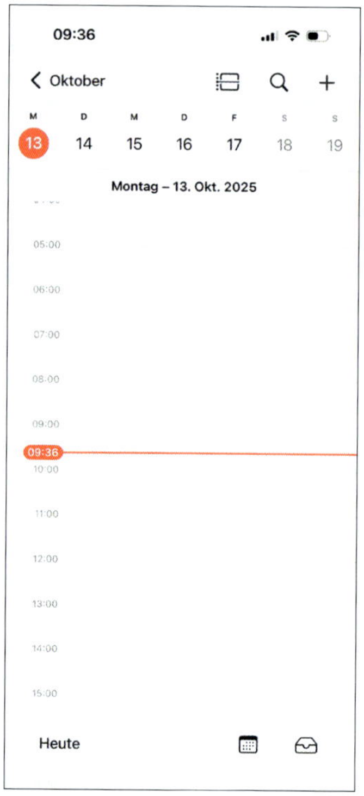

3. Um einen neuen Termin einzutragen, tippen Sie rechts oben im Kalender auf das Plussymbol +. In der Tages- oder Wochenansicht können Sie alternativ auch einfach ein Kalenderfeld gedrückt halten.

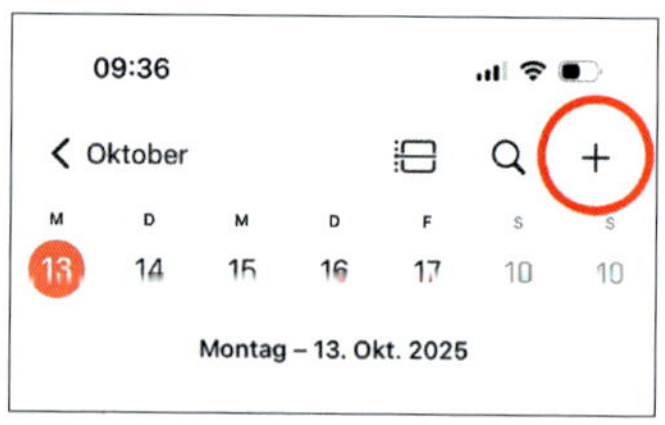

4. Anschließend machen Sie Ihre Angaben zum Termin: Geben Sie diesem eine Bezeichnung, fügen Sie ggf. eine Ortsangabe hinzu und bestimmen Sie den Zeitrahmen. Unter *Wiederholen* können Sie auch noch ein Wiederholungsintervall festlegen, etwa um einen jährlich wiederkehrenden Geburtstag oder die quartalsweisen Steuertermine nicht jedes Mal erneut eintragen zu müssen.

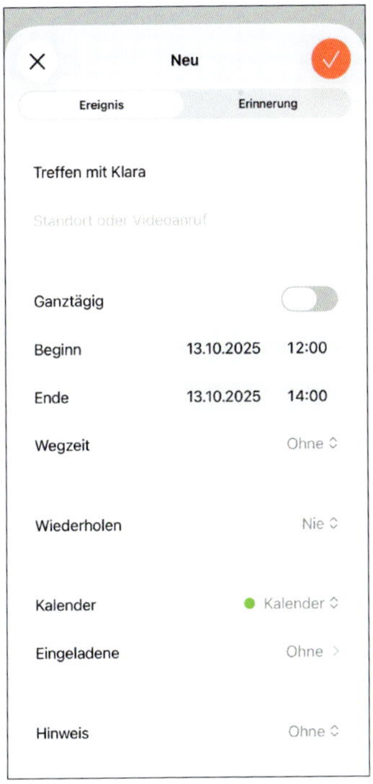

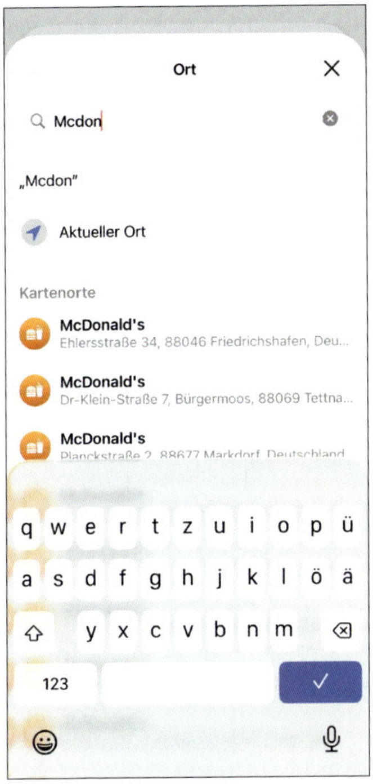

5. Sofern mehrere Kalender zur Verfügung stehen, tippen Sie auf *Kalender*, um den Kalender auszuwählen, in dem der Termin erstellt werden soll. In den *Einstellungen* unter *Apps* und dort unter *Kalender* bestimmen Sie, in welchem Kalender ein Termin standardmäßig erstellt wird.

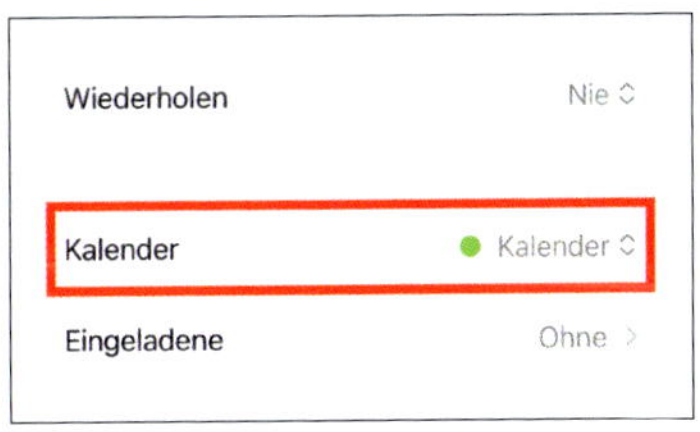

6. Um sich rechtzeitig vor einem Termin an diesen erinnern zu lassen, tippen Sie nun noch auf den Eintrag *Hinweis* und legen fest, wann Sie vor einem Termin erinnert werden möchten. Wenn gewünscht, lässt sich auch noch eine zweite Erinnerung einrichten. Übrigens: In den *Einstellungen* unter *Kalender* können Sie auch Standardhinweise für einzelne Kalender festlegen. Unter *Wegzeit* lässt sich zudem die Anfahrtszeit zum Termin mit einplanen.

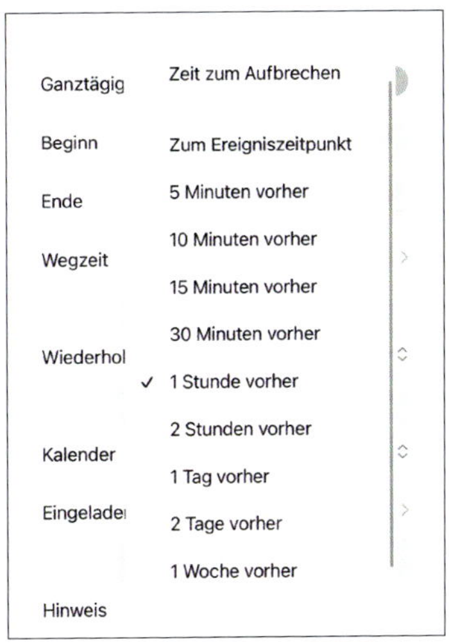

7. Bestätigen Sie schließlich mit dem roten Häkchensymbol ✓, um den Termin in Ihren Kalender einzutragen.

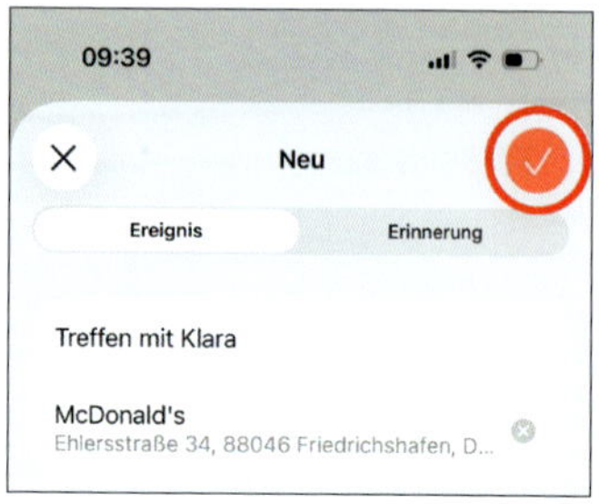

Die Erinnerung an einen Termin erfolgt standardmäßig als Hinweis auf dem iPhone-Display, verbunden mit einem kurzen Klang. Passen Sie die Mitteilungseinstellungen an Ihre eigenen Bedürfnisse an, indem Sie sich in den *Einstellungen* unter *Mitteilungen* für den Eintrag *Kalender* entscheiden.

Gut zu wissen: Wenn Ihnen ein Termin in einer Nachricht oder einer E-Mail mitgeteilt wird (Termine werden dort unterstrichen dargestellt), halten Sie diesen einfach gedrückt, um ihn in die App *Kalender* übernehmen zu können.

Mehrere Kalender auf dem iPhone pflegen

Wie bei den Kontakten gilt, dass Sie auch bereits auf einem anderen Gerät eingetragene Termine auf dem iPhone übernehmen können, indem Sie mit dem Computer synchronisieren, direkt Kalender von Google und Co. in den iPhone-Kalender übernehmen oder sich diese im iCal-Format (Dateiendung *.ics*) per E-Mail zusenden und aus der App *Mail* heraus (vgl. Kapitel 8) dem Kalender hinzufügen.

Sie müssen dabei nicht die Termine aller Kalender jederzeit in der App *Kalender* einblenden. Um festzulegen, welche Kalender angezeigt werden sollen, tippen Sie unten in der App *Kalender* auf das Kalendersymbol. Entfernen bzw. setzen Sie nun Häkchen bei den Kalendern, die aus- bzw. wieder eingeblendet werden sollen. Bestätigen Sie Ihre Auswahl mit dem Häkchensymbol ✓.

Jeden gesuchten Termin sofort finden

Auch in der App *Kalender* steht eine Suchfunktion zur Verfügung, die Sie per Fingertipp auf das Lupensymbol aufrufen. Geben Sie einen Begriff ein – bereits während der Eingabe werden die passenden Termine aufgelistet. Beachten Sie aber, dass lediglich die eingeblendeten Kalender durchsucht werden. Sie finden in der Symbolleiste außerdem ein veränderliches Symbol (z. B.), mit dem Sie die jeweilige Kalenderansicht anpassen können.

Auch das Hinzufügen weiterer Kalender kann direkt auf dem iPhone erfolgen. Zu diesem Zweck tippen Sie in der App *Kalender* erneut unten auf das Kalendersymbol. Wählen Sie dann links unten *Hinzufügen* und im Menü erneut *Hinzufügen*. Geben Sie dem neuen Kalender eine sinnvolle Bezeichnung und weisen Sie ihm eine Kalenderfarbe zu, in der die entsprechenden Termine gekennzeichnet werden. Bestätigen Sie mit dem roten Häkchensymbol ✓.

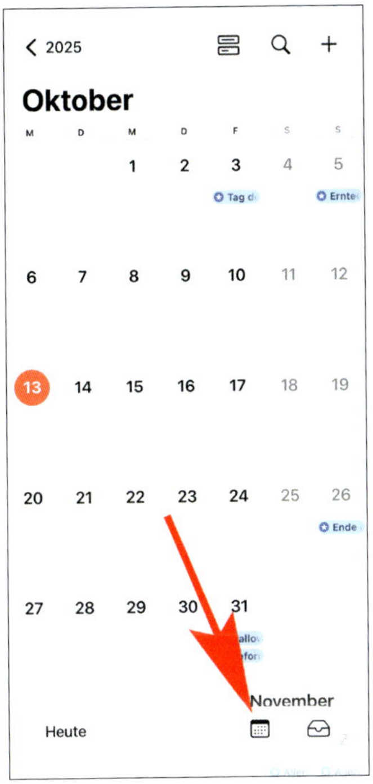

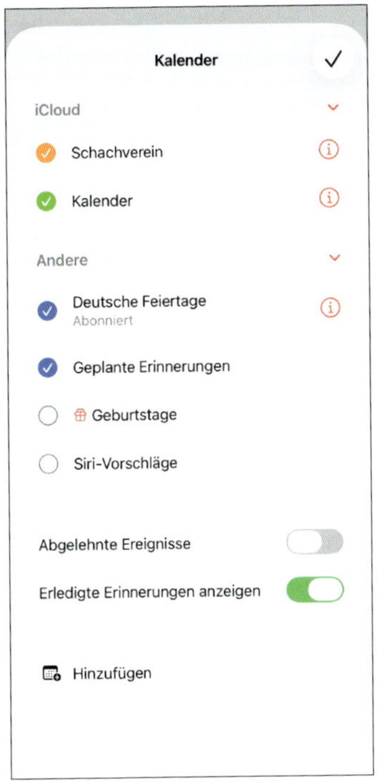

Die Termine einzelner Kalender lassen sich jederzeit aus- und wieder einblenden.

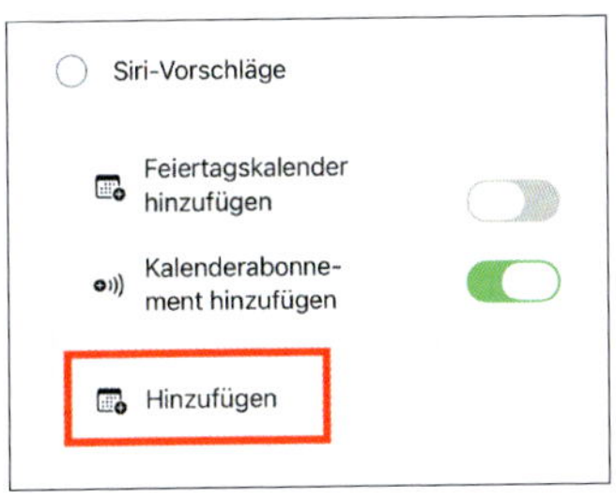

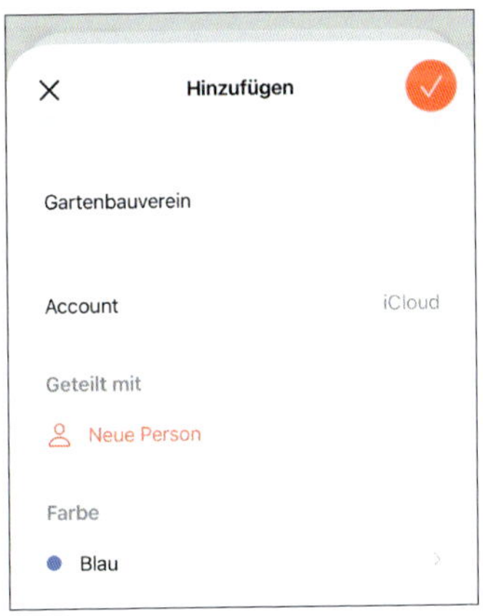

Hier erstelle ich einen neuen iCloud-Kalender.

Kalender aus dem Internet abonnieren

Bundesliga, Schulferien, Vereinstermine – im Internet finden Sie eine ganze Reihe weiterer Kalender, die Sie ggf. auf dem iPhone verwenden können. Ihnen bieten sich dazu zwei verschiedene Möglichkeiten.

Zum einen können Sie einen Internetkalender im iCal-Format direkt in der App *Safari* (vgl. Kapitel 7) aufrufen. Ihnen wird automatisch angeboten, die zugehörigen Termine zu übernehmen. Wählen Sie dazu *Öffnen*. Anschließend bestätigen Sie die angezeigte URL mit *Suchen* und tippen auf das rote Häkchensymbol ✓, um den Internetkalender zu übernehmen.

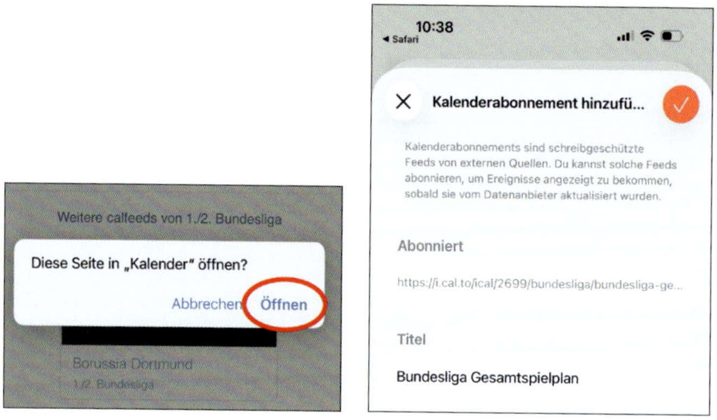

Die Termine eines iCal-Kalenders in die Kalender-App übernehmen: Die App Safari bietet Ihnen diese Option beim Öffnen eines Kalenders automatisch an.

Zum anderen besteht die Möglichkeit, einen Kalender aus dem Internet manuell zu abonnieren. Zum Abonnieren eines Kalenders benötigen Sie zunächst mal die entsprechende URL, die Sie ebenfalls im Internet ausfindig machen.

Wählen Sie unten in der App *Kalender* erneut das Kalendersymbol. Tippen Sie links unten auf *Hinzufügen* und entscheiden Sie sich im Menü diesmal für den Eintrag *Kalenderabonnement hinzufügen*. Geben Sie die Kalender-URL ein und bestätigen Sie mit dem Häkchensymbol. Der abonnierte Kalender wird als zusätzlicher Kalender in die App *Kalender* übernommen.

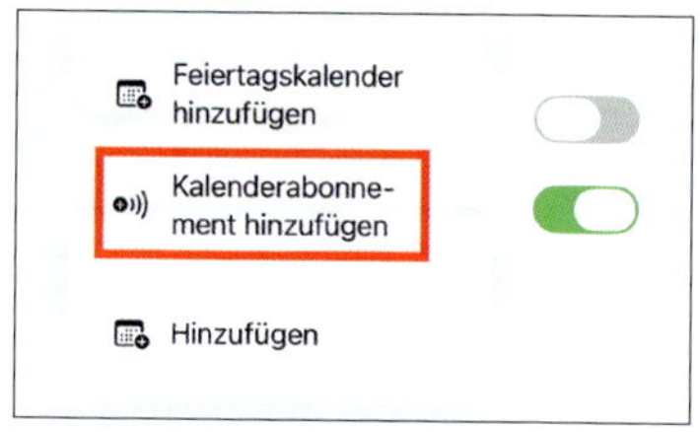

Ein Kalenderabo ist auf dem iPhone auch manuell schnell eingerichtet.

Einen Kalender wieder entfernen

Sie möchten einen Kalender wieder aus der Kalender-App entfernen? Wählen Sie hierzu das Symbol 📅. Tippen Sie beim betreffenden Kalender auf das Symbol ⓘ und entscheiden Sie sich ganz unten für den Eintrag *Kalender löschen*. Bestätigen Sie anschließend erneut mit *Kalender löschen*.

Einen iCloud-Kalender mit anderen Personen teilen

Speziell bei einem iCloud-Kalender bieten sich Ihnen noch weitere Möglichkeiten. Zum Thema iCloud lesen Sie alles in Kapitel 13. Hier vorab die Information, dass Sie auch Ihre Kalender und Termine im Internet speichern können. Der Vorteil liegt einerseits in der Datensicherung und im Zugriff auf Ihre Daten von mehreren Geräten aus und andererseits in der vereinfachten Freigabe für andere Personen.

Auch in diesem Zusammenhang bieten sich Ihnen zwei Möglichkeiten, nämlich zum einen die Veröffentlichung eines Kalenders im Internet, sodass jeder, der über den entsprechenden Link verfügt, darauf zugreifen und den Kalender abonnieren kann. Zum anderen können Sie einen Kalender auch für bestimmte Personen freigeben, um etwa Ihre geschäftlichen Termine mit Ihren Mitarbeitern und Kollegen zu teilen.

In beiden Fällen tippen Sie in der App *Kalender* zunächst auf das Kalendersymbol und tippen dann bei dem Kalender, den Sie mit anderen Personen teilen möchten, auf das Symbol ⓘ.

Um einen Kalender für bestimmte Personen freizugeben, tippen Sie im Abschnitt *Geteilt mit* auf den Eintrag *Neue Person*. Geben Sie die E-Mail-Adresse der betreffenden Person ein und bestätigen Sie mit dem roten Häkchensymbol.

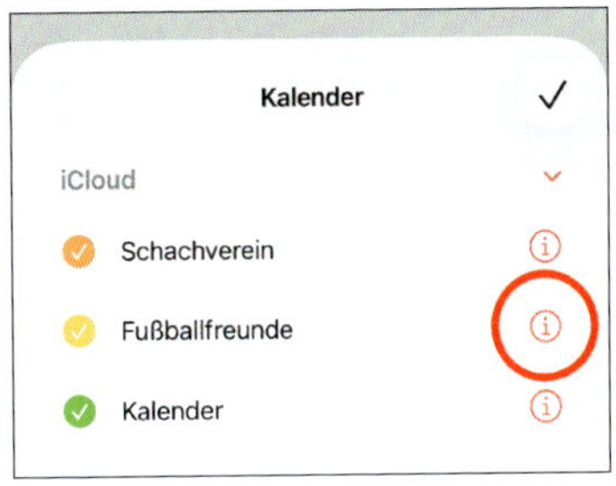

Entscheiden Sie zunächst, welchen Kalender Sie teilen möchten.

Standardmäßig kann die betreffende Person den Kalender selbst bearbeiten, also Termine hinzufügen oder entfernen. Um die Bearbeitungsoption zu deaktivieren oder die Freigabe komplett wieder zu beenden, tippen Sie im Abschnitt *Geteilt mit* die Person an und nehmen die gewünschten Änderungen vor.

Wenn Sie einen Kalender für bestimmte Personen freigeben, können diese den Kalender – sofern von Ihnen nicht untersagt – auch bearbeiten.

Gibt eine andere Person einen Kalender für Sie frei, werden Sie benachrichtigt und finden die entsprechende Einladung auch direkt in der App *Kalender* unter dem Symbol.

Um einen Kalender im Internet zu veröffentlichen, sodass er von anderen Personen abonniert werden kann, aktivieren Sie die Option *Öffentlicher Kalender*. Tippen Sie anschließend auf den Eintrag *Link teilen*, um die Kalender-URL z. B. per E-Mail oder in einer Kurznachricht zu versenden. Der Kalender kann von den Personen dabei nur angesehen, jedoch nicht verändert werden.

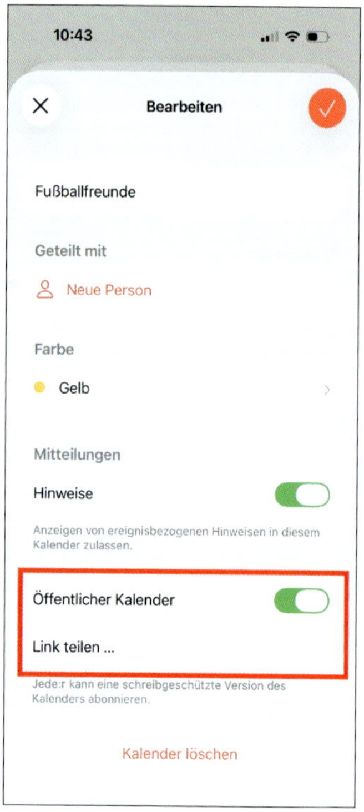

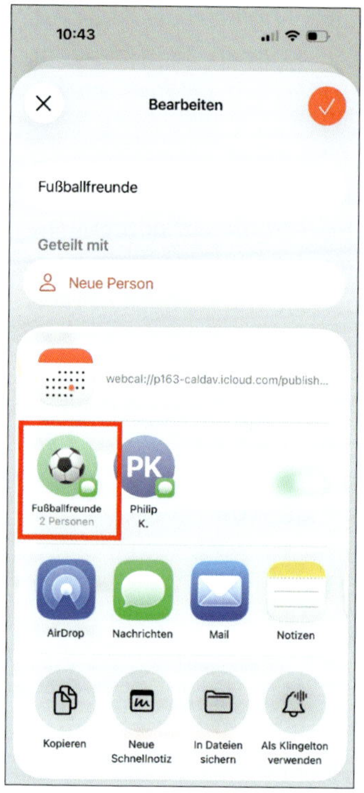

Veröffentlichen Sie einen Kalender im Internet und teilen Sie den Link mit anderen Personen.

> **Einstellungen zum Kalender vornehmen**
>
> Zeitzonen automatisch anpassen, einen chinesischen Kalender verwenden, Kalenderwochen anzeigen, Ortsvorschläge aktivieren bzw. deaktivieren: Diese und weitere Einstellungen zur App *Kalender* nehmen Sie in den iPhone-Einstellungen unter *Apps* und dort unter *Kalender* vor.

Zeit- oder ortsbasierte Erinnerungen

Egal, ob für einen elektronischen Einkaufszettel oder für die To-do-Liste Ihrer Aufgaben im Büro: Mit der App *Erinnerungen* erstellen Sie Listen aller Art und lassen sich von Ihrem iPhone entweder zu einer bestimmten Zeit oder an einem bestimmten Ort zuverlässig an Ihre Aufgaben erinnern.

Ihnen steht in der App *Erinnerungen* bereits eine Standardliste mit der Bezeichnung »Erinnerungen« zur Verfügung. Um eine neue Liste zu erstellen, tippen Sie oben in der App auf das Listensymbol, geben der neuen Liste eine sinnvolle Bezeichnung, wählen ggf. eine andere Listenfarbe sowie ein passendes Symbol aus und bestätigen mit dem Häkchensymbol.

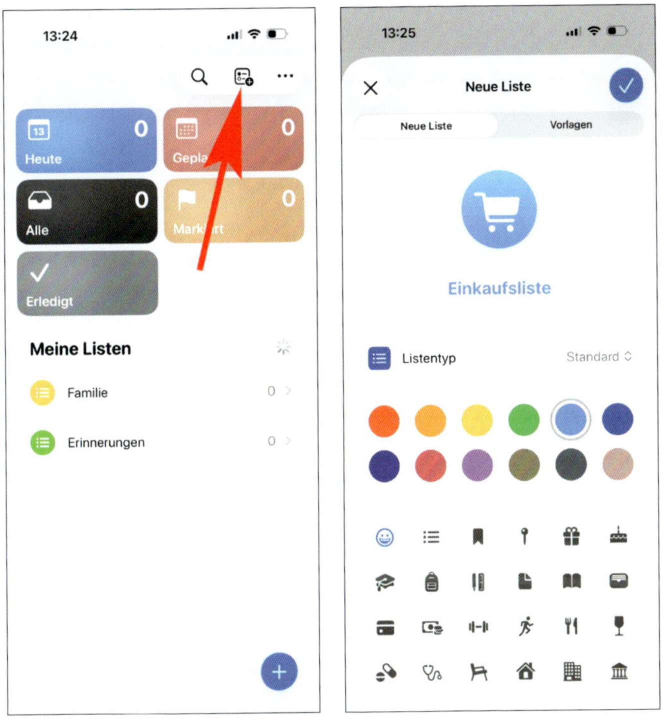

Erstellen Sie beliebige Listen, die Sie dann mit entsprechenden Aufgaben füllen.

Statt einer einfachen Liste lässt sich auch eine »intelligente Liste« erstellen. Diese versehen Sie dann mit passenden Tags und Filtern, mit denen Sie bestimmen, welche Einträge in der Liste angezeigt werden. Öffnen Sie dazu beim Erstellen einer neuen Liste das Menü *Listentyp* und wählen Sie die Option *Intelligente Liste*. Neben Listen lassen sich außerdem – unter dem Reiter *Vorlagen* – auch Vorlagen für weitere Listen anlegen.

In den *Einstellungen* unter *Apps* und dort unter *Erinnerungen* wählen Sie aus, welche Liste standardmäßig zum Erstellen von Erinnerungen genutzt werden soll, insbesondere wenn Sie Siri (vgl. Kapitel 6) mit dem Erstellen einer Erinnerung beauftragen.

So erstellen Sie eine neue Erinnerung

Das Erstellen von Erinnerungen ist eine recht einfache Sache. Hier zeige ich Ihnen, wie ich eine Erinnerung erstelle und diese mit einer hohen Priorität sowie einem ortsbezogenen Hinweis versehe:

1. Wählen Sie im ersten Schritt die gewünschte Liste aus.

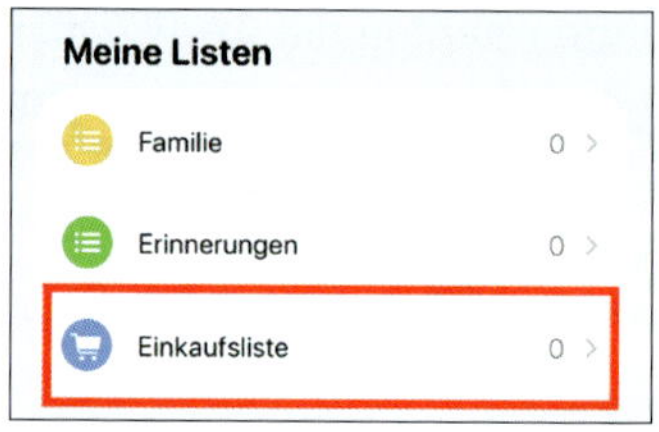

2. Tippen Sie rechts unten auf das Plussymbol, das die Listenfarbe annimmt.
3. Geben Sie die Erinnerung ein und tippen Sie in unserem Fall anschließend auf das zugehörige Symbol (i). Um den Eintrag ohne weitere Angaben zu erstellen, bestätigen Sie einfach mit dem Häkchensymbol.

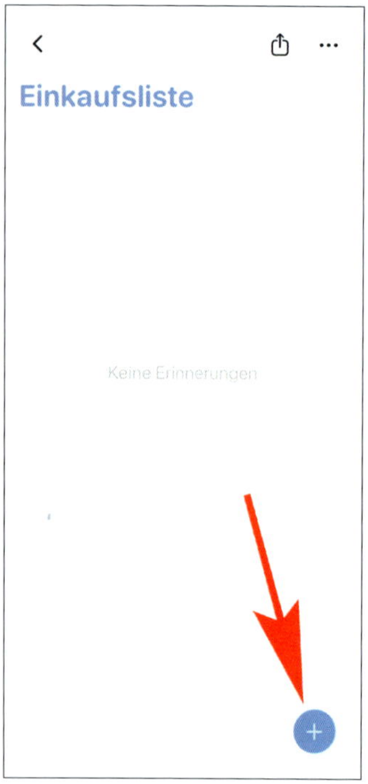

4. Zunächst soll der Eintrag mit einer mittleren Priorität versehen und in der Liste entsprechend gekennzeichnet werden. Hierzu wählen Sie unter *Priorität* die gewünschte Dringlichkeitsstufe aus, in diesem Fall *Mittel*. In den Erinnerungsoptionen finden Sie auf Ihrem iPhone 17 übrigens auch die Möglichkeit, *Unteraufgaben* zu erstellen und Erinnerungen auf diese Weise zu priorisieren.

5. Sie möchten sich von Ihrem iPhone an einem bestimmten Ort an eine Aufgabe erinnern lassen? Dann aktivieren Sie die Option *Ort* und wählen anschließend *Eigene*. Sie müssen der App außerdem, falls noch nicht geschehen, den Zugriff auf die Ortungsdienste gestatten, damit das Ganze funktioniert.

6. Geben Sie nun die gewünschte Adresse ein. Eine Trennung der Daten durch Kommata ist nicht erforderlich. Auch die Suche nach bestimmten Örtlichkeiten, z. B. einem Supermarkt, ist kein Problem. Wählen Sie einen Ort aus und bestimmen Sie, ob die Erinnerung bei der Ankunft oder beim Verlassen des Ortes erfolgen soll. Wechseln Sie anschließend zu den Erinnerungsoptionen zurück. Übrigens: Entsprechende Hardware vorausgesetzt, kann die ortsbasierte Erinnerung auch beim Ein- oder Aussteigen aus dem Auto erfolgen.

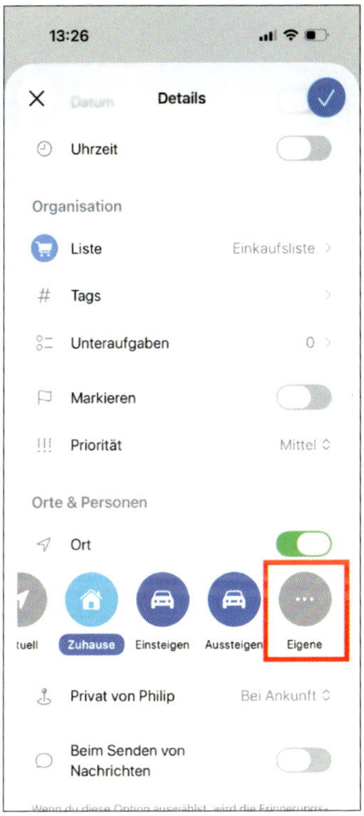

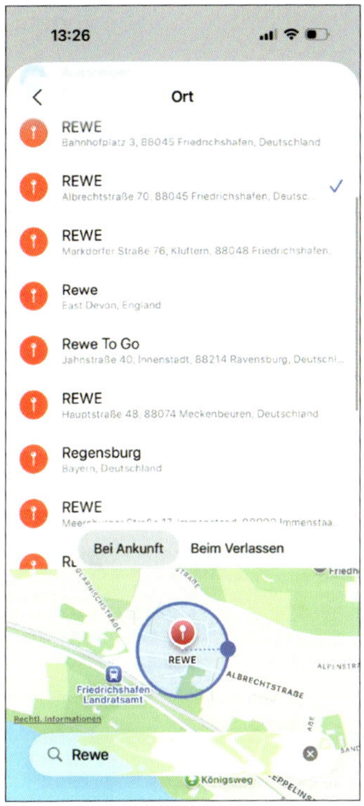

7. Machen Sie, wenn gewünscht, noch weitere Angaben, z. B. können Sie einem Eintrag Notizen oder Tags hinzufügen. Bestätigen Sie Ihre Einstellungen mit dem Häkchensymbol. Sie stellen fest, dass der Eintrag in Ihrer Liste mit den entsprechenden Angaben versehen wurde.

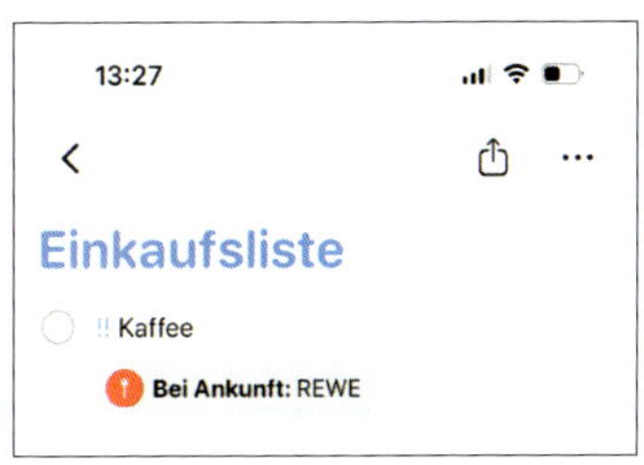

Natürlich lassen sich auch zeitbasierte Erinnerungshinweise erstellen. Dazu aktivieren Sie in Schritt 3 die Option *Datum* sowie ggf. noch *Uhrzeit* und machen anschließend Ihre Datums- bzw. Uhrzeitangabe. Schließlich ist auch ein Erinnerungshinweis beim Senden einer Nachricht an eine bestimmte Person möglich. Diese Option lautet *Beim Senden von Nachrichten*.

So verwalten Sie Ihre Erinnerungen

Sie haben eine Aufgabe erledigt? Dann können Sie sie entweder wie gewohnt durch Löschen aus der Liste entfernen (in der Liste darauf tippen, Finger nach links ziehen und die Schaltfläche *Löschen* antippen). Oder aber Sie aktivieren bei einem Eintrag das Auswahlfeld ◯. Der Eintrag wird dann den erledigten Aufgaben hinzugefügt.

Tippen Sie bei einer Erinnerung in das Auswahlfeld, um diese als erledigt zu markieren.

Um die erledigten Elemente auszublenden, tippen Sie rechts oben auf das Symbol ••• und entscheiden sich im Menü für *Erledigte einblenden*.

Möchten Sie einen Eintrag wieder als nicht erledigt markieren? Tippen Sie dazu einfach in der Liste mit den erledigten Erinnerungen erneut in das Optionsfeld. Beim nächsten Aufrufen der Liste ist der Eintrag wieder bei den noch nicht erledigten Erinnerungen zu finden.

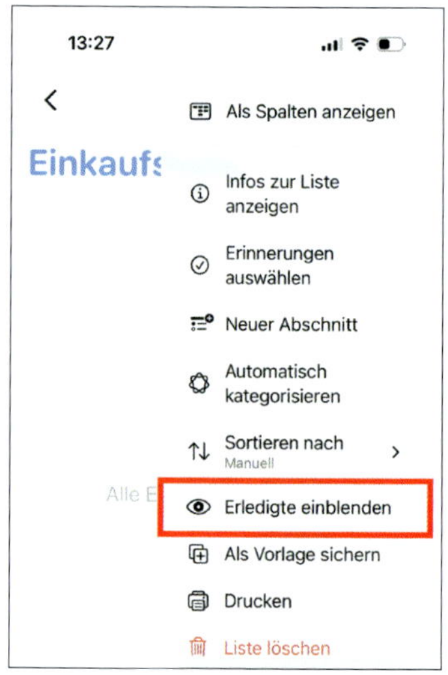

Blenden Sie mit wenigen Handgriffen Ihre erledigten Erinnerungen ein.

Falls Sie viele Aufgaben erstellt haben: Mithilfe der Suchfunktion, die Sie mit der Lupe oben in der Listenansicht aufrufen, finden Sie sofort den gesuchten Eintrag. Zeitbasierte Erinnerungen rufen Sie in der Liste *Geplant* auf.

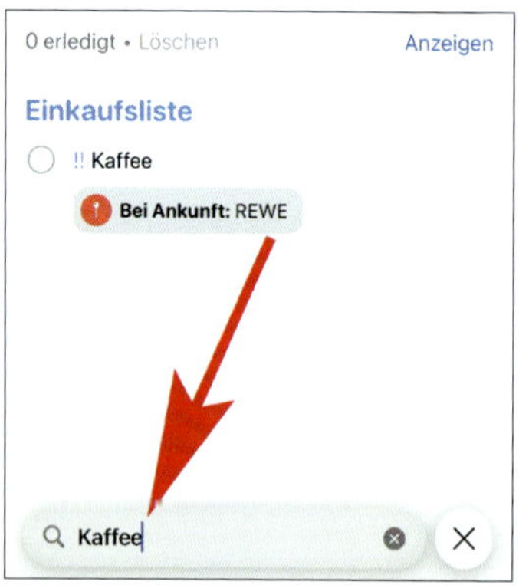

Verwenden Sie unter anderem die eingebaute Suchfunktion, um gesuchte Erinnerungen ausfindig zu machen.

Auch das Markieren von Erinnerungen kann nützlich sein. Die markierten Erinnerungen finden Sie dann – unabhängig von der Liste, in der sie sich befinden – in der Liste *Markiert*.

Erinnerungen mithilfe künstlicher Intelligenz kategorisieren

Um bei vielen Erinnerungen den Überblick zu behalten, können Sie sie von Apple Intelligence kategorisieren lassen. Wählen Sie hierzu unter dem Symbol ••• den Menüeintrag *Automatisch kategorisieren*. »Kaffee« wird dann in einer Kategorie »Getränke« gelistet usw.

Eine Uhr für alle Fälle: Weltuhr, Wecker, Stoppuhr und Timer

Für die Organisation Ihres Alltags ebenfalls sehr nützlich ist die App *Uhr*. Während in der Statusleiste sowie auf dem Symbol der App *Uhr* nur die aktuelle Uhrzeit angezeigt wird, bietet die App selbst noch weitergehende Funktionen, nämlich eine Weltuhr, einen Wecker, eine Stoppuhr sowie einen Timer. Gern verschaffe ich Ihnen auch in diesem Zusammenhang einen Überblick.

Weltuhr

Ihre Tochter verbringt ein Jahr in New York, oder ein Geschäftspartner von Ihnen hat seinen Sitz in Neuseeland? Entscheiden Sie sich unten in der App *Uhr* für die Rubrik *Weltuhr*. Um eine neue Weltuhr hinzuzufügen, tippen Sie rechts oben auf das Plussymbol +. Suchen Sie nach der gewünschten Stadt und fügen Sie diese durch Antippen des Treffers Ihren Weltuhren hinzu. Auf diese Weise stellen Sie sicher, dass Sie im Ausland nicht zu Unzeiten anrufen.

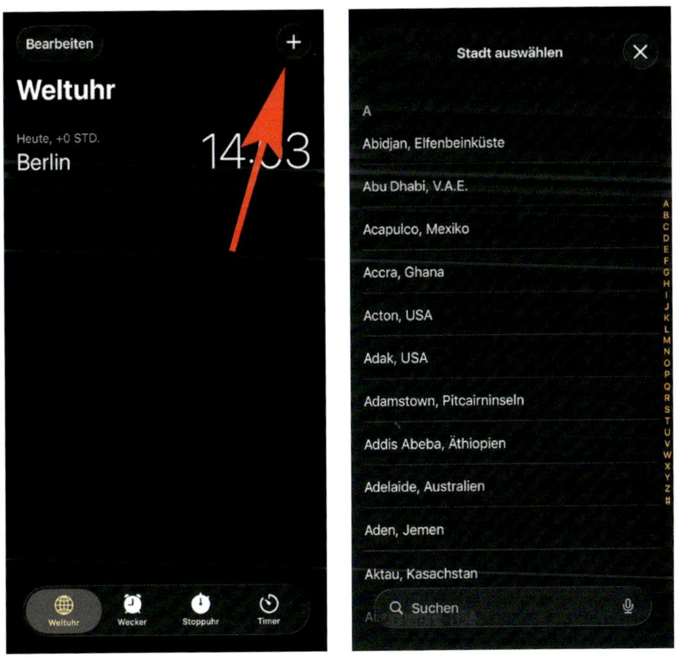

Das Hinzufügen weiterer Uhren ist ein Kinderspiel.

Wecker

Auch mehrere Wecker lassen sich anlegen, etwa ein Wecker für Arbeitstage, ein Wecker für den Urlaub, ein Wecker für den Mittagsschlaf oder bei einer Bahnreise ein Wecker für die Ankunft am Zielort.

Um einen neuen Wecker anzulegen, entscheiden Sie sich in der App *Uhr* für die Rubrik *Wecker*. Tippen Sie rechts oben auf das Plussymbol +. Oder halten Sie das Symbol der App *Uhr* gedrückt und wählen Sie im Kontextmenü *Wecker erstellen*.

Stellen Sie die Weckzeit ein, machen Sie Ihre Angaben zum Wecker (passen Sie z. B. die Schlummerdauer an oder wählen Sie Ihre in der App *Musik* gespeicherte Wunschmusik zum Wecken aus; zum Thema Musik dann alles in Kapitel 9) und bestätigen Sie das Erstellen des Weckers mit dem Häkchensymbol.

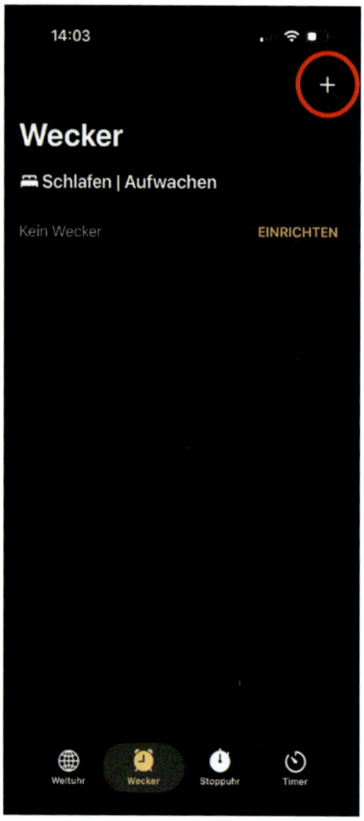

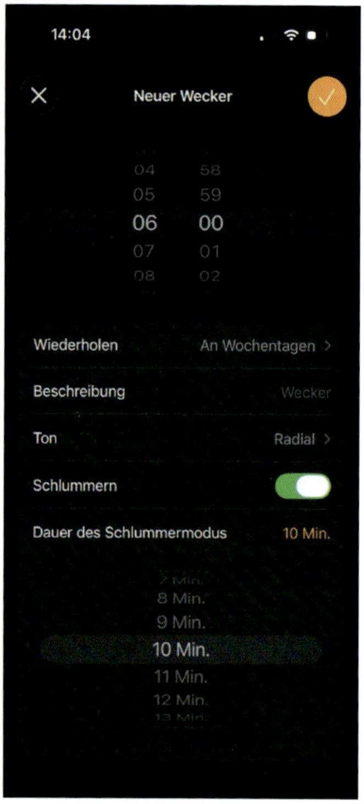

Erstellen Sie in der Uhr-App einen oder mehrere Wecker.

Der Wecker ist nach dem Erstellen automatisch aktiviert, lässt sich aber jederzeit per Schalter wieder deaktivieren. Sie können einen Wecker auch nachträglich bearbeiten und natürlich auch wieder löschen.

So achten Sie auf Ihre Schlafenszeit

Möchten Sie von Ihrem iPhone nicht nur pünktlich geweckt, sondern auch regelmäßig an die Schlafenszeit erinnert werden, erstellen Sie einen Schlafplan in der App *Health*. Tippen Sie dazu in der App *Health* und dort in der Rubrik *Übersicht* bei *Schlaf konfigurieren* auf die Schaltfläche *Los geht's*.

Stoppuhr

Ebenfalls äußerst praktisch ist die Rubrik *Stoppuhr*, falls Sie auf dem Sportplatz oder dem Hundeplatz gerade keine richtige Stoppuhr zur Hand haben sollten. Messen Sie damit in einem Wettbewerb die Zeit. Auch die Zeit pro Runde lässt sich mit der iPhone-Stoppuhr aufzeichnen. Die Stoppuhr steht in einer digitalen sowie in einer analogen Variante zur Verfügung.

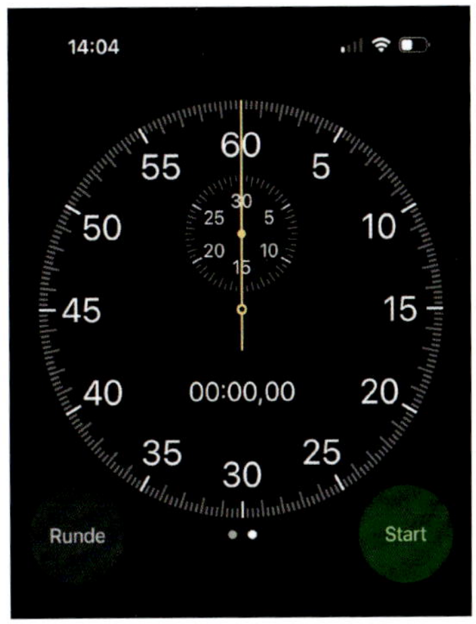

Hier wurde durch horizontales Streichen die analoge Stoppuhr eingeblendet.

Timer

Um den Kuchen im Ofen nicht zu vergessen oder um nach einem von Ihnen festgelegten Zeitrahmen von einer Aufgabe zur nächsten zu wechseln (Stichwort Pomodoro-Technik), ist die Rubrik *Timer* sehr nützlich. Übrigens können Sie den Timer standardmäßig auch im Kontrollzentrum aufrufen, das Sie aus der rechten oberen Ecke des Displays auf das Display ziehen.

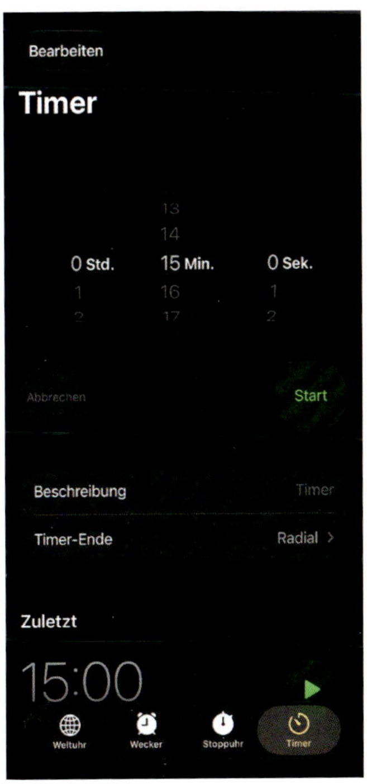

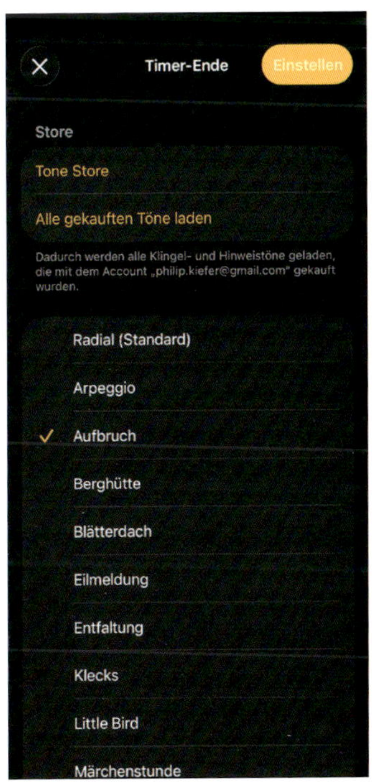

Der Timer ist vielfältig verwendbar, z. B. um sich daran erinnern zu lassen, dass der Kuchen fertig ist.

Stellen Sie für die Verwendung des Timers einfach die gewünschte Zeit und – unter dem Eintrag *Timer-Ende* – den gewünschten Ton ein. Mit einem Fingertipp auf *Start* wird die Zeit nach unten gezählt. Das Herunterzählen lässt sich jederzeit pausieren und wieder fortsetzen oder abbrechen. Gut zu wissen: Ein laufender Timer wird auch im Dynamic Island auf dem Home-Bildschirm sowie auf dem Sperrbildschirm angezeigt.

Musikwiedergabe per Timer stoppen

Falls Sie auf Ihrem iPhone zum Einschlafen noch ein Viertelstündchen Musik hören möchten: In dem Fall entscheiden Sie sich im Timer unter dem Eintrag *Timer-Ende* ganz unten für *Wiedergabe stoppen*. Die Wiedergabe der Musik wird dann nach der von Ihnen festgelegten Timer-Zeit beendet.

Notizen anlegen und Sprachmemos aufzeichnen

Damit Sie nie wieder eine gute Idee vergessen oder um Ihr Gedächtnis bei Spaziergängen oder sonstigen Freizeitaktivitäten durch schnelle Notizen zu entlasten: Verwenden Sie die bereits verfügbaren Apps *Notizen* (für Notizen in schriftlicher Form) sowie *Sprachmemos* (für Diktate).

Notizen

Wählen Sie in der App *Notizen* ggf. zunächst einen Ordner aus bzw. tippen Sie auf das Symbol, um einen neuen Ordner anzulegen. Innerhalb eines Ordners erstellen Sie dann über das Symbol ein Notizblatt. Tippen Sie in ein Notizblatt, um dieses mit Ihrem Text und weiteren Inhalten zu füllen. Den ersten Absatz nimmt der Titel der Notiz ein, anschließend folgen die eigentlichen Notizeninhalte.

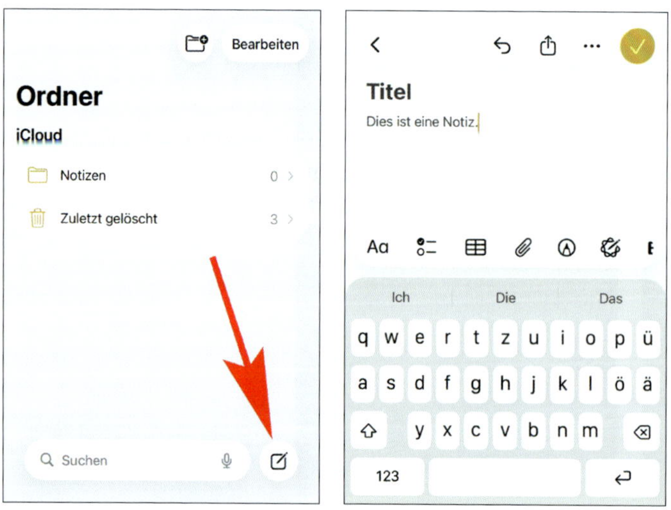

Mit der App Notizen bringen Sie nicht nur Texte, sondern auch Bilder und Skizzen auf das elektronische Notizblatt.

Wenn Sie in ein Notizblatt tippen, erscheinen oberhalb der Tastatur verschiedene Symbole. Streichen Sie seitlich, um weitere Symbole einzublenden. Entnehmen Sie der Tabelle die Funktion der einzelnen Symbole. Tippen Sie ein Symbol jeweils an, um die entsprechende Option auszuwählen.

Symbol	Funktion
Aa	Wenn Sie dieses Symbol antippen, werden Optionen für die Text- und Absatzformatierung eingeblendet, die Sie auch bereits in der Symbolleiste finden. Zusätzlich greifen Sie hier aber auch auf Formatvorlagen zu wie *Überschrift*, *Unterüberschrift* usw. 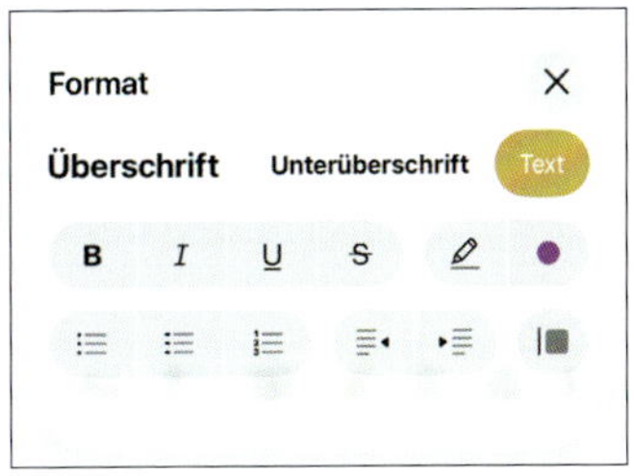
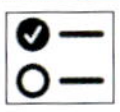	Entscheiden Sie sich für dieses Symbol, um einen Absatz als Aufzählung zu formatieren. Ein erneuter Fingertipp auf das Symbol hebt die Formatierung wieder auf.
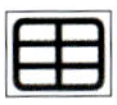	Fügen Sie mit diesem Symbol eine Tabelle in das Notizblatt ein. Tippen Sie erneut auf das Symbol, um Tabellenoptionen einzublenden.
	Unter diesem Symbol lassen sich Dokumente einscannen, Audiodateien aufzeichnen, Fotos oder Videos auswählen, weitere Dateien anhängen und noch mehr.
	Tippen Sie auf dieses Symbol, können Sie in einem Notizblatt zeichnen und markieren.
	Dieses Symbol öffnet in der App *Notizen* sowie in weiteren Schreib-Apps die KI-gestützten Schreibtools. Auf diese werde ich in Kapitel 6 näher eingehen.
B	Formatieren Sie markierten Text mit diesem Symbol fett.
I	Formatieren Sie markierten Text mit diesem Symbol kursiv.
U	Formatieren Sie markierten Text mit diesem Symbol unterstrichen.
~~S~~	Formatieren Sie markierten Text mit diesem Symbol durchgestrichen.
	Tippen Sie auf dieses Symbol, um eine Hervorhebungsfarbe für den markierten Text auszuwählen.
	Möchten Sie einen Link in das Notizblatt einfügen, tippen Sie auf dieses Symbol.
	Dieses Symbol erhöht den Einzug eines Absatzes.

Symbol	Funktion
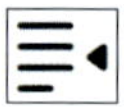	Dieses Symbol verringert einen zuvor erhöhten Einzug.
	Ein Fingertipp auf dieses Symbol lässt einen Absatz nach oben wandern.
	Tippen Sie auf dieses Symbol, wandert der Absatz nach unten.
	Dieses Symbol formatiert einen Absatz als Blockzitat. Es wird dazu ein Balken links neben dem Text eingefügt.
	Dieses Symbol erlaubt das Erstellen verschiedener Listentypen. Zur Auswahl stehen die Optionen *Aufzählungspunkte*, *Mit Bindestrich* sowie *Nummeriert*. 

Die App *Notizen* kann sogar rechnen! Tippen Sie einfach eine Rechenaufgabe mit den gängigen Rechenoperatoren ein und setzen Sie ein Gleichheitszeichen – das Rechenergebnis wird automatisch eingefügt.

Sie möchten Notizen durchsuchen, löschen, mit einem Hintergrundraster versehen, sperren, anpinnen, die Anhangdarstellung anpassen usw.? Unter dem Symbol ••• oben in einem Notizblatt finden Sie die entsprechenden Verwaltungsoptionen. Sofern Sie ein Notizblatt in iCloud gespeichert haben, können Sie eine Notiz auch teilen bzw. mit anderen Personen gemeinsam bearbeiten. Diese Option erhalten Sie unter dem Symbol 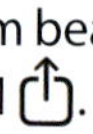.

Sperren, bewegen und Co.: Für den Umgang mit den von Ihnen erstellten Notizen bieten sich zahlreiche Verwaltungsoptionen an.

Zum Löschen einer nicht mehr benötigten Notiz können Sie auch in einem Notizen-Ordner auf der Notiz von rechts nach links streichen, um die Option zum Löschen einzublenden. Die Notiz befindet sich anschließend im Ordner *Zuletzt gelöscht* und kann dort endgültig entfernt werden.

Per Kontextmenü, das Sie auf dem iPhone durch Gedrückthalten des App-Symbols aufrufen, lässt sich auswählen, ob Sie eine neue Notiz oder Checkliste erstellen, ein Foto einfügen oder ein Dokument einscannen möchten.

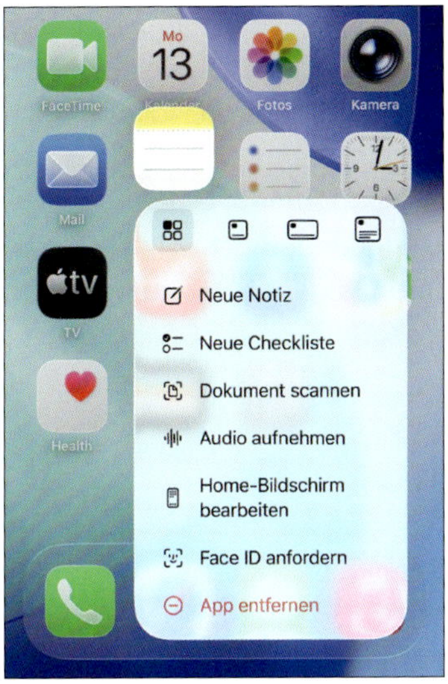

Neue Notizen lassen sich auch per Kontextmenü erstellen.

Kontextmenü für Textformatierung

Um Text in einem Notizblatt unabhängig von den oben gezeigten Optionen zu formatieren, doppeltippen Sie darauf, um ihn zu markieren, und passen eventuell noch die Markierung an. In einem auf diese Weise eingeblendeten Menü können nun ebenfalls Optionen für die Textformatierung ausgewählt werden.

Sprachmemos

Eine gute Alternative zu schriftlichen Notizen sind Diktate. Starten Sie dazu die App *Sprachmemos*, die sich standardmäßig im Ordner *Dienstprogr.* auf der zweiten Seite des Home-Bildschirms befindet. Wenn Sie die App häufiger verwenden, empfiehlt es sich, die Aktionstaste entsprechend zu belegen oder zumindest ein passendes Steuerelement im Kontrollzentrum zu erstellen (vgl. Kapitel 2).

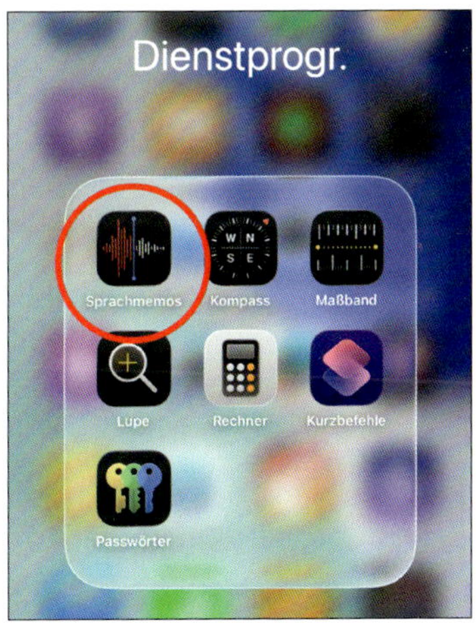

Die App Sprachmemos befindet sich standardmäßig im Ordner mit den Dienstprogrammen.

Sie verwandeln Ihr iPhone damit in ein hochwertiges Diktiergerät. Zur perfekten Nutzung dieser App eine kleine Schrittanleitung:

1. Tippen Sie in der App *Sprachmemos* auf das Symbol ●, um Ihre Sprachaufzeichnung zu starten. Die grafische Anzeige gibt Auskunft über die jeweilige Aufnahmelautstärke. Theoretisch kann die Aufzeichnung aus mehreren Metern Entfernung erfolgen, doch dann ist sie recht leise. Am besten gelingt die Aufzeichnung, wenn das iPhone direkt vor Ihnen auf dem Tisch liegt bzw. wenn Sie es an Ihren Mund führen. Um die Sprachaufzeichnung zu beenden, nutzen Sie das Symbol ■. Übrigens zeigt ein orangefarbener Punkt im Dynamic Island an, dass gerade das Mikrofon verwendet wird, während der Punkt bei Verwendung der Kamera (z. B. in der App *FaceTime*) grün ist.

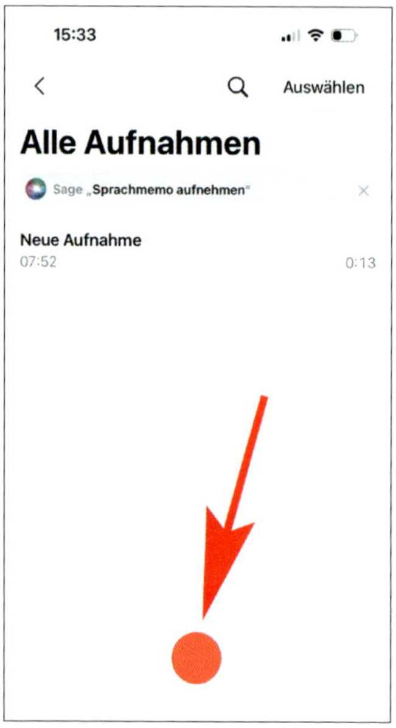

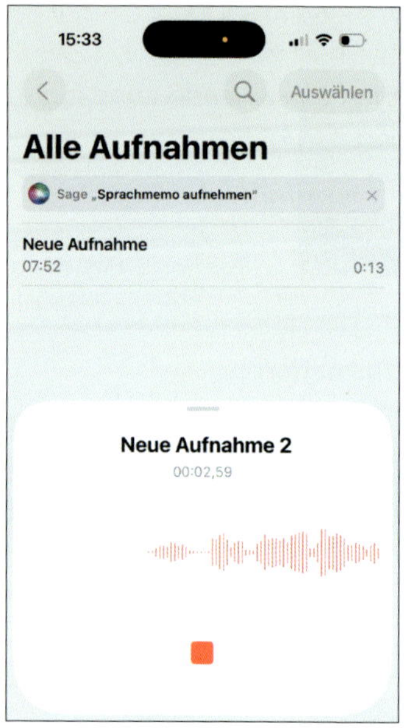

2. Die Aufnahme wird mit einer automatischen Bezeichnung gespeichert. Sofern Sie der App den Zugriff auf die Ortungsdienste gestatten, erfolgt eine automatische Bezeichnung nach dem Aufnahmeort. Um die automatische Bezeichnung zu ändern, markieren Sie diese.

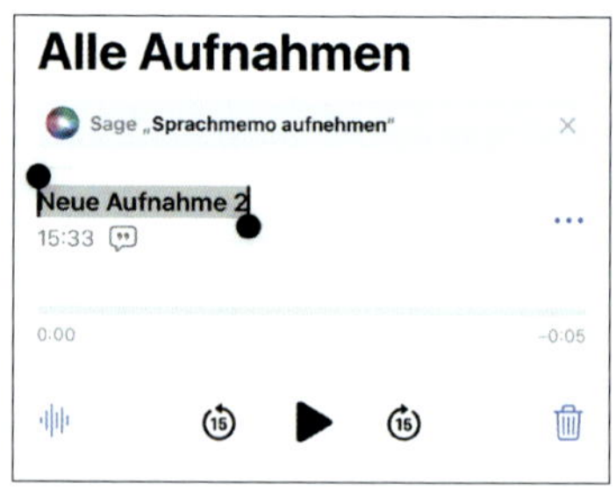

3. Geben Sie die gewünschte individuelle Bezeichnung ein und bestätigen Sie auf der iPhone-Tastatur mit der ↵-Taste.

Für den Umgang mit Ihren Sprachmemos bieten sich noch einige weitere Optionen an. Zum Löschen eines einzelnen Sprachmemos tippen Sie beim jeweiligen Sprachmemo auf das Papierkorbsymbol. Möchten Sie hingegen mehrere Sprachmemos gleichzeitig löschen, entscheiden Sie sich für *Auswählen* und wählen anschließend die zu löschenden Sprachmemos in der Liste aus. Bestätigen Sie ebenfalls per Papierkorbsymbol. Die gelöschten Sprachmemos lassen sich bis zum endgültigen Löschen aus dem Ordner *Zuletzt gelöscht* wiederherstellen.

Ihre Sprachmemos lassen sich auch kürzen, duplizieren oder mit anderen Personen teilen. Diese Optionen rufen Sie bei einem Sprachmemo unter dem Symbol • • • auf. Das Kürzen eines Sprachmemos erfolgt, indem Sie auf das Symbol tippen bzw. im Optionsmenü *Aufnahme bearbeiten* wählen. Tippen Sie auf das Symbol ··· und anschließend auf *Kürzen*, um die Schnittmarkierungen einzublenden und in Position zu bringen. Bestätigen Sie den Zuschnitt mit einem Fingertipp auf *Kürzen*.

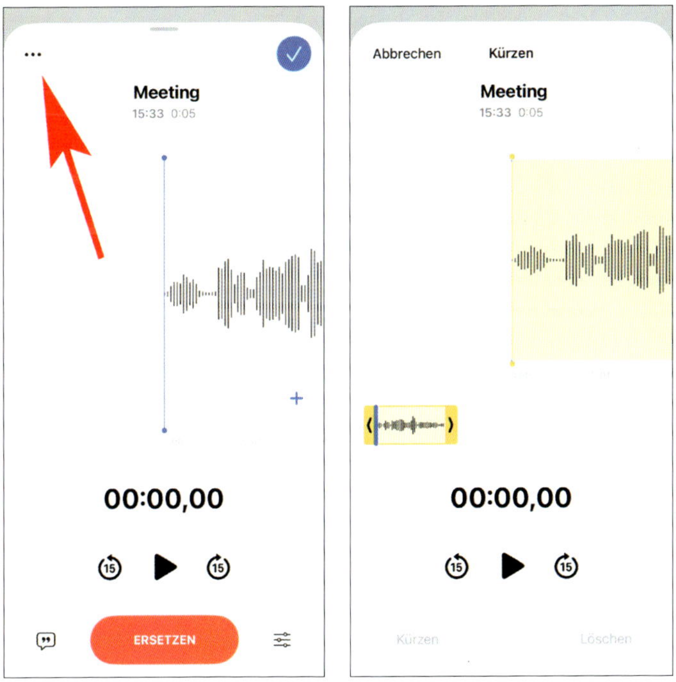

Ihre Sprachmemos können Sie direkt in der App bearbeiten.

Das Wiedergabetempo Ihrer Sprachaufnahmen anpassen, Stille-Passagen überspringen sowie Aufnahmen im Hinblick auf Hintergrundgeräusche und Echoeffekte automatisch optimieren – diese Optionen rufen Sie im Bearbeitungsbereich der App *Sprachmemos* unter dem Symbol auf.

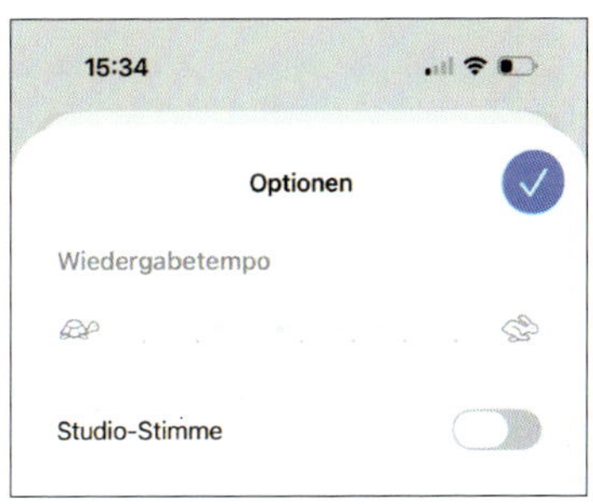

Optimieren Sie mit wenigen Fingertipps die Wiedergabe Ihrer Sprachaufnahmen.

Wünschen Sie ein Transkript des Gesprochenen? Dieses wird Ihnen unter dem Sprechblasensymbol angezeigt.

Schließlich können Sie Ihre Sprachmemos in Ordnern sortieren, um auch bei vielen Sprachmemos den Überblick zu behalten. Zum Erstellen eines neuen Ordners streichen Sie mit dem Finger vom linken Displayrand nach rechts, um zur Ordner-Übersicht zu wechseln. Dort wählen Sie das Symbol . Geben Sie dem neuen Ordner eine sinnvolle Bezeichnung und bestätigen Sie mit *Sichern*.

Um Sprachmemos von einem Ordner in einen anderen zu verschieben, tippen Sie bei einem Sprachmemo auf das Symbol ••• und entscheiden sich für den Eintrag *Bewegen*. Bestimmen Sie dann den gewünschten Ordner. Sie können sich auch in einem Ordner mit Sprachmemos für *Auswählen* entscheiden und mehrere Sprachmemos für das *Bewegen* auswählen.

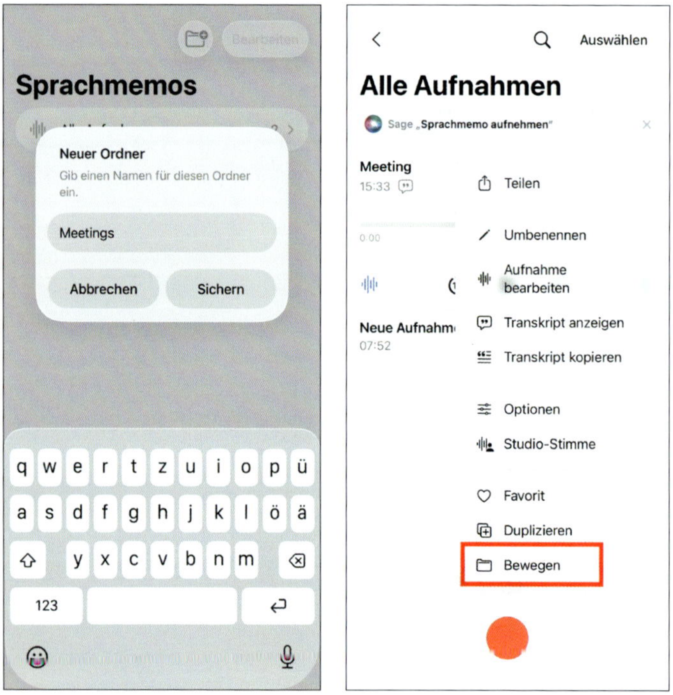

Nehmen Sie viele Sprachmemos auf, behalten Sie durch das Verwenden von Sprachmemo-Ordnern den Überblick.

Journal-App: auf dem iPhone Tagebücher führen

Mithilfe der App *Journal* Tagebuch auf dem iPhone zu führen, mag Ihnen zunächst etwas ungewohnt vorkommen. Das Eintippen von Texten ist ja nicht gerade komfortabel. Dafür müssen Sie Ihr Tagebuch aber nicht in einem Geheimfach verstecken. Außerdem lassen sich in ein Journal nicht nur Texte einfügen, sondern auch Bilder und Sprachaufzeichnungen. Darüber hinaus können Sie nicht nur ein einziges Tagebuch führen, sondern auch mehrere, z. B. eines für Ihre emotionalen Erfahrungen, eines über Ihre Reisen usw. Geben Sie der App

Journal also ruhig eine Chance. Sie finden diese standardmäßig auf der zweiten Seite des Home-Bildschirms.

Die Journal-App zeigt einen bunten Schmetterling auf der zweiten Seite des Home-Bildschirms.

Wenn Sie die App *Journal* starten, wird Ihnen als Erstes angeboten, die App automatisch zu sperren, sodass der Zugriff darauf nur mit der Face ID erfolgen kann. Beachten Sie aber, dass die App auch mit iCloud synchronisiert wird. Wenn Sie dies nicht wünschen, deaktivieren Sie den Schalter *Journal* in den iCloud-Einstellungen.

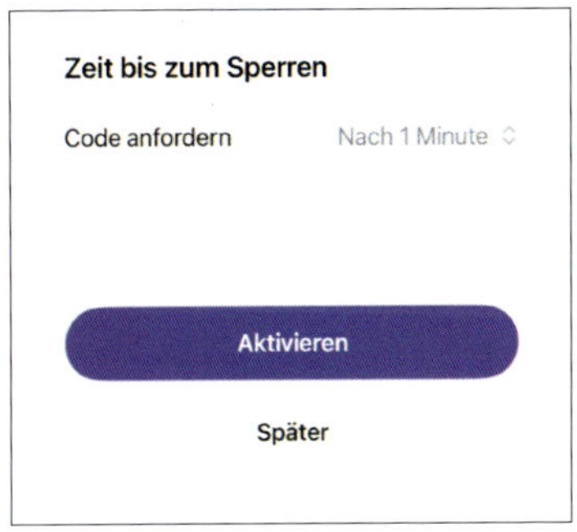

Sie können Ihre Journale mit der Face ID schützen, damit nur Sie selbst darauf Zugriff haben.

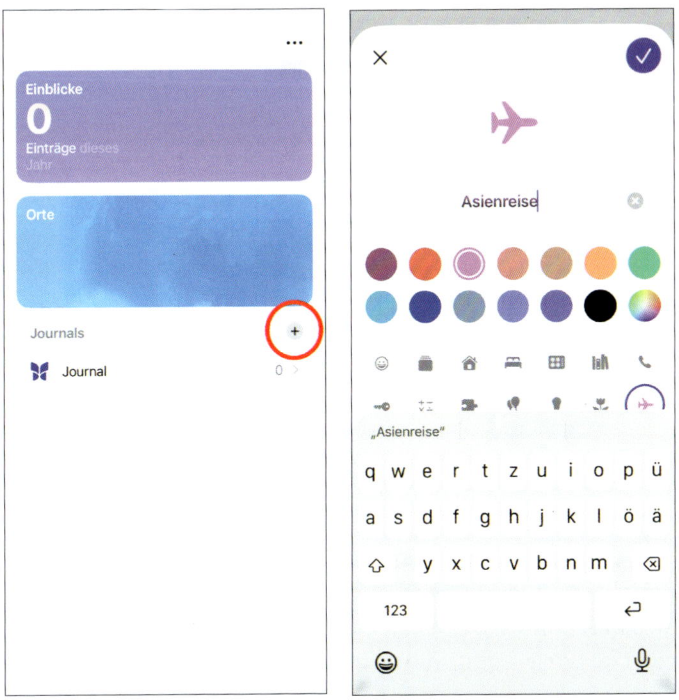

Sie können in der App beliebig viele Journale anlegen.

Nun steht Ihnen ein Journal bereits zur Verfügung, und Sie können dieses mit Ihren Inhalten füllen. Aber vielleicht möchten Sie weitere Journale für unterschiedliche Zwecke erstellen? Dazu streichen Sie in der App *Journal* von links nach rechts, um zur Journal-Übersicht zu gelangen. Tippen Sie auf das Plussymbol +, um ein neues Journal zu erstellen. Geben Sie dem Journal eine sinnvolle Bezeichnung, wählen Sie eine passende Farbe und ein Icon. Bestätigen Sie mit dem Häkchensymbol ✓.

Um einen neuen Tagebucheintrag zu erstellen, wählen Sie in der Journal-Übersicht ein Journal aus und tippen auf das Plussymbol +. Tippen Sie Ihren Text ein, fügen Sie ggf. Bilder und weitere Elemente hinzu. Die Formatierungs- und Einfügeoptionen kennen Sie zum Teil schon von der bereits besprochenen App *Notizen*, sodass sie hier nicht erneut beschrieben werden. Bestätigen Sie zum Schluss mit dem Häkchensymbol ✓. Der Eintrag steht danach im Journal zur Verfügung.

Ein Journaleintrag lässt sich mit wenigen Fingertipps erstellen.

Kapitel 6

Siri und Apple Intelligence: das iPhone als Alleskönner

Die Sprachassistenz Siri ist schon seit iOS 5 an Bord des iPhones und war 2011 zunächst auf dem iPhone 4s verfügbar. Apple Intelligence wurde erst 2024 auf dem iPhone eingeführt, und zwar noch stark eingeschränkt. Seither hat sich in Sachen KI jedoch einiges getan, und es dürften in Zukunft noch weitere tolle Features folgen. Vieles zum Thema Apple Intelligence ist bereits angeklungen. In diesem Kapitel möchte ich Sie nun näher in die Welt der Sprachassistenz Siri und in die KI-Funktionen von Apple Intelligence einführen.

Zu beachten ist hierbei zum einen: Ein Teil Ihrer Spracheingaben wird übers Internet versandt und auf einem von Apple betriebenen Server analysiert, bestimmte Befehle können aber auch offline – also ohne Internetverbindung – ausgeführt werden. Zum anderen befindet sich Apple Intelligence in der Beta-Phase, d. h., die Software ist noch nicht vollständig ausgereift, und es kann sein, dass hin und wieder etwas nicht so funktioniert wie gewünscht.

Stimme, ChatGPT und mehr: Siri und Apple Intelligence perfekt einrichten

Bevor Sie sich mit der Nutzung der Sprachassistenz Siri sowie von Apple Intelligence vertraut machen, nehmen Sie einige Einstellungen dazu vor. Dazu öffnen Sie auf Ihrem iPhone 17 die *Einstellungen* und wählen den Eintrag *Apple Intelligence & Siri*. Achten Sie darauf, dass sowohl Apple Intelligence als auch Siri eingeschaltet sind.

Apple Intelligence wird einfach mit dem gleichlautenden Schalter aktiviert bzw. deaktiviert. Zum Aktivieren oder auch Deaktivieren der Sprachassistenz Siri wählen Sie in den entsprechenden Einstellungen den Eintrag *Siri-Anfragen sprechen & tippen*. Legen Sie fest, auf welche Weise Sie Siri zuhörbereit machen möchten. Würden Sie alle Optionen deaktivieren, wäre auch Siri deaktiviert.

Für Siri Seitentaste drücken ist die Standardvariante, um Siri einen Befehl zu erteilen. Sie halten also die Seitentaste rechts am iPhone kurz gedrückt und erteilen einen Sprachbefehl. Dass Siri Ihnen zuhört, bemerken Sie an den beleuchteten Rändern auf dem Display.

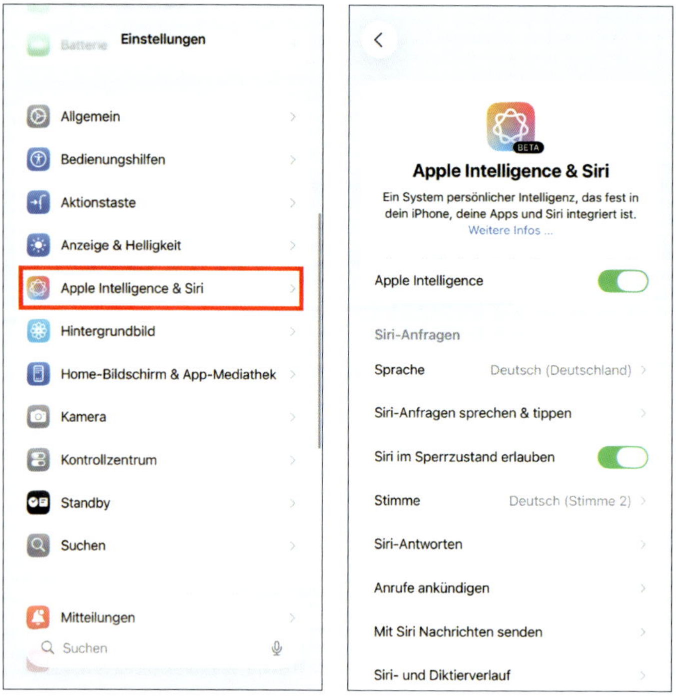

Nehmen Sie zu Beginn Ihre Einstellungen zur Sprachassistenz Siri und zu Apple Intelligence vor.

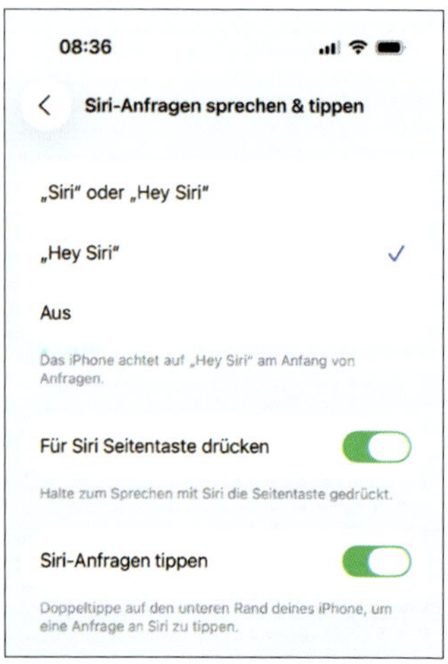

Wählen Sie aus, ob und wie Sie die Sprachassistenz Siri nutzen möchten.

Statt die Seitentaste gedrückt zu halten, können Sie auch »Siri« oder »Hey Siri« sagen und dann den Befehl erteilen. Wählen Sie eine dieser Optionen, müssen Sie zunächst einige Sätze nachsprechen, damit Ihr iPhone Sie später gut versteht. Beachten Sie aber, dass die

Sprachassistenz am Akku Ihres iPhones saugt, wenn sie sich ständig im Zuhören-Modus befindet. Bei der Variante *Siri-Anfragen tippen* geben Sie Ihre Befehle über die iPhone-Tastatur ein. Das Aktivieren erfolgt in diesem Fall, indem Sie auf den unteren Displayrand (unterhalb des Docks) doppeltippen.

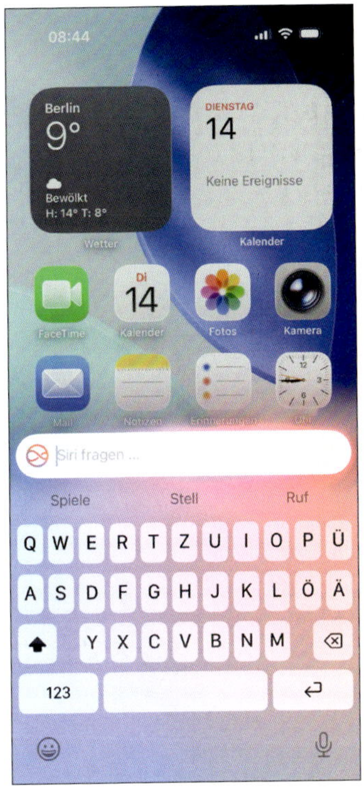

Siri-Befehle können sowohl per Spracheingabe als auch durch Eintippen über die iPhone-Tastatur erfolgen.

Weitere Siri-Einstellungen im Überblick

Ihnen bieten sich in den *Einstellungen* unter *Apple Intelligence & Siri* noch weitere Optionen, um die Sprachassistenz Siri für Sie perfekt einzurichten. Verschaffen Sie sich einen Überblick.

- *Sprache:* Bestimmen Sie hier, in welcher Sprache Sie mit Siri kommunizieren möchten. Bei Redaktionsschluss standen Arabisch, Chinesisch, Dänisch, Deutsch, Englisch, Finnisch, Französisch, Hebräisch, Italienisch, Japanisch, Koreanisch, Malaiisch, Niederländisch, Norwegisch, Portugiesisch, Russisch, Schwedisch, Spanisch, Thailändisch, Türkisch sowie Vietnamesisch zur Auswahl, wobei teilweise auch noch zwischen einzelnen Sprachvarianten unterschieden wird, also z. B. zwischen amerikanischem Englisch, britischem Englisch, australischem Englisch und kanadischem Englisch. Die Sprache, die Sie auswählen, gilt sowohl für die Fragen, die Sie stellen, als auch für die Antworten, die Sie erhalten.

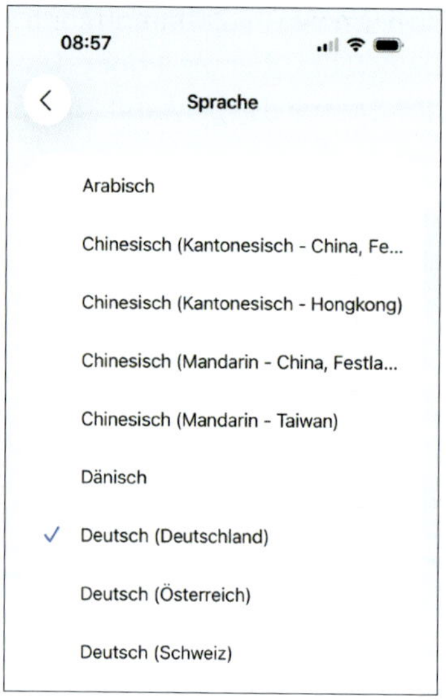

Siri ist mehrsprachig und eignet sich unter anderem auch, um Fremdsprachen zu üben.

- *Siri im Sperrzustand erlauben:* Entscheiden Sie per Schalter, ob Siri auch im Sperrzustand Ihres iPhones zur Verfügung stehen soll. Für den Zugriff auf sensible Daten muss in jedem Fall das iPhone entsperrt werden.
- *Siri-Stimme:* Bevorzugen Sie eine männliche oder eine weibliche Sprecherstimme? Diese bestimmen Sie per Fingertipp unter *Siri-Stimme*. *Stimme 1* und *Stimme 4* sind männlich, *Stimme 2* und *Stimme 3* sind weiblich.

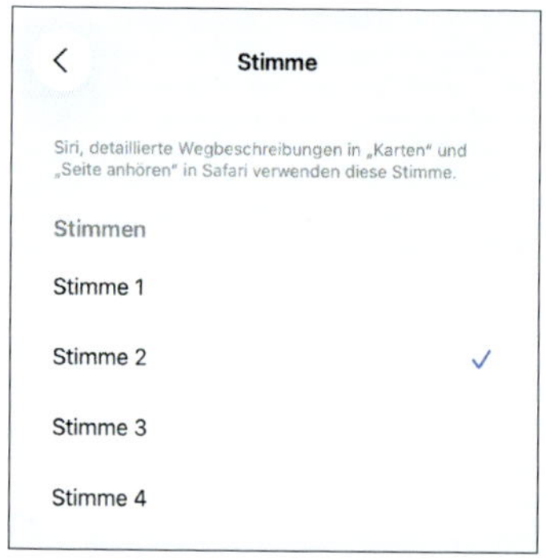

Siri ist an sich geschlechtslos, es lässt sich aber per Fingertipp zwischen männlichen und weiblichen Stimmen wählen.

- *Siri-Antworten:* Unter dem Eintrag *Siri-Antworten* können Sie auswählen, in welcher Form eine Sprachausgabe über den Lautsprecher erfolgen soll und ob die erkannten Befehle auf dem Display angezeigt werden sollen.
- *Anruf beenden:* Aktivieren Sie diese Option, können Sie Siri befehlen, ein laufendes Telefongespräch bzw. einen FaceTime-Anruf zu beenden.

Legen Sie fest, in welcher Form Siri mit Ihnen kommunizieren soll.

- *Anrufe ankündigen:* Bestimmen Sie, ob Sie von der Siri-Stimme darüber informiert werden möchten, wer gerade anruft.
- *Mit Siri Nachrichten senden:* Sollen Nachrichten, die Sie Siri z. B. während einer Autofahrt diktieren, anschließend ohne erneute Bestätigung verschickt werden? Wenn Sie das wünschen, aktivieren Sie die Option unter *Mit Siri Nachrichten senden*.
- *Siri- und Diktierverlauf:* Wenn Sie Siri nutzen bzw. wenn Sie Ihrem iPhone Texte diktieren, können – wie bereits erwähnt – Daten an die Apple-Server gesendet werden. Die Siri- und Diktierdaten können Sie aber löschen, und zwar unter diesem Eintrag. Wählen Sie dazu *Siri- und Diktierverlauf löschen*.

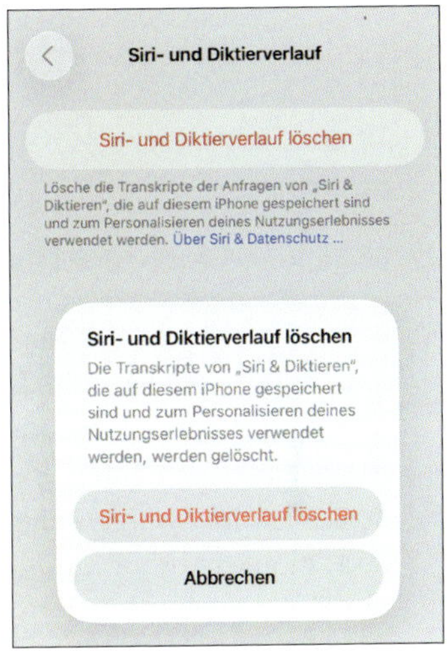

Sie entscheiden selbst, ob Ihre Siri- und Diktiereingaben auf den Apple-Servern gespeichert bleiben dürfen oder nicht.

- *Meine Informationen:* Siri spricht Sie hin und wieder mit Ihrem Namen an und greift außerdem bei verschiedenen Befehlen auf Ihre eigenen Kontaktdaten zu, z. B. wenn Sie sich den Weg nach Hause zeigen lassen möchten. Unter *Meine Informationen* sollte deshalb Ihr eigener Name angezeigt werden. Falls dies nicht der Fall sein sollte, wählen Sie den entsprechenden Kontakt aus.

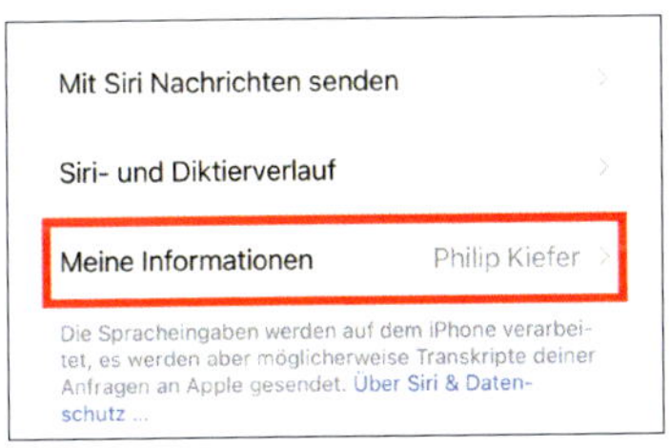

Manchmal gebraucht Siri Ihren Namen und Ihre Kontaktdaten, also Ihre »Info«.

Sagen Sie Siri, wie Sie genannt werden möchten

Sie möchten von Siri bei einem anderen Namen genannt werden, z. B. Ihrem Spitznamen? Das ist gar kein Problem: Teilen Sie Siri den gewünschten Namen einfach mit, sagen Sie zu Siri also etwa »Nenn mich Meister« und bestätigen Sie die anschließende Rückfrage. Der Spitzname wird prompt Ihren Kontaktdaten hinzugefügt und von Siri zukünftig verwendet.

Noch viel mehr KI auf dem iPhone: ChatGPT einrichten

Die vom amerikanischen Unternehmen OpenAI entwickelte Software ChatGPT hat erstmals einer breiteren Bevölkerungsschicht vor Augen geführt, was mit künstlicher Intelligenz alles möglich ist. Sie können ChatGPT ganz viel fragen und erhalten detaillierte Antworten. Sogar Konzepte oder Referate kann ChatGPT für Sie erstellen und Ihnen so Denkarbeit ersparen. Ob das wirklich hilfreich ist, sei einmal dahingestellt. Jedenfalls lässt sich ChatGPT auch zusammen mit Siri und Apple Intelligence nutzen, um mehr KI-Features zu erhalten. Zum Einrichten gehen Sie folgendermaßen vor:

1. Wählen Sie in den *Einstellungen* unter *Apple Intelligence & Siri* im Abschnitt *Erweiterungen* den Eintrag *ChatGPT*.

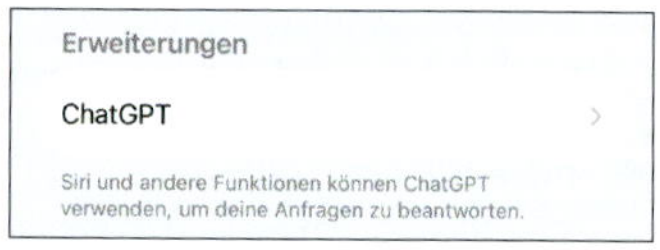

2. Tippen Sie als Nächstes bei *ChatGPT verwenden* auf *Einrichten*.
3. Bestätigen Sie die Hinweise zu ChatGPT mit *Weiter*.
4. Lesen Sie sich die Hinweise zum Datenschutz durch und bestätigen Sie mit *ChatGPT aktivieren*. Falls Sie über einen ChatGPT-Account verfügen, können Sie sich damit direkt anmelden, indem Sie *ChatGPT mit einem Account nutzen* wählen. Die Anmeldung ist auch später noch möglich.

Sie können ChatGPT ab sofort verwenden. In den *Einstellungen* unter *Apple Intelligence & Siri/ChatGPT* werden Ihnen jetzt die ChatGPT-Einstellungen angezeigt. Außerdem wird Ihnen die ChatGPT-App zum Download angeboten, die Sie aber für die Nutzung im Zusammenhang mit Siri und Apple Intelligence nicht unbedingt benötigen.

Was bedeutet »Prompt«?

Im Zusammenhang mit der künstlichen Intelligenz werden Sie häufig auf den Begriff »Prompt« stoßen. Hierbei handelt es sich schlicht um Anweisungen, die Sie der KI erteilen. Ein Beispiel für einen Prompt: »Schreib ein Konzept für ein halbstündiges Referat in der zehnten Klasse zum Thema Kohlenstoff«.

Das alles können Sie Siri befehlen und fragen

Sie haben Siri nun ganz nach Ihren Wünschen eingerichtet. Auf den nächsten Seiten zeige ich Ihnen, was Sie mit der Sprachassistenz so alles anfangen können. Bei Siri ist es inzwischen fast schon so, dass man sich eher fragen muss, was die Sprachassistenz wohl nicht versteht. Betrachten Sie die folgenden Befehle deshalb nur als Anregungen für Ihre ersten Schritte mit Siri.

Telefon und FaceTime

Befehl	Kurzbeschreibung
Ruf Mama an	Ruft die Person an, die in den Kontakten als Mutter definiert wurde.
Rufe Diana auf ihrer Geschäftsnummer an	Ruft die genannte, in Ihren Kontakten verfügbare Person auf dem Geschäftstelefon an.
0123456789 anrufen	Wählt die Rufnummer 0123456789.
Habe ich verpasste Anrufe?	Zeigt die verpassten Anrufe in der Anrufliste an, ohne extra die App *Telefon* zu öffnen.
Habe ich eine neue Voicemail?	Zeigt neue Voicemails an.
Starte einen FaceTime-Anruf mit Georg	Es wird versucht, ein Videotelefonat mit der genannten, in den Kontakten verfügbaren Person zu starten.

Apps

Befehl	Kurzbeschreibung
Öffne Fotos	Öffnet die genannte App.
Suche im App Store nach Pinterest	Sucht die genannte App im App Store.
Finde im App Store Kochbuch-Apps	Sucht im App Store nach Apps der genannten Kategorie.

Nachrichten

Befehl	Kurzbeschreibung
Sage Diana ich bin gleich da	Sendet eine Nachricht mit dem Inhalt »Ich bin gleich da« an die genannte, in den Kontakten verfügbare Person. Der Versand erfolgt erst nach einer Rückfrage, es sei denn, Sie aktivieren in den *Einstellungen* unter *Siri* und dort unter *Mit Siri Nachrichten senden* die Option *Nachrichten automatisch senden*.
Sende eine Nachricht an 0123456789	Erstellt eine neue Nachricht an die genannte Handynummer. Sie können anschließend die Nachricht diktieren.
SMS an Tobias und Sabine wo seid ihr?	Sendet eine Nachricht mit dem Inhalt »Wo seid ihr?« an die zwei genannten, in den Kontakten verfügbaren Personen.
Lies meine neuen Nachrichten vor	Liest Ihnen neu eingegangene Nachrichten vor.
Antworte das sind tolle Neuigkeiten	Antwortet auf eine Nachricht mit dem Inhalt »Das sind tolle Neuigkeiten«.
Ruf sie an	Ein Anruf zum Nachrichtenversender wird getätigt.

Kalender

Befehl	Kurzbeschreibung
Erstelle Termin um 14 Uhr	Erstellt im Standardkalender einen einstündigen »Termin« benannten Termin zur angegebenen Uhrzeit (je nach dem Zeitpunkt des Befehls entweder am aktuellen Tag oder am Folgetag).
Erstelle eine Besprechung wegen Planung heute um 8:30 Uhr im Tagungsraum	Erstellt im Standardkalender einen einstündigen »Planung« benannten und mit der Ortsangabe »Tagungsraum« versehenen Termin zur angegebenen Uhrzeit.
Verschiebe meine Besprechung von 15 Uhr auf 16:30 Uhr	Verschiebt den zum ersten genannten Zeitpunkt stattfindenden Termin auf den zweiten genannten Zeitpunkt.
Füge Georg zu meinem Termin heute um 9 Uhr hinzu	Fügt eine Person als Teilnehmer dem genannten Termin hinzu.
Lösche mein 14-Uhr-Meeting.	Löscht den genannten Termin aus dem Kalender.

Übersetzen

Befehl	Kurzbeschreibung
Wie sagt man »Ich liebe dich« auf Chinesisch?	Gibt die gewünschte Übersetzung aus.
Übersetze »Wo ist der nächste Bahnhof« ins Französische	Gibt die gewünschte Übersetzung aus.
Welche Sprachen kannst du übersetzen	Zeigt die Sprachen an, in die Siri Ihre Eingaben übersetzen kann. Bei Redaktionsschluss waren dies: Arabisch, Chinesisch, Englisch, Französisch, Hindi, Indonesisch, Italienisch, Japanisch, Koreanisch, Niederländisch, Polnisch, Portugiesisch, Russisch, Spanisch, Thailändisch, Türkisch und Vietnamesisch.

Sport

Befehl	Kurzbeschreibung
Hat Bayern gewonnen?	Siri verfolgt für Sie die deutsche Bundesliga und weitere Sportligen! Mit der Frage, ob Ihr Lieblingsverein gewonnen hat, werden Sie über das letzte Spielergebnis informiert. Fragen Sie also z. B. »Hat Bayern gewonnen?« oder »Haben die Dallas Mavericks gewonnen?«
Wann spielt Hannover wieder?	Stellen Sie die Frage mit Ihrem Lieblingsverein, um über das nächste Spiel in der Bundesliga informiert zu werden.
Zeige mir den aktuellen Spielplan der deutschen Bundesliga	Zeigt die kommenden Spiele der deutschen Bundesliga an.
Zeig mir die Mannschaftsaufstellung für Bayern	Zeigt den Kader des abgefragten Bundesliga-Teams an.

Kamera

Befehl	Kurzbeschreibung
Öffne die Kamera	Öffnet die App *Kamera*.
Mach ein Selfie	Öffnet die App *Kamera* und schaltet auf die Frontkamera um.
Schieß ein Foto	Öffnet die App *Kamera* bei aktivierter Option *Foto*.

Karten

Befehl	Kurzbeschreibung
Wie komme ich nach Hause?	Sucht nach einer Wegbeschreibung zu Ihnen nach Hause (entsprechend Ihren Angaben in den Siri-Einstellungen unter *Meine Informationen*) und zeigt diese auf einer Karte an. Das iPhone kann Sie dann auch gleich – wie ich es in Kapitel 11 beschreiben werde – dorthin navigieren.
Wo liegt das Schloss Neuschwanstein	Zeigt bekannte Örtlichkeiten an. 
Zeige mir den Fußweg zu Susannes Wohnung	Auch Fußgängerrouten lassen sich mit Siri berechnen.
Was ist die geschätzte Ankunftszeit?	Zeigt während einer Navigation an, wie lange die Fahrt ungefähr noch dauern wird.
Wo ist die nächste Tankstelle?	Zeigt Tankstellen in der Nähe an. Auf gleiche Weise kann auch nach weiteren Geschäften gesucht werden.
Wie ist der Verkehr zwischen München und Ingolstadt.	Zeigt Verkehrsinformationen für die genannte Strecke an.

Musik

Befehl	Kurzbeschreibung
Spiele Cartwheel von Lucy Dacus	Spielt einen bestimmten Titel des genannten Interpreten.
Spiele Billy Joel	Startet die Wiedergabe aller Titel des genannten Interpreten.
Spiele meine Reise-Playlist im Zufallsmodus	Gibt die genannte Wiedergabeliste in einer zufälligen Titelfolge wieder.
Spiele alternative Musik aus den 90ern	Gibt Musik aus dem genannten Genre wieder.

Befehl	Kurzbeschreibung
Wie heißt dieser Titel?	Hört einen Song an, den Sie z. B. im Radio hören, und gibt Interpret und Titel aus.
Schalte die Musik im Wohnzimmer und im Flur an	Sie können per Siri auch die Musikwiedergabe auf anderen Geräten wie Apples HomePod steuern.
Abspielen	Startet allgemein die Wiedergabe.
Pause	Pausiert die Wiedergabe.

Erinnerungen

Befehl	Kurzbeschreibung
Füge Fallschirm-springen zu meiner To-do-Liste hinzu	Fügt der genannten Liste eine Erinnerung mit dem Inhalt »Fallschirmspringen« hinzu.
Erinnere mich morgen früh um 6 an Medizin nehmen	Erstellt für den Folgetag um 6 Uhr morgens eine Erinnerung mit dem Inhalt »Medizin nehmen«.
Lies meine Liste „Aufgaben"	Zeigt die Einträge in der genannten Liste an.
Markiere die Erinnerung als erledigt	Markiert eine aufgerufene Erinnerung als erledigt.
Erstelle eine neue Liste Lebensmittel	Erstellt eine Liste mit der entsprechenden Bezeichnung in der App *Erinnerungen*.

E-Mail

Befehl	Kurzbeschreibung
Sende eine E-Mail an Georg wegen Reise	Erstellt (sofern Sie ein E-Mail-Konto eingerichtet haben, vgl. Kapitel 8) eine E-Mail an den genannten, in den Kontakten verfügbaren Empfänger mit dem Betreff »Reise«. Anschließend können Sie Siri auch gleich noch den E-Mail-Text diktieren.
Neue E-Mail an Diana Kappel	Erstellt eine E-Mail an den genannten, in den Kontakten verfügbaren Empfänger. Anschließend diktieren Sie sowohl Betreff als auch Text der neuen E-Mail.
Gibt es heute neue E-Mails von Christian?	Zeigt neue E-Mails eines bestimmten Absenders an.

Befehl	Kurzbeschreibung
Zeige neue E-Mails zum Mietvertrag	Zeigt neue E-Mails mit einem bestimmten Betreff an.
Rufe ihn im Geschäft an	Startet einen Anruf mit einem E-Mail-Absender.

Wetter

Befehl	Kurzbeschreibung
Wie wird das Wetter heute?	Zeigt das heutige Wetter am aktuellen Standort an; tippen Sie die angezeigte Prognose an, um die App *Wetter* zu öffnen. (Zum Einrichten der App *Wetter* alles in Kapitel 11.)
Wie wird das Wetter morgen?	Zeigt das morgige Wetter am aktuellen Standort an.
Was wird die Höchsttemperatur am Donnerstag in Heidelberg sein?	Zeigt die Höchsttemperatur zum gewünschten Zeitpunkt am genannten Standort an.
Wie ist die Außentemperatur?	Zeigt die momentane Temperatur am aktuellen Standort an.
Ist es windig heute?	Informiert über die heutigen Windverhältnisse am aktuellen Standort.
Wann geht in Paris die Sonne auf?	Informiert über die heutige Sonnenaufgangszeit am genannten Standort. 

Aktien

Befehl	Kurzbeschreibung
Aktienkurs von Apple	Gibt den aktuellen Kurs des genannten Wertpapiers aus.
Wie ist der Schlusskurs von Siemens heute?	Gibt den aktuellen Schlusskurs des genannten Wertpapiers aus.
Wie steht der NASDAQ heute?	Gibt den aktuellen Stand des genannten Aktienindex aus.

Uhr

Befehl	Kurzbeschreibung
Wecke mich um 7 Uhr	Erstellt einen Wecker mit der genannten Weckzeit, dem zuletzt verwendeten Weckton und ohne Wiederholung.
Wecke mich in 8 Stunden	Erstellt einen Wecker zum gewählten Zeitpunkt, mit dem zuletzt verwendeten Weckton und ohne Wiederholung.
Ändere meinen Wecker von 6:30 Uhr auf 6:45 Uhr	Stellt einen Wecker neu.
Schalte meinen Wecker für 6:30 Uhr aus	Deaktiviert den genannten Wecker.
Wie viel Uhr ist es in Cupertino?	Nennt die aktuelle Zeit am genannten Standort.
Welches Datum ist diesen Samstag?	Nennt das Datum am genannten Tag.
Stelle den Timer auf 10 Minuten	Stellt den Timer auf 10 Minuten und startet ihn.

Kontakte

Befehl	Kurzbeschreibung
Wie ist Sabines Adresse?	Zeigt die Adresse des genannten Kontaktes an. Tipp: Um Missverständnisse mit Siri von vornherein zu vermeiden, kann es sich anbieten, bei der Namensnennung auf das Genitiv-s zu verzichten.
Wie ist die Telefonnummer von Diana Kappel?	Zeigt die Rufnummer(n) des genannten Kontaktes an.
Zeige die private E-Mail-Adresse von Susanne	Zeigt die mit »Privat« etikettierte E-Mail-Adresse des genannten Kontaktes an.
Christian Winter ist mein Bruder	Definiert den genannten Kontakt als Bruder.

Wo ist?

Befehl	Kurzbeschreibung
Wo ist mein iPhone?	Sucht mithilfe der App *Wo ist?* nach dem eigenen iPhone.
Pinge mein iPad an	Sucht mithilfe der App *Wo ist?* nach dem eigenen iPad.
Wo ist Karla?	Sucht mithilfe der App *Wo ist?* nach dem hinzugefügten Freund (Standortfreigabe der Person erforderlich).

Befehl	Kurzbeschreibung
Wo ist meine Schwester?	Sucht mithilfe der App *Wo ist?* nach der hinzugefügten Schwester (Standortfreigabe der Person erforderlich).
Benachrichtige mich wenn mein Sohn zu Hause ankommt	Gibt eine Benachrichtigung aus, wenn die in der App *Wo ist?* hinzugefügte Person zu Hause ankommt (Standortfreigabe der Person erforderlich).

Notizen

Befehl	Kurzbeschreibung
Erstelle eine Notiz 14 € für Pizza	Erstellt in der App *Notizen* eine Notiz mit dem Inhalt »14 Euro für Pizza«. 
Notiz an mich: Hör dir das neue Album von Norah Jones an	Erstellt in der App *Notizen* eine Notiz mit dem Inhalt »Hör dir das neue Album von Norah Jones an«.
Suche meine Notiz Projekte	Durchsucht die App *Notizen* nach dem Begriff »Projekte«.
Bearbeite die Notiz Rezept für Apfelstrudel	Ermöglicht es, der genannten Notiz durch Diktieren weitere Inhalte hinzuzufügen.
Zeig mir meine Notizen vom 25. Juni	Zeigt die am genannten Tag hinzugefügten Notizen.

Einstellungen

Befehl	Kurzbeschreibung
Schalte den Flugmodus ein	Aktiviert, nach Rückversicherung durch Siri, den Flugmodus.
Ist Bluetooth aktiviert?	Prüft, ob Bluetooth aktiviert ist.
Mach den Bildschirm heller	Erhöht die Displayhelligkeit.
Zeig mir meine Datenschutzeinstellungen	Öffnet die Einstellungen und dort die Einstellungen zum Datenschutz.
Nicht stören aktivieren	Aktiviert die Fokus-Option *Nicht stören*.
Schalte die Taschenlampe ein	Schaltet den LED-Blitz ein, sodass das iPhone als Taschenlampe verwendet werden kann.

Websuche

Befehl	Kurzbeschreibung
Suche im Internet nach Flugpreisen	Startet eine Websuche nach »Flugpreise«.
Google nach wie baue ich ein Schaukelpferd	Startet eine Websuche nach dem genannten Begriff.
Zeige mir Videos von Killerwalen	Startet eine Websuche speziell nach Videos zum genannten Suchbegriff.

Fragen & Antworten

Befehl	Kurzbeschreibung
Wie hoch ist die Zugspitze?	Gibt die Höhe der Zugspitze an.
Wann beginnt der Karneval?	Gibt den entsprechenden Termin aus.
Wie viele Unzen sind in einem Liter?	Führt die Einheitenumrechnung durch und gibt das Ergebnis aus.
Wie viel ist 16 mal 42?	Führt die Berechnung durch und gibt das Ergebnis aus.
Konvertiere zwei Tassen in Milliliter	Führt die genannte Konvertierung durch.
Wie definiert man praktisch?	Gibt die entsprechende Definition aus dem Wörterbuch aus.
Wie schreibt man Einhorn?	Buchstabiert das entsprechende Wort aus dem Wörterbuch.
Wie viele Einwohner hat Spanien?	Nennt die Bevölkerungszahl des Landes.
Wie viele Dollar sind 45 €?	Führt die Währungsumrechnung durch und gibt das Ergebnis aus. 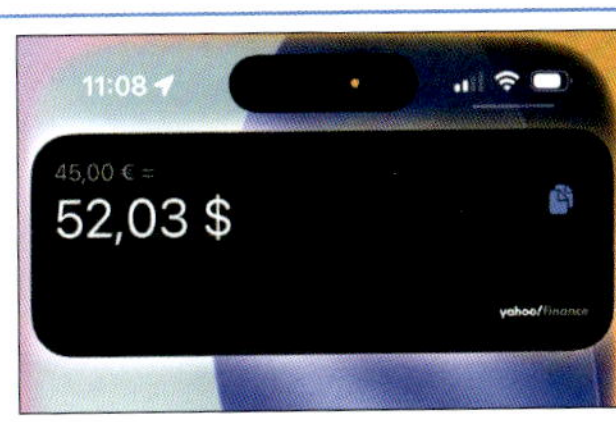
Wie viele Tage sind es bis Weihnachten?	Gibt die noch verbleibende Anzahl an Tagen bis Weihnachten an.
Wann wurde Albert Einstein geboren?	Gibt das Geburtsdatum Albert Einsteins aus.

Podcasts

Befehl	Kurzbeschreibung
Spiele Podcast	Gibt alle in der App *Podcasts* verfügbaren Podcasts wieder (zum Thema Podcasts mehr in Kapitel 9).
Doppeltes Tempo	Gibt einen Podcast im doppelten Tempo wieder.
Springe 30 Sekunden zurück	Springt bei der Wiedergabe 30 Sekunden zurück.
Springe 10 Sekunden vor	Springt bei der Wiedergabe 10 Sekunden vor.
Wiedergabe	Startet allgemein die Wiedergabe.
Pause	Pausiert die Wiedergabe.
Spiele den ersten ARD Radio Tatort Podcast	Spielt die erste verfügbare Folge des genannten Podcasts.
Suche den Podcast ARD Radio Tatort	Sucht nach dem genannten Podcast im Podcasts Store.

Passwörter

Befehl	Kurzbeschreibung
Zeige meine Passwörter	Zeigt nach dem Entsperren per Face ID die Liste der gespeicherten Passwörter an.

Diese Tabellen sind keineswegs vollständig, z. B. können Sie im Zusammenhang mit dem Wetter auch nach der Luftfeuchtigkeit fragen und noch vieles mehr. Fragen Sie Siri alles Mögliche – wenn die Sprachassistenz etwas nicht versteht, teilt sie Ihnen dies mit oder sie sucht im Internet nach der passenden Information. Möchte Siri bei einer Anfrage auf ChatGPT zugreifen, wird Ihnen das standardmäßig mitgeteilt.

Die besten Features von Apple Intelligence

Wie Sie bereits erfahren haben, können Sie Apple Intelligence nicht nur im Zusammenhang mit Siri nutzen. Weitere pfiffige Features der künstlichen Intelligenz sollen Ihnen auf den folgenden Seiten vorgestellt werden. Mit künftigen Updates dürften noch weitere Features hinzukommen – man darf gespannt sein!

Mit visueller Intelligenz nachschlagen

Die visuelle Intelligenz auf Ihrem iPhone 17 kann Display- oder Kamerainhalte identifizieren. Sie können dann eine Suche nach ähnlichen Bildern starten oder Informationen zu einem Inhalt bekommen. Bringen Sie damit z. B. in Erfahrung, um welches Tier oder um welche Pflanze es sich da handeln könnte.

Um Displayinhalte mit visueller Intelligenz zu erfassen, drücken Sie standardmäßig gleichzeitig die Seitentaste und die obere Lautstärketaste. Wenn Sie bereits länger ein iPhone verwenden, wissen Sie: Damit lässt sich auch ein Bildschirmfoto aufnehmen. Das ist richtig, allerdings wird nun zuerst eine Vorschau angezeigt, und das Bildschirmfoto muss gesondert gespeichert werden. Dafür bieten sich in der Vorschau die Optionen *Fragen* sowie *Suchen*. Damit können Sie eine Frage zum jeweiligen Displayinhalt stellen bzw. nach dem Displayinhalt im Internet suchen.

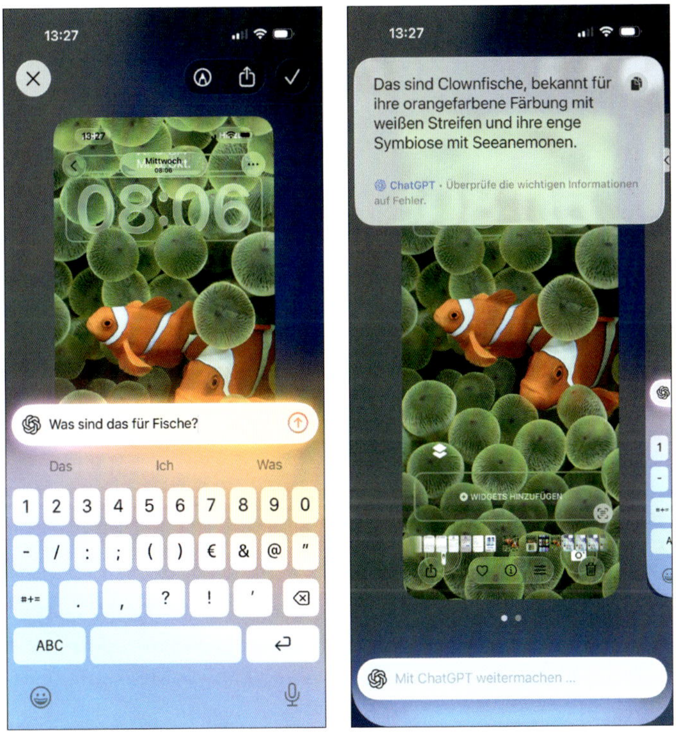

Hier wird die visuelle Intelligenz befragt, welche Fische da eigentlich auf dem Sperrbildschirmhintergrund abgebildet sind.

Nehmen Sie häufig Bildschirmfotos auf dem iPhone auf, ist die Funktion allerdings lästig, da sie zwei weitere Fingertipps erfordert, um das Bildschirmfoto in der App *Fotos* zu sichern. Deaktivieren Sie dann die Option *Vorschau im Vollbildmodus* in den *Einstellungen* unter *Allgemein* und dort unter *Bildschirmfoto*.

Mit der Kamera nutzen Sie die visuelle Intelligenz hingegen, ohne anderweitig Einbußen in Kauf zu nehmen. Halten Sie zum Verwenden der visuellen Intelligenz, während die App *Kamera* nicht geöffnet ist, die Kamerasteuerung gedrückt. Sie können aber auch – in den *Einstellungen* unter *Aktionstaste* – die Aktionstaste mit dem Feature belegen. Oder Sie fügen dem Kontrollzentrum (vgl. Kapitel 2) das Steuerelement *Visuelle Intelligenz* hinzu, um rasch auf das Feature zugreifen zu können.

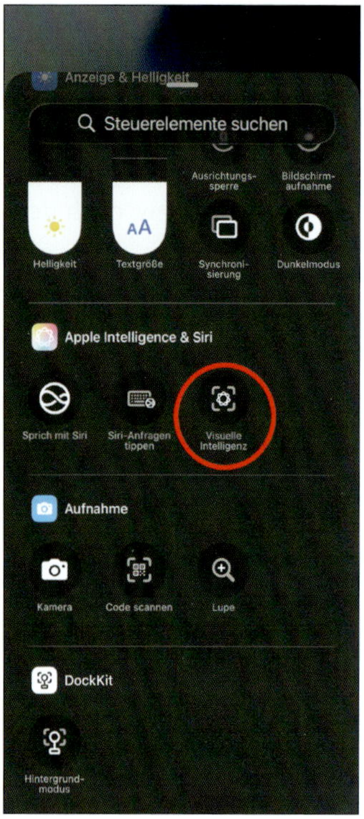

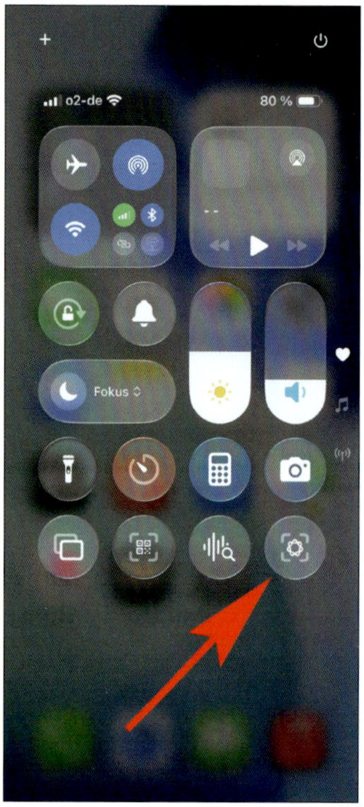

Das Steuerelement zur Nutzung der visuellen Intelligenz lässt sich dem Kontrollzentrum mit wenigen Handgriffen hinzufügen.

Wie Sie mit der Kamera ein Motiv erfassen und die visuelle Intelligenz dazu befragen, zeigt Ihnen die folgende Anleitung:

1. Richten Sie die Kamera nach dem Öffnen der visuellen Intelligenz auf ein Motiv. Sie können zunächst auf den Aufnahme-Button tippen, um das Motiv zu erfassen. Alternativ können Sie sich aber auch direkt für die Optionen *Fragen* oder *Suchen* entscheiden.

2. Wählen Sie *Suchen*, erfolgt nach einer Bestätigung der Nutzungsbedingungen eine Google-Suche nach dem Motiv. Nun, das klappt mal besser und mal schlechter.

3. Entscheiden Sie sich hingegen für *Fragen*, gibt die visuelle Intelligenz nach einem kurzen Moment automatisch Informationen zu dem Motiv aus. Sie können jedoch auch eigene Fragen zum Motiv eintippen und sich von künstlicher Intelligenz beantworten lassen.

Die visuelle Intelligenz kommt übrigens auch in der App *Fotos* zum Einsatz. So können Sie Ihre Aufnahmen mit der eingebauten Suchfunktion nach bestimmten Motiven durchforsten bzw. automatisch in unterschiedliche Sammlungen aufnehmen lassen.

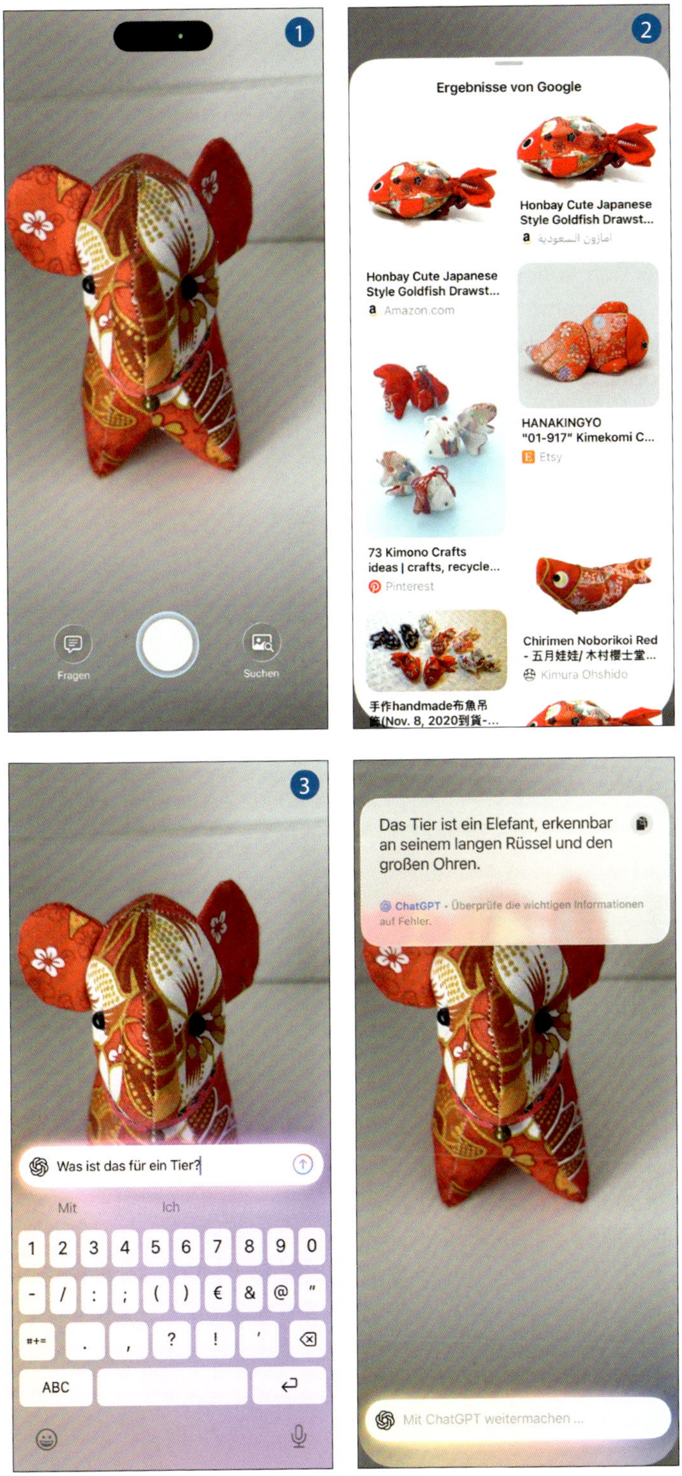
1
Fragen
Suchen
2
Ergebnisse von Google
Honbay Cute Japanese Style Goldfish Drawst...
Honbay Cute Japanese Style Goldfish Drawst...
Amazon.com
HANAKINGYO "01-917" Kimekomi C...
Etsy
73 Kimono Crafts ideas | crafts, recycle...
Pinterest
Chirimen Noborikoi Red - 五月娃娃/ 木村櫻士堂...
Kimura Ohshido
手作handmade布魚吊飾(Nov. 8, 2020到貨-...
3
Was ist das für ein Tier?
Mit
Ich
ABC
Das Tier ist ein Elefant, erkennbar an seinem langen Rüssel und den großen Ohren.
ChatGPT · Überprüfe die wichtigen Informationen auf Fehler.
Mit ChatGPT weitermachen ...

Texte mithilfe der KI-Schreibtools verbessern

Zwar werden Sie auf Ihrem iPhone wohl keine längeren Texte verfassen. Dennoch können Ihnen die Schreibtools der Apple Intelligence nützlich sein. Setzen Sie diese in Apps ein, in denen Sie Texte schreiben, etwa in der bereits kennengelernten App *Notizen*, in der Textverarbeitungs-App *Pages* oder auch in der App *Mail* zum Verfassen lupenreiner E-Mails. Das Aufrufen der Schreibtools erfolgt jeweils unter dem Symbol .

Entscheiden Sie sich für die Option *Korrekturlesen*, um Fehler aus dem vorhandenen Text auszumerzen. Im Gegensatz zur herkömmlichen Rechtschreibprüfung erfolgen die Korrekturen automatisch. Die Korrekturen werden unterstrichen dargestellt. Bestätigen Sie diese mit dem Häkchensymbol oder kehren Sie zum *Original* zurück.

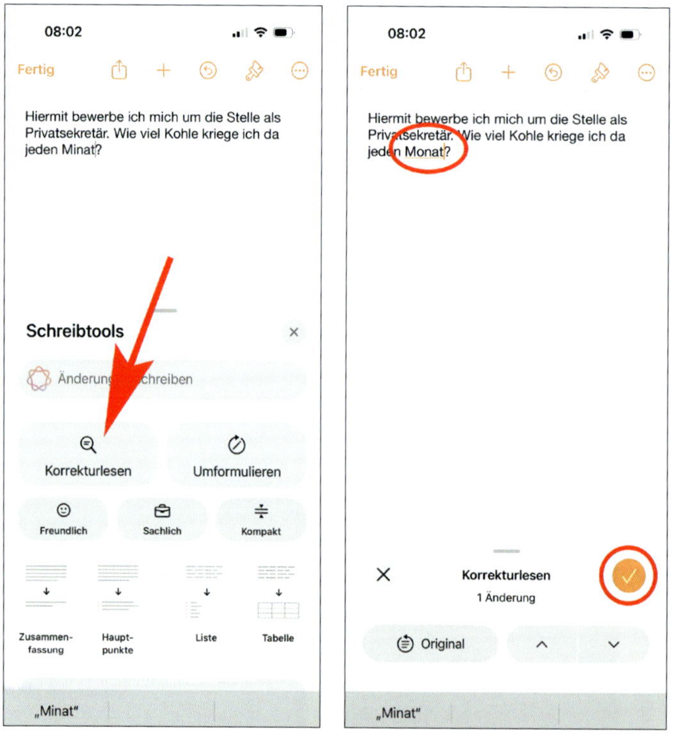

Beim KI-gestützten Korrekturlesen werden auch Textzusammenhänge erkannt und Fehler zuverlässig ausgemerzt.

Eine weitere wichtige Funktion der Schreibtools ist das Umformulieren von Text, um ihn z. B. freundlicher oder sachlicher zu formulieren. Diese Optionen finden Sie unter der Schaltfläche *Umformulieren* bzw. direkt über die Schaltflächen *Freundlich*, *Sachlich* und *Kompakt*. Die KI erkennt die Textinhalte und bietet Ihnen eine umformulierte Version an, die Sie wiederum per Häkchensymbol akzeptieren können. Sagt Ihnen die Version nicht zu, starten Sie einfach einen weiteren Umformulierungsversuch.

Die künstliche Intelligenz formuliert den etwas schnodderigen Text sachlich um.

Individuelle Änderungen in einem Prompt beschreiben

Statt eine der automatischen Funktionen der Schreibtools zu wählen, können Sie das Eingabefeld verwenden, um der KI individuelle Anweisungen (Prompts) zu erteilen. So könnten Sie z. B. von der künstlichen Intelligenz noch Namen in den Text einbauen lassen.

Vier weitere Schreibtools-Funktionen lassen sich mit den entsprechenden Schaltflächen aufrufen:

- *Zusammenfassung:* Diese KI-Funktion fasst den Text in aller Kürze zusammen, um auf die Schnelle den Textinhalt zu erfassen. Die Zusammenfassung ersetzt dabei nicht automatisch den vorhandenen Text, sondern kann auch nur direkt gelesen oder zur anderweitigen Verwendung kopiert werden.
- *Hauptpunkte:* Mit dieser KI-Funktion werden die Kernaussagen aus dem vorhandenen Text gezogen und etwas ausführlicher als die Zusammenfassung dargestellt. Auch in diesem Fall ist neben dem Ersetzen des Textes auch das Kopieren möglich.
- *Liste:* Diese Funktion wandelt den Text KI-gestützt in eine Aufzählung um.
- *Tabelle:* Mit dieser Funktion erfolgt die KI-gestützte Umwandlung des Textes in eine Tabelle.

Schließlich können Sie von der künstlichen Intelligenz auch neue Texte erstellen lassen. Hierbei kommt ChatGPT zum Einsatz, dessen Verwendung Sie für diesen Zweck genehmigen müssen.

Geben Sie möglichst klare Anweisungen, was der Text beinhalten soll. Der Text lässt sich anschließend noch durch weitere Anweisungen anpassen.

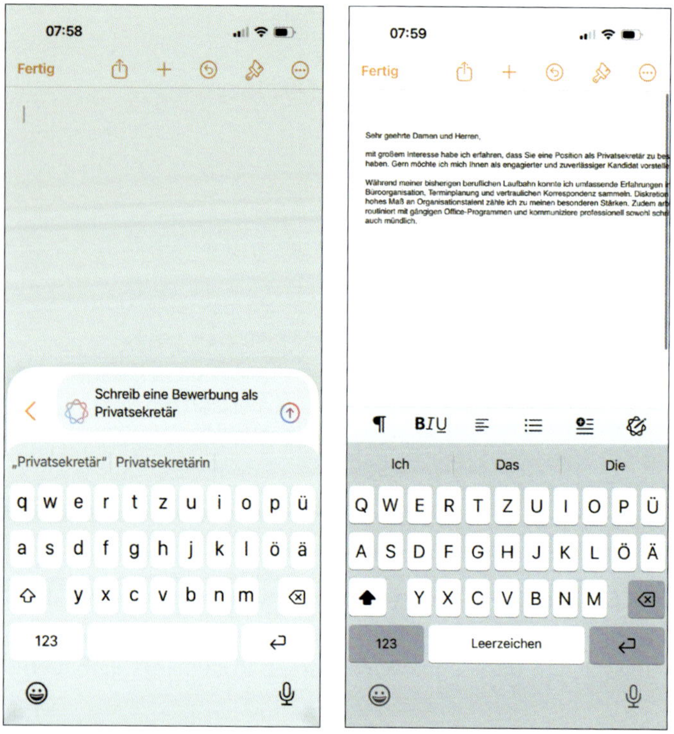

Lassen Sie die KI komplette Texte erstellen.

Was die künstliche Intelligenz ausgibt, kann sich in vielen Fällen sehen lassen. Allerdings ist die KI noch kein Alleskönner, und sie gibt in Ausnahmefällen auch mal falsche Informationen aus. Prüfen Sie die KI-generierten Texte auf alle Fälle noch mal gründlich nach!

Live-Übersetzung gekonnt einsetzen

Die KI-gestützte Live-Übersetzung kann dazu beitragen, Sprachbarrieren zu überwinden. Allerdings merkt man diesem Feature deutlich an, dass es noch in den Kinderschuhen steckt. Erwarten Sie also zu Beginn nicht zu viel! Hier skizziere ich die Funktion am Beispiel eines FaceTime-Telefonats.

1. Starten Sie ein FaceTime-Telefonat, wie ich es in Kapitel 4 beschrieben habe. Entscheiden Sie sich während des Telefonats für das Symbol ⋯.

2. Wählen Sie im so geöffneten Menü den Eintrag *Live-Übersetzung*.

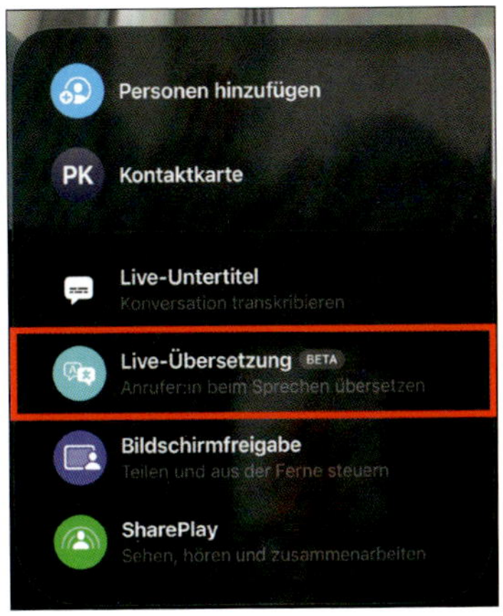

3. Nun wählen Sie die Ausgangssprache und ggf. eine andere Zielsprache aus. Die Ausgangssprache ist diejenige Sprache, aus der gesprochener Text übersetzt werden soll.

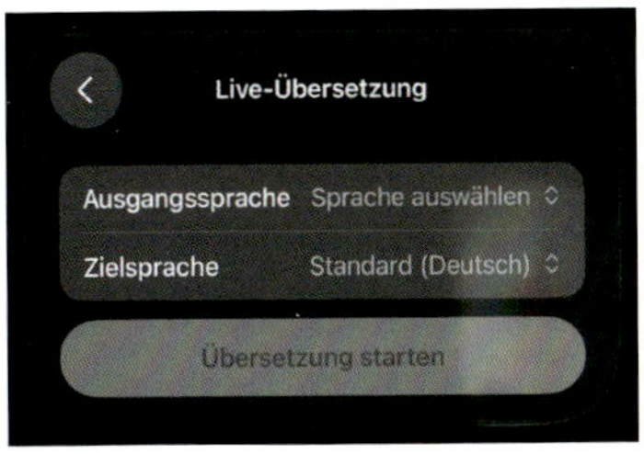

4. Wählen Sie als Nächstes eine der verfügbaren Sprachen aus – weitere Sprachen werden zukünftig dazukommen. Für jede Sprache erfolgt ein relativ großer Download, der aber nur einmalig erforderlich ist.

5. Nachdem Sie die Ausgangssprache und die Zielsprache bestimmt sowie die entsprechenden Downloads getätigt haben, tippen Sie auf *Übersetzung starten*.

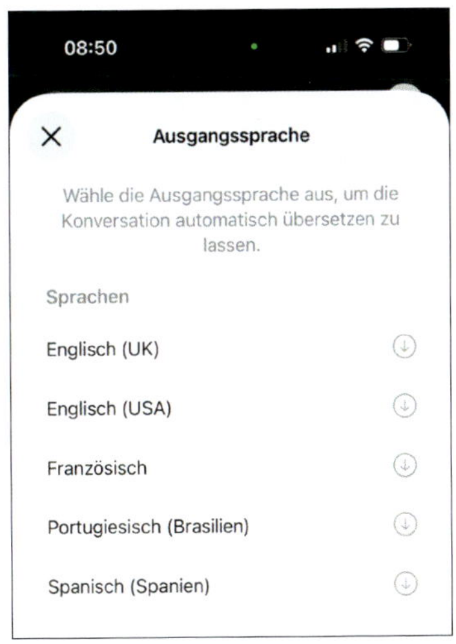

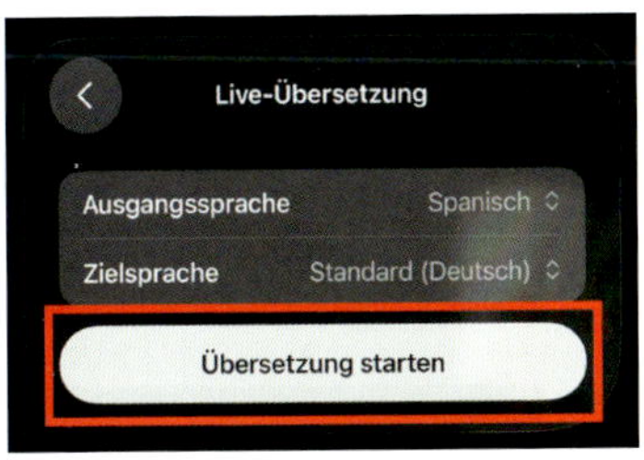

6. Das iPhone versucht nun, dem Gespräch zu folgen und Sätze aus der Ausgangssprache in die Zielsprache zu übersetzen. Hier wurde z. B. der spanische Satz »¿cómo estás?« korrekt in »Wie geht es dir?« übersetzt.

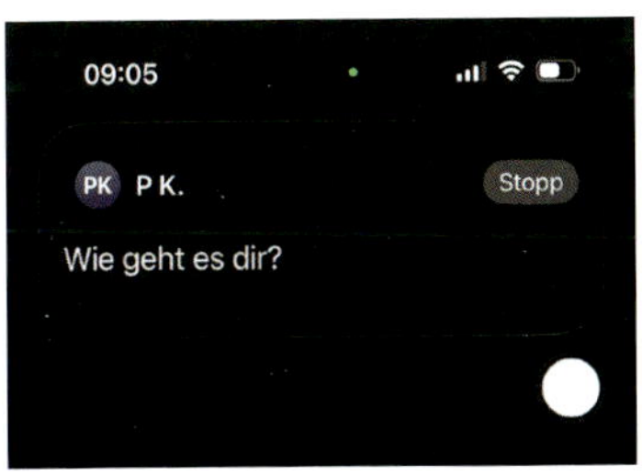

Das iPhone merkt sich die ausgewählten Sprachen für das nächste Telefonat, sodass dann weniger Schritte erforderlich sind, um die Live-Übersetzung zu aktivieren.

Neben der Live-Übersetzung werden in dem Menü, das Sie unter dem Symbol ··· aufrufen, auch *Live-Untertitel* angeboten. Hierbei werden gesprochene Sätze live in Schriftform transkribiert.

Mit Image Playground originelle Bilder erzeugen

Sie wissen bereits, dass künstliche Intelligenz Texte umformulieren oder neu erstellen kann. Genauso können Sie auch Bilder ummodeln oder neu generieren. Toben Sie sich in diesem Zusammenhang in der App *Image Playground* aus. Übersetzt bedeutet der Name der App »Bild-Spielplatz«. Und genauso ist diese App auch gedacht: Erstellen Sie spielerisch fantasievolle Bilder, etwa ansprechende Profilbilder. Die folgende Anleitung skizziert die Vorgehensweise:

1. Tippen Sie in der App *Image Playground* auf *Neues Bild*.

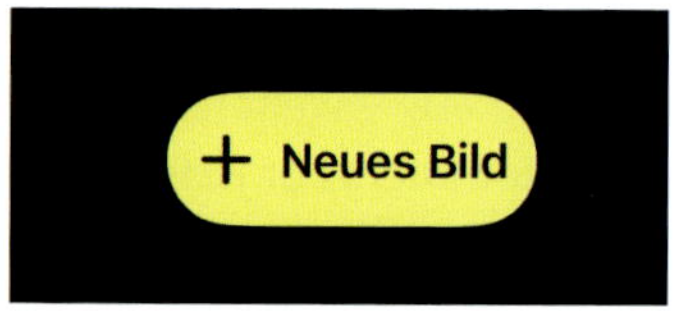

2. Bestimmen Sie mithilfe des Menüs oben in der App, welche Art Bild die künstliche Intelligenz erzeugen soll. Zur Auswahl stehen die Optionen *Animation*, *Illustration*, *Skizze*, *Genmoji* (vgl. Kapitel 4) sowie *ChatGPT*.

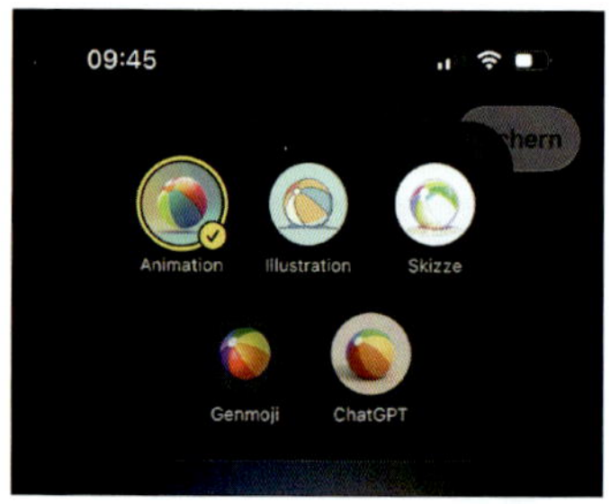

3. Über das Eingabefeld könnten Sie nun ein Bild beschreiben, das erzeugt werden soll. Hier soll jedoch ein bereits vorhandenes Bild eingesetzt werden. Zur Auswahl tippen Sie auf das Symbol 🖼. Alles zum Thema Aufnahmen auf Ihrem iPhone lesen Sie im Foto-Kapitel 10.

4. Fügen Sie weitere Bilder hinzu. Es stehen pfiffige Themen zur Verfügung. Auch hier könnten Sie noch Textanweisungen zu dem Bild geben, das Sie erzeugen möchten.

5. Ihnen werden mehrere Bildvarianten angeboten. Wählen Sie eine Variante durch seitliches Streichen aus und bestätigen Sie mit *Sichern*.

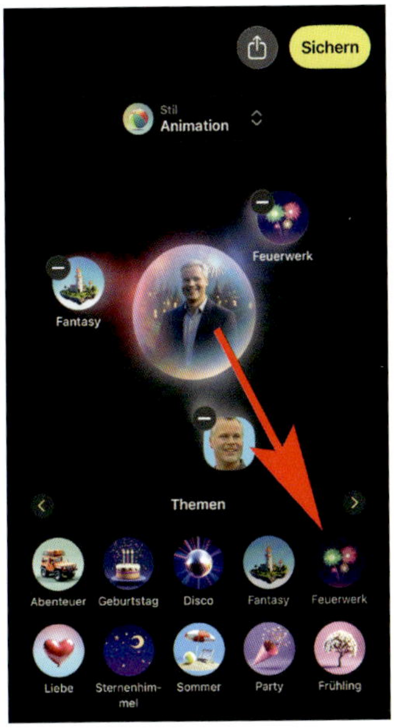

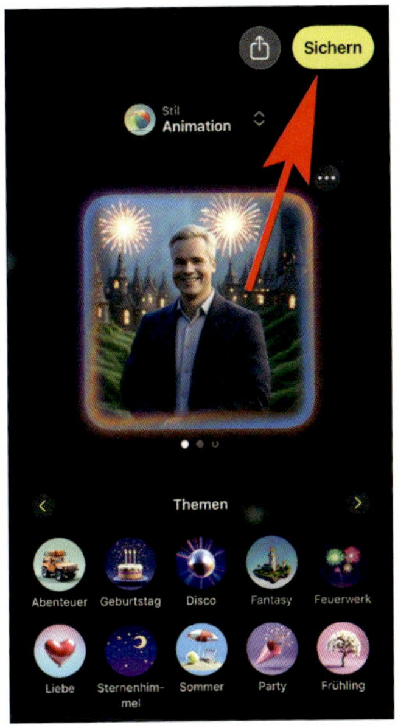

6. Das Bild steht zunächst nur in der App *Image Playground* zur Verfügung. Um es anderweitig zu verwenden, halten Sie das Bild gedrückt und entscheiden sich im Kontextmenü für *Teilen*.

7. Jetzt können Sie das Bild in der App *Fotos* speichern (Option *Bild sichern*), es in einer Nachricht versenden, einem Kontakt zuweisen und vieles mehr.

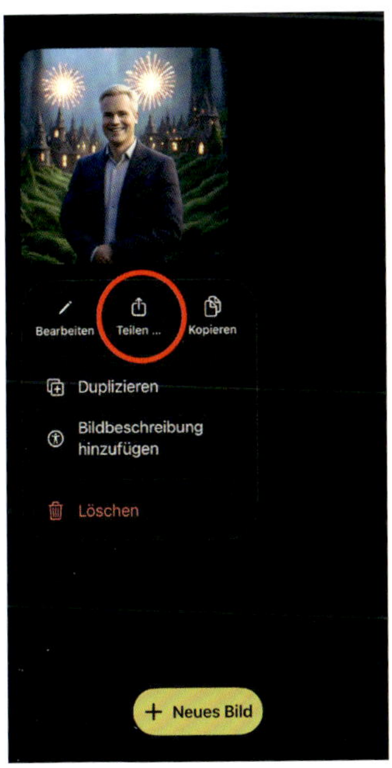

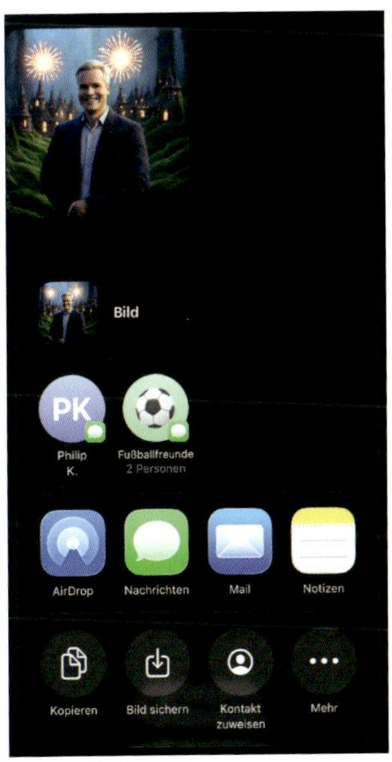

Wenn Sie ein Bild öffentlich verwenden möchten, z. B. in Ihrem WhatsApp-Profil, achten Sie darauf, dass keine Urheberrechte verletzt werden. Verwenden Sie also keine Promi-Fotos oder Bilder von bekannten Comic-Figuren. Apple hat zum Vermeiden von Urheberrechtsverletzungen zwar einige Sicherungen eingebaut, aber lassen Sie Ihren Kopf eingeschaltet, falls diese einmal nicht greifen sollten.

Eigene Kurzbefehle erstellen

Wenn Sie neue Apps installieren, lassen sich auch diese in vielen Fällen mit Siri steuern. Dank der Kurzbefehle können auch ganz individuelle, von Ihnen definierte Befehle ausgeführt werden. Um eigene Kurzbefehle zu erstellen, steht Ihnen auf der zweiten Seite des Home-Bildschirms und dort im Ordner *Dienstpr.* die App *Kurzbefehle* zur Verfügung.

Lassen Sie mich Ihnen hier vorführen, wie Sie z. B. mit einem einzigen Wort Ihre Lieblingswebseite aufrufen können:

1. Öffnen Sie die App *Kurzbefehle*.

2. Tippen Sie nun rechts oben in der App *Kurzbefehle* auf das Plussymbol.

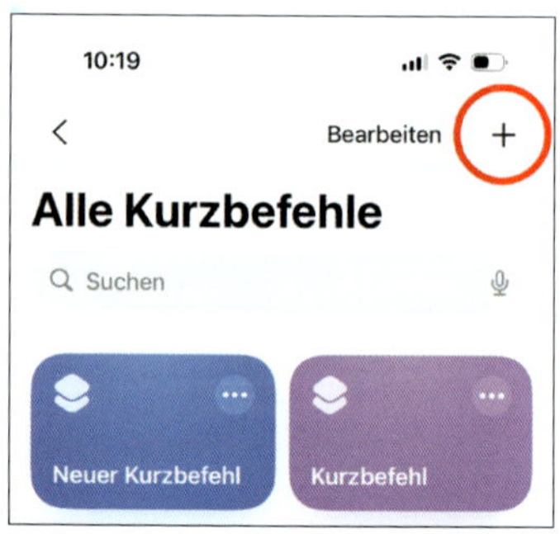

3. Wählen Sie die App aus, für die Sie einen Befehl hinzufügen möchten, im Beispiel die App *Safari*. Sie können auch mithilfe des eingebauten Suchfeldes nach einer Aktion suchen.

   Übrigens: Auch Apple-Intelligence-Funktionen lassen sich auswählen.

4. Bestimmen Sie als Aktion *URLs öffnen*.

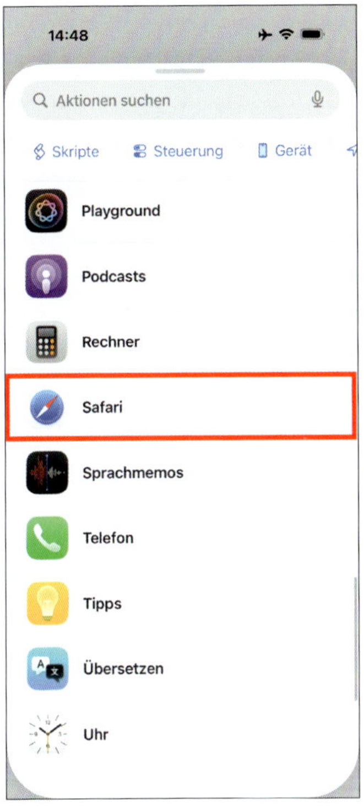

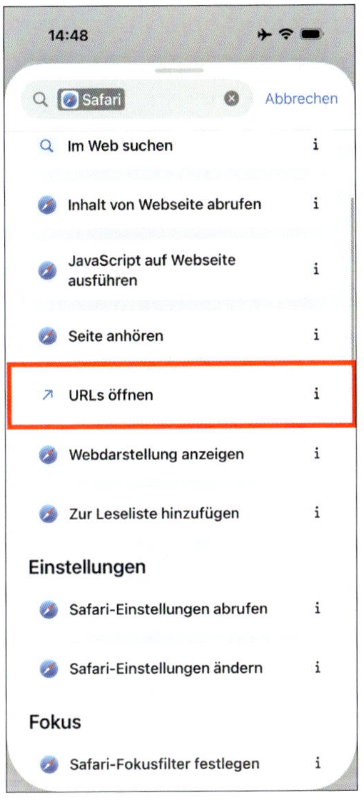

5. Geben Sie die gewünschte Webadresse ein, z. B. *www.mut.de*.

6. Zu guter Letzt wählen Sie oben auf dem Bildschirm den Befehl, den Sie zum Öffnen der Webadresse verwenden möchten. In diesem Fall benenne ich den automatisch vergebenen Befehl in *Verlag* um. Bestätigen Sie mit *Fertig*.

Wenn Sie Siri den entsprechenden Befehl geben, wird die Webseite aufgerufen. Der Kurzbefehl zum Aufrufen von Webseiten wird natürlich desto nützlicher, je länger die Webadresse ist, die Sie Siri sonst nennen müssten. Wie Sie in der App sehen werden, lässt sich eine Menge weiterer Arten individueller Kurzbefehle definieren. Erstellen Sie individuelle Kürzel für Siri-Befehle, die Sie häufig ausführen!

Automation erstellen

Siri-Befehle lassen sich nicht nur per Sprache ausführen, sondern sie lassen sich auch mit einer von Ihnen bestimmten Funktion verknüpfen. Mit den folgenden Schritten lege ich fest, dass beim Öffnen der App *Safari* sofort eine bestimmte Webadresse geladen werden soll:

1. Entscheiden Sie sich unten in der App *Kurzbefehle* für die Rubrik *Automation*.
2. Wählen Sie *Neue Automation*.
3. Klicken Sie in der Liste mit Automationsoptionen auf den Eintrag *App*.

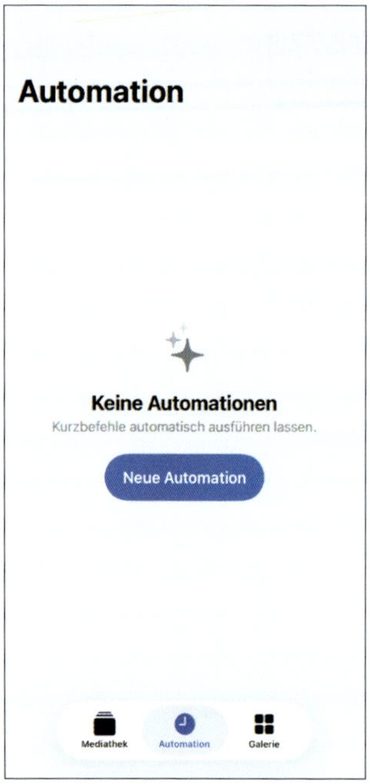

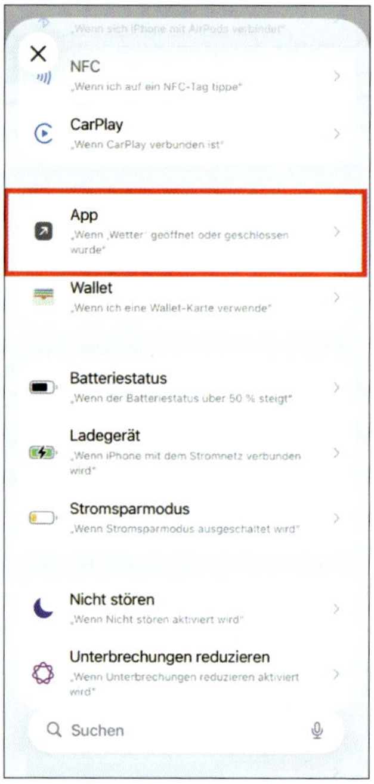

4. Wählen Sie in diesem Fall die App *Safari* und bestätigen Sie die App-Auswahl mit *Weiter*.
5. Entscheiden Sie sich anschließend für *Neuen Kurzbefehl erstellen*.
6. Die nächsten Schritte entsprechen dem oben gezeigten Hinzufügen eines Siri-Kurzbefehls.

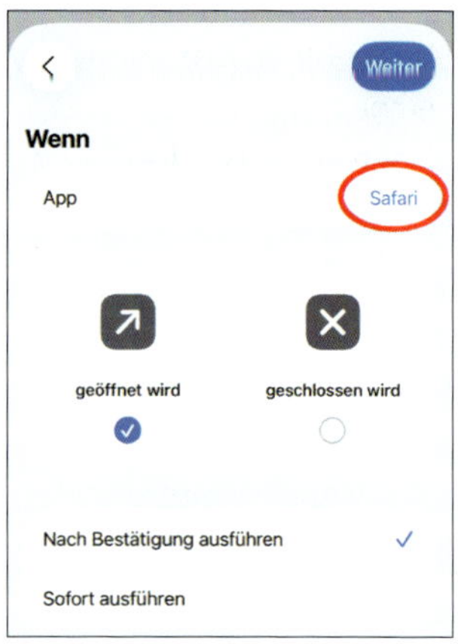

Mit der Diktierfunktion Tipparbeit sparen

Die Spracherkennung des iPhones nutzen Sie nicht nur dazu, um Befehle zu erteilen oder Fragen zu stellen, sondern auch zum Diktieren Ihrer Texte. Das Diktieren von Texten kann gegenüber dem Eintippen eine Menge Zeit sparen, selbst wenn nachträglich noch die eine oder andere Korrektur erforderlich werden sollte. Geben Sie doch einmal einen identischen Text in Ihr iPhone ein – wie gelingt dies schneller: durch Eintippen oder durch Diktieren?

Die folgende kleine Schrittanleitung zeigt Ihnen, wie einfach Sie die Diktierfunktion verwenden. Voraussetzung für die Nutzung ist, dass die Diktierfunktion in den *Einstellungen* unter *Allgemein* und dort unter *Tastatur* aktiviert ist. So bitten Sie Ihr iPhone zum Diktat:

1. Tippen Sie in ein Dokument oder in ein Formular, sodass die iPhone-Tastatur eingeblendet wird. Entscheiden Sie sich rechts unterhalb der iPhone-Tastatur für das Mikrofonsymbol.

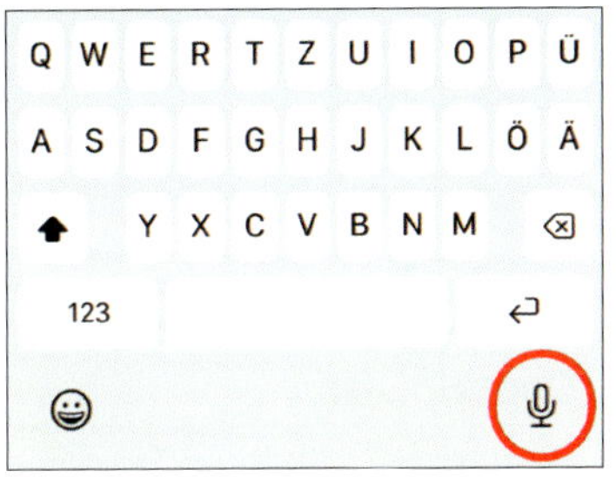

2. Sprechen Sie Ihren Text ein. Bei längeren Texten gehen Sie satzweise vor und sprechen ggf. auch die Satzzeichen mit (dazu gleich noch mehr). Sie können jederzeit zwischen Diktieren und Tastatureingabe wechseln. Um die Diktierfunktion auszuschalten, tippen Sie das Mikrofonsymbol erneut an.

3. Der diktierte Text wird automatisch analysiert. Dieser Vorgang dauert in der Regel nur Sekundenbruchteile. Anschließend wird der Text ins Dokument oder Formular – hier in ein Notizblatt – eingefügt.

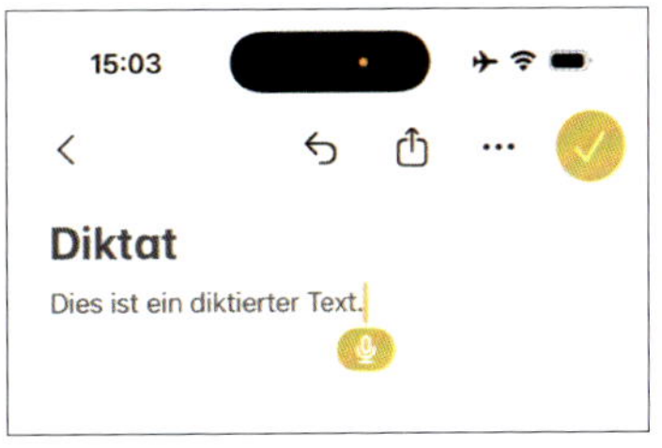

4. Prüfen Sie, ob die Spracherkennung Sie richtig verstanden hat! Falls nicht, führen Sie die notwendigen Korrekturen von Hand durch.

Noch etwas zum Thema Satzzeichen. Sie entscheiden selbst, ob die Diktierfunktion Satzzeichen automatisch setzen soll oder ob Sie diese mit diktieren möchten. Im letzteren Fall haben Sie selbst die Kontrolle darüber, wo welche Satzzeichen gesetzt werden. Die Entscheidung treffen Sie in den *Einstellungen* unter *Allgemein* und dort unter *Tastatur* im Abschnitt *Diktieren*, indem Sie den Schalter *Automatische Interpunktion* aktivieren bzw. deaktivieren.

In diesem Fall wird auf die automatische Interpunktion verzichtet.

Wichtige Sprachbefehle für die Diktierfunktion

Auch zur Diktierfunktion habe ich eine Tabelle für Sie zusammengestellt, damit Ihnen auch Diktate längerer Texte perfekt gelingen. Wenn Sie auch Satzzeichen diktieren, sprechen Sie die Befehle jeweils mit dem normalen Text, sagen also beispielsweise: »Nächsten Montag komme ich etwas später Punkt Neue Zeile«. Das erfordert anfangs etwas Übung, aber Sie werden es schnell intus haben.

Befehl	Ergebnis
Neue Zeile	Erstellt eine neue Zeile.
Neuer Absatz	Erstellt einen neuen Absatz.
Punkt	.
Fragezeichen	?
Ausrufezeichen	!
Komma	,
Semikolon	;
Doppelpunkt	:
Bindestrich (diktieren Sie diesen bei zusammengesetzten Wörtern jeweils mit)	-
Gedankenstrich	–
Klammer auf	(
Klammer zu	)
Eckige Klammer auf	[
Eckige Klammer zu	]
Geschweifte Klammer auf	{
Geschweifte Klammer zu	}
Apostroph	’
Anführungszeichen unten	„
Anführungszeichen oben	"
Zitatanfang	»
Zitatende	«
Auslassungszeichen	…
Eurosymbol, Sternchen, Paragrafzeichen, Pluszeichen, Klammeraffe usw. (nennen Sie jeweils das gewünschte Sonderzeichen)	€, *, §, +, @ usw.
Eintausendzweihundertneunundfünfzig	1259
Römisch Eintausendzweihundertneunundfünfzig	MCCLIX

Befehl	Ergebnis
Neunter April Zweitausendsechsundzwanzig	9. April 2026
Zehn Uhr Fünfzehn (oder auch Viertel nach Zehn)	10:15 Uhr
Elf Euro Achtunddreißig	11,38 €
Fünfzig Zentimeter	50 cm
Smiley Gesicht	:-)
Zwinkerndes Gesicht	;-)
Trauriges Gesicht	:-(
Lachendes Gesicht	:-D

Diktat in Großbuchstaben

Sie möchten ein Wort komplett in Großbuchstaben diktieren? Dann sagen Sie, bevor Sie das Wort diktieren, »Großschaltung anfangen« und nach dem Diktieren des Wortes »Großschaltung beenden«.

KAPITEL 7

Sicher im Internet surfen mit dem iPhone 17

Informationen finden, News lesen, nachschlagen, online einkaufen – das iPhone eignet sich ausgezeichnet dazu, auch unterwegs ins Internet zu gehen, also Webseiten aufzurufen und durch Antippen von Links im Internet zu surfen. Das verhältnismäßig kleine Display des iPhones im Vergleich zu einem Desktop-Computer oder Notebook behindert Sie dabei kaum, denn die meisten größeren Webseiten werden automatisch in einer für das iPhone optimierten Version angezeigt. In diesem Kapitel finden Sie alle Tipps zum mobilen, schnellen und sicheren Surfen im World Wide Web!

Webadressen öffnen und das Internet durchsuchen

Zum Aufrufen von Webseiten steht auf Ihrem iPhone die App *Safari* zur Verfügung, die Sie standardmäßig im Dock finden. Selbstverständlich können Sie auch eine andere Browser-App verwenden, die Funktionsweise der verschiedenen Browser-Apps ist zwar nicht identisch, aber doch ähnlich.

Die App Safari ist eine der vier Standard-Apps im Dock.

So einfach öffnen Sie eine Webadresse

Zunächst möchte ich Ihnen gern zeigen, wie Sie in der Browser-App eine Webadresse öffnen, die Ihnen z. B. ein Freund mitgeteilt hat, und wie Sie das Internet nach Webseiten zu bestimmten Themen durchsuchen. Wenn Sie eine Webadresse bereits kennen, gehen Sie zum Aufrufen einer Webseite folgendermaßen vor:

1. Tippen Sie in der App *Safari* in das Eingabefeld. Dieses befindet sich standardmäßig unten in der App (Ansicht *Kompakt*).

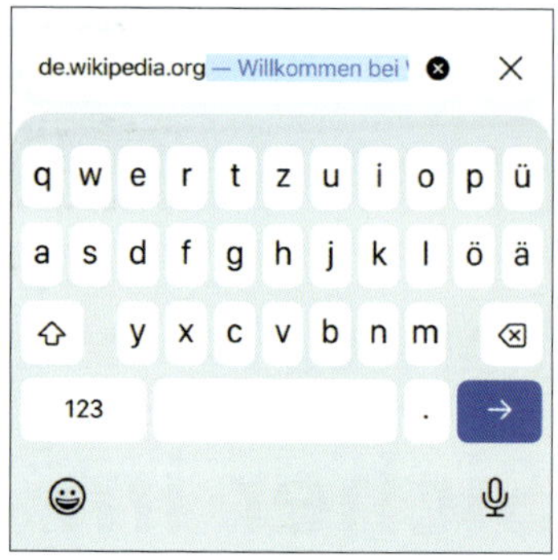

2. Geben Sie die Webadresse ein, also etwa *de.wikipedia.org*.
3. Tippen Sie entweder einen der Vorschläge an oder bestätigen Sie auf der Tastatur mit der blauen Pfeiltaste, um die eingegebene Webadresse zu öffnen.

Sie können die geöffnete Webseite entweder im Hochformat oder im Querformat anzeigen. Was gerade geeigneter ist, richtet sich nach der jeweils aufgerufenen Seite. Im Querformat werden das Eingabefeld und die Navigationselemente ausgeblendet. Um sie wieder einzublenden, streichen Sie auf dem Display mit dem Finger von oben nach unten.

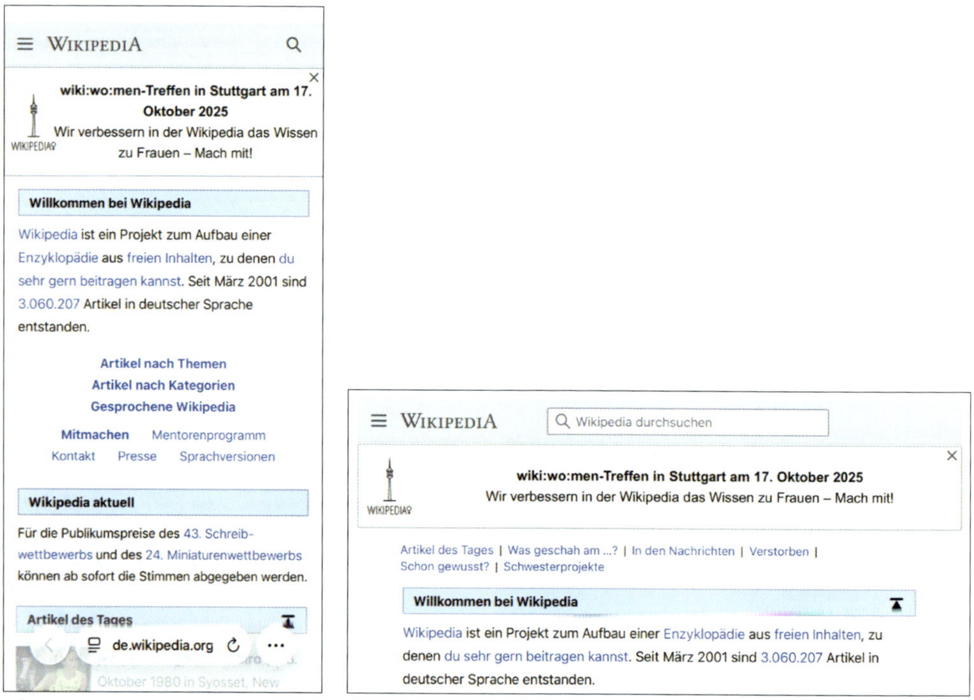

Dieselbe Webseite – einmal im Hoch-, einmal im Querformat; beim Drehen ins Querformat werden die Statusleiste des iPhones sowie die Safari-Symbolleiste mit dem Adressfeld automatisch ausgeblendet.

Zoomen auf einer Webseite

Praktisch bei Kleingedrucktem: Bewegen Sie Daumen und Zeigefinger auf dem Display auseinander, um die dargestellten Inhalte zu vergrößern. Um die Inhalte wieder zu verkleinern, bewegen Sie Daumen und Zeigefinger auf dem Display zueinander (Kneifgeste).

Noch ein Hinweis zu Schritt 1: Das mit iOS 26 eingeführte kompakte Eingabefeld in der App *Safari* ist zwar sehr platzsparend, allerdings sind wichtige Funktionen – etwa das Einblenden aller geöffneten Webseiten – nicht direkt erreichbar. Sie können für das Eingabefeld alternativ auch die Optionen *Unten* sowie *Oben* wählen, um das Eingabefeld entsprechend zu positionieren, und zwar inklusive der besagten wichtigen Funktionen. Wählen Sie in den *Einstellungen* unter *Apps* und dort unter *Safari* im Abschnitt *Tabs* die gewünschte Option aus. Für die Darstellungen in diesem Buch wird das standardmäßige kompakte Eingabefeld verwendet.

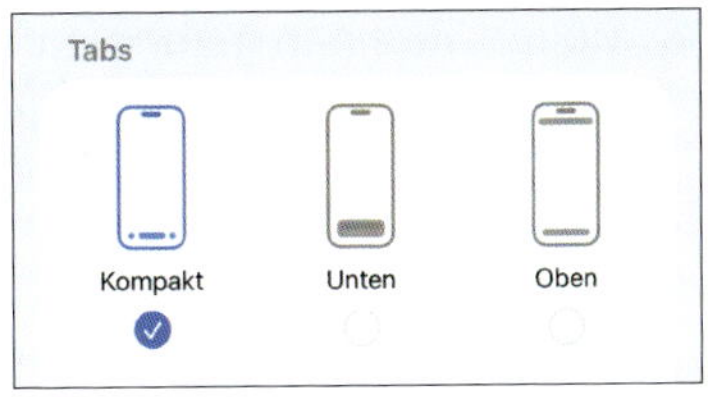

Bestimmen Sie das Erscheinungsbild des Eingabefeldes in der App Safari.

Nach Webseiten zu Ihren Wunschthemen suchen

Das gleiche Eingabefeld, das Sie zum Öffnen einer Webadresse verwendet haben, nutzen Sie auch für die Websuche – das Feld wird deshalb auch »intelligentes Suchfeld« genannt. Um eine Websuche durchzuführen, gehen Sie fast genauso vor wie zum Öffnen einer Webadresse:

1. Tippen Sie in der App *Safari* in das Eingabefeld. Die ggf. darin vorhandene Webadresse wird blau unterlegt.
2. Geben Sie den gewünschten Suchbegriff ein, z. B. *australien*. Sie können auch mehrere Wörter eingeben, die dann durch ein unsichtbares UND verknüpft werden. Soll die Reihenfolge der Wörter berücksichtigt werden, setzen Sie diese in Anführungszeichen. Verwenden Sie noch weitere gängige Suchoperatoren – genau wie bei der Websuche auf dem PC. Statt die Begriffe einzutippen, können Sie auch eine Sprachsuche starten, indem Sie innerhalb des Eingabefeldes auf das Mikrofonsymbol tippen.
3. Tippen Sie entweder einen der Vorschläge an oder bestätigen Sie auf der Tastatur mit der blauen Pfeiltaste, um die Websuche mit Ihrem Standard-Suchanbieter durchzuführen.

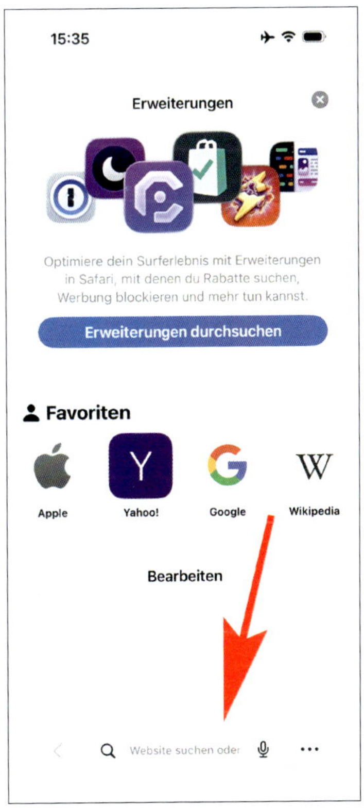

4. Tippen Sie einen gefundenen Treffer an, um die entsprechende Webseite zu laden.

Beachten Sie: Suchmaschinenvorschläge sind jeweils damit verbunden, dass Daten zu Ihrer Suche übers Internet verschickt werden. Wenn Sie die Vorschläge deshalb lieber nicht wünschen, deaktivieren Sie diese in den *Einstellungen* unter *Apps* und dort unter *Safari*.

Standard-Suchanbieter wechseln

Sie möchten statt mit Google lieber mit Bing, Yahoo!, DuckDuckGo oder Ecosia im Internet suchen? Entscheiden Sie sich dazu in den iPhone-Einstellungen unter *Apps* für den Eintrag *Safari*, wählen Sie *Suchmaschine* und tippen Sie den gewünschten Suchanbieter an. DuckDuckGo beispielsweise ist eine Suchmaschine, die den Datenschutz in den Vordergrund stellt, die Suchergebnisse sind im Vergleich mit Google-Suchergebnissen allerdings eher so lala (*duckduckgo.com*). Die Suchergebnisse von Ecosia (*ecosia.org*) beruhen auf der Bing-Websuche, die Suche mit diesem Anbieter bietet aber den zusätzlichen Vorteil, dass Sie bei der Websuche ganz nebenher Bäume pflanzen.

Sie können mit dem intelligenten Suchfeld übrigens nicht nur das Internet durchsuchen, sondern auch eine gerade aufgerufene Webseite. Tippen Sie dazu wiederum den gewünschten Suchbegriff ein. Ganz unten bei den Vorschlägen finden Sie den Abschnitt *Auf dieser Seite*. Tippen Sie dort den Suchbegriff ein, um ihn auf der geöffneten Webseite zu suchen.

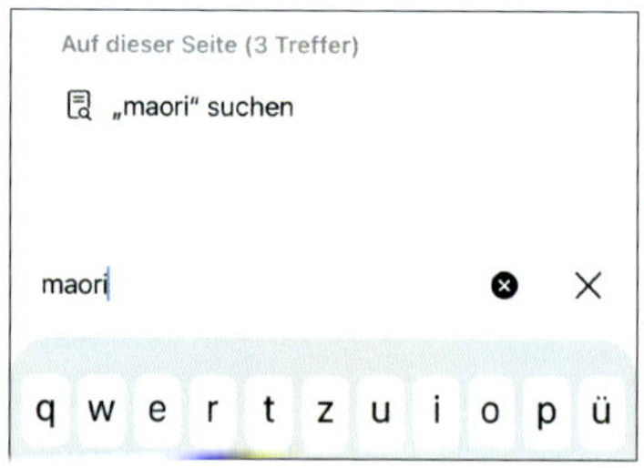

Auch um innerhalb einer geöffneten Webseite nach einem bestimmten Begriff zu suchen, tippen Sie diesen ins intelligente Suchfeld ein.

Eine weitere Option zum Suchen auf der aktuell geöffneten Webseite erhalten Sie, wenn Sie links im Eingabefeld auf das Symbol tippen und sich anschließend für das Suchsymbol entscheiden.

Ihr iPhone bietet außerdem eine schnelle Website-Suche an. Wenn Sie auf einer Seite bereits eine Suche durchgeführt haben, etwa in der Wikipedia, können Sie zukünftig in das intelligente Suchfeld *wiki „suchbegriff"* eintippen, um die Suche direkt auf dieser Seite angeboten zu bekommen. Welche Websites für die schnelle Website-Suche zur Verfügung stehen, sehen Sie in den *Einstellungen* unter *Apps*, wenn Sie unter *Safari* die *Schnelle Website-Suche* wählen.

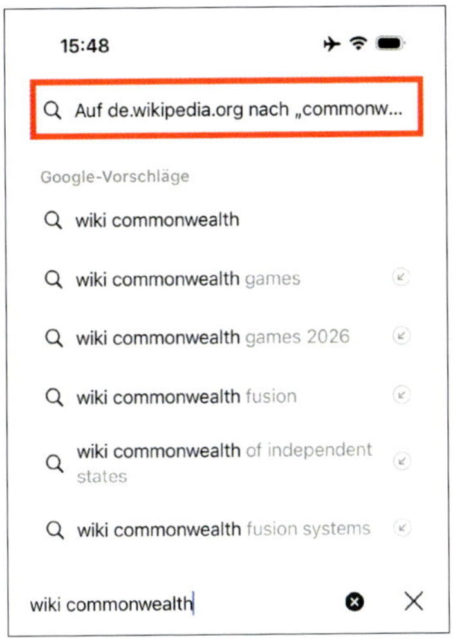

Mit der schnellen Website-Suche lassen sich per Kurzbefehl Suchen auf bestimmten Websites, hier beispielsweise in der Wikipedia, ausführen.

Auf einer Webseite navigieren

Die Navigation auf einer Webseite ist keine große Wissenschaft. Tippen Sie auf einer Webseite einen Link an, um diesen aufzurufen. Um zwischen den bereits geöffneten Webseiten hin- und herzuwechseln, streichen Sie mit dem Finger von links nach rechts bzw. von rechts nach links. Um nicht sichtbare Bereiche auf einer Webseite einzublenden, streichen Sie mit dem Finger von unten nach oben bzw. von oben nach unten.

Optionen für die aufgerufenen Webseiten

Um Optionen zur gerade aufgerufenen Webseite, aber auch zum Erscheinungsbild von Safari einzublenden, tippen Sie links im intelligenten Suchfeld auf das Symbol .

Lassen Sie mich Ihnen die wichtigsten unter diesem Symbol verfügbaren Webseitenoptionen in einem Überblick vorstellen:

- *Ablenkende Objekte ausblenden:* Wenn Sie diese Option wählen, können Sie störende Objekte auf einer Webseite – etwa ein blinkendes Werbebanner – durch Antippen entfernen.
- *Seite anhören:* Tippen Sie diese Schaltfläche an, wird Ihnen der Inhalt der aktuell geöffneten Webseite von einer angenehmen Computerstimme vorgelesen.
- *Reader einblenden:* Sofern verfügbar, können Sie mit dieser Schaltfläche die Reader-Ansicht einblenden. Sie sorgt für eine lesefreundliche Darstellung der Webseite und gleichzeitig dafür, dass störende Werbeeinblendungen verschwinden. Sie können zusätzlich weitere Anzeigeoptionen für die Webseite wählen.

- *Zoom:* Sie erhalten eine Zoomoption, die Ihnen dabei hilft, auch Kleingedrucktes auf einer Webseite lesen zu können. Mit dem großen A vergrößern Sie die Textdarstellung, mit dem kleinen A verkleinern Sie die Textdarstellung.
- *Datenschutzbericht:* Unter dem Symbol ··· gibt dieser Eintrag Auskunft darüber, inwieweit Ihre Aktivitäten im Internet über verschiedene Websites nachverfolgt werden. Mit einem weiteren Eintrag lassen sich *Details zur Verbindungssicherheit* aufrufen.

- *Symbolleiste ausblenden:* Blenden Sie unter dem Symbol ··· per Fingertipp auf diese Option die Symbolleiste mit dem Adressfeld aus. Ein Fingertipp auf die Leiste unten bzw. oben blendet sie wieder ein.
- *Desktop-Website anfordern:* Sie möchten lieber die Desktop-Version einer gerade geöffneten mobilen Website betrachten? Hierfür wählen Sie unter dem Symbol ··· diese Option. Beachten Sie aber, dass das nicht bei jeder Website klappt! Haben Sie die Desktop-Website aufgerufen und möchten zurück zur mobilen Website wechseln, entscheiden Sie sich entsprechend für den Eintrag *Mobile Website anfordern*.

- *Website-Einstellungen:* In diesem Abschnitt, den Sie unter dem Symbol ··· finden, können Sie verschiedene Einstellungen für einzelne Websites wählen. Legen Sie etwa fest, dass beim Öffnen der Website automatisch der Reader verwendet werden soll, und bestimmen Sie, welche Freigaben Sie für diese Website erlauben möchten. Die Einstellungen, die Sie hier vornehmen, lassen sich später auch in den *Einstellungen* unter *Apps* und dort unter *Safari* im Abschnitt *Einstellungen für Websites* verwalten.

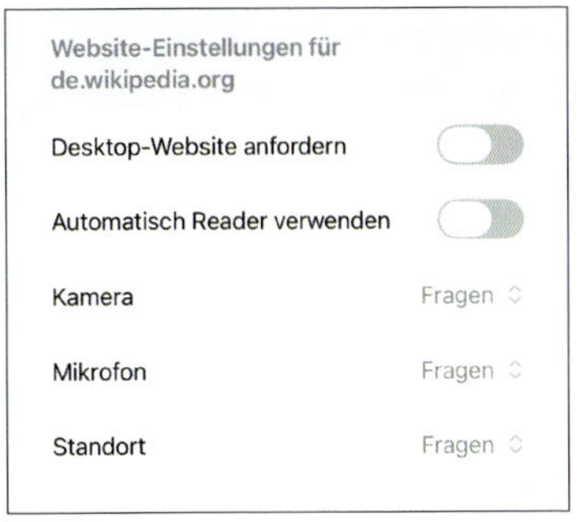

- *Übersetzen:* Rufen Sie eine fremdsprachige Webseite auf, wird Ihnen – bei unterstützter Sprache – die Übersetzung dieser Webseite ins Deutsche angeboten. Tippen Sie einfach den Eintrag *Übersetzen auf Deutsch* an, um die Übersetzungsfunktion zu aktivieren und die automatische Übersetzung zu lesen.

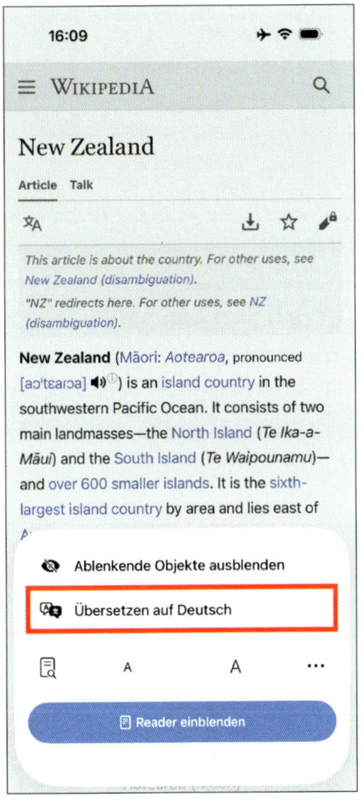

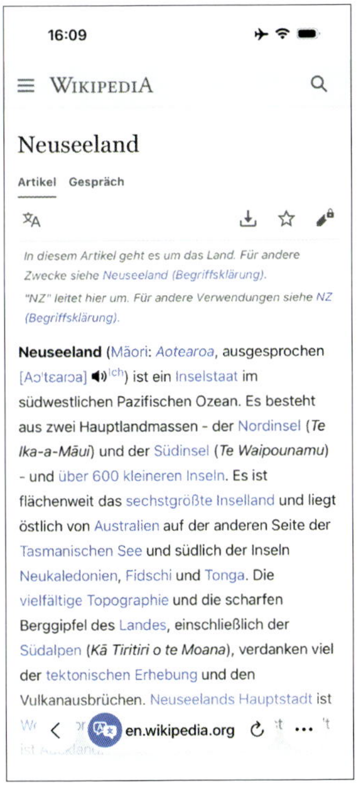

Auf die Schnelle schwierige Begriffe nachschlagen

Stoßen Sie beim Surfen im Internet auf einen unbekannten Begriff, können Sie diesen direkt nachschlagen. Halten Sie dazu einfach das Wort gedrückt. Im sich öffnenden Menü wählen Sie *Nachschlagen*, um das Wörterbuch zu öffnen.

Mehrere Webseiten gleichzeitig öffnen bzw. Webseiten schließen

Webseiten lassen sich in neuen Tabs (Registerkarten) öffnen, sodass Sie mehrere Webseiten gleichzeitig aufrufen können. Um einen Link in einem neuen Tab aufzurufen, halten Sie den Link gedrückt und wählen im sich öffnenden Menü den Eintrag *In neuem Tab öffnen*. Die ursprüngliche Webseite bleibt geöffnet, die neue Webseite öffnet sich zusätzlich. Wenn Sie den Link gedrückt halten, wird Ihnen eine Vorschau der Webseite angezeigt. Das Wechseln zwischen mehreren geöffneten Tabs erfolgt in der Tableiste durch seitliches Streichen.

Sie haben außerdem die Möglichkeit, Tabs in verschiedenen Tabgruppen zu öffnen. Dadurch lassen sich die Tabs z. B. bei Ihren Webrecherchen thematisch ordnen oder Sie können zwischen privaten und beruflichen Tabs unterscheiden.

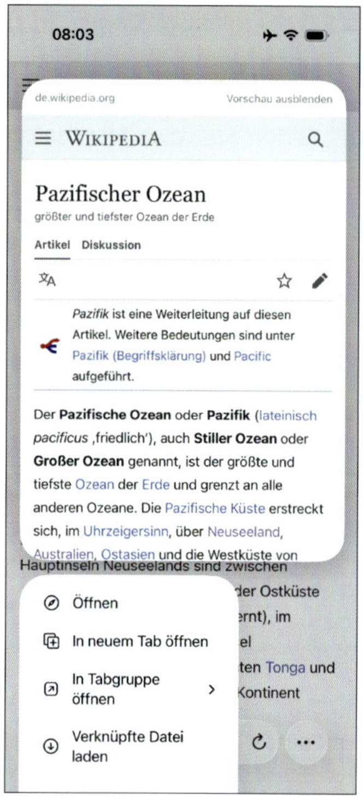

Halten Sie einen Link gedrückt, um ihn in einem neuen Tab aufrufen zu können.

Um Ihre Tabs und Tabgruppen zu verwalten, tippen Sie in der kompakten Ansicht rechts unten in Safari auf das Symbol ··· und wählen *Alle Tabs*. In den anderen Safari-Ansichten können *Alle Tabs* direkt unter dem Symbol geöffnet werden.

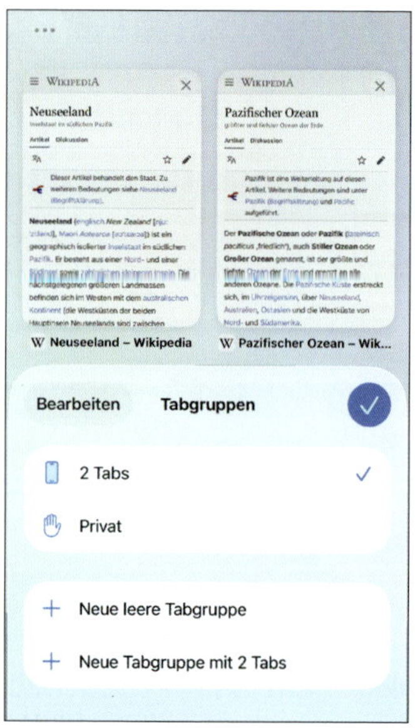

So wechseln Sie zwischen Ihren Tabs und Tabgruppen.

Sie erhalten eine Übersicht über die geöffneten Webseiten sowie – unten im Fenster – eine Tabgruppenauswahl. Tippen Sie eine Seite an, um sie in Safari anzuzeigen.

iCloud-Tabs nutzen

Eine besondere Form der Tabs sind die iCloud-Tabs. Das sind Tabs, die Sie auf einem anderen Apple-Gerät aufgerufen haben, auf dem Sie mit demselben Apple Account angemeldet sind. Voraussetzung ist, dass Sie jeweils die iCloud-Option *Safari* aktiviert haben. Die iCloud-Tabs werden dann automatisch synchronisiert und in der App *Safari* ebenfalls unter *Alle Tabs* angezeigt. Das Synchronisieren kann allerdings jeweils eine Weile dauern. Alles zum Thema iCloud dann in Kapitel 13.

Safari merkt sich die von Ihnen zuletzt geöffneten Webseiten und zeigt sie Ihnen beim nächsten App-Start erneut an. Um eine Webseite zu schließen, tippen Sie unter *Alle Tabs* bei einem Tab auf das Kreuzsymbol ×. In den *Einstellungen* unter *Apps* und dort unter *Safari* wählen Sie *Tabs schließen*, um festzulegen, dass die Tabs nach einer von Ihnen bestimmten Zeit automatisch geschlossen werden.

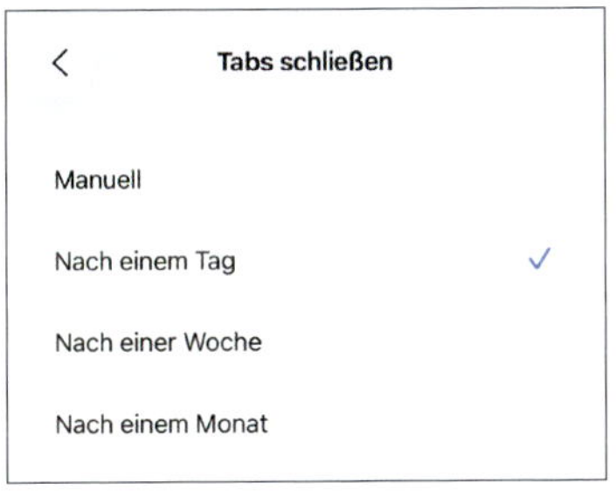

Sie können in den Safari-Einstellungen festlegen, dass die geöffneten Tabs nach einer festgelegten Zeit automatisch geschlossen werden.

Damit keine Website-Daten auf Ihrem iPhone gespeichert werden

Standardmäßig werden zu allen Webseiten, die Sie auf dem iPhone aufrufen, Daten gespeichert. Das können Sie problemlos unterbinden, indem Sie sich für den privaten Modus entscheiden. Dazu öffnen Sie erneut *Alle Tabs*. Entscheiden Sie sich anschließend für die Tabgruppe *Privat*. Oder Sie halten das Symbol der App *Safari* gedrückt und wählen im Kontextmenü den Eintrag *Neuer privater Tab*. Der private Modus ist dann so lange aktiviert, bis Sie wieder eine andere Tabgruppe auswählen. Sie erkennen den privaten Modus an der nun dunkleren Bedienoberfläche der App *Safari*. Der private Modus bezieht sich allerdings nur auf die Daten, die auf Ihrem iPhone gespeichert werden – im Internet sind Sie deshalb noch lange nicht anonym!

Sie können den privaten Tab auch sperren, sodass er erst nach dem Entsperren per Face ID zugänglich ist. Sie werden beim ersten Öffnen eines privaten Tabs gefragt, ob Sie von dieser Option Gebrauch machen möchten. Die Einstellung lässt sich aber auch nachträglich jederzeit in den *Einstellungen* unter *Apps* und dort unter *Safari* im Abschnitt *Datenschutz & Sicherheit* ändern.

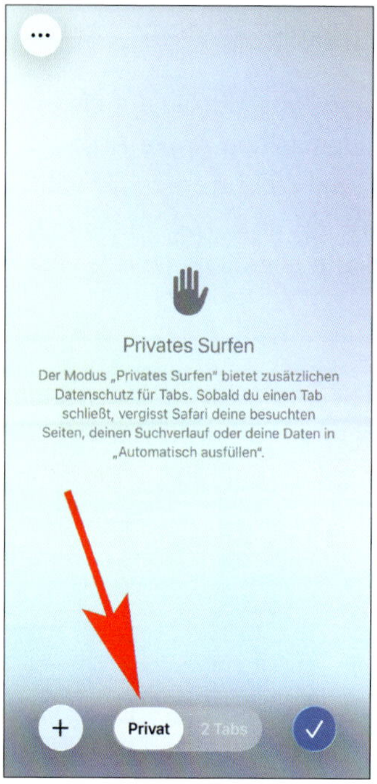

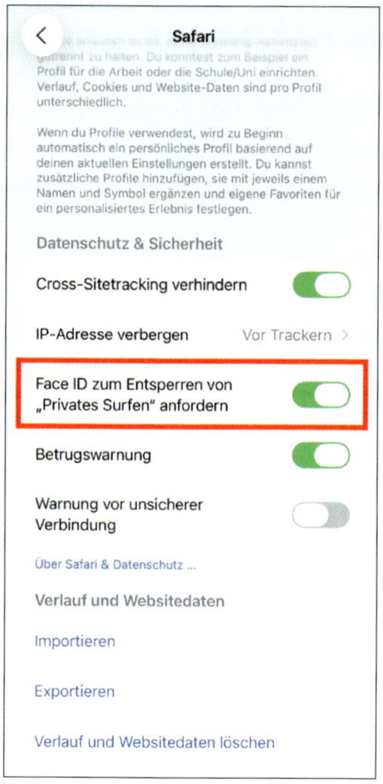

Der private Modus, der für etwas Anonymität allerdings nur auf dem iPhone sorgt, lässt sich sperren und per Face ID zugänglich machen.

Möchten Sie auch die Daten bereits besuchter Webseiten löschen? Dazu öffnen Sie die iPhone-Einstellungen und wählen unter *Apps* den Eintrag *Safari*. Tippen Sie auf *Verlauf und Websitedaten löschen*. Wählen Sie den Zeitraum, für den die Daten gelöscht werden sollen, und entscheiden Sie, ob die geöffneten Tabs geschlossen werden sollen oder nicht. Bestätigen Sie mit *Verlauf löschen*.

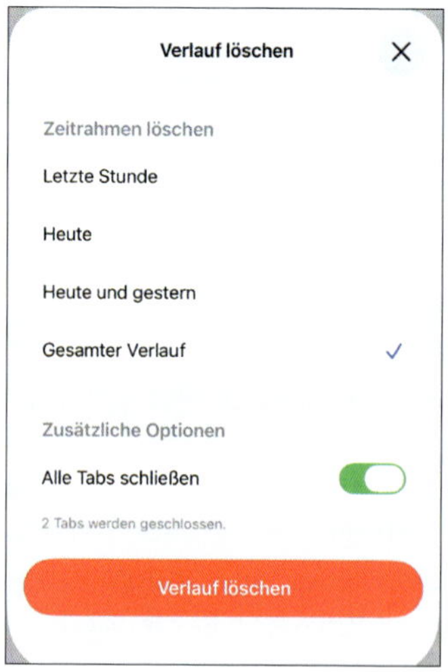

Bereits gespeicherte Website-Daten lassen sich in den iPhone-Einstellungen löschen.

Der private Modus und das Löschen von Website-Daten bezieht sich lediglich auf diejenigen Daten, die auf dem iPhone selbst gespeichert werden – oder in diesem Fall eben nicht. Wünschen Sie sich ein Stück weit Anonymität gegenüber den aufgerufenen Websites sowie den Netzwerkanbietern? Dafür bietet Apple den Dienst iCloud+ an, der unter anderem die Funktion *Privat-Relay* enthält, bei der Ihre IP-Adresse beim Surfen im Internet maskiert wird. Allerdings steht iCloud+ und damit das Privat-Relay nur in einem kostenpflichtigen iCloud-Abo zur Verfügung. Das Aktivieren erfolgt dann in den iCloud-Einstellungen (vgl. Kapitel 13) unter *Privat-Relay*.

Mit unterschiedlichen Profilen surfen

Für die App *Safari* lassen sich mehrere Profile anlegen. Diese erlauben es, zwischen unterschiedlichen Aktivitäten im World Wide Web zu trennen. So können Sie z. B. ein privates und ein berufliches Profil erstellen, ein Profil fürs Studium, für den Verein usw. Die jeweiligen Website-Daten werden dann im entsprechenden Profil gespeichert. Die folgende Anleitung zeigt Ihnen, wie Sie ein Profil anlegen und in Safari zwischen Ihren Profilen wechseln:

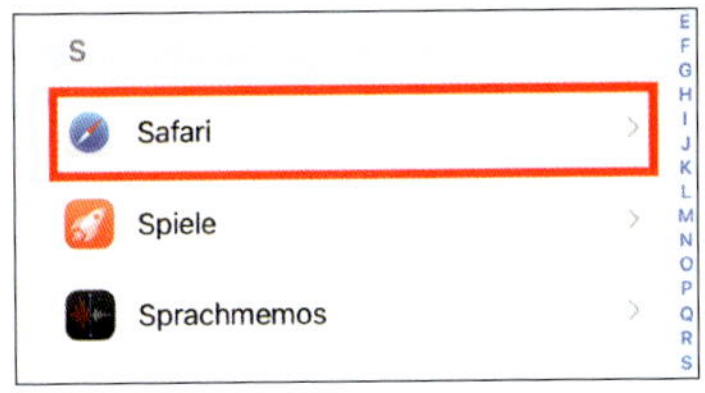

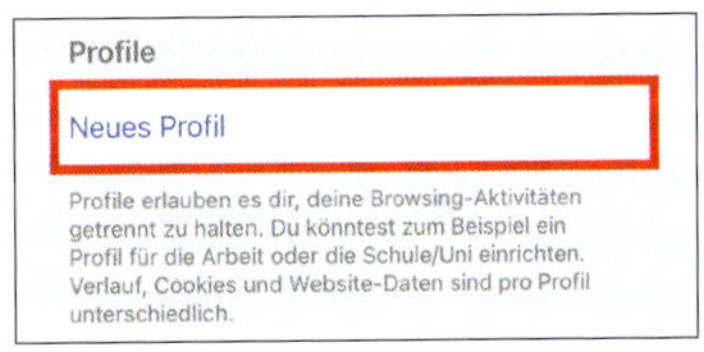

1. Wählen Sie in den iPhone-Einstellungen unter *Apps* den Eintrag *Safari*.
2. Tippen Sie im Abschnitt *Profile* auf *Neues Profil*.
3. Geben Sie dem neuen Profil eine sinnvolle Bezeichnung. Wählen Sie außerdem ein passendes Symbol und eine passende Farbe für das Profil aus.
4. Bestätigen Sie mit dem Häkchensymbol, um das Profil anzulegen.
5. Zur Auswahl eines Profils öffnen Sie *Alle Tabs*.
6. In dem oben angezeigten Menü können Sie nun zwischen Ihren Profilen wechseln.

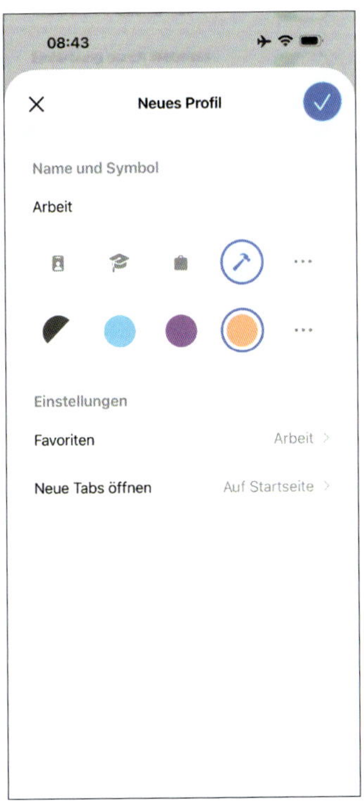

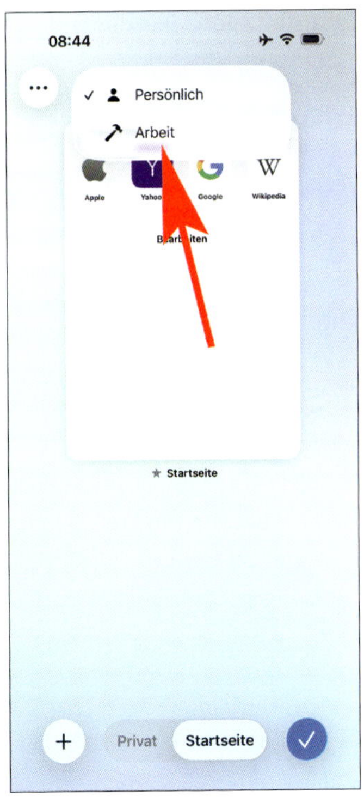

> **HINWEIS:** Erstellen Sie ein neues Profil, wird das bereits vorhandene Profil *Persönlich* automatisch zusätzlich angezeigt.

Webseiten jederzeit in Favoriten, Leseliste und Verlauf erneut aufrufen

Damit Sie die Webadressen Ihrer Lieblingswebseiten nicht jedes Mal neu eintippen müssen, richten Sie diese als Lesezeichen ein (häufig besuchte Webseiten zeigt Ihnen die App *Safari* standardmäßig aber auch automatisch an), speichern sie in einer Leseliste oder legen eine Verknüpfung zur Webseite auf den Home-Bildschirm. Diese Optionen werden nachfolgend erläutert.

> **Bilder von einer Webseite speichern**
>
> Sie sehen auf einer Webseite ein schönes Bild und möchten dieses auf Ihrem iPhone (in der App *Fotos*) speichern? Gar kein Problem: Halten Sie das Bild hierzu einfach leicht gedrückt. Im sich öffnenden Menü entscheiden Sie sich dann für *In „Fotos" sichern*. Alternativ wählen Sie *Kopieren*, um das Bild andernorts, etwa in eine E-Mail, einfügen zu können. Und noch eine Möglichkeit: Halten Sie ein Bild auf einer Webseite gedrückt und ziehen Sie es in eine andere App, z. B. in die App *Notizen*. Beachten Sie, falls Sie fremdes Bildmaterial herunterladen, allerdings den Urheberschutz!

Lesezeichen hinzufügen

Speichern Sie wichtige Webadressen als Lesezeichen ab. Lesezeichen sind gewissermaßen Links, auf die Sie direkt in der App *Safari* zugreifen. So einfach funktioniert das Ganze:

1. Öffnen Sie eine Webadresse, die Sie Ihren Lesezeichen hinzufügen möchten, in der App *Safari*.
2. Tippen Sie unten in Safari in der kompakten Ansicht auf das Symbol ··· .
3. Entscheiden Sie sich im sich öffnenden Menü für die Option *Zu Favoriten hinzufügen*. Um ein Lesezeichen in einem bestimmten Ordner zu sichern, wählen Sie hingegen die Option *Lesezeichen hinzufügen zu*.

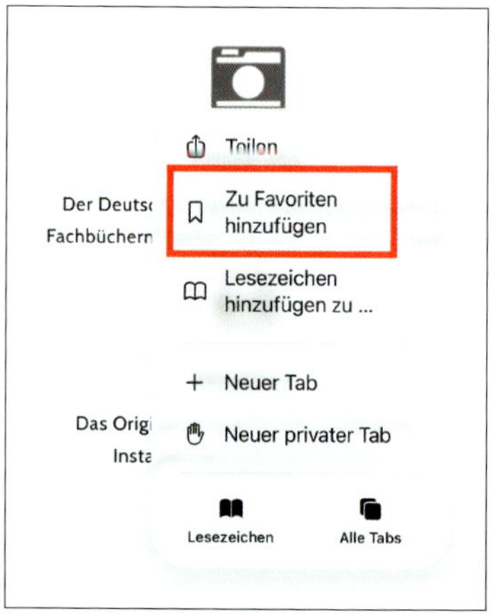

4. Der Favorit wird sofort gespeichert. Um ihn noch zu bearbeiten, tippen Sie den entsprechenden Hinweis an.

5. Bearbeiten Sie z. B. noch den Namen des Favoriten. Um die Bearbeitung abzuschließend, tippen Sie auf das Häkchensymbol ✓.

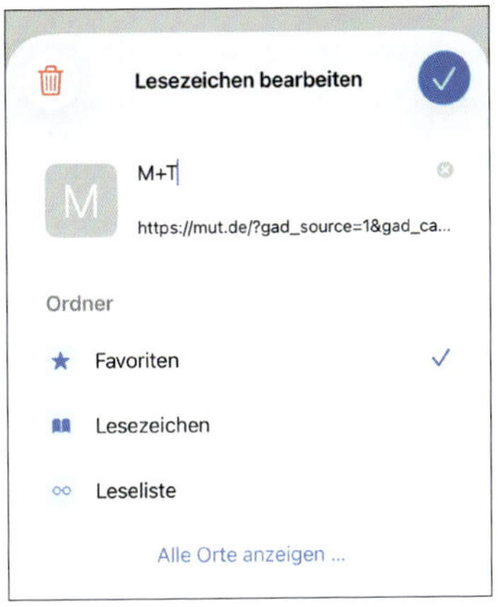

6. Um den Favoriten bzw. das Lesezeichen jederzeit aufzurufen, tippen Sie in der App *Safari* unten auf das Symbol ··· und entscheiden sich für *Lesezeichen*. Wählen Sie den Speicherort des Lesezeichens aus. Am Speicherort *Favoriten* abgelegte Lesezeichen werden Ihnen außerdem jeweils in einem leeren Tab angezeigt.

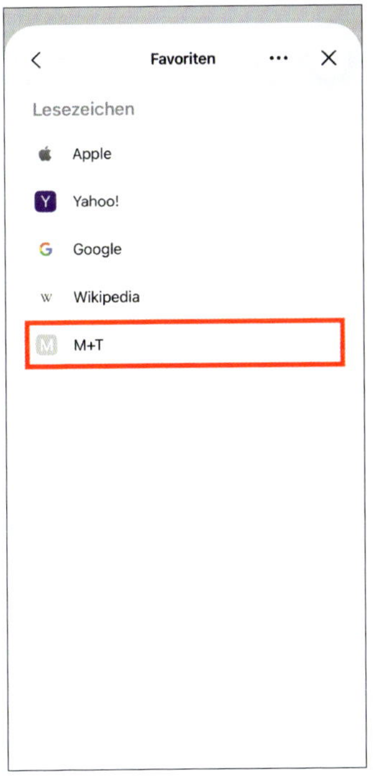

Auf Ihre gespeicherten Lesezeichen können Sie jederzeit zugreifen, um eine Webseite erneut aufzurufen.

Aus Webseite PDF-Datei erstellen

Aus einer Webseite lässt sich auch mit wenigen Handgriffen eine PDF-Datei erstellen. Dazu wählen Sie unter dem Symbol ··· die Option *Teilen* und dann *Bücher*. Die als PDF-Datei gespeicherte Webseite lässt sich anschließend in der App *Bücher* aufrufen und von dort aus auch versenden.

Neue Ordner für Lesezeichen erstellen

Falls Sie in der App *Safari* sehr viele Lesezeichen speichern, erstellen Sie dafür Ordner, um die Lesezeichen thematisch sortieren zu können. Tippen Sie hierzu unten in der App *Safari* (in der standardmäßigen kompakten Ansicht) auf das Symbol ··· und wählen *Lesezeichen*. Tippen Sie dann oben auf das Symbol ··· und wählen Sie im Menü den Eintrag *Neuer Ordner*.

Geben Sie dem neuen Lesezeichenordner eine sinnvolle Bezeichnung und entscheiden Sie sich ggf. für einen anderen Speicherort, bevor Sie auf *Sichern* tippen, um den neuen Ordner zu erstellen.

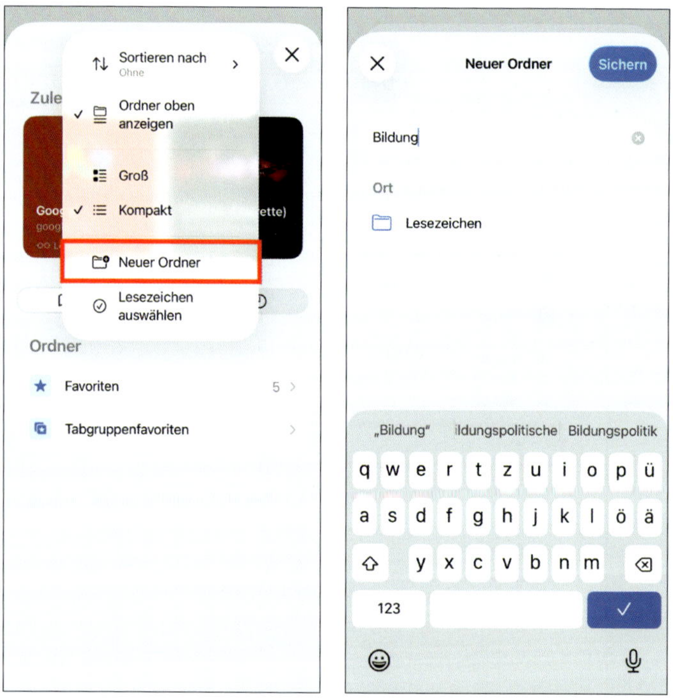

Erstellen Sie Lesezeichenordner, um Ihre Lesezeichen thematisch sortieren zu können.

Um eine Seite in dem neuen Ordner zu speichern, rufen Sie diese auf und wählen unter dem Symbol ··· die Option *Lesezeichen hinzufügen zu*. Nun können Sie den Ordner zum Speichern des Lesezeichens auswählen.

Verlauf aufrufen

Haben Sie es versäumt, eine aufgerufene Webadresse zu speichern, können Sie diese im Verlauf der besuchten Webseiten aufrufen. Dazu wählen Sie in der App *Safari* das Symbol ··· , tippen auf *Lesezeichen* und entscheiden sich dann für das Symbol ◷. Die zuletzt aufgerufenen Webseiten werden Ihnen nun in einer chronologischen Übersicht angezeigt. Der Verlauf lässt sich außerdem durchsuchen. Webseiten, die Sie im privaten Modus aufgerufen haben, tauchen hier allerdings nicht auf.

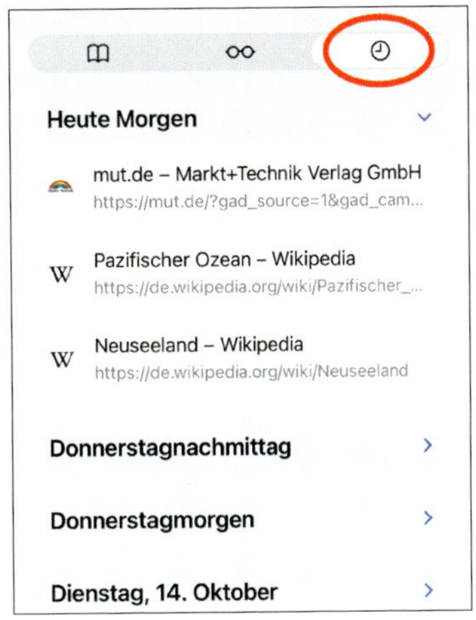

Im Verlauf werden Ihnen bereits besuchte Webseiten zum erneuten Aufrufen in chronologischer Reihenfolge angeboten.

Leseliste verwalten

Im Gegensatz zu den Lesezeichen werden bei der Leseliste nicht nur die Webadressen gespeichert, sondern die kompletten Webseiten. Sie können diese also später auch dann betrachten, wenn mal keine Internetverbindung bestehen sollte. Voraussetzung hierfür ist lediglich, dass Sie in den iPhone-Einstellungen unter *Apps* und dort unter *Safari* im Abschnitt *Leseliste* die Option *Automatisch offline sichern* aktiviert haben. So gehen Sie vor, um ein Lesezeichen hinzuzufügen und zu öffnen:

1. Rufen Sie eine Webseite, die Sie Ihrer Leseliste hinzufügen möchten, in der App *Safari* auf.
2. Tippen Sie in der kompakten Ansicht unten in Safari auf das Symbol ··· .
3. Entscheiden Sie sich im sich öffnenden Menü für die Option *Teilen* und wählen dann *Zur Leseliste hinzufügen*. Alternativ halten Sie auf einer Webseite einen Link gedrückt und wählen im sich öffnenden Menü *Zur Leseliste hinzufügen*.

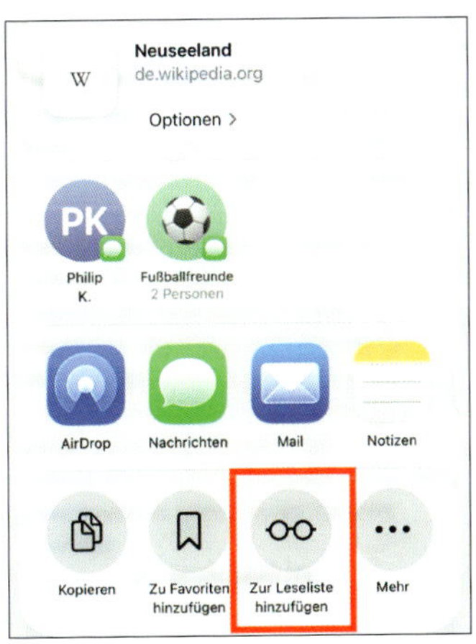

4. Um Ihre Lesezeichen aufzurufen, entscheiden Sie sich unter dem Symbol ··· für *Lesezeichen* und anschließend für das Brillensymbol . Tippen Sie ein Lesezeichen an, um die entsprechende Webseite zu öffnen.

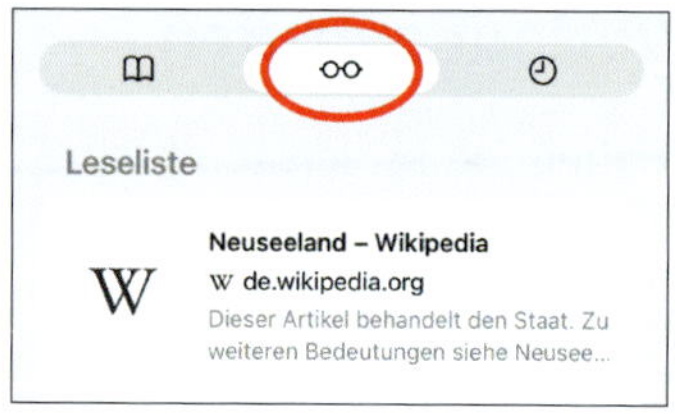

Sie möchten sich nur die noch nicht geöffneten Webseiten anzeigen lassen? Tippen Sie dazu im Menü, das Sie mit dem Symbol ··· öffnen, auf *Ungelesene anzeigen*. Mit *Alle anzeigen* erhalten Sie wieder die Gesamtübersicht. Das Löschen eines Eintrags erfolgt wie gewohnt: Antippen, Finger nach links ziehen, Schaltfläche *Löschen* betätigen.

Verknüpfung auf dem Home-Bildschirm erstellen

Für häufig genutzte Webseiten können Sie eine Web-App auf dem Home-Bildschirm erstellen. Auch dazu eine kleine Schrittanleitung:

1. Öffnen Sie die Webadresse, die Sie als Lesezeichen auf dem Home-Bildschirm ablegen möchten, in der App *Safari*.
2. Entscheiden Sie sich unten in Safari erneut für das Symbol ··· und dann für *Teilen*.
3. Wählen Sie diesmal die Option *Zum Home-Bildschirm*.
4. Bearbeiten Sie ggf. noch den Namen des Lesezeichens (zu lange Namen werden abgeschnitten). Belassen Sie den Schalter *Als Web-App öffnen* aktiviert und bestätigen Sie mit *Hinzufügen*.
5. Um die Webadresse zu laden, tippen Sie nun einfach auf das auf dem Home-Bildschirm befindliche App-Symbol. Es lässt sich wie jedes andere App-Symbol durch Gedrückthalten einer freien Fläche des Home-Bildschirms in den Bearbeitungszustand bringen und verwalten.

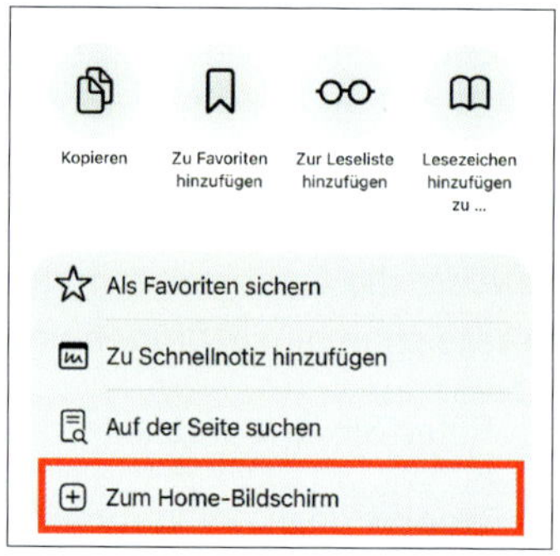

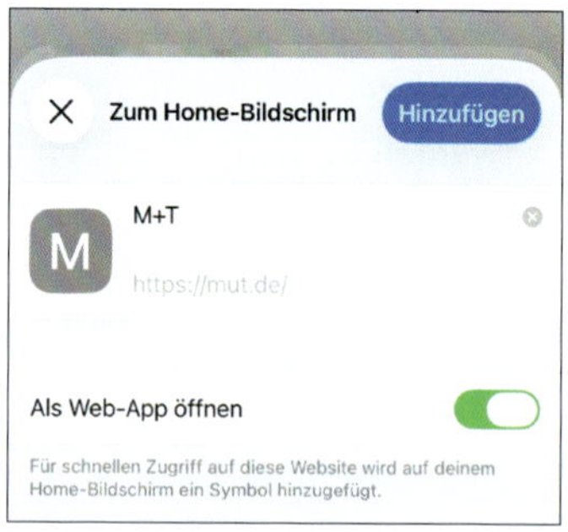

Aktionen bearbeiten

Wenn Sie in der App *Safari* in der kompakten Ansicht auf das Symbol ··· und dann auf *Teilen* tippen, werden Ihnen eine Menge Optionen angezeigt. Richten Sie das Menü am besten so ein, dass die für Sie wichtigen Optionen oben im Menü eingeblendet werden. Dazu tippen Sie unterhalb der Liste auf *Aktionen bearbeiten* und fügen dann mit dem Plussymbol Ihre Favoriten hinzu.

Startseite einrichten

Wenn Sie in der App *Safari* einen neuen Tab aufrufen, wird Ihnen eine Startseite mit Favoriten, einem Datenschutzbericht usw. angezeigt. Diese Startseite lässt sich individuell einrichten im Hinblick auf die enthaltenen Informationen sowie auf das Hintergrundbild.

Tippen Sie hierzu einfach ganz unten auf der Seite auf die Schaltfläche *Bearbeiten*. Das Deaktivieren bzw. Aktivieren von Optionen erfolgt per Schalter. Wählen Sie außerdem per Fingertipp ein passendes Hintergrundbild aus.

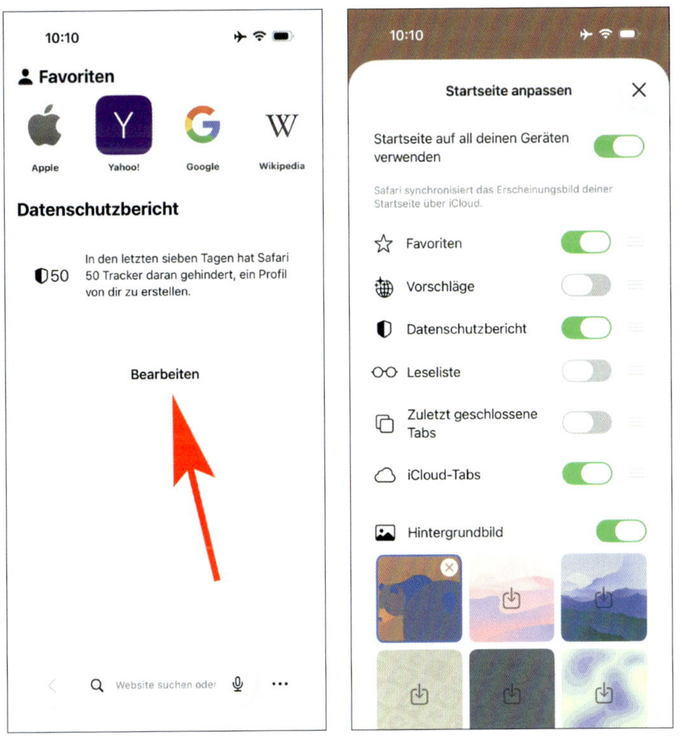

Richten Sie die Startseite in der App Safari ganz nach Ihren eigenen Vorstellungen ein.

Dateien aus dem Internet herunterladen

In die Browser-App *Safari* ist ein Download-Manager eingebaut, d. h., Sie können nun ähnlich wie auf einem PC Dateien aus dem Internet herunterladen. Standardmäßig werden die heruntergeladenen Dateien in iCloud Drive gespeichert, Sie können jedoch auch einen anderen Download-Ordner wählen. Dazu tippen Sie in den *Einstellungen* unter *Apps* und dort unter *Safari* auf den Eintrag *Downloads*. Bestimmen Sie anschließend den Speicherort, etwa *Auf meinem iPhone*.

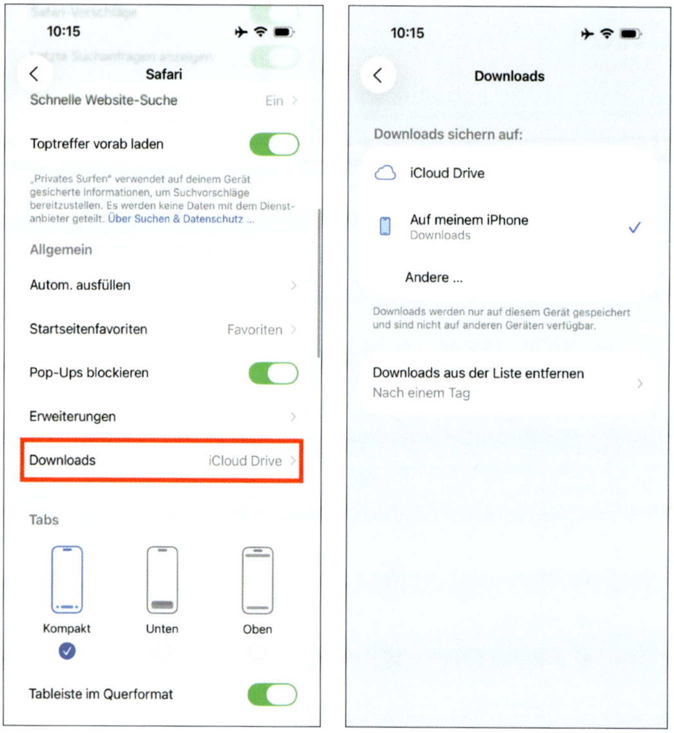

Entscheiden Sie sich in den Einstellungen für einen Speicherort für die mit Safari heruntergeladenen Dateien.

Wie nun das Herunterladen einer Datei erfolgt, zeige ich Ihnen in einer kurzen Anleitung:

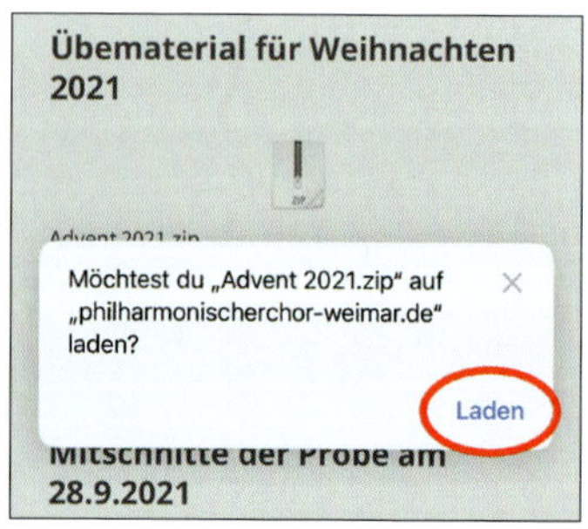

1. Tippen Sie in der App *Safari* auf einen Download-Link.
2. Ihnen wird angezeigt, welche Datei heruntergeladen werden soll. Bestätigen Sie mit *Laden*.
3. Nach dem Herunterladen steht die Datei am gewählten Speicherort zur Verfügung.

Sicherheit und Datenschutz beim mobilen Surfen

Das Aufrufen von Webseiten auf dem iPhone ist relativ sicher, da sich ja nicht bzw. nicht in gleichem Ausmaß Schadprogramme installieren lassen, wie es z. B. auf einem Windows-Computer der Fall ist. Aber aufgepasst: Hacker haben das iPhone längst ins Visier genommen!

Die oberste Sicherheitsregel beim Surfen im World Wide Web lautet, egal, ob Sie auf dem iPhone surfen oder auf dem PC: Lassen Sie stets den gesunden Menschenverstand walten! Geben Sie also keine persönlichen Daten auf unseriösen Seiten preis usw. Hier außerdem noch einige wichtige Infos zum Thema Sicherheit und Datenschutz (neben der bereits kennengelernten Option, einen »Datenschutzbericht« aufzurufen):

- *Automatisch ausfüllen:* Äußerst bequem, aber aus Gründen des Datenschutzes nicht von jedermann gewollt ist das Speichern von Formulareingaben und Kreditkartendaten, um sich später das erneute Eintippen zu ersparen. Entscheiden Sie selbst, ob in den *Einstellungen* unter *Apps* und dort unter *Safari* das automatische Ausfüllen von Kontakt- und Kreditkartendaten lieber aktiviert oder deaktiviert sein soll (Option *Autom. ausfüllen*). Übrigens: Dank iCloud können die hier gespeicherten Daten auch auf Ihren anderen Apple-Geräten verwendet werden, sofern Sie dort mit demselben Apple Account angemeldet sind.

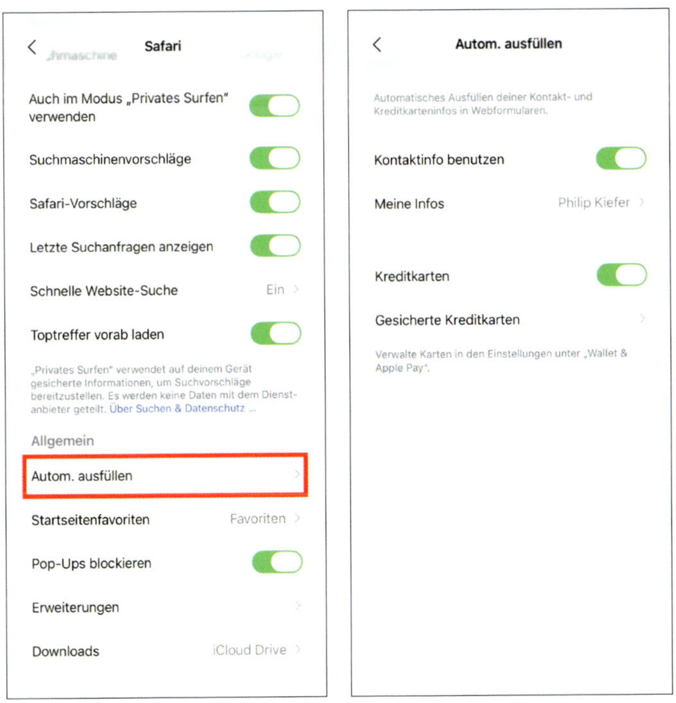

Entscheiden Sie selbst, ob Sie das automatische Ausfüllen und das damit verbundene Speichern Ihrer Daten wünschen.

- *Cross-Sitetracking verhindern:* Diese Option finden Sie ebenfalls in den *Einstellungen* unter *Apps* und dort unter *Safari*. Aktivieren Sie diese, um Werbetreibenden zu untersagen, Ihre Surfspuren zu verfolgen, um Ihnen maßgeschneiderte Werbung anbieten zu können.

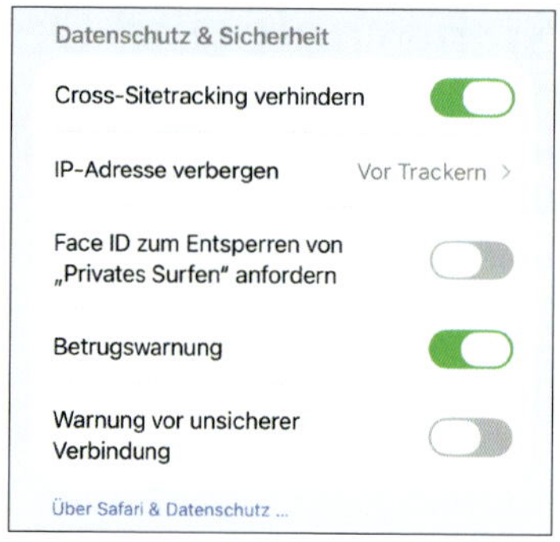

Schnüffelfunktionen wie Tracking sollten Sie in jedem Fall deaktivieren – in diesem Fall durch Aktivieren des entsprechenden Schalters.

- *IP-Adresse verbergen:* Das Maskieren Ihrer IP-Adresse vor Trackern ist bereits standardmäßig aktiviert und sollte aktiviert bleiben, um den Trackern keine Daten zu Ihrem – wenn auch nur ungefähren – Standort zu übermitteln und um keine Abgleiche zu ermöglichen, welche anderen Seiten Sie noch aufgerufen haben. Haben Sie die iCloud+-Option *Privat-Relay* aktiviert, bietet sich Ihnen zusätzlich die Möglichkeit, die IP-Adresse vor allen aufgerufenen Websites zu verbergen.
- *Face ID zum Entsperren von „Privates Surfen" anfordern:* Diese Option haben Sie bereits im Zusammenhang mit dem privaten Surfen kennengelernt. Das Sperren von privaten Tabs lässt sich auch hier aktivieren bzw. wieder deaktivieren.
- *Betrugswarnung:* Achten Sie in den *Einstellungen* unter *Apps* und dort unter *Safari* darauf, dass diese Option aktiviert ist. Sie soll Sie vor betrügerischen Webseiten schützen, die versuchen, an Ihre Passwörter, Bankdaten und Co. zu gelangen, um sie für unlautere Zwecke zu verwenden.
- *Warnung vor unsicherer Verbindung:* Wenn Sie diese Option aktivieren, werden Sie von der Browser-App *Safari* vor unsicheren Website-Verbindungen (»http« statt »https«) gewarnt.

Daneben lassen sich noch die Website-Einstellungen für einzelne Websites verwalten, die Sie – wie bereits kennengelernt – beim Aufrufen von Webseiten mit der App *Safari* unter dem Symbol festlegen können. Die entsprechenden Einträge finden Sie in den *Einstellungen* unter *Apps* und dort unter *Safari* im Abschnitt *Einstellungen für Websites*. Entscheiden Sie per Schalter, ob Sie die Website-Einstellungen geräteübergreifend teilen möchten oder nicht.

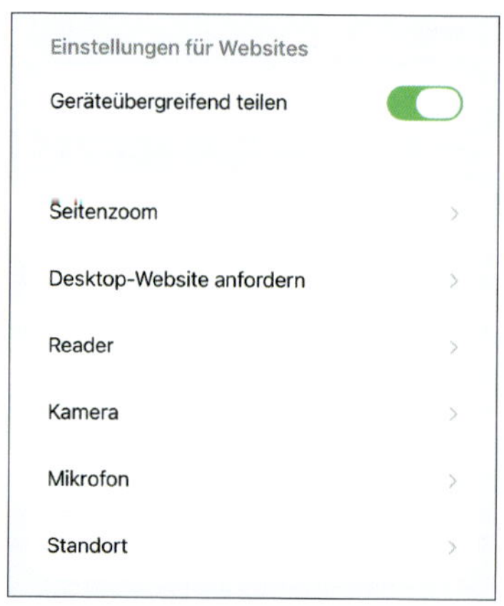

Verwalten Sie Einstellungen, die Sie für einzelne Websites vorgenommen haben, z. B. was den Zugriff auf Kamera, Mikrofon oder Standort betrifft.

Im Hinblick auf den Datenschutz sind noch einige Funktionen zu erwähnen, bei denen Daten zu den von Ihnen besuchten Webseiten an Apple gesandt werden, etwa die Optionen *Suchmaschinenvorschläge*, *Safari-Vorschläge* oder *Toptreffer vorab laden*. Wägen Sie auch bei diesen Funktionen jeweils ab, ob Sie dem Datenschutz oder dem Surfkomfort den Vorzug geben möchten. Sie finden diese Optionen in den *Einstellungen* unter *Apps* und dort unter *Safari* im Abschnitt *Suchen*.

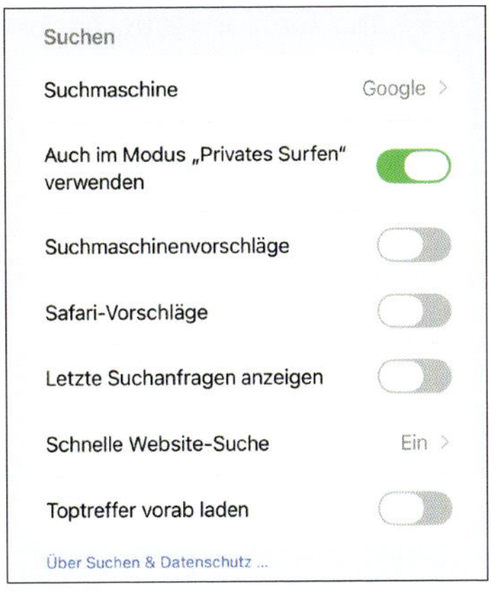

Einige der Safari-Optionen erhöhen den Surfkomfort, jedoch zulasten des Datenschutzes – da sollten Sie genau abwägen.

Ihre Passwörter verwalten

Passwörter lassen sich – sowohl für Webseiten als auch für entsprechende Apps – ebenfalls auf dem iPhone speichern. Ihnen wird dann bei der Anmeldung die Verwendung des Passworts vorgeschlagen. Die gespeicherten Passwörter verwalten Sie in der App *Passwörter*, die Sie standardmäßig auf der zweiten Seite des Home-Bildschirms im Ordner *Dienstprogr.* finden. Ihre Passwörter lassen sich in dieser App alphabetisch auflisten. Außerdem erhalten Sie wichtige Hinweise auf möglicherweise unsichere Passwörter. Passwörter lassen sich auch mit anderen Personen teilen, aber bitte nur mit Personen, denen Sie absolut vertrauen!

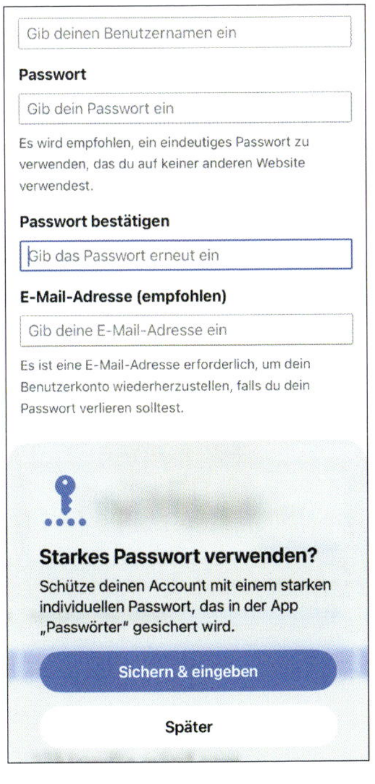

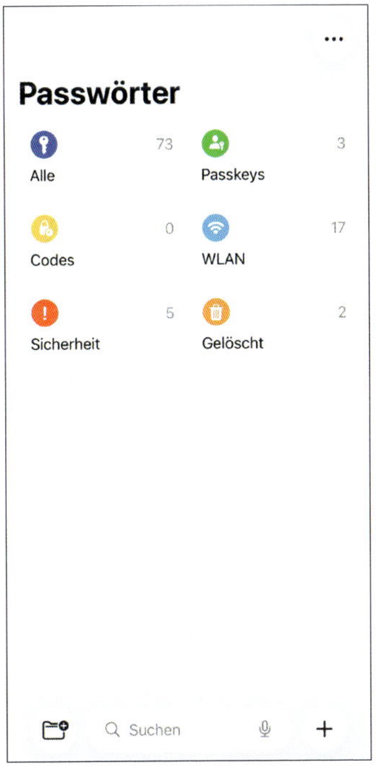

Ihre Passwörter müssen Sie sich bei der iPhone-Nutzung nicht unbedingt merken – Sie können diese automatisch erstellen und ausfüllen lassen sowie in der Passwörter-App verwalten.

Ihr iPhone schlägt Ihnen bei der Registrierung auf einer Website in vielen Fällen automatisch ein sicheres Passwort vor. Sie müssen diesen Vorschlag lediglich bestätigen. Das vom iPhone vorgeschlagene Passwort lässt sich dann ebenfalls in der App *Passwörter* verwalten. Statt eines vorgeschlagenen Passworts können Sie aber auch ein eigenes Passwort verwenden und auf dem iPhone speichern. Als Alternative zu den Passwörtern hat Apple die aus einem Schlüsselpaar bestehenden *Passkeys* eingeführt, die sich ebenfalls auf zahlreichen Websites verwenden lassen.

Mit Apple anmelden

Alternativ können Sie zum Anmelden auch den von Apple angebotenen Dienst *Mit Apple anmelden* nutzen. Dieser Dienst ermöglicht es, sich auf einfache Weise auf Webseiten und in Apps anzumelden, die den Dienst verwenden.

Apple versichert in diesem Zusammenhang, dass Ihre Schritte nicht nachverfolgt werden und kein Profil von Ihnen erstellt wird. Weitergeleitet werden an die Apps oder Webseiten lediglich Ihr Name und Ihre E-Mail-Adresse. Wobei Sie selbst die E-Mail-Adresse geheim halten können – Apple erstellt dann eine zusätzliche E-Mail-Adresse für die Weiterleitung. Steht die Funktion in einer App oder auf einer Webseite zur Verfügung, entscheiden Sie sich für *Anmelden mit Apple* oder eine ähnliche Schaltfläche.

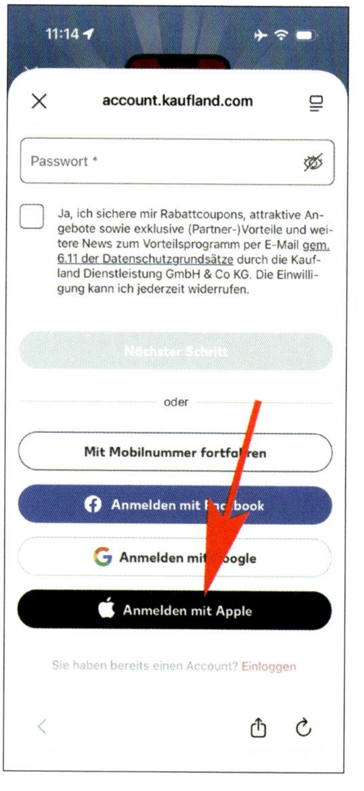

Die Funktion »Mit Apple anmelden« bzw. hier »Anmelden mit Apple« ist eine gute Alternative zum ebenfalls häufig angebotenen »Mit Google anmelden«.

Als Nächstes bestätigen Sie im Assistenten Ihre Angaben. Im Zusammenhang mit dem Datenschutz empfehlenswert: Machen Sie von der Option Gebrauch, Ihre E-Mail-Adresse zu verbergen.

Safari-Erweiterungen installieren und verwalten

Wünschen Sie sich weitere Funktionen in der Browser-App *Safari*? Dann versehen Sie die App mit Erweiterungen, also z. B. einem Inhaltsblocker, einem Offline-Übersetzer, Entwickler-Tools usw. Diese Erweiterungen werden als zusätzliche Apps installiert und können als solche auch wieder entfernt werden.

Um Erweiterungen zu installieren, wählen Sie in den *Einstellungen* unter *Apps* den Eintrag *Safari*. Tippen Sie im Abschnitt *Allgemein* auf den Eintrag *Erweiterungen*. Dort werden bereits einige Erweiterungen vorgeschlagen, und später stehen hier auch die installierten Erweiterungen zur Verfügung. Ist bei den Vorschlägen nichts für Sie dabei, tippen Sie unten auf *Weitere Erweiterungen*.

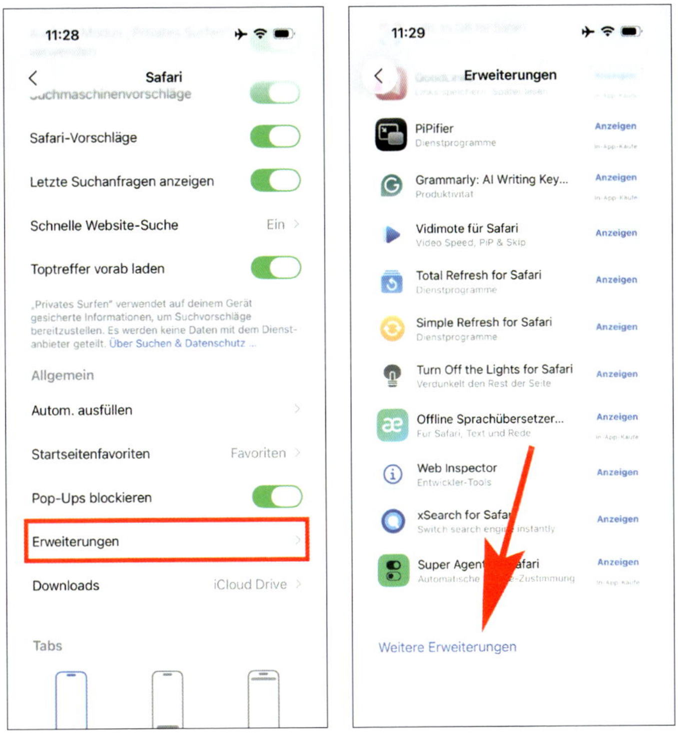

Der Funktionsumfang der Browser-App Safari lässt sich durch Erweiterungen vergrößern.

Stöbern Sie nach Erweiterungen, die Ihnen zusagen, und installieren Sie diese, wie bereits in Kapitel 3 kennengelernt. Wie bei den gewöhnlichen Apps gilt auch für die Erweiterungen, dass es sowohl kostenlose als auch kostenpflichtige Angebote gibt. Sie finden nach der Installation der Erweiterungen ein App-Symbol auf dem Home-Bildschirm bzw. in der App-Mediathek vor.

Zum Aktivieren und Verwalten der Erweiterungen wählen Sie wieder den Eintrag *Erweiterungen* in den Safari-Einstellungen. Aktivieren Sie die gewünschten Funktionen der Erweiterung, um diese beim Surfen mit Safari zu verwenden.

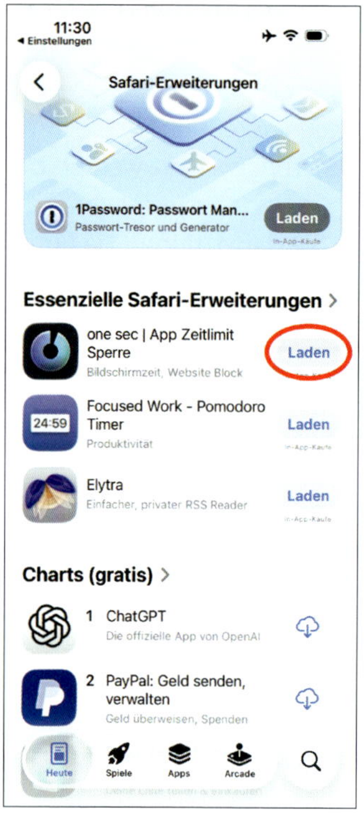

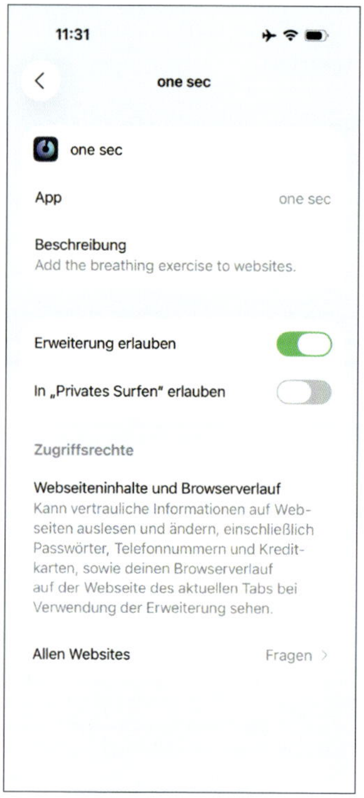

Installieren Sie die Erweiterung wie eine gewöhnliche App; das Verwalten erfolgt in den Safari-Einstellungen.

Möchten Sie eine Erweiterung nicht mehr nutzen, deaktivieren Sie in den Safari-Einstellungen die entsprechende Funktion. Sie können aber auch einfach die App vom iPhone löschen.

Kapitel 8

E-Mails senden, empfangen und verwalten

Mit dem iPhone ist das Schreiben und Empfangen von E-Mails genauso einfach, wie eine SMS zu verfassen bzw. abzurufen. Auf die E-Mail-Funktionen Ihres iPhones wollen Sie schon bald nicht mehr verzichten. So sind Sie stets per E-Mail erreichbar, auch dann, wenn Sie mal unterwegs sind. Und am Wochenende müssen Sie nicht mehr extra den Computer hochfahren, nur um den Posteingang zu prüfen. Wie Sie ein oder mehrere E-Mail-Konten auf dem iPhone einrichten, verwenden und verwalten, erfahren Sie auf den folgenden Seiten.

So legen Sie E-Mail-Konten auf dem iPhone an

Das Einrichten eines E-Mail-Kontos auf dem iPhone gelingt ganz leicht. Die schnellste Möglichkeit besteht darin, oben in den *Einstellungen* Ihr Benutzerkonto auszuwählen, dann unter *iCloud* die Schaltfläche *Mail* bzw. den Eintrag *iCloud-Mail* zu wählen und mit wenigen Schritten ein neues iCloud-E-Mail-Konto einzurichten und in Betrieb zu nehmen. Zum Thema iCloud dann alles in Kapitel 13.

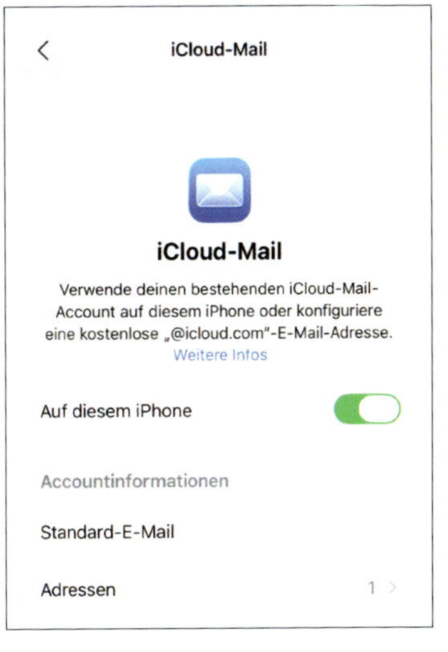

Ein iCloud-E-Mail-Konto ist blitzschnell eingerichtet.

Aber auch das Einrichten anderer E-Mail-Konten bereitet keinerlei Schwierigkeiten, wie ich Ihnen hier an einem Beispiel zeige – bei den vom iPhone vorgeschlagenen Anbietern läuft das Ganze sogar noch einfacher! Gehen Sie zum Einrichten des E-Mail-Kontos so vor:

1. Öffnen Sie die App *Mail* per Fingertipp auf das entsprechende App-Symbol.

2. Geben Sie Ihre E-Mail-Adresse ein und bestätigen Sie mit *Weiter*. Wenn Sie bereits ein E-Mail-Konto eingerichtet haben, z. B. ein iCloud-E-Mail-Konto, erscheint die Auswahl an dieser Stelle nicht mehr – öffnen Sie diese dann in den iPhone-Einstellungen unter *Apps* und dort unter *Mail*, indem Sie sich für *Mail-Accounts* und dann für *Account hinzufügen* entscheiden; in den *Einstellungen* lassen sich nicht mehr benötigte E-Mail-Konten auch wieder entfernen.

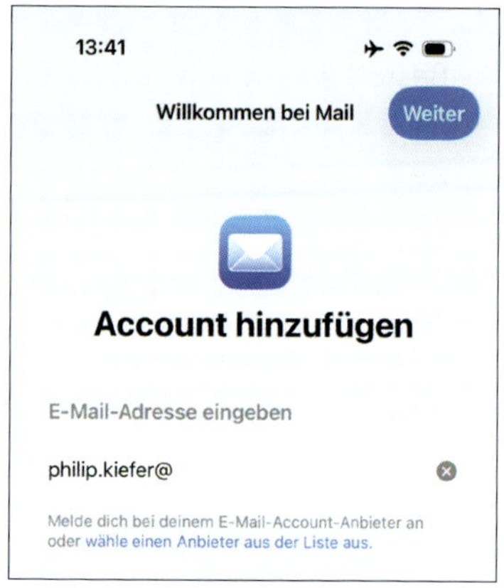

3. Melden Sie sich mit Ihren Zugangsdaten an und folgen Sie den Anweisungen auf dem Display, die sich von Anbieter zu Anbieter etwas unterscheiden können.

4. Bei den bekannten Anbietern wird das E-Mail-Konto jetzt automatisch eingerichtet. In manchen Fällen müssen weitere Angaben getätigt werden, z. B. die Auswahl zwischen IMAP oder POP. Geben Sie in diesem Fall die Adressen für Posteingangsserver und Postausgangsserver ein, die Sie bei Ihrem jeweiligen E-Mail-Anbieter erfragen bzw. in den dortigen FAQs aufspüren. Posteingangsserver und Postausgangsserver sind im Internet jederzeit verfügbare Rechner, die den Versand bzw. das Empfangen von E-Mails übernehmen. Unter Umständen müssen Sie in den Einstellungen Ihres E-Mail-Anbieters den Zugriff mit einem anderen Gerät per IMAP oder POP zunächst erlauben.

IMAP vs. POP

Sie fragen sich, was der Unterschied zwischen IMAP und POP ist? Nun, beides sind Technologien zum Senden und Empfangen von E-Mails über einen E-Mail-Server. Während bei IMAP (**I**nternet **M**essage **A**ccess **P**rotocol) die E-Mails jedoch auf dem Server verbleiben, werden diese bei POP (**P**ost **O**ffice **P**rotocol) vom Server auf den Computer heruntergeladen. IMAP ist insbesondere dann die bessere Variante, wenn Sie auf Ihr E-Mail-Konto von mehreren Geräten aus zugreifen.

5. Bestätigen Sie schließlich mit *Sichern*, um das E-Mail-Konto auf dem iPhone einzurichten. Wenn Ihnen außer der Synchronisierung von E-Mails auch die Synchronisierung von Kontakten, Terminen oder Notizen angeboten wird, entscheiden Sie selbst, ob Sie diese Optionen nutzen möchten.

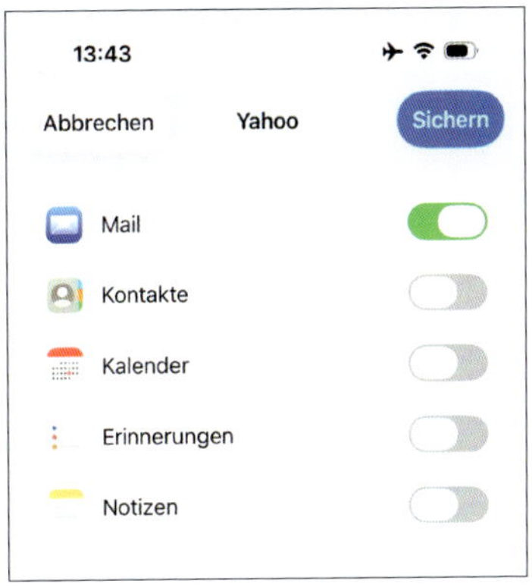

Die App *Mail* lässt sich ab sofort zum Senden und Empfangen Ihrer E-Mails einsetzen. Wenn Sie die App öffnen, werden E-Mails automatisch abgerufen. Zum manuellen Abrufen ziehen Sie das angezeigte Postfach nach unten. Tippen Sie eine empfangene E-Mail einfach an, um sie zu lesen.

E-Mails automatisch abrufen, ohne die Mail-App zu öffnen

Wenn Sie über neue E-Mails möglichst schnell informiert werden möchten, lassen Sie Ihr iPhone den Posteingang automatisch überprüfen. Gehen Sie dazu in die *Einstellungen*, wählen Sie unter *Apps* und dort unter *Mail* den Eintrag *Mail-Accounts* und dann *Datenabgleich*. Sie erhalten die folgenden Optionen:

- *Push:* Push bedeutet, dass E-Mails prompt vom Posteingangsserver auf das iPhone weitergeleitet werden. Voraussetzung ist allerdings, dass der E-Mail-Anbieter die Push-Funktion unterstützt. Dies ist beispielsweise bei *iCloud-Mail* der Fall.

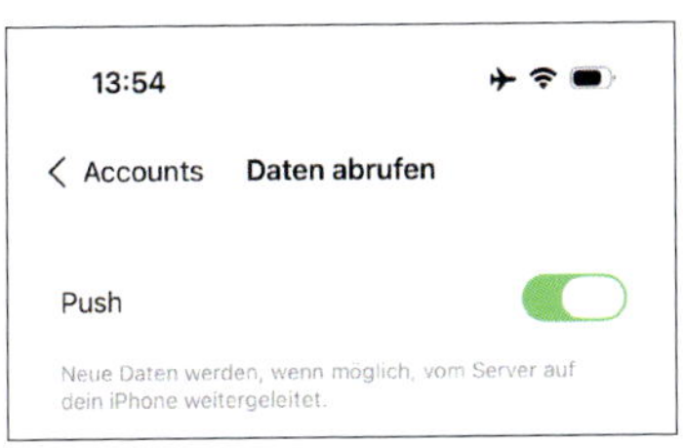

Dank der Push-Option werden neue E-Mails unmittelbar auf das iPhone weitergeleitet.

- *Abrufen:* Darunter finden Sie verschiedene Intervalle für das automatische Laden von E-Mails, falls Push nicht zur Verfügung steht – oder Sie nicht möchten, dass Ihr iPhone ständig bimmelt. Bestimmen Sie, in welchem Intervall das Prüfen des Posteingangs und Laden neuer E-Mails erfolgt, wobei Sie beachten sollten, dass dies wie die Push-Funktion zulasten sowohl der Akkuleistung als auch des mit Ihrem Mobilfunkanbieter vereinbarten Datenvolumens geht.

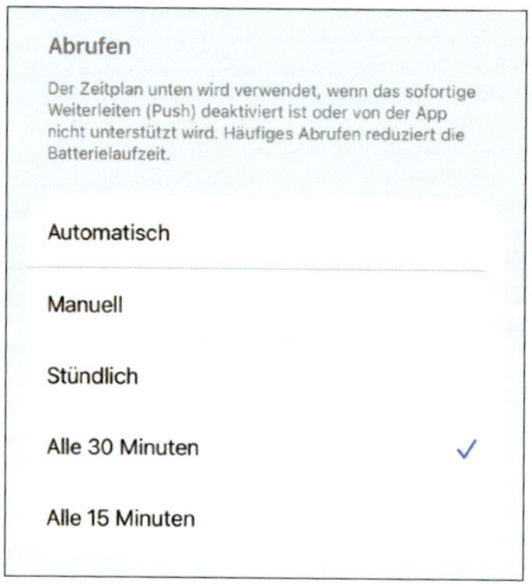

Bestimmen Sie das Intervall, in dem der Posteingang automatisch geprüft werden soll.

Neue E-Mails erstellen und versenden

Mit Ihrem frisch eingerichteten E-Mail-Konto können Sie nun ganz einfach elektronische Briefe bis ans andere Ende der Welt senden. So geht es Schritt für Schritt:

1. Tippen Sie rechts unten in der App *Mail* auf das Symbol . Alternativ halten Sie das Symbol der App *Mail* gedrückt und wählen im Kontextmenü *Neue Nachricht*.

2. Geben Sie die E-Mail-Adresse des Empfängers ein bzw. wählen Sie diesen per Plussymbol aus Ihren Kontakten aus. Sie können die E-Mail auch, wenn Sie dies wollen, an mehrere Empfänger gleichzeitig versenden.

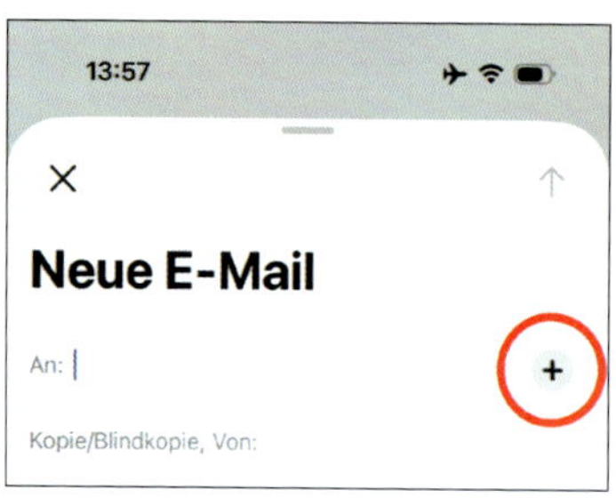

3. Nennen Sie einen sinnvollen Betreff für Ihre E-Mail, der dem Empfänger dann in seinem Posteingang angezeigt wird, damit er weiß, welche Inhalte ihn in der E-Mail erwarten.

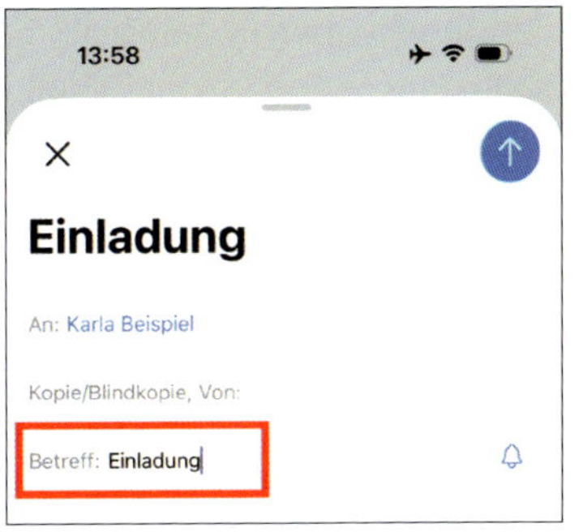

4. Verfassen Sie nun Ihre E-Mail-Nachricht. Wenn Sie fertig sind, tippen Sie rechts oben auf das Symbol ⬆, um die E-Mail auf den Weg zu bringen. Wenn Sie das Symbol gedrückt halten, können Sie auch einen späteren Zeitpunkt zum Senden wählen.

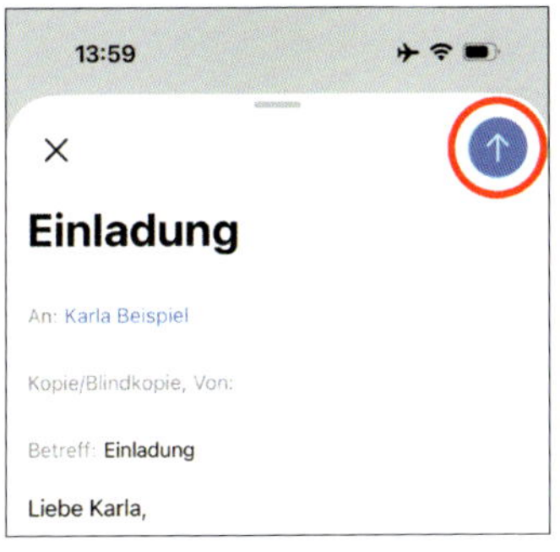

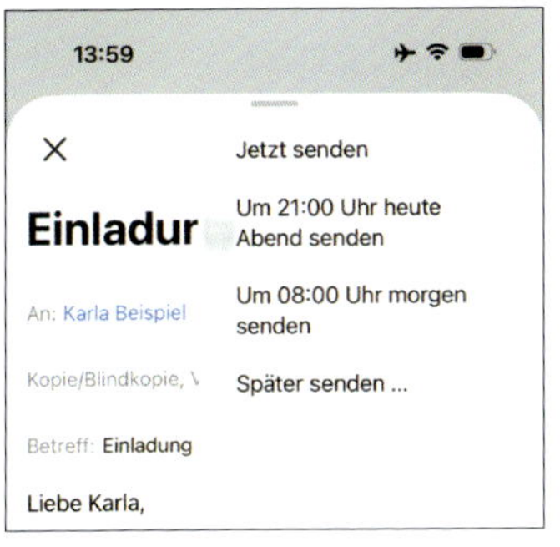

Kopie oder Blindkopie versenden

Wenn Sie in den Kopfzeilen der E-Mail in das Feld *Kopie/Blindkopie* tippen, erhalten Sie die Möglichkeit, eine Kopie der E-Mail an eine oder mehrere Personen zu versenden. Während bei der Kopie (auch: Cc) der reguläre Empfänger sieht, dass auch noch eine Kopie versandt wurde, erfolgt der Versand der Blindkopie (auch: Bcc) anonym, d. h., der reguläre Empfänger erfährt nicht, dass auch noch eine Kopie versandt wurde.

Senden widerrufen

Die E-Mail wird standardmäßig mit Verzögerung verschickt, sodass Sie noch einige Zeit haben, das Senden der E-Mail zu widerrufen. Oft fällt einem ja genau nach dem Senden ein, dass man eine wichtige Information vergessen hat. Das »Zurückholen« einer E-Mail ist 10, 20 oder 30 Sekunden lang möglich. Dies bestimmen Sie in den *Einstellungen* unter *Apps*, indem Sie unter *Mail* die *Sendeverzögerung* festlegen.

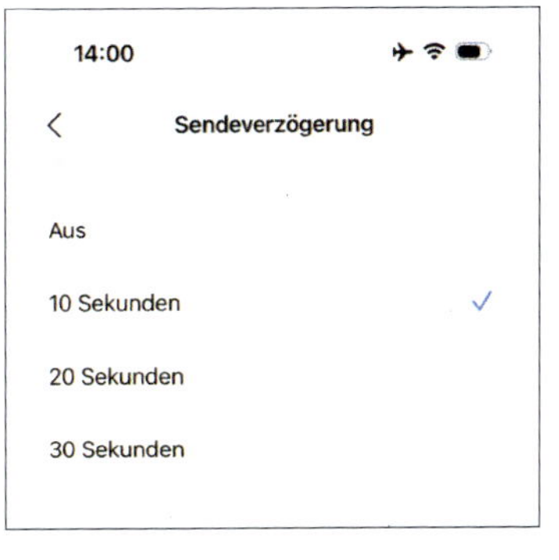

Sie können in den Mail-Einstellungen eine längere Frist für den Sendewiderruf festlegen, die Verzögerung aber auch ausschalten.

Der Sendewiderruf selbst ist Sache eines Fingertipps. Nach dem Senden einer E-Mail wird in der App *Mail* die Option *Senden widerrufen* angezeigt – so lange, wie die Möglichkeit des Zurückholens besteht. Tippen Sie diese Option an, wird Ihnen wieder der Entwurf der E-Mail angezeigt und Sie können diese vor dem endgültigen Senden noch mal bearbeiten. Der E-Mail-Empfänger bekommt von diesem Vorgang nichts mit, da das tatsächliche Senden noch gar nicht erfolgt war.

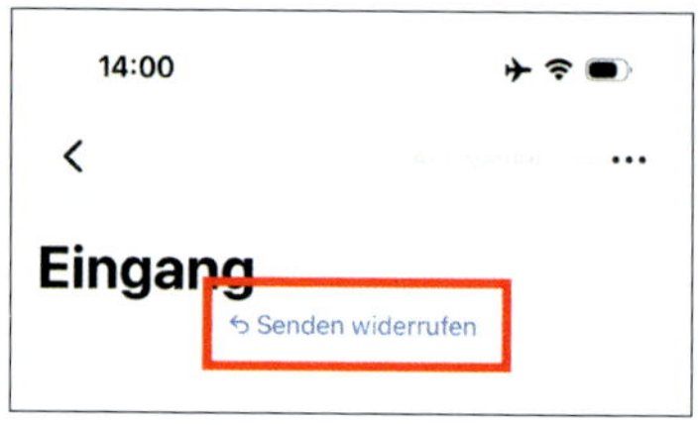

Tippen Sie die Option zum Widerrufen der E-Mail-Sendung an, um den E-Mail-Entwurf noch mal bearbeiten zu können.

Den E-Mail-Text formatieren

Sie möchten bestimmte Passagen in Ihrem E-Mail-Text hervorheben? Die App *Mail* hat eine ganze Reihe von Optionen zur Formatierung zu bieten. So gehen Sie vor:

1. Erstellen Sie, wie oben kennengelernt, eine E-Mail.
2. Doppeltippen Sie in der E-Mail auf ein Wort, um dieses zu markieren. Passen Sie die Markierungen ggf. noch an, um diese auf mehr Text auszuweiten oder um die Markierung auf einzelne Buchstaben zu beschränken.

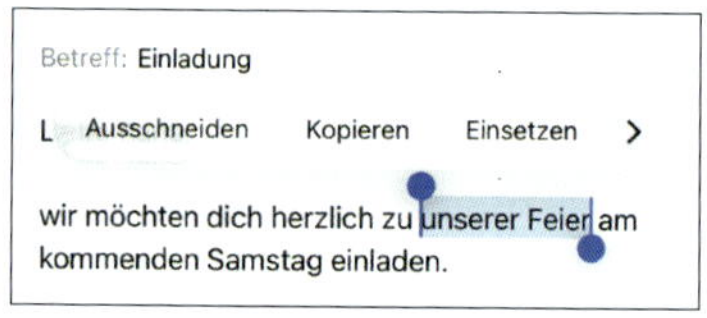

3. Nun wird oberhalb der Tastatur eine Leiste eingeblendet. Entscheiden Sie sich in dieser Leiste für das Symbol Aa.

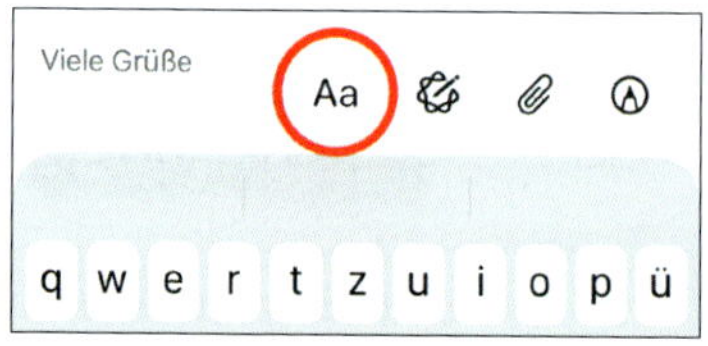

4. Wählen Sie die gewünschten Formatieroptionen aus. Sie können den Text z. B. fett gedruckt darstellen, vergrößern, die Farbe anpassen und vieles mehr. Neben den Formatieroptionen für den Text stehen Ihnen unter dem Symbol Aa auch verschiedene Formatieroptionen für den Absatz zur Verfügung, z. B. lassen sich Absätze zentrieren oder als nummerierte Liste darstellen.
5. Um die Formatieroptionen zu schließen, klicken Sie rechts oberhalb der Optionen auf das Kreuzsymbol ×.

Copy and Paste: Texte von anderswo in die E-Mail kopieren

Vielleicht möchten Sie in Ihrer E-Mail auch Text verwenden, der bereits in einem anderen Dokument zur Verfügung steht? Ebenfalls kein Problem dank Copy and Paste – und Copy and Paste funktioniert selbstverständlich nicht nur bei E-Mails!

Zum Kopieren und Einfügen von Texten gehen Sie folgendermaßen vor:

1. Markieren Sie in einem Dokument den Text, den Sie in Ihrer E-Mail verwenden möchten. In diesem Fall markiere ich Text auf einer Webseite in der App *Safari* durch Gedrückthalten und Anpassen der Markierungen. Im sich öffnenden Menü wählen Sie *Kopieren* – in einigen Apps erhalten Sie die zusätzliche Option *Ausschneiden*, die Sie ebenfalls auswählen können.

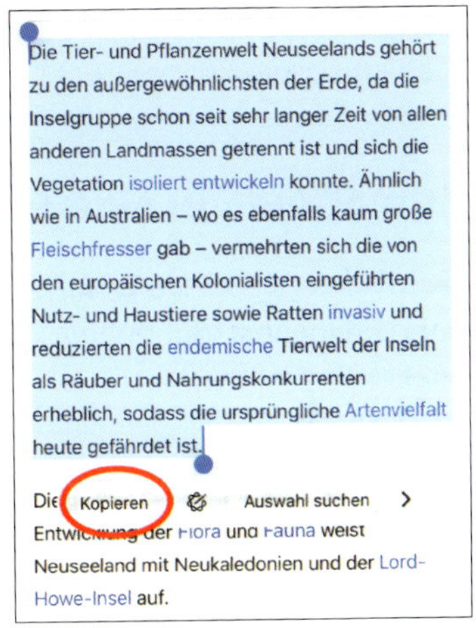

2. Öffnen Sie die E-Mail, in die Sie den Text einfügen möchten, und tippen Sie an die Stelle, an der der Text eingesetzt werden soll. Im sich öffnenden Menü wählen Sie die Option *Einsetzen*.

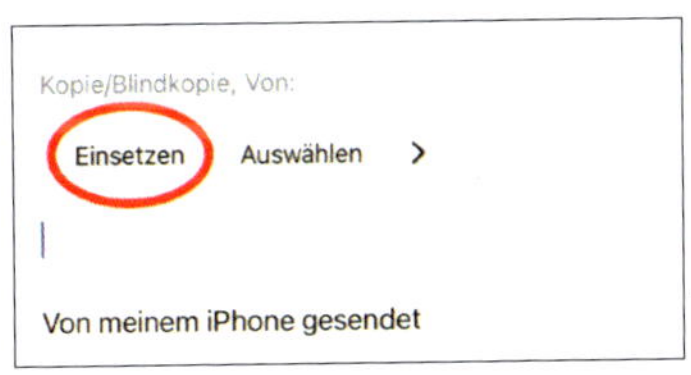

3. Der Text wird prompt in die E-Mail eingefügt – ggf. inklusive der von der App *Mail* unterstützten Formatierungen.

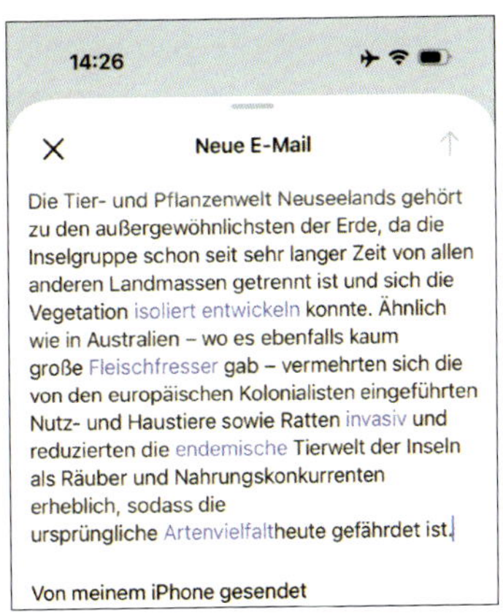

Standardtexte per Textersetzung einfügen

Um Standardtexte zukünftig schneller in neue E-Mails und weitere Dokumente einzufügen, wählen Sie in den iPhone-Einstellungen den Eintrag *Allgemein*, dann *Tastatur* und schließlich *Textersetzung*. Fügen Sie hier per Plussymbol + Ihre individuellen Kurzbefehle hinzu. So können Sie beispielsweise statt »Sehr geehrte Damen und Herren« den Kurzbefehl »sgduh« verwenden, um sich Tipparbeit zu ersparen. Übrigens: Auch in das Textfeld für die Kurzbefehle lassen sich Texte einfügen, die Sie zuvor in die Zwischenablage kopiert haben.

Aufnahmen in eine E-Mail einfügen

Nicht nur fertige Texte lassen sich in eine E-Mail einfügen, sondern auch Aufnahmen (Fotos oder Videoclips), die Sie in der App *Fotos* gespeichert haben, sowie Aufnahmen, die Sie direkt mit der Kamera aufnehmen. Zum Thema Fotos erfahren Sie alles in Kapitel 10. Hier gehe ich davon aus, dass Sie bereits Aufnahmen gemacht und in der App *Fotos* gespeichert haben. Um diese in eine E-Mail einzubinden, gehen Sie wie folgt vor:

1. Erstellen Sie eine E-Mail und tippen Sie an die Stelle, an der die Aufnahme eingebunden werden soll.

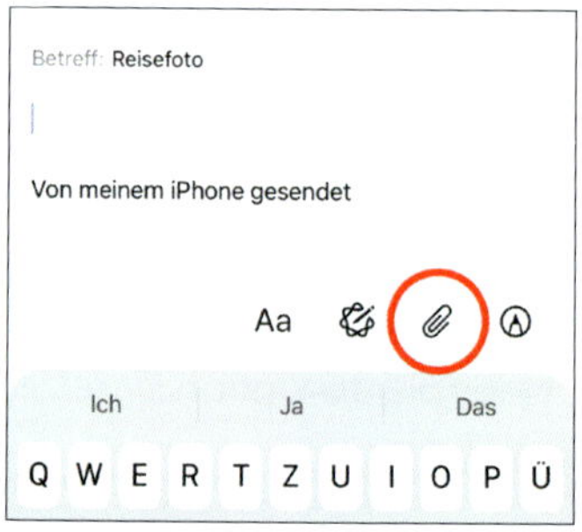

2. Entscheiden Sie sich für das Büroklammersymbol. Möchten Sie eine in der App *Fotos* gespeicherte Aufnahme auswählen, tippen Sie anschließend auf *Fotomediathek*. Wie Sie in dem Menü sehen, können Sie auch direkt eine Aufnahme mit der Kamera tätigen und einfügen.

3. Wählen Sie die gewünschte Aufnahme aus. Diese wird prompt in die E-Mail eingefügt.

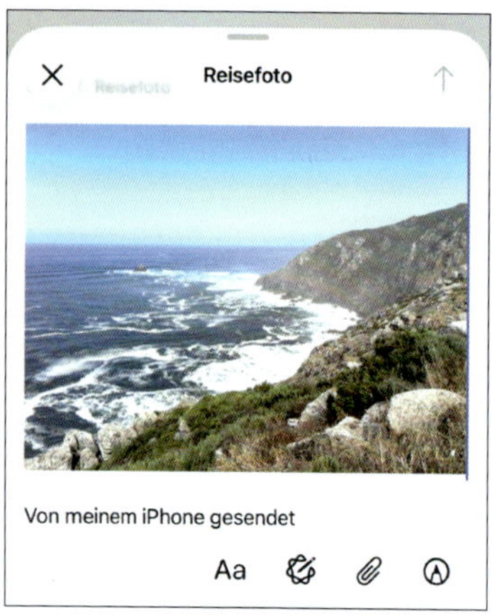

Scannen und per E-Mail versenden

Sie können auch Dokumente abfotografieren und dann als Datei versenden. Hierzu entscheiden Sie sich unter dem Büroklammersymbol für die Option *Dokument scannen*. Nehmen Sie anschließend das Dokument auf und sichern Sie es, um die Datei in die E-Mail einzufügen. Sie können auch lediglich einen mit der Kamera erfassten Text einscannen. Diese *Live Text* genannte Option erhalten Sie unter dem Menüeintrag *Text scannen*.

E-Mail-Anhänge per Dateien-App versenden

Ebenfalls als Dateianhang versenden lassen sich beliebige Dateien, die Sie in der App *Dateien* gespeichert haben. Dazu entscheiden Sie sich unter dem Büroklammersymbol für den Menüeintrag *Datei anhängen*. Wählen Sie anschließend die in der App *Dateien* gespeicherte Datei aus.

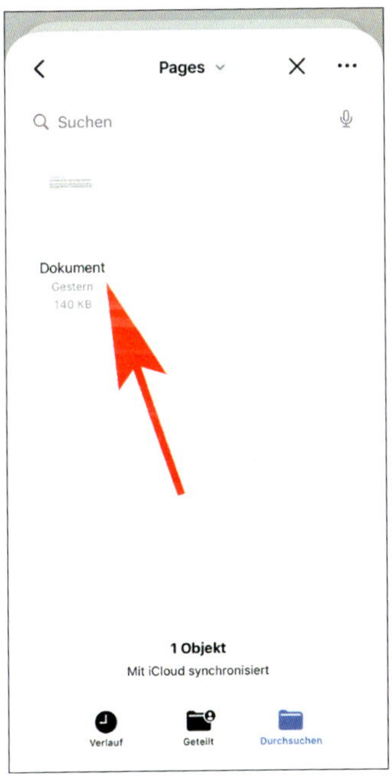

Fügen Sie einer E-Mail eine Datei hinzu, die Sie in der Dateien-App gespeichert haben.

E-Mail-Anhänge, die Sie selbst erhalten, tippen Sie jeweils an, um sie zu öffnen; für weitere Optionen halten Sie einen Dateianhang gedrückt.

Weitere Dateien per E-Mail versenden

Sie können Dateien auch aus den jeweiligen Apps heraus versenden. Bei den Standard-Apps erfolgt der Versand durch Antippen des Symbols bzw. der Option *Teilen* und der anschließenden Auswahl der Option *Mail*.

Die Standardsignatur ändern

Sicherlich ist Ihnen bereits aufgefallen, dass von Ihnen erstellte E-Mails standardmäßig mit der Signatur *Von meinem iPhone gesendet* versehen sind. Dies ist nicht immer gewünscht. Um die Signatur zu ändern, öffnen Sie die *Einstellungen*, wählen unter *Apps* den Eintrag *Mail* und dort im Abschnitt *Verfassen* den Eintrag *Signatur*. Tippen Sie in das Feld, löschen Sie den vorhandenen Text und geben Sie Ihre neue Signatur ein. Falls Sie gar keine Signatur wünschen, lassen Sie das Feld leer.

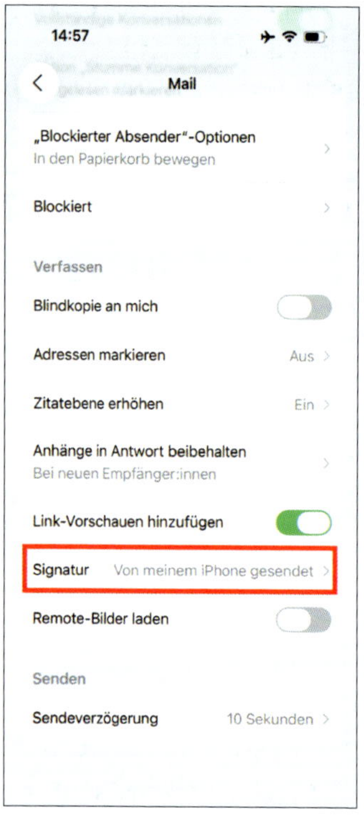

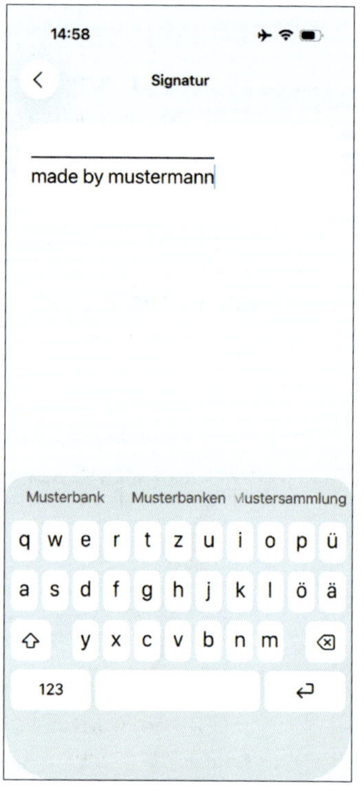

Statt der Standardsignatur verwenden Sie lieber eine individuelle Signatur oder gar keine.

Erhaltene E-Mails beantworten oder weiterleiten

Statt eine E-Mail neu zu erstellen, können Sie auch erhaltene E-Mails beantworten oder an andere Personen weiterleiten. Öffnen Sie dazu eine E-Mail und tippen Sie dann unten in der App *Mail* auf das Symbol ↩. Ihnen werden Optionen unter anderem zum Antworten (an dieselbe Person) sowie zum Weiterleiten (an eine andere Person) angezeigt. Streichen Sie das Menü mit dem Finger nach oben, um noch mehr Optionen zu erhalten.

Um die Optionen zu einer E-Mail zu erhalten, müssen Sie diese gar nicht unbedingt öffnen. Sie können die E-Mail auch einfach im Postfach antippen und gedrückt halten – Ihnen wird dann neben einer Vorschau der E-Mail ein Menü mit den entsprechenden Optionen angezeigt.

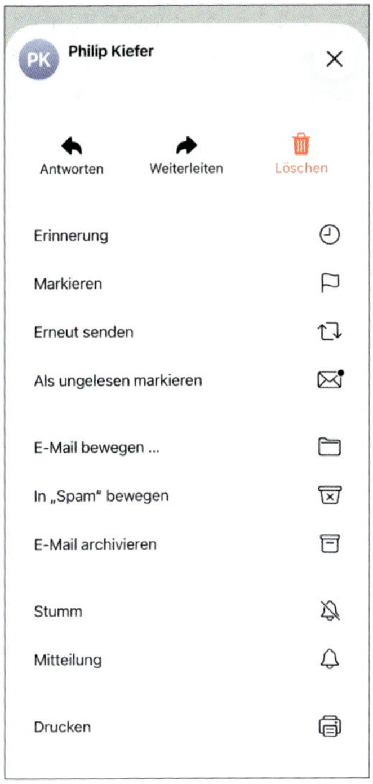

Zum Beantworten und Weiterleiten von E-Mails sowie für zahlreiche weitere Aktionen braucht es nur wenige Handgriffe.

Welchen Umfang soll die Vorschau haben? Soll von jeder E-Mail eine Blindkopie an Sie selbst verschickt werden? Erkunden Sie diese und weitere Optionen zum Senden und Empfangen von E-Mails auf eigene Faust, und zwar in den iPhone-*Einstellungen* unter *Apps* und dort unter *Mail*.

An das Beantworten einer E-Mail erinnern lassen

Sie möchten eine E-Mail nicht sofort beantworten, sondern zu einem späteren Zeitpunkt? Daran können Sie sich erinnern lassen. Tippen Sie dazu unter dem Symbol ↩ auf *Erinnerung* und bestimmen Sie im sich öffnenden Menü, wann die Erinnerung erfolgen soll.

Ihre E-Mails übersichtlich verwalten

Damit Sie auch bei zahlreichen erhaltenen E-Mails nicht den Überblick verlieren, habe ich noch einige nützliche Tipps rund um die E-Mail-Verwaltung für Sie auf Lager. Der wichtigste Tipp vorweg: Löschen bzw. archivieren Sie nicht benötigte E-Mails möglichst sofort, um keinen Ballast in Ihren E-Mail-Postfächern aufzubewahren.

Wenn Sie den Finger auf einer E-Mail nach links ziehen, erscheint in der App *Mail* übrigens nicht nur die Schaltfläche *Löschen*, sondern Sie erhalten noch weitere Optionen wie *Mar-*

kieren sowie unter dem Symbol mit den drei Punkten die Optionen, die Sie auch unter dem Symbol ⮪ aufrufen, also das Antworten, das Weiterleiten einer Mail sowie das Markieren als ungelesen, das Einschalten der Mitteilung, das Stummschalten des Absenders usw.

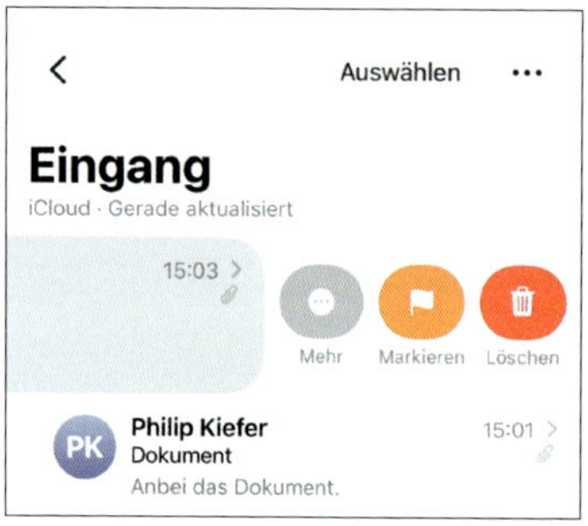

Ziehen Sie mit dem Finger auf einer E-Mail nach links, um Optionen zum Verwalten der E-Mail zu erhalten.

E-Mails markieren

Damit Ihnen besonders wichtige E-Mails schnell ins Auge springen, versehen Sie diese mit einer Farbe. Um eine E-Mail zu markieren, tippen Sie – wie eben gezeigt – mit dem Finger auf die E-Mail und ziehen diesen dann von rechts nach links. Entscheiden Sie sich für die Option *Markieren*. Um eine geöffnete E-Mail zu markieren, tippen Sie unten auf das Symbol ⮪ und wählen im sich öffnenden Menü den Eintrag *Markieren*. Legen Sie dann, wenn Sie wollen, noch eine andere Markierungsfarbe fest.

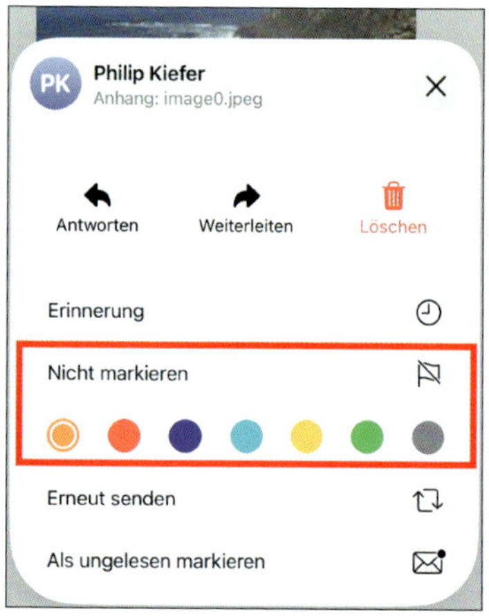

Markieren Sie E-Mails, um diese von anderen E-Mails im Postfach abzuheben.

Sie erhalten in dem Menü noch drei weitere Optionen zum Markieren von Nachrichten. Hier der Überblick:

- *Als ungelesen markieren:* Damit markieren Sie eine E-Mail als ungelesen, diese wird dann im Postfach durch eine Farbmarkierung ● hervorgehoben. Bei einer als ungelesen markierten E-Mail lautet die Option entsprechend *Als gelesen markieren*.
- *In „Spam“ bewegen:* Wenn Sie sich für diese Option entscheiden, wird eine E-Mail in den Ordner für unerwünschte Werbung (Junk, Spam) verschoben, eine Alternative zum Löschen.

Ungelesene E-Mails werden durch eine Farbmarkierung hervorgehoben.

- *Mitteilung:* Wenn Sie diese Option aktivieren, erhalten Sie eine Mitteilung bei Antworten in dieser Konversation. Sie können eine Mitteilung auch bereits beim Erstellen neuer E-Mails einrichten, indem Sie im Feld *Betreff* auf das Glockensymbol 🔔 tippen. Sorgen Sie mit dieser Option dafür, dass Sie nur über wichtige E-Mails benachrichtigt werden und nicht über alle E-Mails, die Sie erhalten.

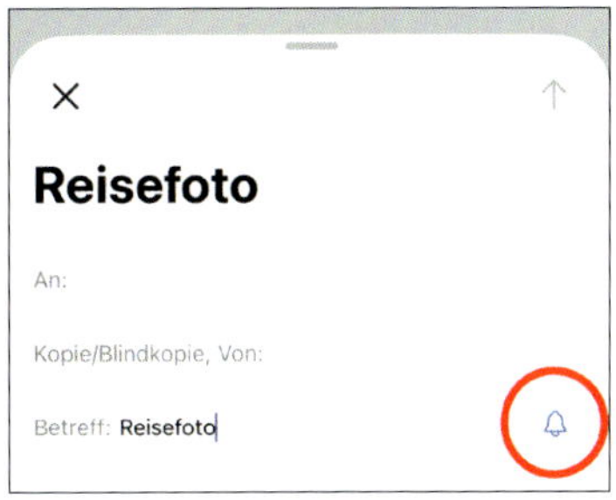

Und noch eine weitere Markierung ist möglich: Fügen Sie eine Person Ihrer VIP-Liste hinzu (dazu eine Anleitung am Ende des Kapitels), werden die E-Mails dieser Person mit einem Sternsymbol ⭐ versehen.

E-Mails suchen

Sie haben eine Menge E-Mails im Posteingang? Unterhalb der Liste mit den E-Mails finden Sie ein Suchfeld, mit dessen Hilfe Sie sich alle E-Mails anzeigen lassen, die Sie von einer Person erhalten haben oder die einem beliebigen Suchbegriff entsprechen. Außerdem kann die Suche auch gestartet werden, indem Sie das Symbol der App *Mail* gedrückt halten und im Kontextmenü den Eintrag *Suchen* wählen. Oder Sie verwenden Spotlight für die E-Mail-Suche.

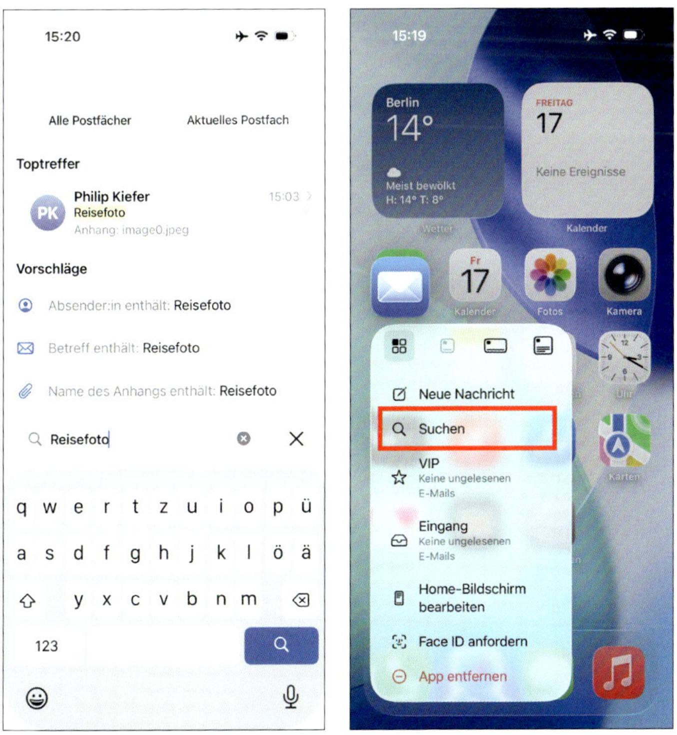

Verwenden Sie für die E-Mail-Suche unter anderem das Suchfeld in der Mail-App, das sich auch per Kontextmenü öffnen lässt.

E-Mails filtern

Ebenfalls sehr praktisch bei vielen vorhandenen E-Mails ist die Filterfunktion, die Sie per Symbol links unten in der App *Mail* aufrufen. Standardmäßig erfolgt die Filterung nach ungelesenen E-Mails; wenn Sie den Filter *Ungelesen* antippen, erhalten Sie jedoch eine ganze Reihe weiterer Filteroptionen.

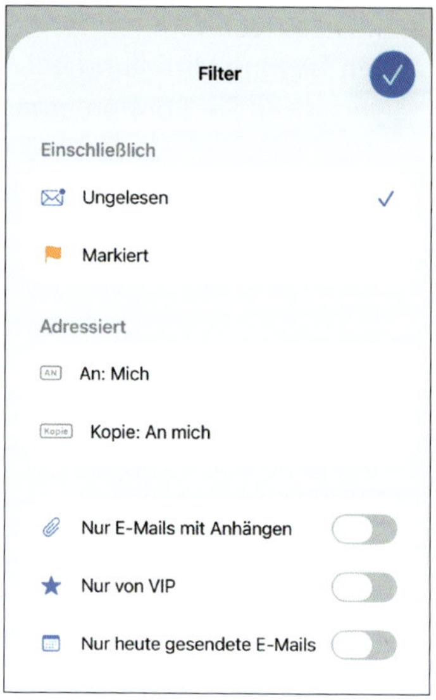

Lassen Sie sich nur diejenigen E-Mails anzeigen, die dem von Ihnen festgelegten Filter entsprechen.

Neue Postfächer erstellen

Um auch bei vielen E-Mails den Überblick zu behalten, empfiehlt es sich, diese thematisch in verschiedenen E-Mail-Postfächern zu sortieren. Legen Sie also beispielsweise E-Mail-Postfächer für Ihre privaten E-Mails an, für geschäftliche Mails, für E-Mails Ihres Gartenbauvereins usw.

So gelingt es Schritt für Schritt:

1. In der App *Mail* wird immer noch der Posteingang angezeigt. Tippen Sie links oben auf das Pfeilsymbol bzw. streichen Sie auf dem Display mit dem Finger von links nach rechts.

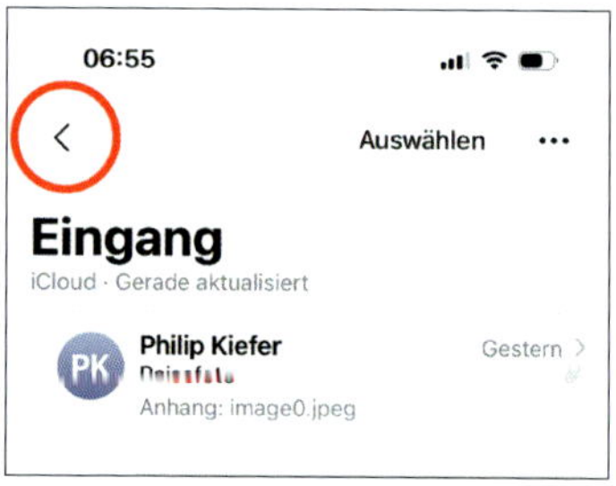

2. Sie erhalten eine Postfachübersicht. Durch Antippen wählen Sie ein Postfach aus. Um ein neues Postfach zu erstellen, entscheiden Sie sich rechts oben für *Bearbeiten*.

3. Im nächsten Schritt tippen Sie rechts unten auf *Neues Postfach*.

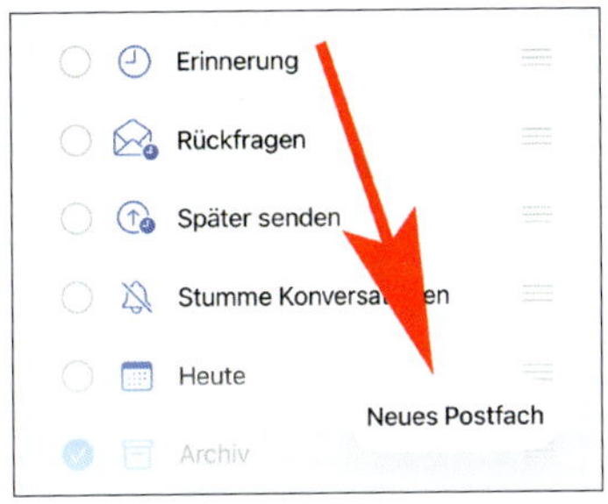

4. Geben Sie dem neuen E-Mail-Postfach eine sinnvolle Bezeichnung, wählen Sie den Speicherort für das E-Mail-Postfach aus und bestätigen Sie mit *Sichern*.

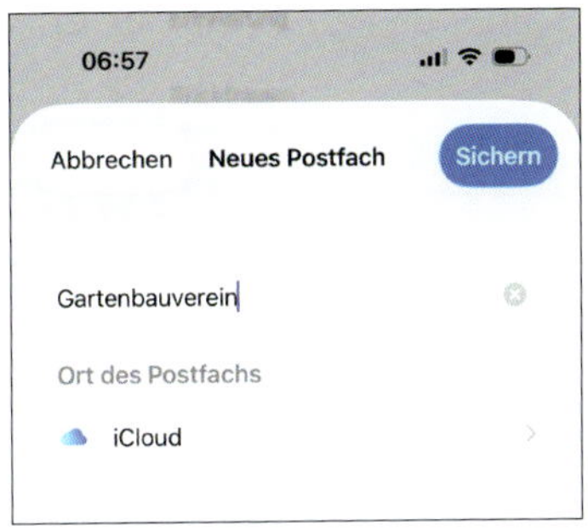

5. Um eine in der App *Mail* geöffnete E-Mail in das neue Postfach zu verschieben, tippen Sie unten in der Mail-App auf das Symbol .

6. Wählen Sie nun einfach das gewünschte Postfach in der Liste aus, um die E-Mail dorthin zu verschieben.

VIP-Liste verwenden

Für Ihre besonders wichtigen Kontakte können Sie in der Mail-App eine VIP-Liste anlegen. Die E-Mails der VIPs werden dann in einem eigenen Postfach gesammelt und, wie bereits an anderer Stelle erwähnt, im Posteingang mit einem Sternsymbol markiert. In den VIP-Einstellungen können Sie außerdem eigene Mitteilungsoptionen für Ihre ganz persönlichen VIPs festlegen. So zeigen Sie der App *Mail*, wer ein VIP ist:

1. Entscheiden Sie sich links oben in der Mail-App für *Postfächer* bzw. streichen Sie mit dem Finger von links nach rechts, um die Postfachliste einzublenden.

2. Tippen Sie auf den Eintrag *VIP*.

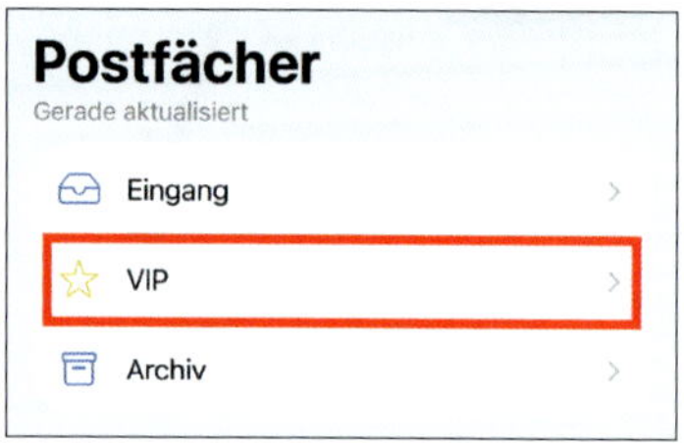

3. Tippen Sie als Nächstes auf *VIP hinzufügen*.

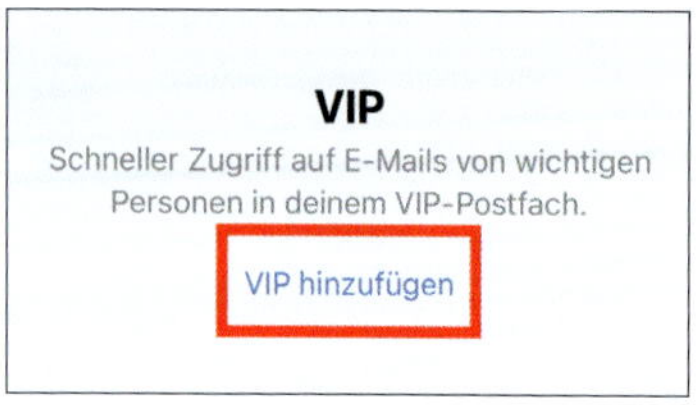

4. Wählen Sie den gewünschten Kontakt aus, um ihn in die VIP-Liste aufzunehmen. Tippen Sie erneut auf *VIP hinzufügen*, um die VIP-Liste zu ergänzen. Unter *VIP-Hinweise* passen Sie die Mitteilungseinstellungen für Ihre ganz persönlichen VIPs an.

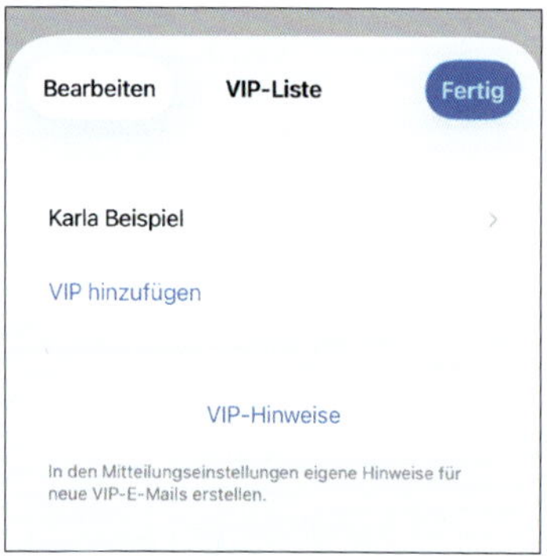

5. Wenn Sie die VIP-Liste später erneut aufrufen, werden Ihnen die E-Mails der betreffenden Kontakte angezeigt. Um wieder zur Verwaltung Ihrer VIP-Liste zu gelangen, tippen Sie beim VIP-Eintrag auf das Symbol ⓘ.

Kapitel 9

Songs, Podcasts und Filme wiedergeben

Sie wollen Ihr iPhone nicht nur für »ernste« Zwecke nutzen, sondern auch zur Unterhaltung? Die neuen iPhones sind dafür prädestiniert: Musik oder Hörbücher anhören, Videos auf dem iPhone betrachten, Podcasts aufrufen, Webradio hören oder übers Internet fernsehen – die Möglichkeiten, die Sie haben, sind schier unendlich! In diesem Kapitel möchte ich Ihnen die besten Funktionen rund um das Unterhaltungsgenie iPhone vorstellen.

Alben kaufen oder Filme ausleihen – direkt auf dem iPhone

In Kapitel 3 habe ich Ihnen ausführlich gezeigt, wie Sie Apps aus dem App Store herunterladen. Vom Prinzip her funktioniert das Herunterladen von Musik, Hörbüchern, Filmen und weiteren Inhalten ebenso, wobei Sie Filme in vielen Fällen nicht nur kaufen, sondern auch ausleihen können. Voraussetzung ist wiederum, dass Sie Ihren Apple Account – wie ebenfalls in Kapitel 3 beschrieben – mit Zahlungsdaten verknüpft haben.

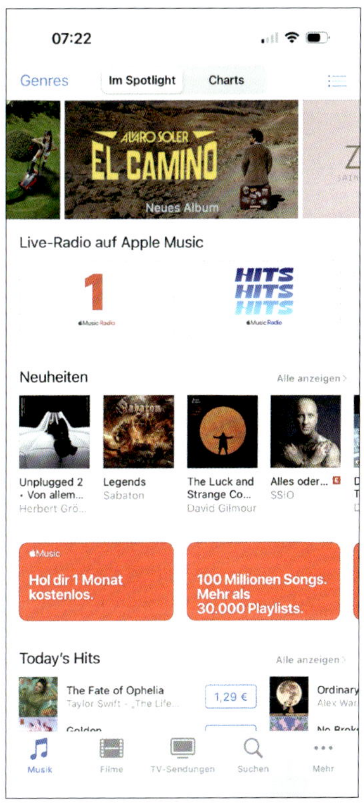

Herumstöbern oder gezielt suchen: Machen Sie im iTunes Store und in der TV-App Inhalte ausfindig, die Sie ansprechen.

Zum Herunterladen von Musik öffnen Sie die App *iTunes Store*, die Sie standardmäßig auf der zweiten Seite des Home-Bildschirms finden. Stöbern Sie in den einzelnen Rubriken nach Inhalten, die Sie ansprechen. Unter *Suchen* finden Sie auch eine Suchfunktion, um ein ganz bestimmtes Album oder einen ganz bestimmten Titel zu finden. Filme und TV-Sendungen finden Sie hingegen in der App *TV* auf der ersten Seite des Home-Bildschirms.

So funktioniert das Kaufen oder Leihen

Damit Sie nicht die Katze im Sack kaufen, können Sie einen Musiktitel oder ein Hörbuch vor dem Kauf probehören, bei Filmen stehen Ihnen Filmvorschauen (Trailer) zur Verfügung. Zum Probehören eines Audiotitels tippen Sie diesen im iTunes Store einfach an. Um einen Trailer zu betrachten, tippen Sie in der TV-App im Abschnitt *Trailer* auf die dort dargestellte Minivorschau – der Trailer wird daraufhin im Vollbildmodus wiedergegeben.

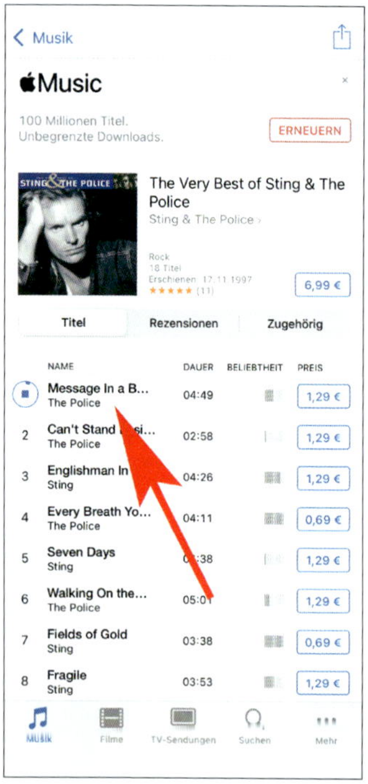

Audiotitel probehören und Filmtrailer anschauen – so kaufen Sie nur das, was Ihnen wirklich gefällt.

Um einen Musiktitel bzw. ein ganzes Album oder einen Film bzw. eine TV-Staffel zu kaufen, tippen Sie jeweils auf den angezeigten Preis und bestätigen anschließend den Kauf. Bei Filmen haben Sie häufig die Möglichkeit, diese nicht nur zu kaufen, sondern auch für 24 Stunden auszuleihen. Das lohnt sich bei Filmen, die Sie sich sowieso nur einmal ansehen wollen.

Nach dem Herunterladen stehen die entsprechenden Mediendateien in der App *Musik* (Musik) bzw. in der App *TV* (Filme, TV-Sendungen, Musikvideos) für die Wiedergabe zur Verfügung.

Auf bereits getätigte Käufe erneut zugreifen

Wie für die Apps gilt auch für die im iTunes Store getätigten Käufe, dass Sie diese nach einmaligem Erwerb jederzeit erneut herunterladen können. Um einen Überblick über Ihre Käufe zu erhalten, entscheiden Sie sich im iTunes Store für *Mehr* und dann für den Eintrag *Käufe*. Wählen Sie nun *Musik* und tippen Sie eine Datei an, um diese ggf. erneut herunterzuladen (wie bei den Apps geschieht dies per -Symbol). Auch in der App *Musik* werden die gekauften Titel und Alben angezeigt. In der TV-App finden Sie Ihre Käufe in der Rubrik *Mediathek*.

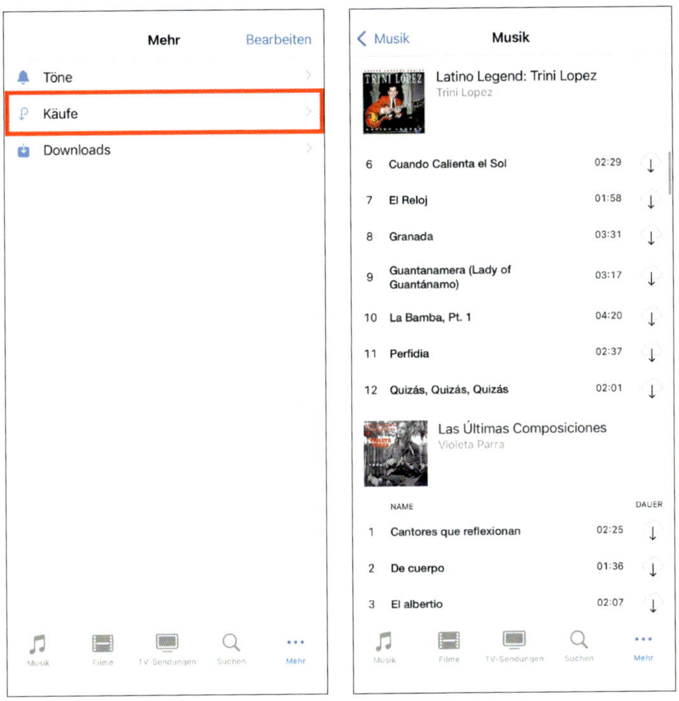

Greifen Sie auf Ihre im iTunes Store getätigten Käufe jederzeit erneut zu.

Wie bereits im Zusammenhang mit den Apps kennengelernt, lässt sich auch Musik automatisch auf das iPhone laden, die Sie auf einem anderen Gerät mit demselben Apple Account gekauft haben. Aktivieren Sie dazu in den *Einstellungen* unter *Apps* und dort unter *Musik* im Abschnitt *Downloads* die Option *Automatische Downloads*.

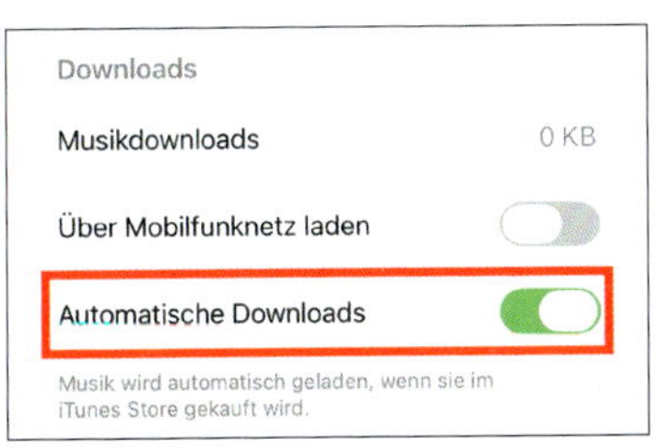

Auf anderen Geräten gekaufte Musik lässt sich automatisch herunterladen.

Musik und Videos auf dem iPhone wiedergeben

Sie brauchen einen Musiktitel oder eine Videodatei in der App *Musik* bzw. in der App *TV* lediglich anzutippen, um die Wiedergabe zu starten. Die Steuerung der Wiedergabe erfolgt jeweils fast so wie bei einer Stereoanlage bzw. einem an das TV-Gerät angeschlossenen Blu-ray-Player. Doch es gibt einige Besonderheiten. Verschaffen Sie sich zunächst einen Überblick über alle wichtigen Funktionen der Musikwiedergabe. Wählen Sie in der App *Musik* in der Rubrik *Mediathek* eine Sortierung aus – also eine Sortierung nach Interpreten, Songs, Alben usw. Tippen Sie, wie bereits geschrieben, ein Element einfach an, um es wiederzugeben. Standardmäßig wird ein Album oder eine Liste der Reihe nach wiedergegeben, und zwar ab dem Song, den Sie antippen. Um ein Album von vorne anzuhören, tippen Sie also den ersten Song an.

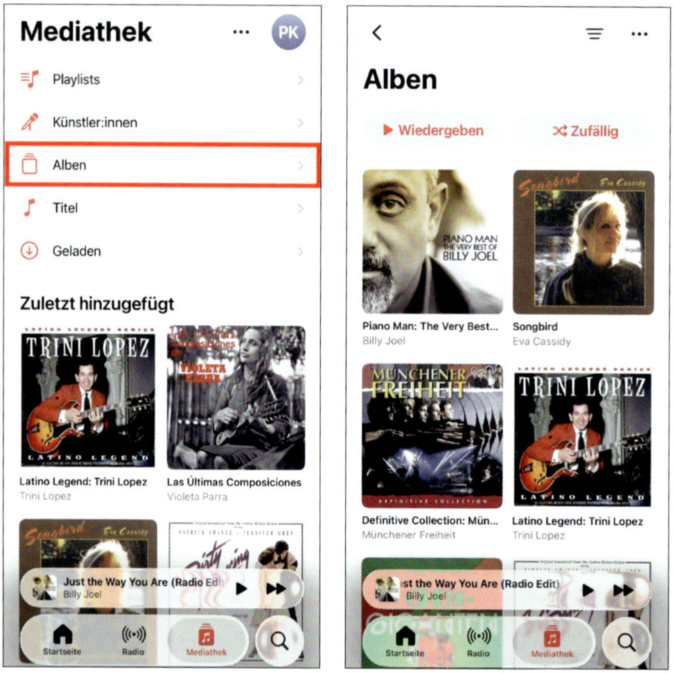

Wählen Sie in der Rubrik »Mediathek« eine Sortierung Ihrer Musiktitel aus.

> **HINWEIS:** Musiktitel, die Sie gekauft haben, müssen Sie für die Wiedergabe nicht zwingend herunterladen, sondern können diese auch übers Internet streamen. Das bedeutet zwar eine Menge Datenvolumen, ist aber praktisch, wenn der Speicherplatz auf dem iPhone knapp wird.

Die Musikwiedergabe steuern

Wenn Sie in der App *Musik* eine Musikwiedergabe starten, wird unten in der App eine Leiste mit einigen Steuerelementen eingeblendet. Tippen Sie auf diese Leiste, um noch weitere Steuerelemente einzublenden. Dies sind die wichtigsten Funktionen:

- Tippen Sie auf dieses Symbol, um die Wiedergabe zu pausieren.
- Um die pausierte Wiedergabe fortzusetzen, tippen Sie auf dieses Symbol.
- Bei kurzem Drücken dieses Symbols wechseln Sie zum vorherigen Titel, bei längerem Drücken »spulen« Sie den aktuellen Titel zurück.
- Bei kurzem Drücken dieses Symbols wechseln Sie zum nächsten Titel, bei längerem Drücken »spulen« Sie den aktuellen Titel vor.
- Möchten Sie die Musikwiedergabe auf einem mit dem iPhone verbundenen Gerät durchführen, wählen Sie das Gerät – z. B. ein Apple TV oder ein MacBook – unter diesem Symbol aus.
- Sofern verfügbar, können Sie unter diesem Symbol den Songtext des gerade laufenden Titels aufrufen.
- Unter diesem Symbol finden Sie eine Liste der Titel, die als Nächstes gespielt werden.

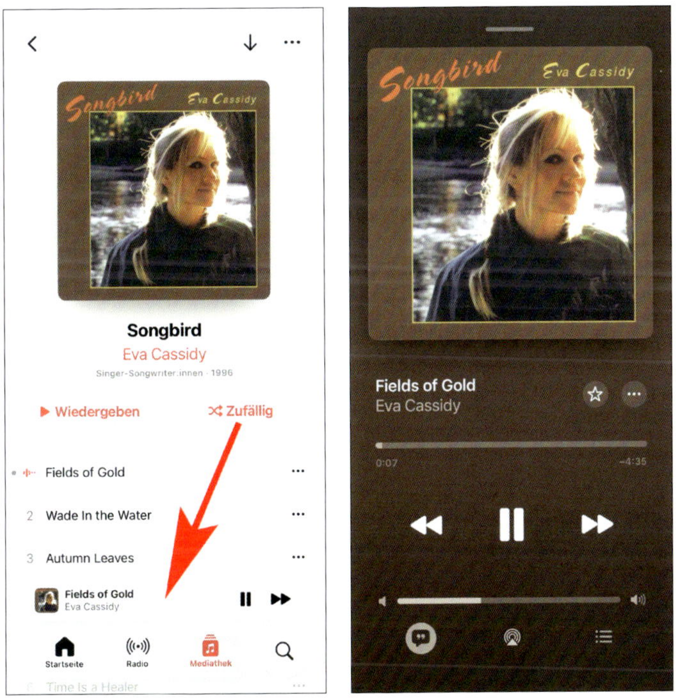

Tippen Sie auf die bei der Musikwiedergabe eingeblendete Leiste, um noch weitere Steuerelemente einzublenden.

Wählen Sie das Symbol , erhalten Sie weitere Symbole für die zufällige Wiedergabe der Titel (Symbol) sowie für das automatische Wiederholen der Liste bzw. bei erneutem Antippen eines einzelnen Titels (Symbol). Verwenden Sie Apple Music (siehe Infobox), können Sie mit dem Symbol ähnliche Titel »unendlich« wiedergeben. Das Symbol steht für das Überblenden von Musiktiteln. Bei der Verwendung von Apple Music ist mit dem Symbol auch ein AutoMix nach DJ-Art möglich.

Sie können ein Album oder eine Wiedergabeliste in einer zufälligen Folge wiedergeben sowie eine automatische Wiederholung einschalten.

Mit dem Symbol ☆ können Sie einen Musiktitel Ihren Favoriten hinzufügen und später z. B. Ihre Mediathek nach Ihren Favoriten filtern. Schließlich bieten sich Ihnen unter dem Symbol ··· weitere Optionen an, etwa das Teilen eines Titels oder das Hinzufügen zu einer Wiedergabeliste.

Den Lautstärkeregler in der App *Musik* benötigen Sie eigentlich nicht, da Sie die Lautstärke mithilfe der Tasten links am iPhone bzw. auch an einem Apple-Kopfhörer oder an einem AirPod regeln können. Die Musikwiedergabe kann grundsätzlich im Hintergrund erfolgen, und es lassen sich gleichzeitig weitere Apps verwenden – es sei denn, diese möchten ebenfalls Musik abspielen (z. B. Webradio) oder Sprache ausgeben (z. B. Navigation). Die Musikwiedergabe in der App *Musik* wird dann entweder dauerhaft pausiert oder nur vorübergehend ausgeblendet. Das Steuern der Musikwiedergabe kann auch auf dem Sperrbildschirm sowie im Kontrollzentrum erfolgen.

Apple Music

In der App *Musik* lassen sich nicht nur gekaufte bzw. mit dem iPhone synchronisierte Musikdateien abspielen, sondern Sie können auch unzählige Titel aus dem Internet streamen. Dafür steht in der Rubrik *Startseite* der Dienst Apple Music zur Verfügung, der allerdings kostenpflichtig ist. Das kostenlose Probeabo sollten Sie sich auf keinen Fall entgehen lassen! Falls Sie Apple Music sowieso nicht verwenden, lässt sich diese Rubrik in den *Einstellungen* unter *Apps* und dort unter *Musik* ausblenden. Analoges wie für Apple Music gilt für das Apple TV+-Abo, das Ihnen in der App *TV* angeboten wird.

Die Videowiedergabe steuern

Die Videowiedergabe erfolgt sogar noch einfacher als die Musikwiedergabe. Wählen Sie das gewünschte Video in der App *TV* durch Antippen aus. Es lassen sich ggf. auch einzelne Kapitel für die Wiedergabe eines Spielfilms auswählen. Drehen Sie das iPhone ins Querformat, um die Filmwiedergabe im Vollbildmodus zu genießen. Im Vergleich mit den bereits von der App *Musik* her bekannten Steuerelementen gibt es neue Symbole:

- Mit diesem Symbol aktivieren Sie die Bild-in-Bild-Funktion, sodass Sie das Video auch betrachten können, während Sie mit anderen Apps arbeiten.
- Tippen Sie auf dieses Symbol, um die Filmwiedergabe auf einem AirPlay-fähigen Gerät durchzuführen, etwa einem Apple TV.
- Für SharePlay zum Teilen der Wiedergabe sowie für andere Optionen zum Teilen wählen Sie dieses Symbol.

 Passen Sie unter diesem Symbol die Wiedergabegeschwindigkeit des Films an. Sie können die Wiedergabe verlangsamen, aber auch beschleunigen.

 Treffen Sie unter diesem Symbol die Sprachauswahl. So können Sie einen Hollywood-Spielfilm z. B. im englischsprachigen Original statt mit der deutschen Synchronisierung betrachten.

 Dieses Symbol betrifft die Sprache der Untertitel, sofern solche für den Film zur Verfügung stehen.

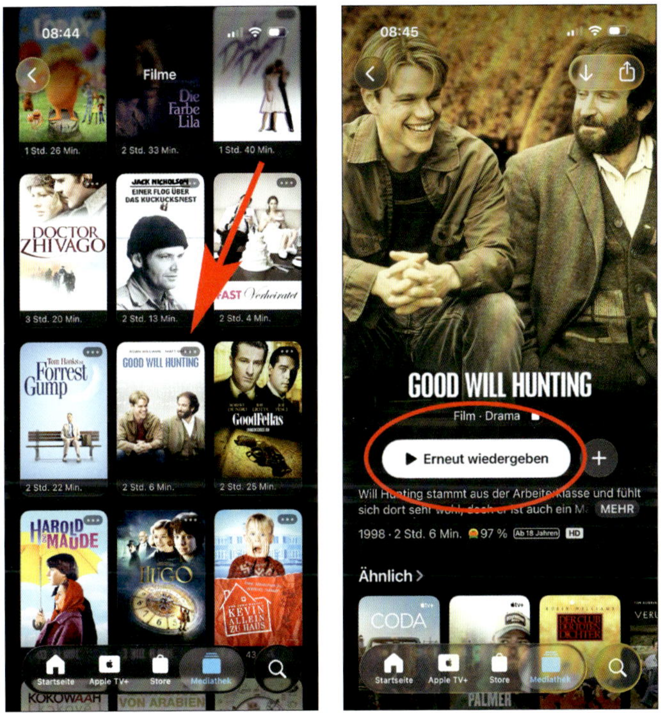

Auch im Store der TV-App gekaufte Filme lassen sich streamen, um auf dem iPhone Speicherplatz zu sparen.

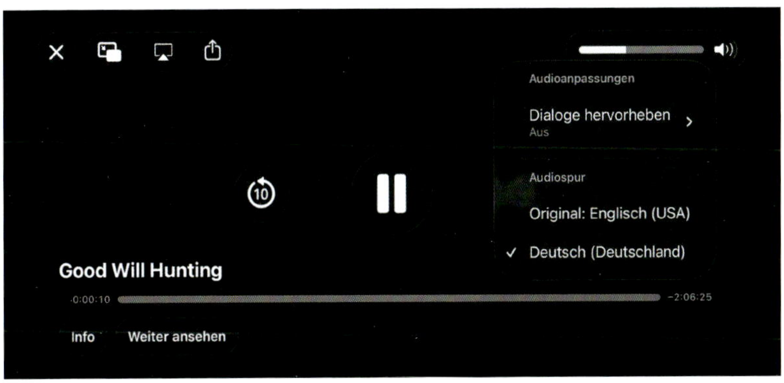

Ähnlich wie bei Film-DVDs lässt sich auch bei Filmen, die im Store der TV-App gekauft wurden, häufig eine Sprachauswahl treffen.

Die Steuerelemente werden während der Videowiedergabe automatisch ausgeblendet. Tippen Sie einfach in das Video, um die Steuerelemente erneut einzublenden.

Andere Optionen zum Streamen von Filmen

Man muss es schon klar sagen: Die Filme im iTunes Store sind recht teuer, egal ob zum Kaufen oder zum Ausleihen. Es gibt gute Alternativen, etwa die Videoplattform YouTube, auf der Sie ebenfalls Spielfilme finden, aber auch Anbieter wie (neben dem bereits erwähnten Apple TV+) Amazon Prime Video oder Netflix, die für eine relativ geringe Abogebühr den vollen Zugriff auf die gesamte Onlinevideothek bieten – passende Apps für die Wiedergabe sind jeweils im App Store verfügbar.

Musikwiedergabelisten für jeden Anlass erstellen

Ein wichtiger Vorteil von Musik-Downloads aus dem Internet besteht darin, dass Sie nicht mehr komplette Alben kaufen müssen, sondern sich auf das Kaufen Ihrer Lieblingstitel beschränken können. Solche Einzeltitel organisieren Sie am besten in Wiedergabelisten (Playlists) für jeden Anlass, etwa Musik zum Autofahren, zum Entspannen, Partymusik, ein romantisches Abendessen und was Ihnen sonst noch einfallen mag. So einfach erstellen Sie in der App *Musik* eine neue Wiedergabeliste und fügen dieser die gewünschten Musiktitel hinzu:

1. Entscheiden Sie sich in der App *Musik* für die Rubrik *Mediathek* und wählen Sie *Playlists*. Später erhalten Sie hier eine Übersicht über die bereits verfügbaren Wiedergabelisten.

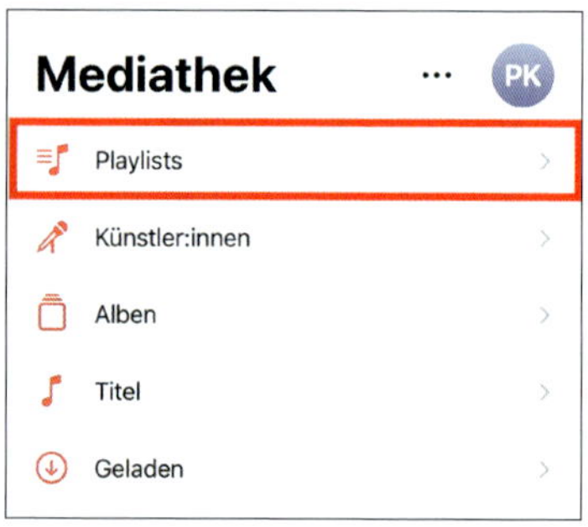

2. Zum Erstellen einer neuen Wiedergabeliste tippen Sie auf das Plussymbol +.

3. Wählen Sie im Menü die Option *Neue Playlist erstellen*.

4. Geben Sie der neuen Wiedergabeliste zunächst eine sinnvolle Bezeichnung. Fügen Sie, wenn Sie möchten, auch noch eine kurze Beschreibung hinzu. Bestätigen Sie mit dem roten Häkchensymbol ✓.

5. Wählen Sie nun *Musik hinzufügen*, um die gewünschten Titel hinzuzufügen. Tippen Sie bei einem Titel, den Sie der Wiedergabeliste hinzufügen möchten, auf das zugehörige Plussymbol ⊕. Sie können auch einfach direkt auf den Titel tippen, das zeigt den gleichen Effekt. Bestätigen Sie Ihre Auswahl mit dem roten Häkchensymbol ✓.

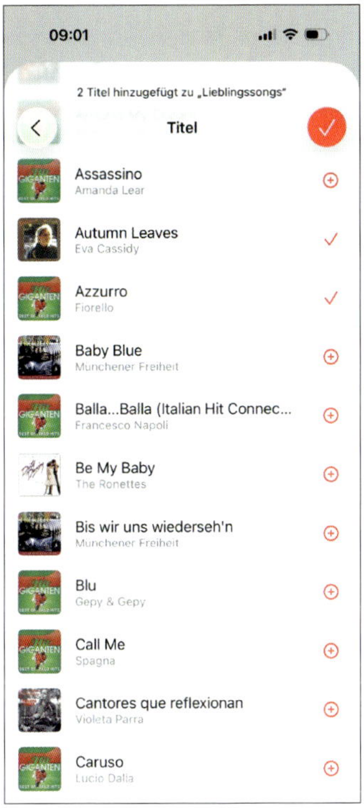

Die von Ihnen erstellte Wiedergabeliste rufen Sie zukünftig in der App *Musik* unter der Rubrik *Mediathek* und dort unter *Playlists* auf. Um weitere Titel hinzuzufügen oder Titel aus der Liste zu entfernen, wählen Sie die Liste aus und entscheiden sich unter dem Symbol ··· für *Bearbeiten*.

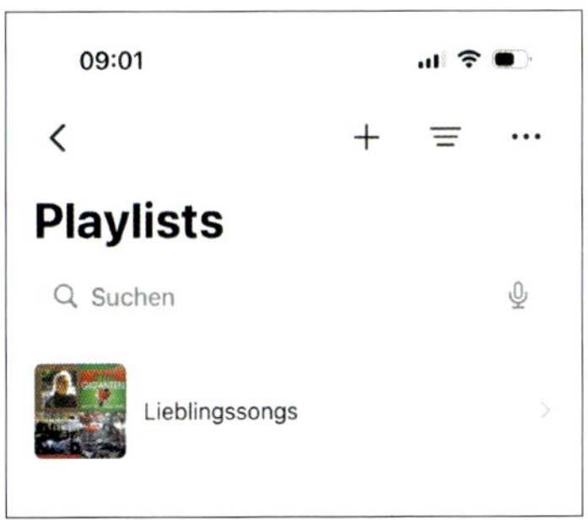

Die Wiedergabeliste lässt sich ab sofort auswählen und jederzeit nachträglich ergänzen.

Equalizer einsetzen

Wenn Sie den Klang bei der Musikwiedergabe Ihren Wünschen anpassen möchten: In den *Einstellungen* unter *Apps* und dort unter *Musik* finden Sie den Eintrag *EQ*, der Zugriff auf ganz unterschiedliche Voreinstellungen bietet, aber auch Bässe oder Höhen reduzieren bzw. verstärken kann. In den *Einstellungen* unter *Apps* und dort unter *Musik* finden Sie noch einige weitere nützliche Optionen wie die Anpassung der Lautstärke.

Motivationskurse, Hörspiele und noch mehr Podcasts

Eine App, die auf Ihrem iPhone ebenfalls bereits zur Verfügung steht, nennt sich *Podcasts*. Das Wort Podcast setzt sich aus **iPod** und Broad**cast** zusammen. Gemeint sind damit vielfach kostenlose und mehr oder weniger regelmäßige Folgen von Audio-, teilweise auch von Videoinhalten, die Sie direkt in der App *Podcasts* aufstöbern und wiedergeben. Die App *Podcasts*, die Sie standardmäßig auf der zweiten Seite des Home-Bildschirms finden, ist Store und Wiedergabe-App in einem.

Die App Podcasts zum Laden und Wiedergeben von Podcasts steht auf Ihrem iPhone standardmäßig bereits zur Verfügung.

Nachdem Sie bereits den iTunes Store, die Apps *Musik* und *TV* kennengelernt haben, genügt es, sich mit einigen Besonderheiten der Podcasts vertraut zu machen.

Hier zeige ich Ihnen Schritt für Schritt, wie Sie Podcasts perfekt verwenden:

1. Zunächst mal machen Sie sich in der App *Podcasts* auf die Suche nach einem Podcast, der Ihnen zusagt. Hier lasse ich mir unter der Rubrik *Neu* die meistgeladenen Podcasts anzeigen. Alternativ verwenden Sie die Suchfunktion, die Sie mit der Lupe aufrufen.

2. Sie können eine Podcast-Folge direkt wiedergeben, indem Sie diese antippen. Wollen Sie einem Podcast folgen, um zukünftig automatisch die neusten Episoden zu erhalten, tippen Sie oben auf das Plussymbol +. Das Pluszeichen verwandelt sich dann in ein Häkchen ✓. Möchten Sie dem Podcast nicht mehr folgen, tippen Sie das Häkchen an und wählen *Sendung entfolgen*. Standardmäßig werden die neusten

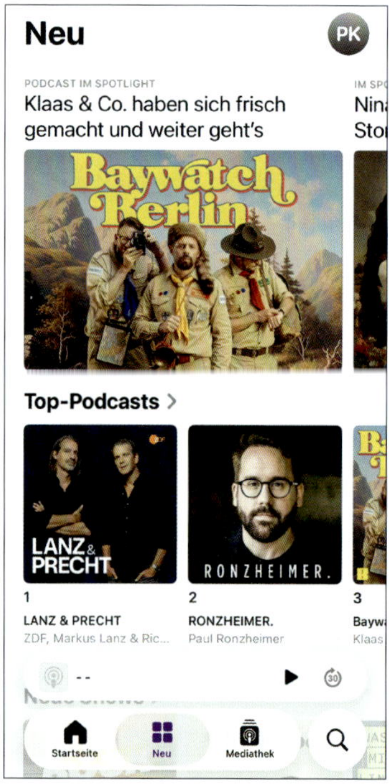

Podcast-Episoden automatisch aufs iPhone heruntergeladen, aber auch die automatischen Downloads lassen sich unter dem Häkchen deaktivieren.

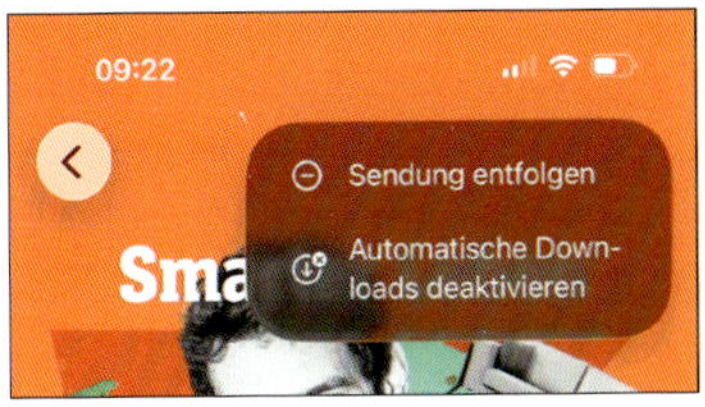

3. Um auf Ihre Podcasts zuzugreifen, wählen Sie die Rubrik *Mediathek*. Tippen Sie eine Folge an, um die Option für die Wiedergabe zu erhalten.

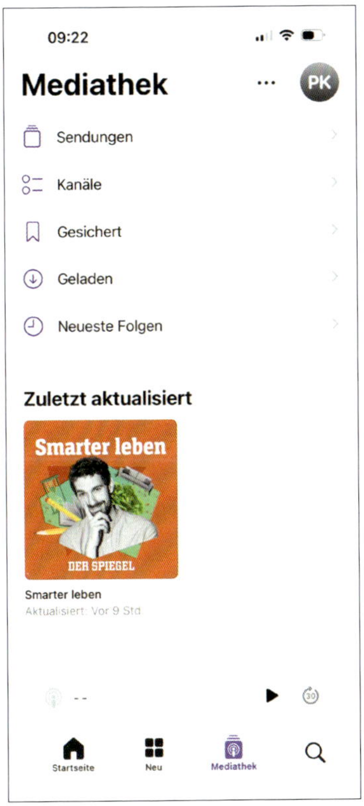

Normalerweise werden Podcast-Folgen von der neusten zur ältesten kontinuierlich wiedergegeben. Wenn Sie jeweils einen Wiedergabe-Stopp nach der aktuell gehörten Podcast-Folge wünschen, deaktivieren Sie in den *Einstellungen* unter *Apps* und dort unter *Podcasts* den Schalter *Kontinuierliche Wiedergabe*.

Auf dem PC gespeicherte Videodateien betrachten

Ein kleines Manko des iPhones besteht darin, dass standardmäßig nicht besonders viele Medienformate wiedergegeben werden können. Bei Musikdateien ist dies nicht weiter dramatisch, da diese sowieso meist im MP3- oder im AAC-Format vorliegen. Gravierender macht sich der Umstand aber bei Videodateien bemerkbar.

Um auch solche Videos auf Ihrem iPhone wiederzugeben, die standardmäßig nicht unterstützt werden, bieten sich Ihnen zwei Optionen:

- **Konvertierung:** Verwenden Sie eine Konvertierungssoftware, um eine Videodatei in ein unterstütztes Format zu bringen. Bei kompletten Spielfilmen ist das allerdings sehr zeitaufwendig! Empfehlenswert für die Konvertierung ist z. B. das kostenlose Programm *HandBrake*, das Sie unter der Webadresse *handbrake.fr* herunterladen.

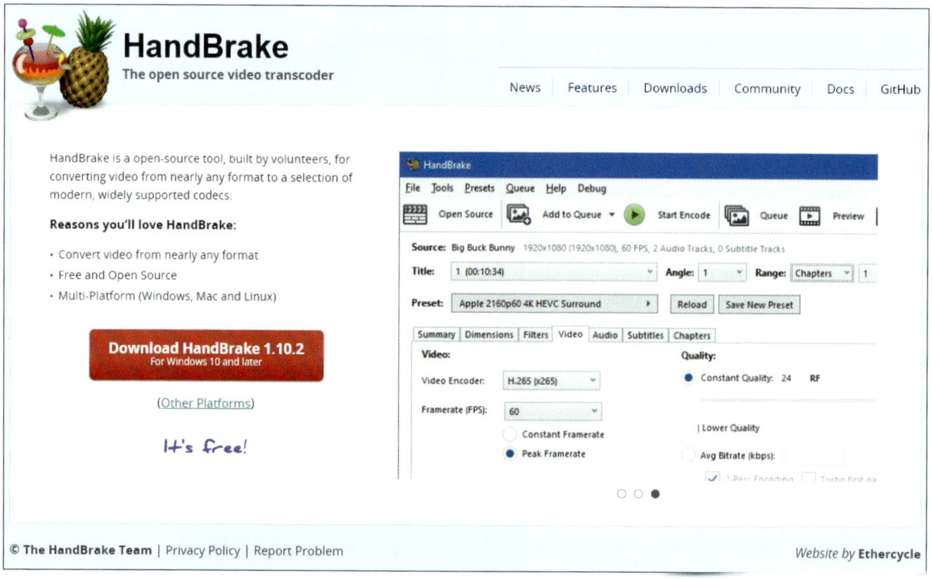

Kostenlos, aber leistungsstark: Die Konvertierungssoftware HandBrake lässt sich für Windows-Computer, Mac und Linux-Rechner herunterladen.

- **Zusatz-App:** Laden Sie die Videodatei in eine Zusatz-App, die mehr Formate unterstützt. Ich kann Ihnen die kostenlose App *VLC media player* empfehlen, die jede Menge Videoformate wiedergeben kann. Die Übertragung der Videodateien vom Computer aufs iPhone kann auf unterschiedlichen Wegen erfolgen. Zudem erlaubt die App den Zugriff auf Cloud-Dienste sowie Netzwerkstreaming.

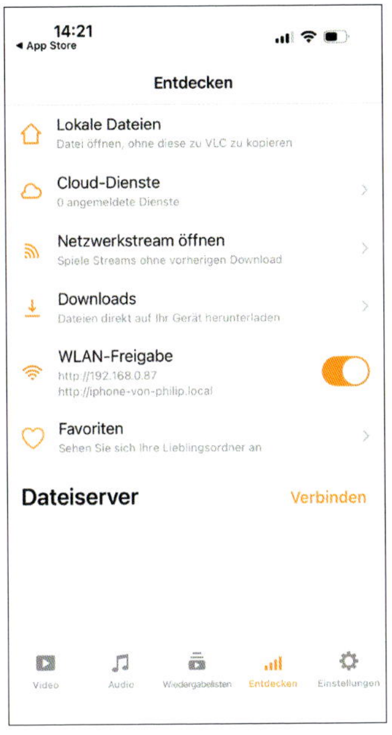

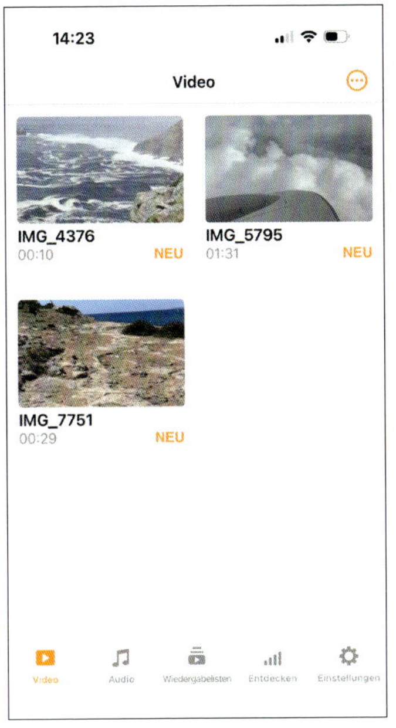

Mit der App VLC media player können Sie zahlreiche Video- sowie auch Audioformate von unterschiedlichen Speicherorten wiedergeben.

Entscheiden Sie selbst, welcher Variante Sie den Vorzug geben möchten. Ich persönlich bevorzuge das Speichern und Wiedergeben der Videodateien in einer Zusatz-App.

Musik und Filme vom iPhone auf die Stereoanlage oder das TV-Gerät übertragen

Der Lautsprecher Ihres iPhones hat einen erstaunlich guten Klang, aber für eine Party reicht das nicht aus. Und einen kompletten Spielfilm auf dem iPhone-Display zu betrachten, macht auch nicht gerade Spaß, zumindest wenn Sie regelmäßig Filme gucken wollen. Lassen Sie mich Ihnen deshalb auf den nächsten Seiten die besten Geräte und Funktionen für die Wiedergabe von Musik und Filmen auf der Stereoanlage oder dem TV-Gerät aufzeigen.

Musik auf die Stereoanlage via AirPlay oder Bluetooth

Die Übertragung von Musik, die Sie auf Ihrem iPhone wiedergeben, auf eine Stereoanlage erfolgt am einfachsten drahtlos – entweder in einem WLAN per AirPlay oder per Bluetooth.

Voraussetzung dafür, dass dies funktioniert, ist jeweils, dass die Stereoanlage mit einer entsprechenden Funktion ausgestattet ist. Für die Verwendung der AirPlay-Funktion kann ansonsten ein zusätzliches Gerät wie das Apple TV angeschlossen werden, das ich Ihnen gleich noch näher vorstellen werde – Voraussetzung in diesem Fall ist aber, dass an der Stereoanlage ein entsprechender Anschluss vorhanden ist.

Im Zusammenhang mit Bluetooth stellen Sie eine Verbindung zwischen dem iPhone und der Stereoanlage her, wie ich es in Kapitel 2 im Zusammenhang mit einer Bluetooth-Tastatur beschrieben habe. Wenn Bluetooth sowohl auf dem iPhone als auch auf der Stereoanlage aktiviert ist, wird die Musik, die auf dem iPhone läuft, auf die Stereoanlage gestreamt. Der Nachteil bei Bluetooth: Sie dürfen sich mit dem iPhone nicht zu weit von der Stereoanlage entfernen, in der Regel nur 10 m oder bei neuerer Technik auch etwas mehr ohne Mauern dazwischen.

Diese Abbildung zeigt die Mini-Stereoanlage BTB8000 von Philips, die unter anderem über eine Bluetooth-Funktion verfügt. (Bildquelle: Philips)

Die Verwendung von AirPlay basiert auf einem WLAN. Wenn sowohl das iPhone als auch das AirPlay-fähige Gerät sich im selben WLAN befinden, wird Ihnen die *AirPlay*-Option in den entsprechenden Apps (z. B. *Musik* oder *TV*) angeboten.

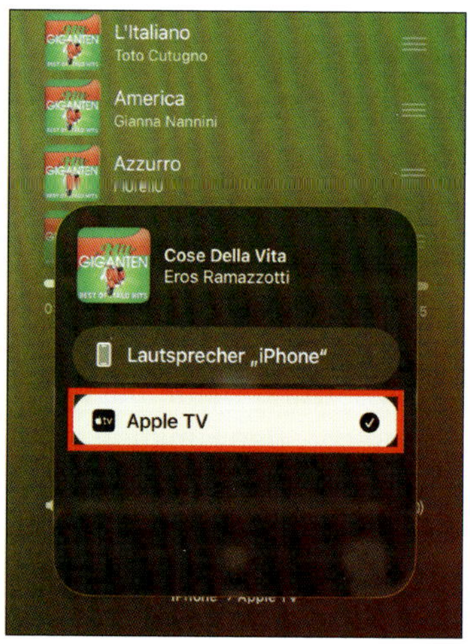

Aktivieren Sie AirPlay beispielsweise in der App Musik, um Ihre Musik auf ein AirPlay-fähiges Gerät zu streamen.

> **Möchten Sie selbst Musik aufnehmen?**
>
> Eventuell möchten Sie selbst Musik aufnehmen, mit verschiedenen auf dem iPhone dargestellten Instrumenten einspielen und mehrere Tonspuren zu einem ansprechenden Song zusammenmischen? Das ist kinderleicht und macht richtig Spaß mit der iPhone-App *GarageBand*. Wenn Sie diese App nicht benötigen, löschen Sie sie lieber vom iPhone, da sie recht viel Speicherplatz belegt.

Streaming vom iPhone, Zugriff auf iCloud-Fotos und noch viel mehr: Apple TV

Sie möchten Videos, Fotos, Musik oder einfach sämtliche Displayinhalte von Ihrem iPhone auf das TV-Gerät übertragen? Ich empfehle die Anschaffung eines Apple TV, das diese und noch weitere Funktionen bietet. Es handelt sich um eine kleine Box, die mit einem HDMI-Kabel an den Fernseher angeschlossen wird.

Bei der Inbetriebnahme eines Apple TV stellen Sie zunächst eine Verbindung mit dem WLAN her, in dem sich auch das iPhone befindet. Um auch auf die gleichen Medieninhalte wie auf dem iPhone zuzugreifen, melden Sie sich auf dem Apple TV zudem mit dem gleichen Apple Account an.

Das Apple TV ist eine kleine Box, die mit vielen nützlichen Medienfunktionen aufwartet. (Bildquelle: Apple)

Das Apple TV wartet mit einer ganzen Reihe exzellenter Funktionen auf. Zunächst mal lassen sich via AirPlay sämtliche Inhalte vom iPhone auf den Fernsehbildschirm streamen. Öffnen Sie hierzu das Kontrollzentrum und wählen Sie das Steuerelement (siehe Pfeil im Bild). Um die Bildschirm-Synchronisierung zu starten, wählen Sie anschließend *Apple TV*.

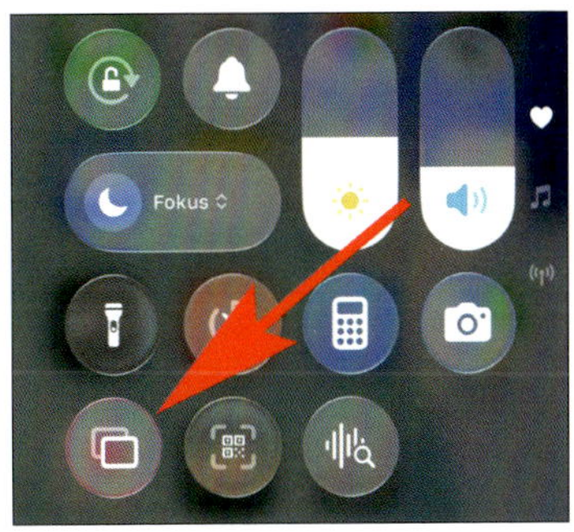

Die Bildschirm-Synchronisierung erlaubt das Streamen sämtlicher auf dem iPhone angezeigter Displayinhalte auf den Fernsehbildschirm.

Ein Apple TV hat noch einiges mehr zu bieten. Gestatten Sie mir, Ihnen für eine eventuelle Kaufentscheidung einen kleinen Überblick zu geben:

- **Zugriff auf bei Apple gekaufte Inhalte:** Sie können auch direkt auf dem Apple TV auf die im iTunes Store gekaufte Musik sowie auf gekaufte Filme und TV-Serien zugreifen. Videos lassen sich auch direkt auf dem Apple TV kaufen oder ausleihen. Apple bietet außerdem, wie schon erwähnt, den kostenpflichtigen Streaming-Dienst Apple TV+ an, also eine Art Internet-Leihvideothek mit Flatrate.

Wenn im Fernsehen mal nichts Gescheites läuft: Streamen Sie mit Ihrem Apple TV Filme übers Internet. (Bildquelle: Apple)

- **Privatfreigabe:** Die Privatfreigabe ermöglicht es, auf die Mediathek zuzugreifen, die Sie auf dem PC angelegt haben, also Inhalte vom Computer zu streamen. Falls eine Privatfreigabe besteht, lässt sich auf die freigegebenen Mediatheken auch direkt auf dem iPhone zugreifen, und zwar in den Apps *Musik* und *TV*.
- **iCloud Fotos:** Wenn Sie Ihre Aufnahmen mit iCloud synchronisieren, können Sie mit dem Apple TV ebenfalls darauf zugreifen, um Ihre Aufnahmen direkt auf dem Fernsehbildschirm zu betrachten und zu präsentieren.
- **Externe Anbieter:** Auch auf dem Apple TV stehen eine Reihe von Apps externer Anbieter zur Verfügung. Geben Sie beispielsweise mit den Apps *Amazon Prime Video* oder *Netflix* Filme wieder oder hören Sie mithilfe einer anderen App übers Internet Radio.

Außer für die Wiedergabe von Filmen, TV-Sendungen und Musik können Sie die aktuelle Apple-TV-Box auch zum Spielen (Apple Arcade) und für Fitnesstrainings (Apple Fitness+) nutzen. FaceTime-Telefonate lassen sich dank Apple TV auf dem Fernsehgerät im Großformat darstellen.

Webradio und Web-TV auf dem iPhone nutzen

Das iPhone lässt sich auch als Radio oder TV-Gerät einsetzen – dank Internet. Gern stelle ich Ihnen meine in diesem Zusammenhang bevorzugten Apps vor:

- **Webradio:** Jede Menge Radiosender aus aller Welt kostenlos (allerdings mit nervigen Werbeeinblendungen) und in lupenreiner Qualität empfangen – verwenden Sie hierzu z. B. die App *Radio.de*. Ihre Lieblingssender lassen sich darin speichern, um jederzeit schnell darauf zuzugreifen. Auch die Einzel-Apps verschiedener Radiosender lassen sich im App Store aufspüren. Nur ein Beispiel hierfür ist die App *Dlf – Die Nachrichten* des Deutschlandfunks, die außer mit einem Livestream des Senders auch mit Onlinenews aufwartet.

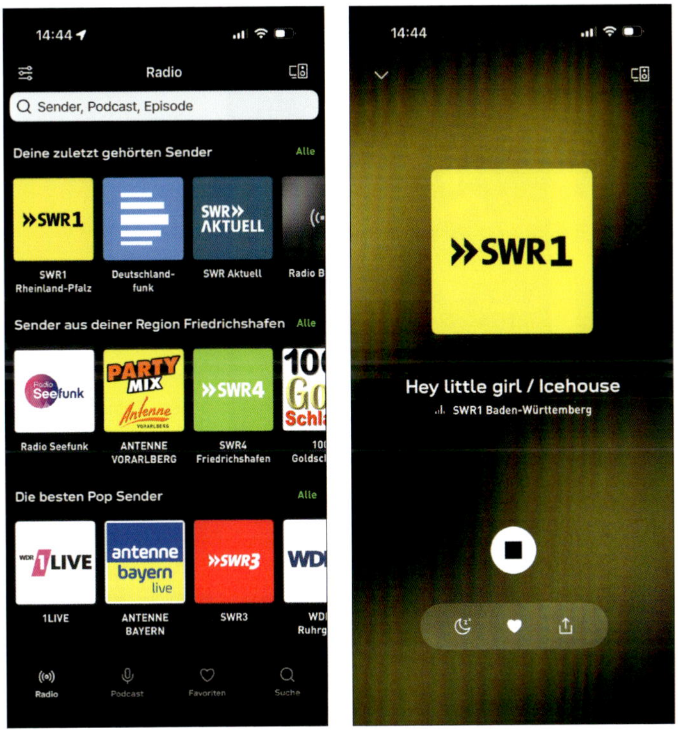

Mit der entsprechenden App, hier Radio.de, empfangen Sie übers Internet Radiosender aus der ganzen Welt.

- **Web-TV:** Zum Empfangen von ARD, ZDF, Arte und zahlreichen weiteren Fernsehsendern empfehle ich die Gratis-App *Zattoo*. Nach der kostenlosen Registrierung müssen Sie lediglich einen Sender auswählen, um den Livestream zu starten. Drehen Sie das iPhone ins Querformat, um die Sendung im Vollbildmodus wiederzugeben. Ein etwas nerviger Haken bei der Zattoo-Nutzung: Beim Ein- und Umschalten werden jeweils Werbefilmchen eingeblendet. Auch im Zusammenhang mit Web-TV gilt, dass einige Fernsehsender auch eigene Apps mit einem Livestream anbieten, z. B. ARD und ZDF.

- **Mediatheken verwenden:** Wer mal eine Sendung verpasst, kann diese häufig nachträglich in der Mediathek des entsprechenden Fernsehsenders betrachten. Auch von diesen gibt es meist Apps, z. B. die Apps *ARD Mediathek*, *ZDF*, *ORF ON* oder *Play SRF*. Teils gibt es auch in diesen Apps einen Livestream.

Diese Abbildungen zeigen die Mediathek-Apps von ARD und ZDF.

KAPITEL 10

Fotos und Videos aufnehmen, bearbeiten, verwalten

Ein iPhone 17 und besonders eine Pro-Variante des iPhones mag auf den ersten Blick teuer erscheinen – wenn Sie sich vergegenwärtigen, wie viele Funktionen es bietet, relativiert sich der Anschaffungspreis jedoch schnell. Ein Paradebeispiel hierfür ist die eingebaute Kamera. Alle vier Varianten des iPhone 17 warten mit einer 48-Megapixel-Kamera auf. Die Frontkamera bietet eine Auflösung von immerhn 18 Megapixeln. Pixel nennt man die einzelnen Bildpunkte, aus denen das Bild zusammengesetzt wird. Aber viele Megapixel sind gar nicht das Wichtigste. Die iPhone-Kamera kann vor allen Dingen in Sachen Bildqualität mit anderen Kameras mehr als mithalten.

Für das Urlaubs-, Familien- oder Porträtfoto zwischendurch benötigen Sie ganz bestimmt kein zusätzliches Gerät mehr! Das iPhone wird inzwischen sogar von professionellen Fotografen und Filmern geschätzt. In diesem Kapitel stelle ich Ihnen alle wichtigen Funktionen der iPhone-Kamera vor.

Das iPhone als vollwertige Kamera nutzen

Um mit dem iPhone fotografieren oder filmen zu können, starten Sie die App *Kamera*. Bei einem iPhone 17 haben Sie dazu mehrere Möglichkeiten. Drücken Sie auf die Kamerasteuerung, die sich auf der (bei Draufsicht im Hochformat) rechten Geräteseite befindet, belegen Sie die Aktionstaste entsprechend, nutzen Sie das Kamera-Steuerelement auf dem Sperrbildschirm oder im Kontrollzentrum. Oder aber, ganz klassisch: Rufen Sie die App *Kamera* auf der ersten Seite des Home-Bildschirms auf.

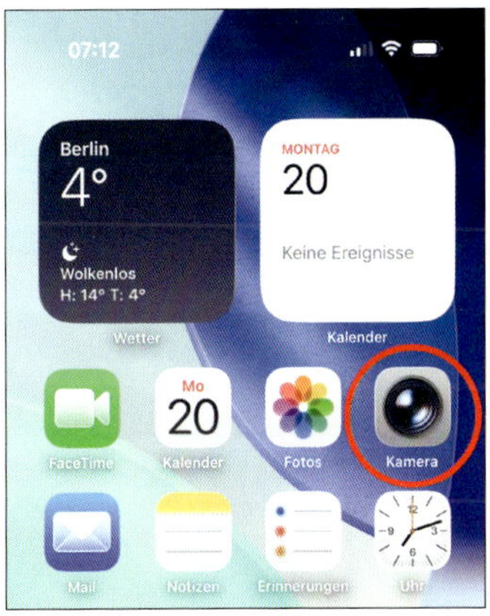

Die iPhone-Kamera lässt sich unter anderem per Symbol auf dem Home-Bildschirm aufrufen.

Wie bei einer herkömmlichen Digitalkamera gilt: Wenn Sie das iPhone im Hochformat halten, wird ein hochformatiges Bild bzw. Video aufgenommen; halten Sie das iPhone hingegen im Querformat, wird ein querformatiges Bild bzw. Video aufgenommen. Unabhängig davon, wie Sie Ihr iPhone halten, können Sie aber auch quadratische Bilder aufnehmen.

Wenn Sie das iPhone im Querformat halten, achten Sie darauf, dass sich die Kamerasteuerung auf der Oberseite befindet – die Kamerasteuerung dient nämlich, wenn Sie nicht das dafür vorgesehene Symbol in der App nutzen möchten, als Auslöser. Ebenfalls gut zu wissen: Auch die Lautstärketasten lassen sich als Auslöser verwenden. Als »Sucher« dient das Display, auf dem jeweils dargestellt wird, was Sie mit der Kamera erfassen.

Während das iPhone 17 Pro sowie das iPhone 17 Pro Max neben der Hauptkamera auch über ein Ultraweitwinkel- und ein Teleobjektiv verfügen, steht auf dem iPhone 17 neben der Hauptkamera lediglich ein Ultraweitwinkel-Objektiv zur Verfügung und auf dem iPhone Air nur die Hauptkamera. Auf allen vier Varianten des iPhone 17 steht ein Porträtmodus bereit, der jeweils sechs unterschiedliche Porträtlicht-Effekte zu bieten hat.

Für Videoaufnahmen mit Schärfentiefe-Effekten gibt es einen Kinomodus. Auch ein Action-Modus kann aktiviert werden, der für weniger Wackler beim Drehen von Action-Videos sorgen soll. Räumliche Foto- und Videoaufnahmen sind auf dem iPhone 17, dem iPhone 17 Pro sowie dem iPhone 17 Pro Max möglich, nicht jedoch auf dem iPhone Air.

Achtung, Geotag!

Beim ersten Start der App *Kamera* werden Sie gefragt, ob die Kamera auf die Ortungsdienste Ihres iPhones zugreifen darf. Dies ermöglicht es, die aufgenommenen Bilder mit einem Geotag – den Koordinaten des Aufnahmeorts – zu versehen. Andere können dadurch sehen, an welchem Strand Sie die Delfine fotografiert haben, aber auch, in welchem Haus sich die abgelichtete Schmucksammlung befindet.

Aufnahmefunktion wählen

In der App *Kamera* werden Ihnen zunächst nur die Optionen *Foto* und *Video* angezeigt. Tippen Sie eine dieser Optionen an und streichen Sie mit dem Finger nach rechts, werden die verschiedenen Foto-Optionen angezeigt, streichen Sie hingegen nach links, erhalten Sie die verschiedenen Video-Optionen.

Die Foto- und Video-Optionen werden durch horizontales Streichen eingeblendet.

Dies sind die angebotenen Optionen:

- *Foto:* Wählen Sie diese Option, um ein Foto aufzunehmen. Dabei können Sie zwischen unterschiedlichen Formaten wählen, nämlich 4:3, 16:9 oder einer quadratischen Aufnahme. Um in der Kamera die Aufnahmeoptionen ein- oder auszublenden, tippen Sie in der Kamera-App auf das Symbol .

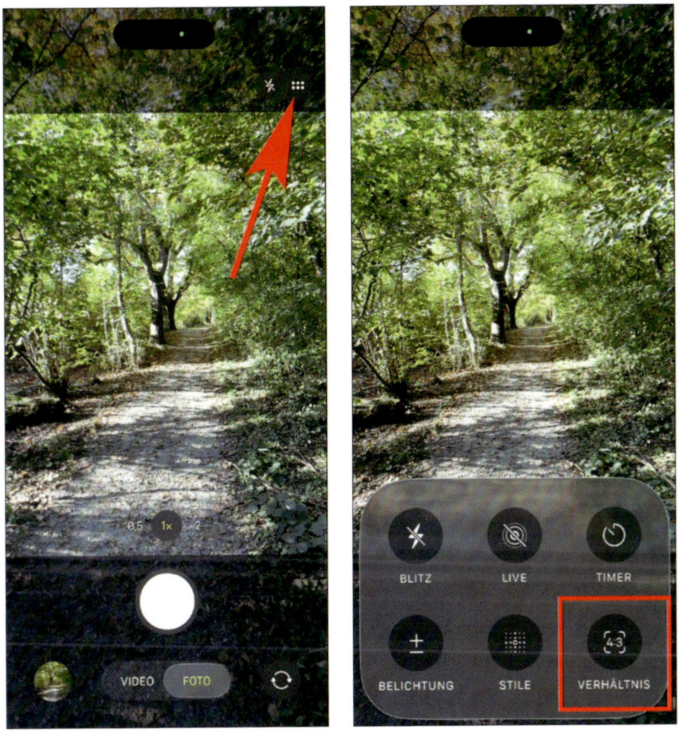

Eine Fotoaufnahme lässt sich in unterschiedlichen Bildformaten erstellen.

- *Porträt:* Speziell für Porträtaufnahmen bietet das iPhone 17 einen extra Aufnahmemodus mit sechs unterschiedlichen Belichtungseffekten.
- *Räumlich:* Für räumliche Aufnahmen wählen Sie diesen Modus. Betrachten Sie die Aufnahmen später auf einer Apple Vision Pro wie auf einer Kinoleinwand.
- *Pano:* Wählen Sie diese Option aus, um ein Panoramafoto aufzunehmen.
- *Video:* Diese Option dient zur Aufnahme eines 4K- oder HD-Videos. Unter dem Symbol aktivieren bzw. deaktivieren Sie unter anderem den Action-Modus, um ruckelige Aufnahmen zu verhindern.
- *Kino:* Hier wählen Sie den Kinomodus aus, der es ermöglicht, den Fokus auf die wichtigsten Objekte zu richten.

- *Slo-Mo:* Entscheiden Sie sich für diese Option, um das Video in Zeitlupe aufzuzeichnen, die Bildfrequenz also deutlich zu erhöhen.
- *Zeitraffer:* Wählen Sie diese Option, um das Video im Zeitraffer aufzuzeichnen, die Bildfrequenz also deutlich zu verringern.

Auch für Ihre Videoaufnahmen stehen verschiedene Auswahloptionen zur Verfügung.

Exzellente Fotos aufnehmen

Für Aufnahmen mit der iPhone-Kamera gelten grundsätzlich die gleichen Regeln wie für Aufnahmen mit anderen Kameras auch. Bevor Sie sich mit den eigentlichen Kamerafunktionen vertraut machen, vorab fünf goldene Regeln für wirklich gelungene Aufnahmen:

- Das Motiv entscheidet! Nehmen Sie sich Zeit für die Motivsuche sowie für die Suche nach der besten Position, aus der Sie das Motiv fotografieren.
- Wackeln Sie während des Fotografierens nicht mit Ihren Händen – ansonsten ist das Risiko hoch, dass auch die Aufnahme verwackelt wird.
- Fotografieren Sie am besten bei Tageslicht; auch wenn das iPhone 17 zahlreiche Features für Nachtaufnahmen bietet. Notfalls setzen Sie den LED-Blitz Ihres iPhones ein.

- Fotografieren Sie niemals gegen das Licht, denn dann wird die Aufnahme nicht gelingen.
- Machen Sie von einem Motiv zahlreiche Aufnahmen. Sie können dann später die beste auswählen und nicht gelungene Bilder löschen. Das iPhone bietet für diese Methode genügend Speicherplatz!

Die Kamerasteuerung nutzen

Bevor ich gleich noch näher auf die unterschiedlichen Kameraoptionen eingehe, machen Sie sich zunächst mit der Kamerasteuerung vertraut, also der Kamerataste, die sich auf der (bei Draufsicht) rechten Seite des iPhone 17 befindet. Die Funktionsweise ist denkbar einfach: Drücken Sie die Taste bei bereits aktiviertem Bildschirm einmal, wird die App *Kamera* geöffnet. Drücken Sie die Taste nochmals, wird ein Foto aufgenommen. Halten Sie bei geöffneter Kamera-App die Taste gedrückt, erfolgt eine Videoaufnahme so lange, bis Sie die Taste wieder loslassen. Halten Sie die Kamerasteuerung hingegen gedrückt, während die App *Kamera* nicht geöffnet ist, aktivieren Sie das KI-Feature *Visuelle Intelligenz.*

Mit der Kamerasteuerung lassen sich auf die Schnelle Fotos sowie Videos aufnehmen, aber auch die visuelle Intelligenz lässt sich aktivieren.

Die Kamerasteuerung kann auch dazu eingesetzt werden, Aufnahmeeinstellungen zu Belichtung, Zoom und Co. festzulegen, allerdings ist das doch etwas fummelig. Falls Sie diese Einsatzmöglichkeit dennoch wünschen, aktivieren Sie in den iPhone-Einstellungen unter *Kamera* und dort unter *Kamerasteuerung* den Schalter *Anpassungen der Kamera*. Bestimmen Sie dann unter dem Eintrag *Anpassen*, welche Aufnahmeoptionen Sie mit der Kamerasteuerung einstellen möchten.

Ist der Schalter *Anpassungen der Kamera* aktiviert, betätigen Sie die Kamerasteuerung – bei bereits geöffneter Kamera – nur leicht, um ein Steuerelement einzublenden. Streichen Sie mit dem Finger über die Kamerasteuerung, um die angezeigte Einstellung vorzunehmen.

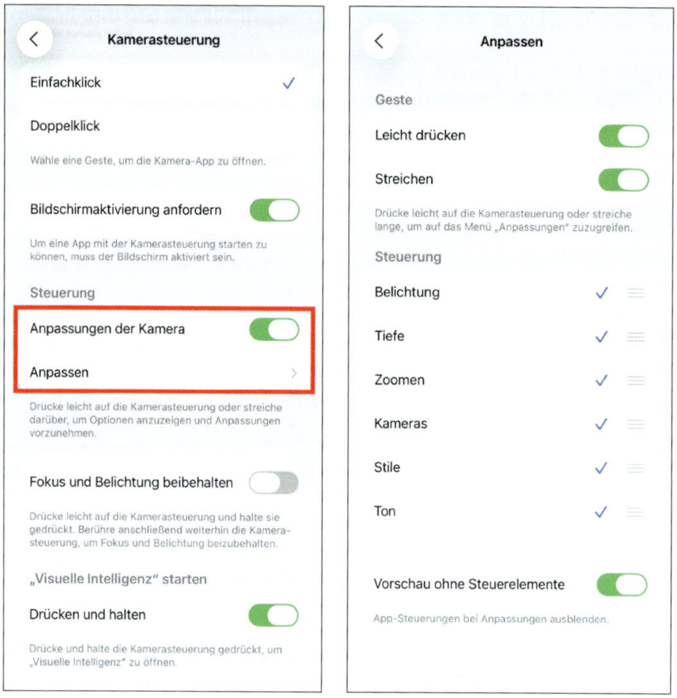

Die Kamerasteuerung lässt sich nach Ihren individuellen Bedürfnissen anpassen.

Sie können nun noch weitere Einstellungen für Ihre Aufnahmen festlegen. Dazu drücken Sie die Kamerasteuerung – wiederum bei bereits geöffneter Kamera – zweimal schnell hintereinander leicht. Daraufhin wird ein Menü eingeblendet, in dem Sie durch Streichen auf der Kamerasteuerung sowie leichtes Drücken Ihre Auswahl treffen. Wählen Sie in dem Menü Stile, Tiefe, Belichtung und mehr aus.

Durch zweimaliges leichtes Drücken der Kamerasteuerung wird ein Auswahlmenü eingeblendet.

Die Kamerafunktionen kennenlernen

Nun aber zu den verschiedenen Kamerafunktionen, die die iPhone-Kamera zu bieten hat. Einige Funktionen sind direkt eingeblendet, weitere Funktionen blenden Sie, wie bereits gelernt, mit dem Symbol ein. Welche Funktionen mit dem Symbol eingeblendet werden, richtet sich nach dem jeweils gewählten Aufnahmemodus.

Verschiedene Kamerafunktionen wie Auswahl des Bildformats, des Timers oder eines fotografischen Stils lassen sich per Symbol ein- und wieder ausblenden.

Lassen Sie mich Ihnen die Kamerafunktionen im Einzelnen vorstellen:

- **Kamera wechseln:** Um ein Selfie zu schießen, können Sie auch einfach von der iPhone-Kamera auf die vordere Kamera umschalten. Um dies zu bewerkstelligen, tippen Sie in der App *Kamera* auf das Symbol .
- **Fokus und Belichtung:** Der Fokus ist standardmäßig (auch bei Videos) in der Mitte des Bildes angesiedelt. Um den Fokus in eine andere Position zu versetzen, tippen Sie einfach auf eine andere Position. Gleichzeitig wird ein Schieberegler eingeblendet, um die Belichtung zu erhöhen oder zu verringern. Um Fokus und Belichtung auch beim Motivwechsel beizubehalten, halten Sie die Position einen Moment lang gedrückt, dadurch wird die AE/AF-Sperre aktiviert (AE steht für **A**uto-**E**xposure, AF für **A**uto-**F**okus). Durch erneutes Antippen lösen Sie die Sperre wieder.
- **Zoom/Brennweite:** Um sich – sowohl bei Foto- als auch bei Videoaufnahmen – an ein Motiv heranzuzoomen, bewegen Sie Daumen und Zeigefinger auf dem Display auseinander. Sie können alternativ auch im Sucher die eingeblendete Zoomstufe gedrückt halten, der daraufhin eingeblendete Schieberegler hilft Ihnen beim Feintuning. Neben dem optischen Zoom auf Basis der verschiedenen Objektbrennweiten steht Ihnen auf dem iPhone auch ein erweiterter digitaler Zoom zur Verfügung.

Durch Gedrückthalten und Streichen einer Zoomstufe lässt sich der Zoom stufenlos einstellen.

- **Makro-Steuerung:** Wenn Sie nah an ein Motiv herangehen, wird durch das Symbol angezeigt, dass eine Makroaufnahme aufgenommen wird. Tippen Sie das Symbol an, um der Makro-Steuerung mitzuteilen, dass Sie keine Makroaufnahme wünschen.
- **Blitz:** Dank des im iPhone verbauten LED-Blitzes können auch bei schlechten Lichtverhältnissen Aufnahmen gemacht werden. Zum Aktivieren oder Deaktivieren des Autoblitzes dient in der App *Kamera* das Symbol . Unter dem Symbol lässt sich der Blitz auch dauerhaft einschalten, was jedoch nur in bestimmten Ausnahmefällen zu empfehlen ist.
- **Live Photos:** Mit dem iPhone 17 lassen sich auch Live Photos – animierte Bilder – aufnehmen. Dem Deaktivieren bzw. Aktivieren der Live Photos dient in der App *Kamera* das Symbol . Um ein Live Photo zu betrachten, halten Sie es in der App *Fotos* gedrückt. Live Photos können auch auf anderen Apple-Geräten angezeigt werden – schauen Sie sich immer das komplette Live Photo an, bevor Sie es versenden. Achtung: Die Option ist standardmäßig aktiviert, aber keineswegs immer gewünscht!
- **Fotografische Stile:** Den fotografischen Stil bestimmen Sie mit dem Symbol . Es stehen verschiedene Stile wie *Bernstein, Gold, Hell, Kaltrosa* und noch weitere zur Auswahl bereit, um Ihre Aufnahmen in einem besonderen Stil zu tätigen. Ihren Standardstil können Sie in den *Einstellungen* unter *Kamera* und dort unter dem Eintrag *Fotografische Stile* bestimmen.

Die fotografischen Stile werden selektiv auf Bildbereiche angewendet.

- **Timer:** Wenn Sie auch selbst mit aufs Bild wollen, verwenden Sie den Timer. Tippen Sie auf der Symbolebene der App *Kamera* auf das Symbol und wählen Sie die gewünschte Aufnahmeverzögerung aus.

In diesem Fall wird eine Aufnahme mit zehnsekündiger Verzögerung getätigt.

- **Formatauswahl:** Tippen Sie auf der Symbolebene auf das aktuelle Bildformat, z. B. 4:3, um bei Bedarf ein anderes Bildformat auszuwählen.
- **Belichtung:** Unter dem Symbol können Sie auf dem iPhone 17 Belichtungseinstellungen vornehmen, die dann bis zum nächsten Aufrufen der App *Kamera* festgelegt sind.
- **Schärfentiefe:** Im Porträtmodus können Sie unter dem Symbol zusätzlich die Schärfentiefe anpassen.

Das iPhone 17 verfügt außerdem über einen Nachtmodus, der für bessere Aufnahmen bei geringem Umgebungslicht sorgt. Der Nachtmodus ist am Mondsymbol erkennbar und wird vom iPhone automatisch aktiviert, wenn es für die Aufnahmen nicht hell genug ist.

Ihre Aufnahmen werden in der App *Fotos* gespeichert. Auch in der App *Kamera* haben Sie Zugriff darauf, indem Sie nach einem aufgenommenen Foto auf die Minivorschau tippen.

In den *Einstellungen* unter *Kamera* finden Sie noch zahlreiche weitere Einstellungsmöglichkeiten, etwa zum Aufnehmen oder zum Spiegeln der Frontkamera bei Selfie-Aufnahmen oder zum Einblenden eines Rasters. Ein Raster aus waagerechten und senkrechten Linien hilft Ihnen bei der optimalen Positionierung des Motivs; auf Ihren Aufnahmen sind die Linien selbstverständlich nicht zu sehen.

Gelungene Porträtaufnahmen

Das iPhone 17 bietet einen Porträtmodus, der unter anderem Aufnahmen mit einem sogenannten Bokeh-Effekt ermöglicht, bei dem der Hintergrund unscharf dargestellt wird. Um eine Porträtaufnahme zu machen, entscheiden Sie sich in der App *Kamera* für die Option *Porträt* und wählen anschließend einen der sechs Porträtlicht-Effekte aus.

Für die Porträtaufnahme kann die Kamera auf der Rückseite, aber auch die Frontkamera auf der Vorderseite zum Einsatz kommen. Bei ungünstigen Lichtverhältnissen sind Porträtaufnahmen im Nachtmodus möglich. Bei mehreren Objekten können Sie per Fingertipp selbst festlegen, welches Sie in den Fokus nehmen möchten.

So nehmen Sie ein Panoramafoto auf

Ein Sonderfall ist die Aufnahme von Panoramafotos. Bei diesen stehen Ihnen die meisten der genannten Aufnahmefunktionen nicht zur Verfügung. Wählen Sie in der App *Kamera* die Option *Pano* und zeichnen Sie beeindruckende Landschaftspanoramen oder Ihr eigenes Grundstück auf.

Zum Aufzeichnen eines Panoramafotos drücken Sie den Auslöser. Bewegen Sie die iPhone-Kamera dann langsam von links nach rechts – Sie erhalten vom iPhone jeweils entsprechende Anweisungen und auch Hinweise, falls Korrekturen bei der Panoramaaufnahme notwendig sein sollten. Auch diese Aufnahme finden Sie anschließend in der App *Fotos*.

Im Porträtmodus steht das Objekt im Vordergrund, der Hintergrund wird mit Unschärfe versehen.

Das Aufzeichnen von Panoramafotos erfordert eine ruhige Hand, ist aber ansonsten ein Kinderspiel.

Mit dem iPhone HD- und 4K-Videos aufzeichnen

Die Aufzeichnung eines Videos funktioniert fast genauso wie die Aufnahme eines Fotos, nur dass Sie länger auf das Motiv draufhalten bzw. sogar dessen Bewegungen folgen müssen. Tippen Sie einfach auf den Auslöser, um die Aufnahme zu starten, und betätigen Sie den Auslöser erneut, um die Aufnahme zu beenden. Mithilfe der Funktion *QuickTake* können Sie auch bei ausgewählter Foto-Option den Auslöser gedrückt halten, um eine Videoaufnahme zu starten. Wenn Sie den gedrückten Auslöser nach rechts ziehen, erfolgt die Aufnahme dauerhaft. Auch die Kamerasteuerung können Sie – bei geöffneter Kamera-App – einfach gedrückt halten, um ein QuickTake-Video aufzuzeichnen.

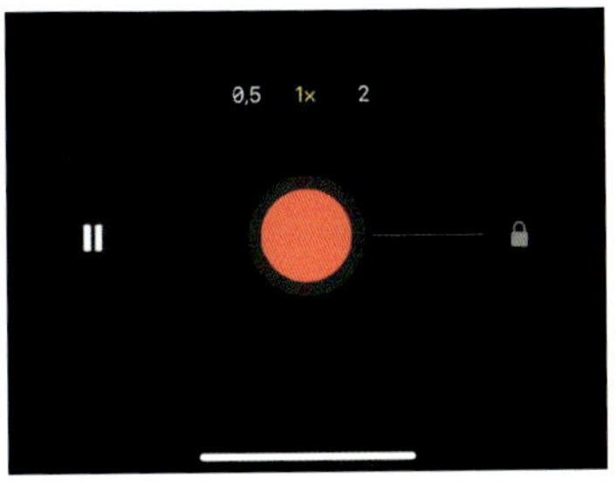

Halten Sie den Aufnahme-Button gedrückt, nehmen Sie ein QuickTake-Video auf.

Entscheiden Sie sich für eine Videoaufnahme im Kinomodus, können Sie, wie bereits erklärt, zusätzlich den Fokus bestimmen, auf den Ihre Videoaufnahme gerichtet werden soll. Der Hintergrund wird, ähnlich wie bei einer Porträtaufnahme, mit Unschärfe versehen.

Wenn Sie Videos aufnehmen, bestimmen insbesondere zwei Einstellungen deren Qualität, nämlich die Auswahl zwischen HD-Videos und 4K-Videos (wobei 4K-Videos die höhere Auflösung bieten) und die Auswahl der **f**rames **p**er **s**econd (fps – gibt an, aus wie vielen Einzelbildern sich eine Sekunde Video zusammensetzt). Diese Einstellungen nehmen Sie vor, indem Sie – nach der Auswahl der Videoaufnahme – links oben in der App *Kamera* die entsprechende Option antippen. 1080p-HD-Videos mit 30 fps bieten bereits eine gute Qualität, die beste Qualität liefern beim iPhone 17 die 4K-Videos mit 60 fps, aber natürlich sind diese auch am speicherintensivsten. Zeitlupenvideos (*Slo-Mo*) nehmen Sie standardmäßig mit 240 fps auf, stattdessen können Sie aber auch Aufnahmen mit 120 fps machen.

Die Einstellungen zu Auflösung und Bildrate Ihrer Videos lassen sich direkt in der Kamera-App ändern.

Im App Store finden Sie übrigens unzählige Kamera-Apps für Foto- und Videoaufnahmen, die noch weitere Funktionen bieten. Stöbern Sie im App Store nach den Begriffen *foto* bzw. *video*, um diese Apps aufzuspüren.

Ihre Aufnahmen direkt auf dem iPhone bearbeiten

Mit Ihrem iPhone können Sie nicht nur erstklassige Fotos schießen – Sie können diese auch direkt auf dem iPhone bearbeiten. Öffnen Sie dazu auf dem Home-Bildschirm die App *Fotos*, in der Ihre Aufnahmen gespeichert sind.

Wählen Sie ein Foto, das Sie bearbeiten möchten, durch Antippen aus und entscheiden Sie sich für das Symbol mit den Schiebereglern.

Ihre selbst getätigten Foto- und Videoaufnahmen werden automatisch in der App Fotos gespeichert.

Hier wird ein Foto für die Bearbeitung ausgewählt.

Ihnen werden nun die verschiedenen Bearbeitungsoptionen in Form von Symbolen angeboten. Tippen Sie jeweils ein Symbol an, um die Bearbeitungsoption zu verwenden. Um die bearbeitete Version zu speichern, tippen Sie auf das Symbol ✓. Um einen Bearbeitungsschritt rückgängig zu machen bzw. zu wiederholen, tippen Sie auf die entsprechenden Pfeilsymbole ↶ und ↷. Möchten Sie die Bearbeitung insgesamt abbrechen, wählen Sie das Symbol ×.

Dies sind die Bearbeitungsoptionen, die Ihnen in der App *Fotos* angeboten werden:

- *Zuschneiden:* Wenn Sie ein Foto zuschneiden möchten, tippen Sie auf die Schaltfläche *Zuschneiden* und ziehen den Zuschnittrahmen mit dem Finger in die gewünschte Position und Größe. Alternativ können Sie mit dem Symbol ▭ ein bestimmtes Zuschnittformat festlegen.

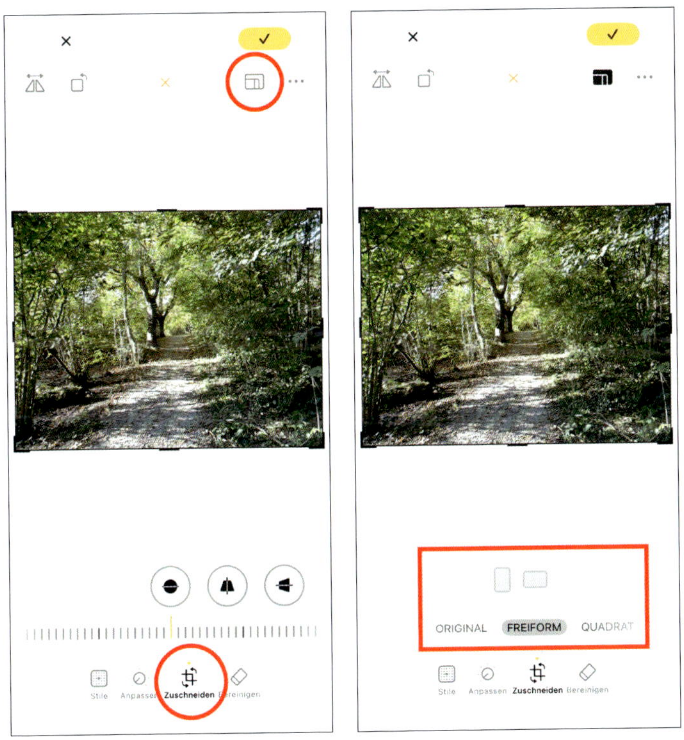

Schneiden Sie ein Foto auf eine bestimmte Größe zu oder entfernen Sie durch Zuschneiden störende Elemente aus einem Bild.

- *Drehen:* Ebenfalls unter der Schaltfläche *Zuschneiden* finden Sie das Symbol ◻. Tippen Sie es an, um das Foto um jeweils 90 Grad gegen den Uhrzeigersinn zu drehen.
- *Spiegeln:* Zum horizontalen Spiegeln eines Fotos klicken Sie unter der Schaltfläche *Zuschneiden* auf das Symbol ◭◮. Auch Optionen zum horizontalen oder vertikalen Kippen sowie zum Begradigen von Aufnahmen werden angeboten.

- *Fotografische Stile:* Fotografische Stile lassen sich nicht nur direkt beim Fotografieren einsetzen, sondern auch nachträglich auf ein Foto anwenden. Hierzu tippen Sie auf die Schaltfläche *Stile* und wählen einen der angebotenen fotografischen Stile aus.

Setzen Sie fotografische Stile ein, um eine Aufnahme optisch aufzupeppen.

- *Bereinigen:* Möchten Sie störende Elemente aus einem Bild entfernen, ohne etwas davon abzuschneiden, können Sie es mit einer KI-gestützten Retusche versuchen. Wählen Sie dazu *Bereinigen*, warten Sie einen Moment, bis Apple Intelligence so weit ist, und markieren Sie anschließend das störende Element, z. B. durch Umkreisen.
- *Anpassen:* Ist ein Foto zu dunkel geraten oder möchten Sie die Farben optimieren? Unter der Schaltfläche *Anpassen* finden Sie eine ganze Reihe von Anpassungsoptionen, die ich Ihnen in einer Tabelle im Überblick vorstellen möchte. Die Anpassung erfolgt jeweils mithilfe eines Schiebereglers.

Apple Intelligence kann von Ihnen markierte störende Elemente aus einer Aufnahme entfernen. Wählen Sie die gewünschte Anpassungsoption durch horizontales Streichen aus.

Symbol	Bildbearbeitungsfunktion
	Auto (automatisches Anpassen, häufig mit recht gutem Ergebnis)
	Belichtung
	Brillanz
	Glanzlichter
	Schatten
	Kontrast
	Helligkeit
	Schwarzpunkt
	Sättigung
	Lebendigkeit
	Wärme
	Farbton
	Schärfe
	Auflösung
	Störungen reduzieren
	Vignette

Die Bearbeitungsschritte, die Sie in der App *Fotos* vorgenommen haben, sind übrigens nicht in Stein gemeißelt. Wenn Sie die Bearbeitungsoptionen für ein Foto erneut aufrufen, erscheint das Symbol , mit dessen Hilfe Sie ein Foto wieder in den Originalzustand versetzen können.

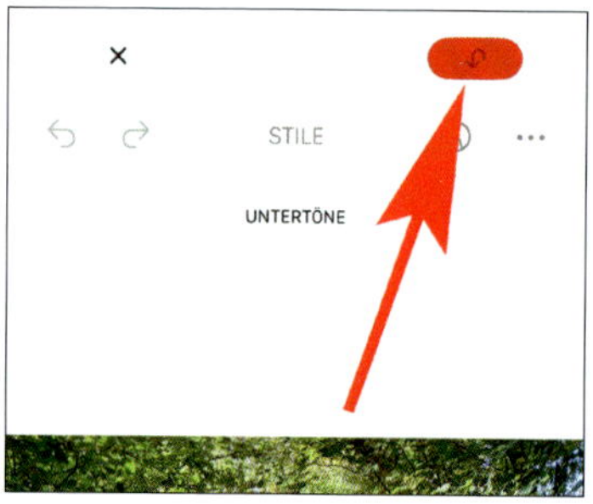

Sie können ein bearbeitetes Foto jederzeit in den Originalzustand zurückversetzen.

Möchten Sie ein Foto mit einer Skizze, Formen oder Text versehen? Unter dem Symbol rufen Sie entsprechende Werkzeuge zum Markieren mit Textfeldern, Freihandzeichnungen, Formen und Co. auf. Gestalten Sie damit z. B. eine ganz persönliche Ansichtskarte.

Bearbeitungsschritte auf andere Aufnahmen übertragen

Die von Ihnen durchgeführten Bearbeitungsschritte lassen sich auch für andere Aufnahmen übernehmen, die Sie in der App *Fotos* gespeichert haben. Tippen Sie dazu im Bearbeitungsfenster auf das Symbol ••• und wählen Sie die Option *Änderungen kopieren*. Rufen Sie das Foto zur Bearbeitung auf, auf das Sie die Bearbeitungen anwenden möchten, und entscheiden Sie sich – ebenfalls unter dem Symbol ••• – für *Änderungen einsetzen*.

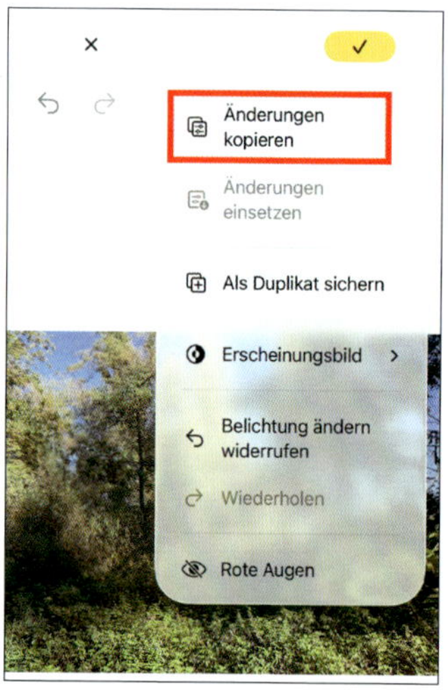

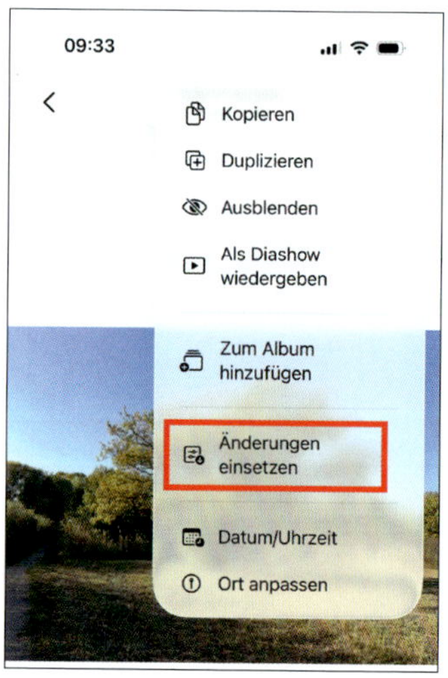

Wenden Sie mit wenigen Fingertipps die Bearbeitungsschritte auf weitere Aufnahmen an.

Porträtfotos umwandeln

Im Zusammenhang mit Porträtfotos haben Sie auf Ihrem iPhone zwei wichtige Optionen. Zum einen können Sie ein Porträtfoto in ein normales Foto umwandeln. Sie können aber auch ein normal aufgenommenes Foto nachträglich mit dem Bokeh-Effekt versehen.

Das iPhone erkennt automatisch, wenn auf einem Foto ein Porträt abgebildet ist, und bietet Ihnen bei der Bearbeitung die Option *Porträt* an. Den Fokus können Sie dabei – wie gewohnt per Fingertipp – selbst festlegen. Möchten Sie hingegen den Bokeh-Effekt aus einem Porträtbild entfernen, tippen Sie die Option *Porträt* an, sodass diese nicht mehr orange dargestellt wird. Die Porträtoption finden Sie auch in einem Menü, wenn Sie in der Mediathek der App *Fotos* ein Porträtfoto aufrufen.

Sie wünschen doch keinen Bokeh-Effekt oder möchten den Fokus versetzen? Auf dem iPhone 17 lassen sich Porträtfotos nachträglich umwandeln.

Bearbeitung von Live Photos

Für Live Photos stehen Ihnen unter der Schaltfläche *Live* zusätzliche Bearbeitungsfunktionen zur Verfügung, die ich Ihnen ebenfalls nicht vorenthalten möchte:

- **Schlüsselfoto festlegen:** Wählen Sie in der Aufnahmesequenz dasjenige Bild aus, das als »normales« Foto angezeigt werden soll, wenn die Live-Photos-Funktion von einem Betrachter nicht genutzt wird.
- **Ton abschalten:** Möchten Sie im Live Photo den Ton der Aufnahme deaktivieren? Dazu tippen Sie links oben auf das Lautsprechersymbol , sodass es nun durchgestrichen dargestellt wird.
- **Live Photo in normales Foto umwandeln:** Um statt des Live Photos nur noch das Schlüsselfoto zu verwenden, tippen Sie auf die Schaltfläche *Live*, sodass diese nicht mehr orange dargestellt wird.

Live Photos lassen sich direkt auf dem iPhone bearbeiten.

Zusätzlich bietet sich Ihnen für Live Photos eine Effektauswahl, die Sie erhalten, wenn Sie ein Live Photo in der Mediathek der App *Fotos* (nicht im Bearbeitungsmodus!) aufrufen. Treffen Sie im links oben eingeblendeten Effektmenü Ihre Auswahl.

Wechseln Sie per Menü den Effekt für das aufgerufene Live Photo.

Auch Videos lassen sich mit Bordmitteln bearbeiten

Die kennengelernten Bildbearbeitungsfunktionen können auch auf Videos angewandt werden. Sie gehen also bei der Bearbeitung von Videos genauso vor wie bei der Bearbeitung von Fotos. Neben den Ihnen bereits bekannten Symbolen finden Sie bei der Videobearbeitung zusätzlich die Schaltflächen *Video* für videospezifische Optionen sowie *Audiomix* für die Anpassung der Tonspur. Möchten Sie ein Video z. B. kürzen? Dazu brauchen Sie lediglich den gelben Zuschnittrahmen in Position zu ziehen. Haben Sie ein Video im Kinomodus aufgenommen, können Sie außerdem – wie bei der Aufnahme durch Antippen – den Fokus anpassen.

Wenn Sie zur Anpassung der Tonspur die Schaltfläche *Audiomix* antippen, erhalten Sie neben der Option *Standard* die weiteren Audiooptionen *Im Bild*, *Studio* sowie *Kino*. Beim Audiomix *Im Bild* werden nur die Stimmen der Personen aufgenommen, die im Bild zu sehen sind. *Studio* lässt die Stimmen klingen, als wären sie in einem professionellen Tonstudio aufgenommen worden. Bei der Option *Kino* werden die Stimmen wie in einem Kinofilm abgemischt.

Um Ihre Aufnahmen zu einem richtigen kleinen Film zusammenzuschneiden, etwa zur Erinnerung an einen schönen Urlaub, verwenden Sie z. B. die App *iMovie*, die auf Ihrem iPhone 17 bereits zur Verfügung steht.

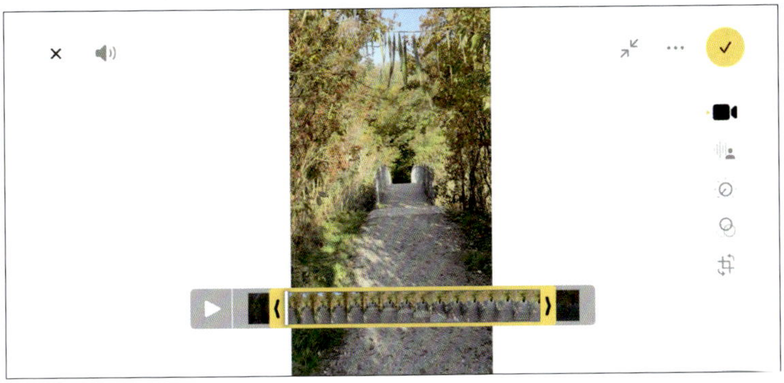

Ein Video lässt sich nachträglich noch zuschneiden.

Wählen Sie den passenden Audiomix für Ihr selbst gedrehtes Video aus.

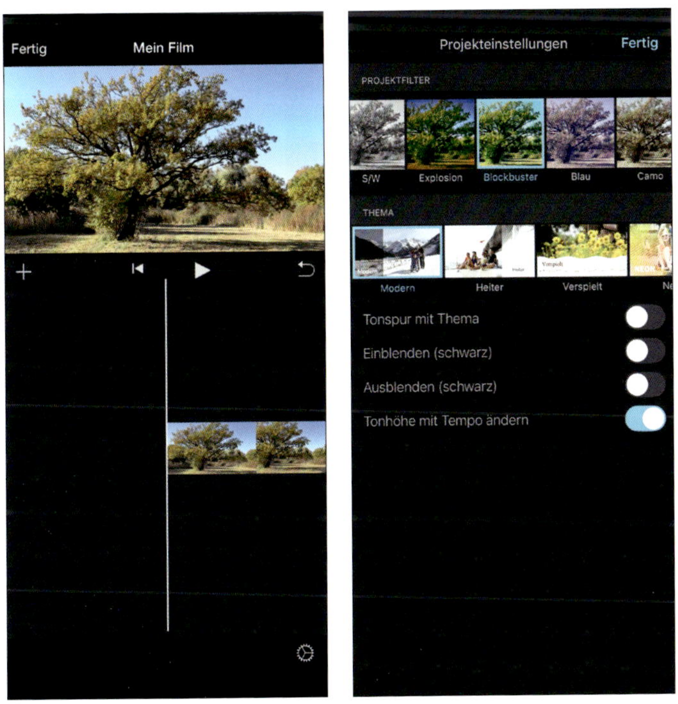

Für den Filmschnitt verwenden Sie z. B. die App iMovie.

Ihre Aufnahmen in der Fotos-App verwalten

Ihre eigenen Aufnahmen sowie auch Bilder, die Sie von einer Webseite herunterladen oder anderweitig auf dem iPhone speichern, sind in der App *Fotos* zugänglich. Lassen Sie mich Ihnen an dieser Stelle einige wichtige Verwaltungsfunktionen vorstellen. Wussten Sie beispielsweise, dass Sie sich Ihre Aufnahmen auch nach dem Aufnahmeort sortiert anzeigen lassen können oder dass Bilder, die Sie löschen, auf dem iPhone weiterhin einen Monat lang abgerufen werden können?

Wenn Sie die App *Fotos* öffnen, wird Ihnen die Mediathek angezeigt. Hier haben Sie Zugriff auf alle gespeicherten Aufnahmen, und zwar in chronologischer Sortierung. Wählen Sie hingegen die Rubrik *Sammlungen*, erhalten Sie Zugriff auf verschiedene automatisch generierte Sammlungen, aber auch auf Alben, die Sie später selbst erstellen.

Entscheiden Sie sich für die Lupe, können Sie auch die mit künstlicher Intelligenz ausgestattete Suchfunktion verwenden, um bestimmte Aufnahmen rasch zu finden. Die Suche ist z. B. nach Aufnahmeorten, aber unter anderem auch nach Motiven möglich. Das iPhone muss allerdings über Nacht mit dem Stromnetz verbunden sein, damit eine entsprechende Indizierung durchgeführt wird.

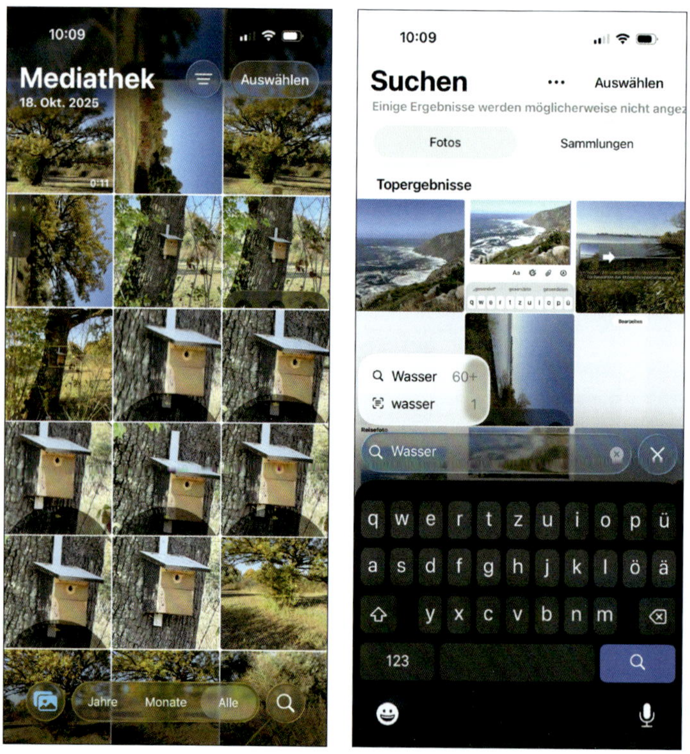

In der Mediathek werden die Aufnahmen chronologisch sortiert dargestellt; bei der Suche wird mit künstlicher Intelligenz gearbeitet.

Mit der Live-Text-Funktion Texte direkt einlesen

Dank der Funktion *Live Text* kann das iPhone auch Texte erkennen, auf die Sie mit der Kamera weisen oder die in Fotos sowie angehaltenen Videos enthalten sind. Wird ein Text erkannt, tippen Sie auf das Symbol , um diesen zu markieren und spezifische Optionen zum erkannten Text aufzurufen, etwa das Kopieren oder Übersetzen. Aber nicht nur das: Der Text wird auch in die Spotlight-Suche aufgenommen, d. h., Sie können mit Spotlight auch nach Texten in Fotos suchen.

Sofern Sie der App *Kamera* den Zugriff auf die Ortungsdienste gestatten, werden die Aufnahmen mit den Koordinaten des Aufnahmeorts versehen – und Sie können auf einer Karte den Aufnahmeort des Fotos betrachten. Wählen Sie dazu ein Foto oder Video aus und streichen Sie es nach oben, um die Karte zu erhalten. Tippen Sie die Karte an, um sie auf das gesamte Display auszudehnen und ggf. Aufnahmen in der Nähe einzublenden (Option *Fotos in der Nähe einblenden*).

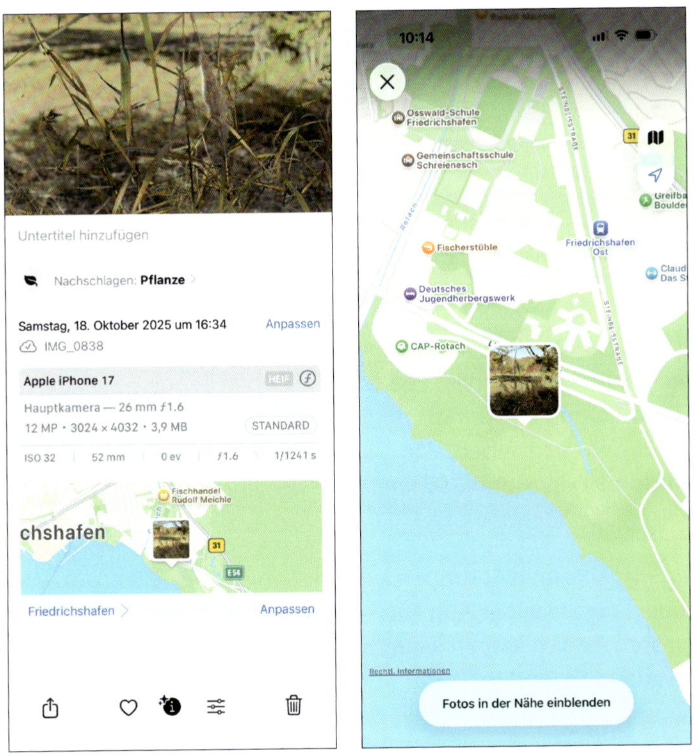

Lassen Sie sich die mit einem Geotag versehenen Aufnahmen auf einer Karte darstellen.

Welche Sammlungen sollen eingeblendet werden?

Die verschiedenen Sammlungen sowie selbst erstellte Alben finden Sie, wie bereits erwähnt, in der Rubrik *Sammlungen*.

Sie können selbst festlegen, welche Sammlungen eingeblendet sein sollen und in welcher Reihenfolge. Scrollen Sie dazu ganz nach unten und wählen Sie *Neu anordnen*. Sie können eine Sammlung nun einfach mit dem Finger in eine andere Position ziehen.

Bestimmen Sie selbst, welche Sammlungen Sie in der Fotos-App sehen möchten.

Alben verwalten und neue Alben erstellen

Um Ihre Bilder zu sortieren, lassen sich sowohl lokale Alben als auch – sofern Sie (in den *Einstellungen* unter *Apps* und dort unter *Fotos*) die iCloud-Option *Geteilte Alben* aktiviert haben – geteilte Alben erstellen, die Sie für andere Personen freigeben können. Selbst eine komplette freigegebene iCloud-Fotomediathek ist möglich. Dazu kommen wir noch. Befassen wir uns zunächst mit den lokalen Alben. Wie Sie bereits erfahren haben, werden Ihnen in der App Fotos und dort in der Rubrik *Sammlungen* verschiedene Sammlungen angezeigt: für Rückblicke, Reisen, Medienarten usw.

Wichtig zu wissen. Sie finden – im Abschnitt *Sonstige* – auch die Sammlung *Zuletzt gelöscht*. Darin befinden sich Aufnahmen, die Sie in der App Fotos eigentlich gelöscht haben, in der Sammlung *Zuletzt gelöscht* lassen sie sich jedoch weiterhin einen Monat lang abrufen, bevor sie endgültig gelöscht werden. Es wird bei jeder Aufnahme angezeigt, wie lange das endgültige Löschen noch dauert. Wenn Sie ein Foto in der Sammlung auswählen, erhalten Sie eine Option sowohl zum endgültigen Löschen der Aufnahme als auch zum Wiederherstellen. Tippen Sie auf *Auswählen*, erhalten Sie die Option, die gesamte Sammlung zu löschen bzw. wiederherzustellen. Die Sammlung *Zuletzt gelöscht* muss zuerst per Face ID und Co. entsperrt werden, ist also gegen fremde Zugriffe gesichert. Das Gleiche gilt übrigens für den Zugriff auf Aufnahmen, die Sie ausgeblendet haben.

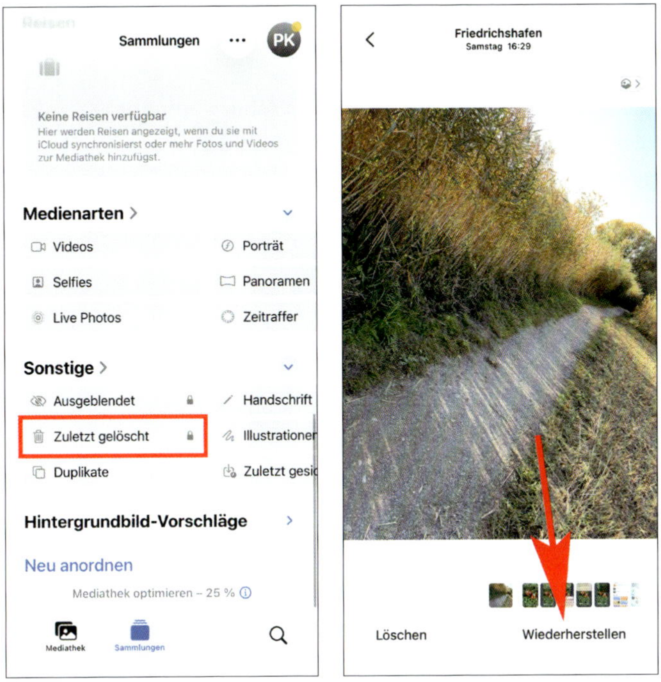

Greifen Sie in den Sammlungen unter anderem auf eine Sammlung mit den zuletzt gelöschten Aufnahmen zu.

Möchten Sie lieber eigene Alben anlegen, um Ihre Bilder thematisch zu sortieren (Ausflug, Betriebsfeier usw.)? So gehen Sie zum Erstellen eines neuen lokalen Albums vor:

1. Wählen Sie in der App *Fotos* und dort in der Rubrik *Sammlungen* den Abschnitt *Alben*. Wenn noch kein Album vorhanden ist, tippen Sie hier auf *Erstellen* (linke Abbildung). Steht ein Album zur Verfügung, tippen Sie hingegen auf *Alben* und anschließend auf das Plussymbol +, um ein neues Album zu erstellen (rechte Abbildung, gleichzeitig das Endprodukt dieser Anleitung).

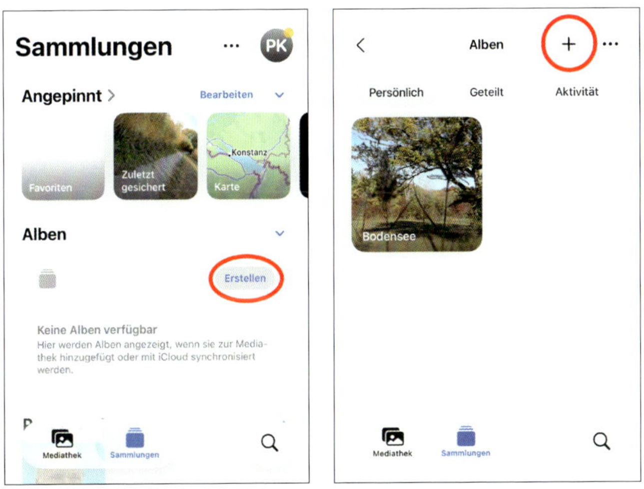

2. Geben Sie dem neuen Album eine sinnvolle Bezeichnung und tippen Sie dann auf *Fotos hinzufügen*.

3. Wählen Sie nun durch Antippen die Bilder aus, die Sie in das Album aufnehmen möchten. Bestätigen Sie Ihre Auswahl mit dem blauen Häkchensymbol.

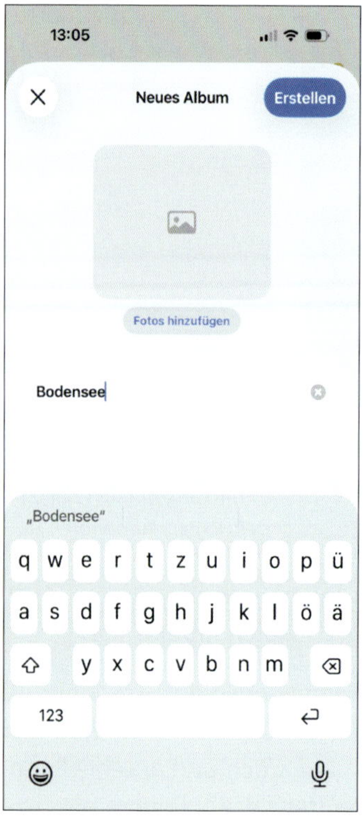

4. Bestätigen Sie das Erstellen des neuen Albums mit *Erstellen*.

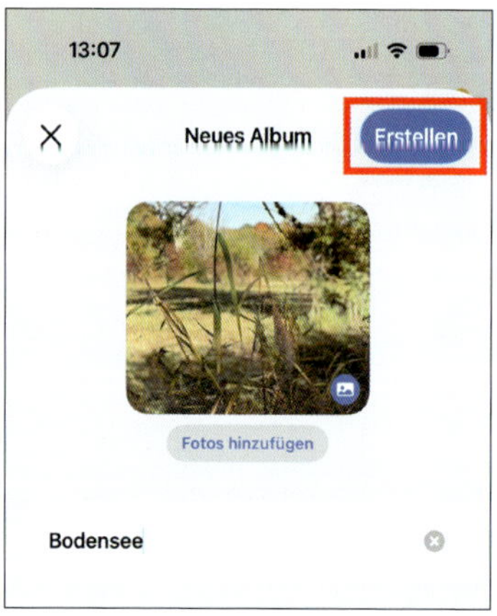

Das Album lässt sich nun in der App *Fotos* und dort in der Rubrik *Sammlungen* im Abschnitt *Alben* aufrufen. Sie können einem Album jederzeit noch nachträglich Aufnahmen hinzufügen. Wählen Sie das Album aus, tippen Sie auf das Symbol ··· und entscheiden Sie sich im Menü für *Fotos hinzufügen*. Alternativ lassen sich Aufnahmen auch in der Fotomediathek auswählen und einem Album hinzufügen. Im Menü, das Sie unter dem Symbol mit den drei Punkten aufrufen, stehen Ihnen noch weitere spannende Verwaltungs- und Anzeigeoptionen zur Verfügung.

Das erstellte Album lässt sich aufrufen, beliebig ergänzen und individuell verwalten.

Wichtige Verwaltungsoperationen rund um Ihre Fotos

Sie möchten eine Aufnahme löschen, Ihren Favoriten hinzufügen oder als Hintergrund festlegen? Hier erhalten Sie eine Übersicht über weitere wichtige Verwaltungsoperationen rund um Ihre Aufnahmen auf einen Blick:

- **Aufnahmen löschen:** Wenn Sie eine einzelne Aufnahme löschen möchten, rufen Sie diese in der App *Fotos* auf und tippen auf das Papierkorbsymbol. Um mehrere Fotos gleichzeitig zu löschen, gehen Sie in der Fotomediathek oder in einem geöffneten Album auf *Auswählen*, tippen die zu löschenden Aufnahmen an und bestätigen wiederum mit dem Papierkorbsymbol. Wie bereits erwähnt, lassen sich die gelöschten Aufnahmen noch einen Monat lang in der Sammlung *Zuletzt gelöscht* finden.

Sie können Aufnahmen in der App Fotos einzeln löschen, aber auch mehrere Aufnahmen zum gleichzeitigen Löschen auswählen.

- **Zu den Favoriten hinzufügen:** Um eine Aufnahme Ihren Favoriten hinzuzufügen, also sie in die Sammlung *Favoriten* aufzunehmen, öffnen Sie die Aufnahme und tippen auf das Herzsymbol ♡. Um die Aufnahme wieder aus den Favoriten zu entfernen, tippen Sie das – dann gefüllte – Herzsymbol erneut an.
- **Motive nachschlagen:** Erkennt die künstliche Intelligenz ein Motiv, können Sie nachschlagen, worum genau es sich handelt, also z. B. um welche Blumenart oder um welche Hunderasse. Es wird dazu bei einer geöffneten Aufnahme ein entsprechendes Symbol eingeblendet, etwa bei einer Pflanze das Symbol.

- **Aufnahme in einer Nachricht versenden oder anderweitig einsetzen:** Sie können Aufnahmen auch aus der App *Fotos* heraus versenden. Suchen Sie dazu eine oder mehrere Aufnahmen aus und tippen Sie links unten in der App *Fotos* auf das Symbol . Entscheiden Sie sich anschließend z. B. für die Option *Nachrichten*. Auch weitere Optionen zum Teilen, die Sie gleich noch kennenlernen werden, finden Sie hier.
- **Foto in die Zwischenablage kopieren:** Entscheiden Sie sich unter dem Symbol für die Option *Foto kopieren* bzw. bei mehreren Aufnahmen für *Fotos kopieren*, um eines oder mehrere Fotos in die Zwischenablage zu kopieren und andernorts beispielsweise in ein Dokument einzufügen.
- **Foto einem Kontakt zuweisen:** Tippen Sie unter dem Symbol auf die Option *Kontakt zuweisen*, um das ausgewählte Foto einem auf Ihrem iPhone gespeicherten Kontakt zuzuweisen.
- **Foto als Hintergrundbild verwenden:** Tippen Sie unter dem Symbol auf die Option *Als Hintergrund*, um das ausgewählte Foto als Hintergrundbild auf dem Home- und/oder Sperrbildschirm einzusetzen (Sie erhalten die gleiche Auswahl wie beim Einrichten des Hintergrundbildes in den iPhone-Einstellungen).
- **Zifferblatt erstellen:** Falls Sie eine Apple Watch Ihr Eigen nennen, können Sie ein Foto auch als Hintergrund für das Zifferblatt einsetzen. Wählen Sie dazu unter dem Symbol die Option *Zifferblatt erstellen*.
- **Foto ausdrucken:** Tippen Sie unter dem Symbol auf die Option *Drucken*, um das ausgewählte Foto zu (Foto-)Papier zu bringen, wobei Sie dazu den Hinweis in der Infobox beachten.
- **PDF-Datei erstellen:** Aus den von Ihnen ausgewählten Fotos lässt sich auch eine PDF-Datei erstellen, indem Sie unter dem Symbol die Option *Bücher* antippen. Die PDF-Datei finden Sie anschließend zur weiteren Verwendung in der App *Bücher*.

Versenden Sie eine Aufnahme direkt aus der Fotos-App heraus.

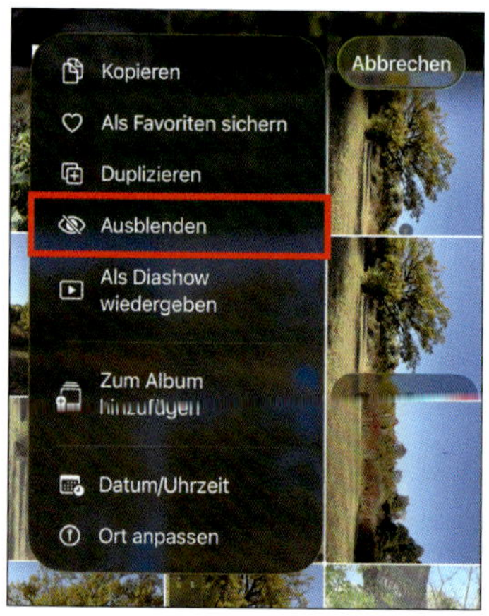

Hier werden mehrere Aufnahmen in der Fotos-App ausgeblendet.

- **Foto ausblenden:** Um eine oder mehrere ausgewählte Aufnahmen in der App *Fotos* unsichtbar zu machen, wählen Sie unter dem Symbol die Option *Ausblenden*. In der Sammlung *Ausgeblendet* können Sie weiterhin auf diese Aufnahmen zugreifen und sie bei Bedarf auch wieder einblenden.

> **So klappt der Ausdruck**
>
> Um Ihre Fotos – sowie auch Dokumente – direkt vom iPhone aus drucken zu können, benötigen Sie einen AirPrint-fähigen Drucker, der sich im gleichen WLAN befindet. Apple bietet unter der Webadresse *support.apple.com/kb/HT4356* eine Übersicht über AirPrint-Drucker.

Ihre Aufnahmen in einer Diashow wiedergeben

Auf Ihrem iPhone können Sie durch Streichen nach links bzw. rechts durch Ihre Fotos bzw. ein Album blättern, um Ihre Aufnahmen komfortabel zu betrachten. Sie können jedoch auch eine automatische Diashow für alle Fotos bzw. alle in einem Album enthaltenen Fotos ablaufen lassen.

Um die Diashow zu starten, können Sie einfach in der Fotomediathek das Foto antippen, mit dem die Diashow beginnen soll. Entscheiden Sie sich anschließend unter dem Symbol ··· für die Option *Als Diashow wiedergeben*. In einem Album entscheiden Sie sich zur Wiedergabe als Diashow für das Play-Symbol. Wenn die Diashow läuft, können Sie noch eine andere Musik wählen und den *Rückblick-Look* anpassen.

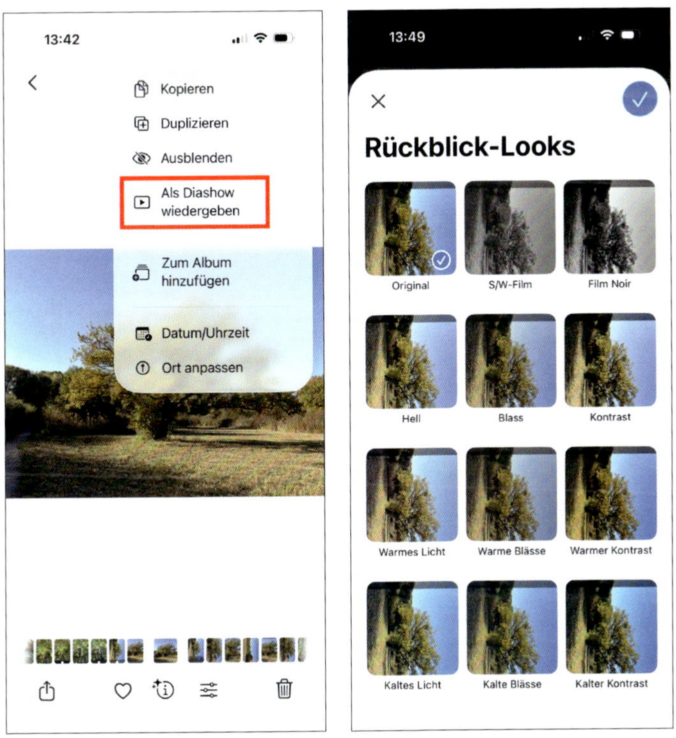

Hier wird eine Diashow mit Musikuntermalung in der Fotomediathek gestartet; der Look lässt sich anpassen.

Automatische Vorschläge betrachten

In der Sammlung *Rückblicke* der App *Fotos* lassen sich automatische Zusammenstellungen und Effektvorschläge aufrufen. Voraussetzung dafür ist allerdings, dass die Aufnahmen zunächst eingescannt werden. Hierzu soll das iPhone über Nacht mit dem Stromnetz verbunden werden.

Ihre Aufnahmen auf den PC übertragen

Sie möchten Ihre Aufnahmen auf Ihren Computer kopieren oder verschieben? Das funktioniert ganz genauso wie bei einer herkömmlichen Digitalkamera oder bei Dateien, die Sie auf einem USB-Stick gespeichert haben. Hier beschreibe ich den Vorgang anhand von Windows 11:

1. Nutzen Sie das dem iPhone beigelegte Kabel, um eine Verbindung mit dem Computer herzustellen. Sofern Ihr Computer nicht über einen USB-C-Anschluss verfügen sollte, benötigen Sie zusätzlich einen entsprechenden Adapter bzw. ein USB-C/USB-A-Verbindungskabel. Gegebenenfalls wird nach dem Verbinden Ihres iPhones zunächst die benötigte Treibersoftware installiert, was einen Moment dauern kann. Achten Sie darauf, dass das iPhone entsperrt ist. Vertrauen Sie dem verbundenen Computer– es erscheint ein entsprechender Hinweis auf dem iPhone-Display.

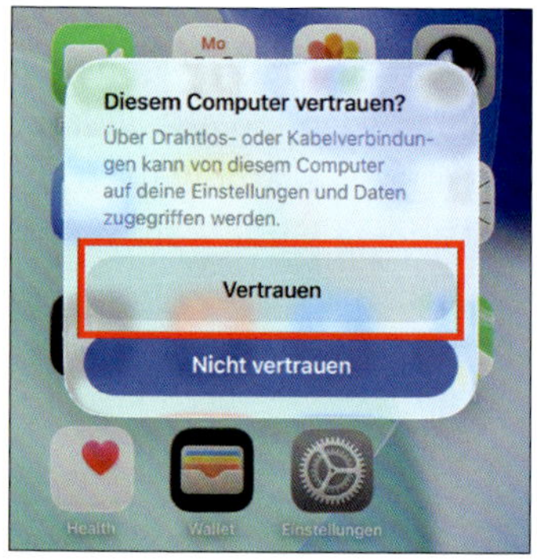

2. Öffnen Sie den Windows-Explorer, z. B. per Mausklick auf das entsprechende Symbol in der Taskleiste. Entscheiden Sie sich im Navigationsbereich des Explorers für Ihr iPhone.

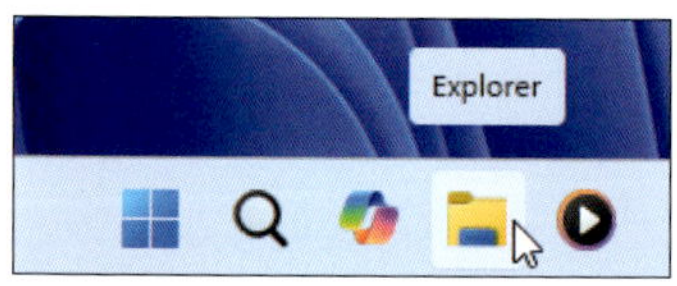

3. Öffnen Sie per Doppelklick den Ordner mit der Bezeichnung *Internal Storage*. Öffnen Sie noch einen weiteren nach Monaten angelegten Ordner, sodass Sie die auf dem iPhone gespeicherten Aufnahmen angezeigt bekommen.

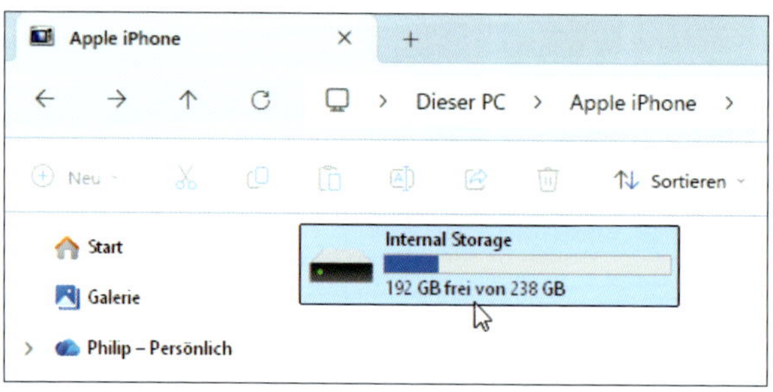

4. Markieren Sie die Dateien, die Sie auf den PC kopieren möchten. Klicken Sie die markierten Dateien mit der rechten Maustaste an und wählen Sie im sich öffnenden Kontextmenü den Eintrag *Kopieren*.

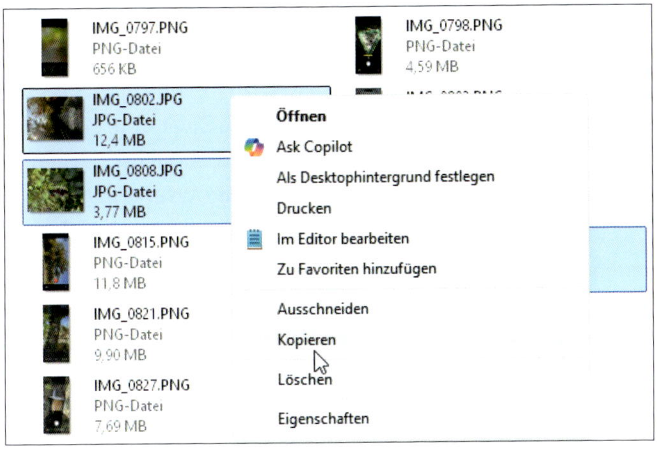

5. Öffnen Sie nun den gewünschten Speicherort für die Aufnahmen, klicken Sie mit der rechten Maustaste auf eine freie Fläche des Ordners und entscheiden Sie sich im sich öffnenden Kontextmenü für die Option *Einfügen* – Kopien der Aufnahmen werden prompt am neuen Speicherort erstellt.

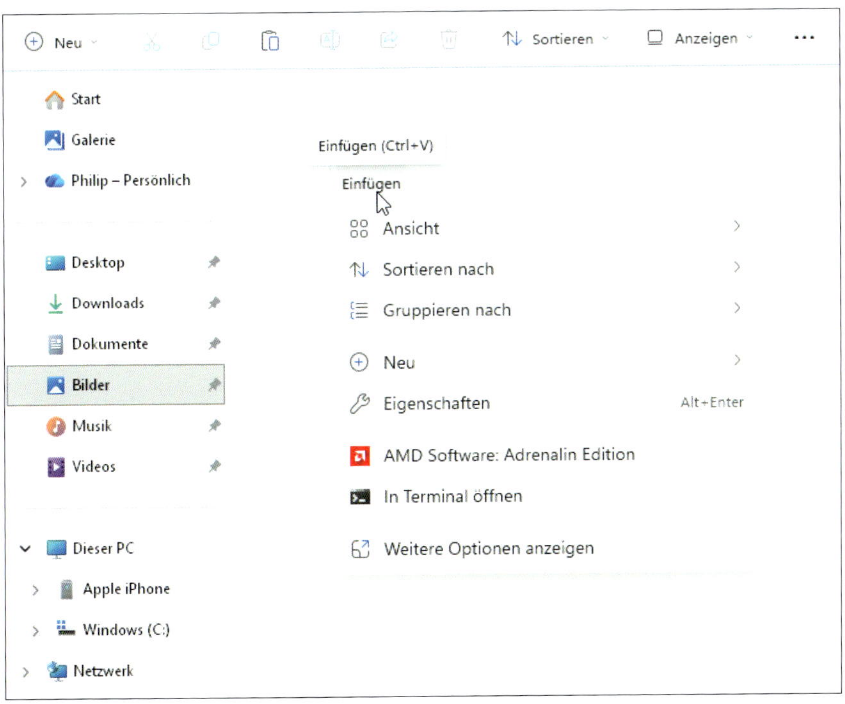

Die Originalaufnahmen sollen nach der Übertragung vom iPhone gelöscht werden? Dann wählen Sie in Schritt 5 den Eintrag *Ausschneiden*. Ansonsten bleibt die Vorgehensweise die gleiche.

> **Einfachere Übertragung im WLAN**
>
> Die Übertragung Ihrer Aufnahmen vom iPhone auf den PC ist auch ohne eine Kabelverbindung in einem WLAN möglich. Ich selbst verwende zu diesem Zweck die kostenlose App *WiFi Photo Transfer*. Sie müssen dieser App beim ersten Start zunächst den Zugriff auf Ihre Aufnahmen erlauben. Öffnen Sie dann auf dem PC den Browser und geben Sie die in der App angezeigte URL ein – schon können Sie auf Ihre Bilder und Videoclips zugreifen und diese am PC betrachten bzw. auf den PC herunterladen.

Ihre Aufnahmen im Internet freigeben

Gelungene Aufnahmen möchten Sie ganz sicher mit anderen Menschen teilen. Das lässt sich direkt aus der App *Fotos* bewerkstelligen – iCloud macht es möglich.

Ein neues geteiltes Album erstellen

Wenn Sie iCloud verwenden (alles dazu dann in Kapitel 13), können Sie damit auch Ihre Aufnahmen ins Internet hochladen. Die Option *iCloud-Fotos* ist dabei für den eigenen Zugriff auf die Aufnahmen gedacht, etwa mit einem Apple TV, um die Fotos auf den Fernsehbildschirm zu holen oder um die Aufnahmen auch auf Ihrem iPad verfügbar zu haben. Wie Sie noch sehen werden, können Sie aber auch eine geteilte iCloud-Fotomediathek erstellen und diese mit bis zu fünf weiteren Personen teilen.

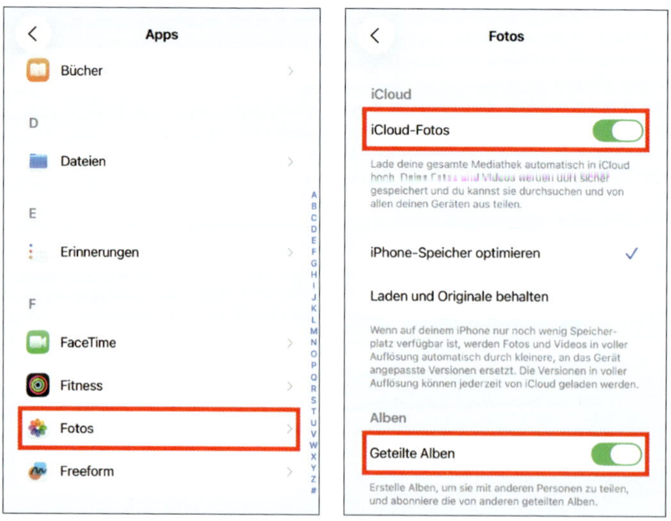

Die Optionen zu iCloud-Fotos und geteilten Alben werden in den iPhone-Einstellungen aktiviert bzw. deaktiviert.

Achtung: Die Option zum Hochladen Ihrer Aufnahmen kann sehr viel iCloud-Speicherplatz beanspruchen!

Die Option *Geteilte Alben* dient dazu, einzelne Alben und die darin enthaltenen Aufnahmen mit anderen Personen zu teilen. Beide Optionen aktivieren Sie, je nach Bedarf, in den iPhone-Einstellungen unter *Apps* und dort unter *Fotos* oder alternativ in den iCloud-Einstellungen. Ich habe Ihnen vorhin gezeigt, wie Sie auf Ihrem iPhone Alben erstellen und diese mit Aufnahmen füllen. Nachdem Sie die Option *Geteilte Alben* aktiviert haben, können Sie nun auch freigegebene Alben erstellen und bestimmen, wer darauf zugreifen darf. Gehen Sie dazu folgendermaßen vor:

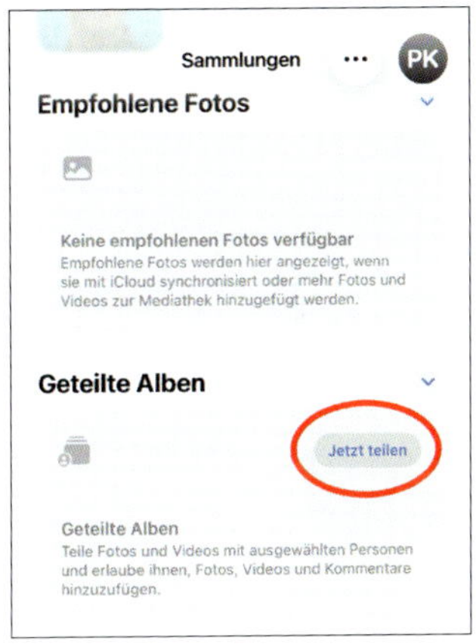

1. Streichen in der App *Fotos* und dort in der Rubrik *Sammlungen* nach unten zum Abschnitt *Geteilte Alben*.
2. Tippen Sie auf *Jetzt teilen*. Wie bei den lokalen Alben: Steht ein geteiltes Album zur Verfügung, tippen Sie auf *Geteilte Alben* und anschließend auf das Plussymbol +, um ein neues geteiltes Album zu erstellen.
3. Geben Sie dem geteilten Album eine sinnvolle Bezeichnung.
4. Wählen Sie anschließend unter *Fotos auswählen* die Aufnahmen aus, die Sie in das geteilte Album aufnehmen möchten.
5. Um Personen für die Freigabe einzuladen, tippen Sie auf *Teilnehmende hinzufügen* und wählen die entsprechenden Kontakte aus.
6. Bestätigen Sie mit *Erstellen*, um das geteilte Album anzulegen und freizugeben.

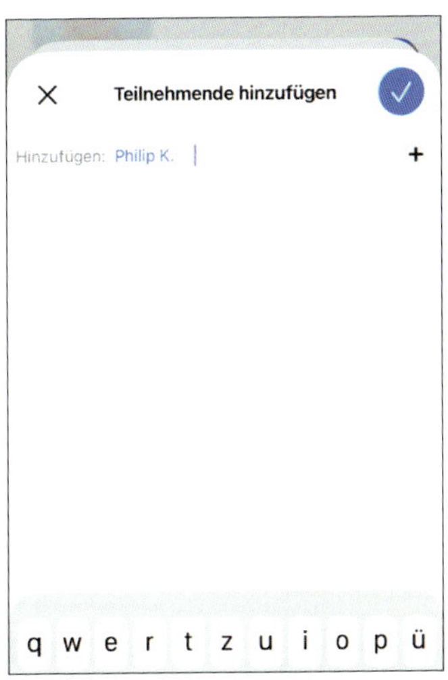

Sie können anschließend jederzeit anpassen, wer auf das geteilte Album zugreifen darf. Halten Sie das geteilte Album hierzu gedrückt und entscheiden Sie sich im Kontextmenü für *Geteiltes Album – Details*. Tippen Sie auf *Teilnehmende hinzufügen*, um weiteren Personen den Zugriff auf das freigegebene Album zu gestatten. Ist die Option *Teilnehmende dürfen Fotos hinzufügen* aktiviert, können auch die eingeladenen Personen Aufnahmen im freigegebenen Album veröffentlichen. Bei aktivierter Option *Mitteilungen* können die Fotos mit Kommentaren versehen werden. Eine Alternative bietet die Veröffentlichung auf einer kostenlosen Webseite. Hierzu brauchen Sie lediglich die Option *Öffentliche Website* zu aktivieren und dann den angezeigten Link an andere Personen zu senden.

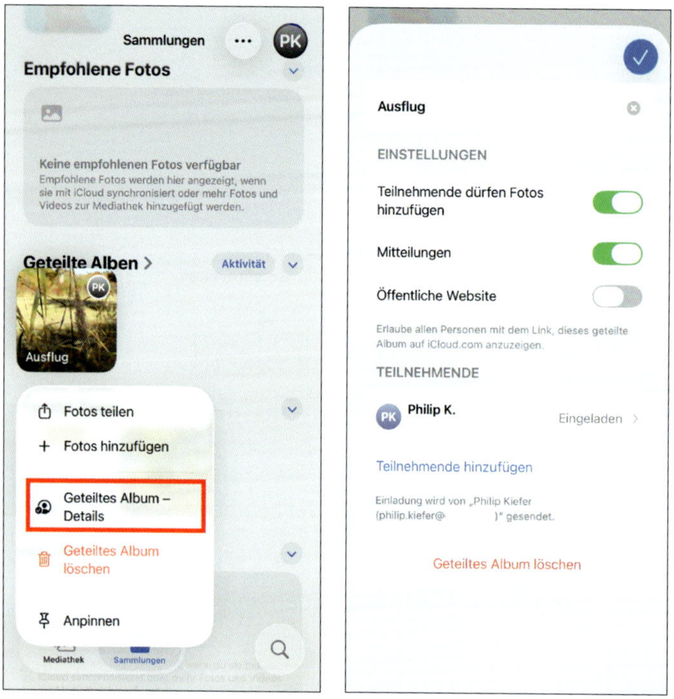

Rufen Sie im Kontextmenü die Details zu einem geteilten Album auf.

Um einem freigegebenen Album weitere Aufnahmen hinzuzufügen, halten Sie es gedrückt und wählen im Kontextmenü *Fotos hinzufügen*. Zum Löschen des Albums entscheiden Sie sich im Kontextmenü für den Eintrag *Geteiltes Album löschen*.

Geteilte iCloud-Fotomediathek

Statt einzelner Alben lässt sich auch eine komplette geteilte iCloud-Fotomediathek erstellen, die Sie dann für bis zu fünf weitere Personen freigeben können. Voraussetzung ist lediglich, dass Sie die Synchronisierung mit iCloud-Fotos aktiviert haben. Sie können dann in den *Einstellungen* unter *Apps* und dort unter *Fotos* den Eintrag *Geteilte Mediathek* auswählen und die geteilte iCloud-Fotomediathek konfigurieren, indem Sie Teilnehmende hinzufügen und festlegen, welche Aufnahmen Sie in der geteilten Mediathek freigeben möchten.

Auch die anderen Teilnehmenden können der geteilten iCloud-Fotomediathek Aufnahmen hinzufügen bzw. Aufnahmen entfernen.

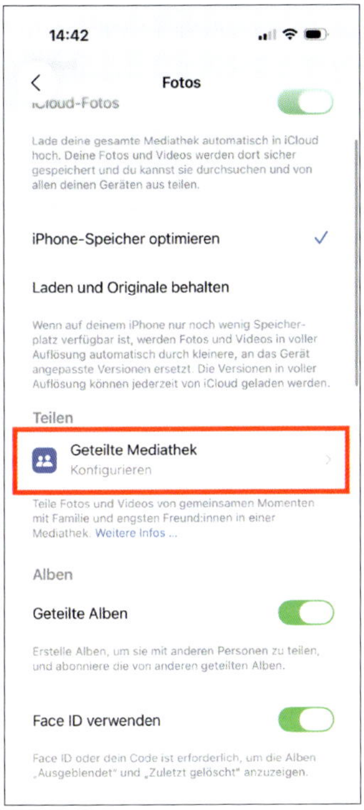

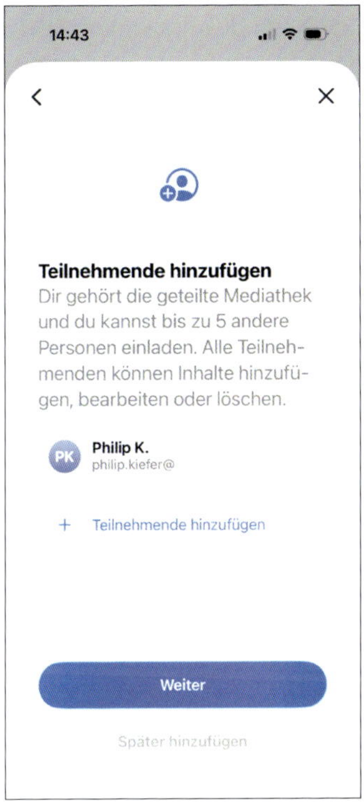

Konfigurieren Sie die geteilte iCloud-Mediathek mithilfe eines Assistenten, der zum Hinzufügen der Teilnehmenden auffordert.

Nachdem Sie eine iCloud-Fotomediathek geteilt haben, legen Sie in der App *Fotos* unter dem Filter-Icon oben fest, ob Sie nur die Inhalte einer bestimmten Mediathek oder die Inhalte aller verfügbaren Mediatheken angezeigt bekommen möchten.

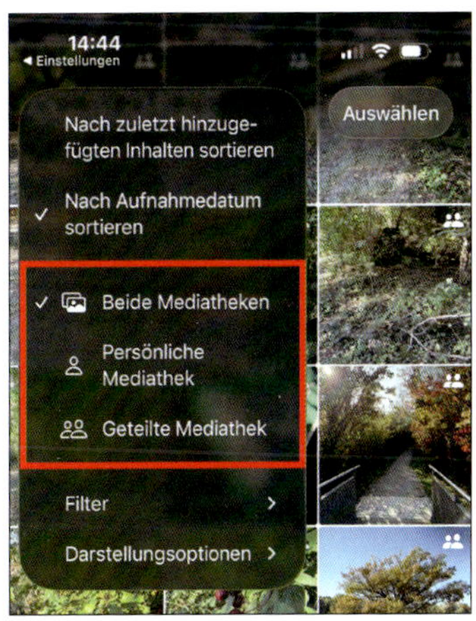

Bestimmen Sie, welche Mediathek-Inhalte Sie sehen möchten.

Soll das Teilen einer iCloud-Fotomediathek wieder beendet werden? Dann wählen Sie die geteilte Mediathek in den *Einstellungen* unter *Apps* und dort unter *Fotos* aus. Entscheiden Sie sich für *Geteilte Mediathek löschen* und bestätigen Sie das Löschen anschließend noch mal. Sie werden außerdem gefragt, ob Sie die in der geteilten Mediathek befindlichen Aufnahmen behalten möchten oder nicht.

Fotomotive auf einfache Weise freistellen

Zum Abschluss dieses Kapitels rund um Ihre Aufnahmen möchte ich Ihnen noch eine weitere pfiffige Fotofunktion vorstellen: das Freistellen von Fotomotiven mithilfe künstlicher Intelligenz. Sie können damit ein markantes Motiv aus einem Foto entnehmen und es dann freigestellt z. B. in ein Notizblatt oder in eine Nachricht einfügen. Dazu eine kleine Anleitung – der Vorgang ähnelt ein wenig dem im zweiten Kapitel vorgestellten Drag and Drop:

1. Öffnen Sie in der App *Fotos* das Foto, dem Sie ein Motiv entnehmen möchten. Besonders gut klappt das mit Porträtaufnahmen, deren Hintergrund mit Unschärfe versehen ist, aber es funktioniert auch bei herkömmmlichen Fotos mit markantem Motiv.
2. Halten Sie das Motiv gedrückt, sodass es von einem animierten Licht markiert wird.
3. Sie können nun im Menü *Kopieren* wählen. Alternativ halten Sie das Motiv gedrückt und ziehen es aus dem Foto heraus.
4. Öffnen Sie die App, in der Sie das Motiv einfügen möchten, etwa die App *Nachrichten*.
5. Lassen Sie das Motiv los. Haben Sie zuvor *Kopieren* gewählt, entscheiden Sie sich nun für *Einsetzen*. Schon steht eine Kopie des Motivs am neuen Ort zur Verfügung und kann – in diesem Fall – verschickt werden.

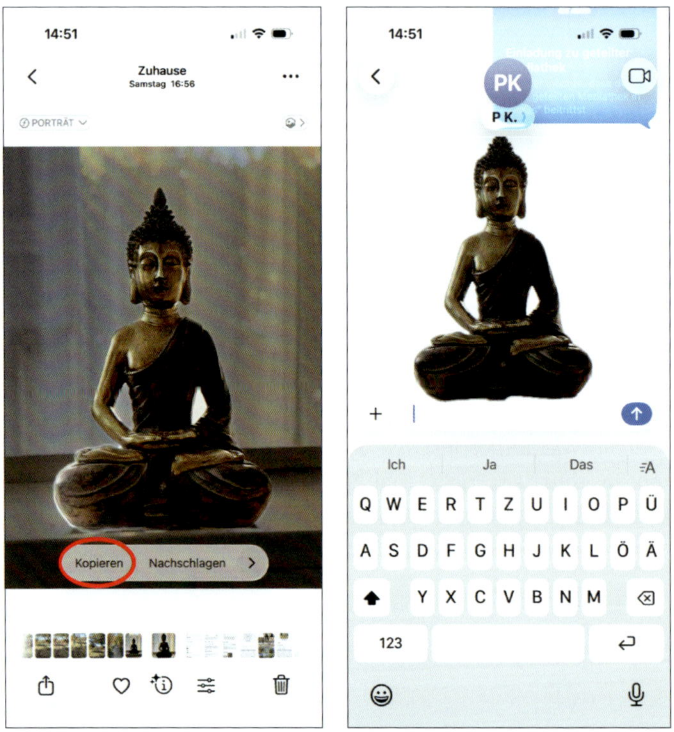

Mit der Vorschau-App Dokumente »einscannen«

Die in das iPhone 17 eingebaute Kamera kann nicht nur dazu dienen, schöne Landschaften oder Gesichter zu fotografieren. Auch das Einscannen von Dokumenten ist damit möglich. Verwenden Sie zu diesem Zweck die mit iOS 26 eingeführte App *Vorschau*, die Sie standardmäßig auf der zweiten Seite des Home-Bildschirms finden.

Nachdem Sie die App *Vorschau* geöffnet haben, wird Ihnen direkt die Option *Dokumente scannen* angeboten. Tippen Sie diese Option an und richten Sie die Kamera auf das einzuscannende Dokument. Besonders praktisch: Ist die *Shutter*-Funktion aktiviert (Schaltfläche unten rechts), muss zum Einscannen nicht einmal der Auslöser betätigt werden. Mit den weiteren Schaltflächen bestimmen Sie, ob Sie in Farbe, Graustufen oder Schwarz-Weiß einscannen möchten (Schaltfläche *Filters*) und ob Sie den Blitz einsetzen wollen oder nicht (Schaltfläche *Flash*). Wenn Sie das Einscannen beenden möchten, tippen Sie auf das Häkchensymbol ✓.

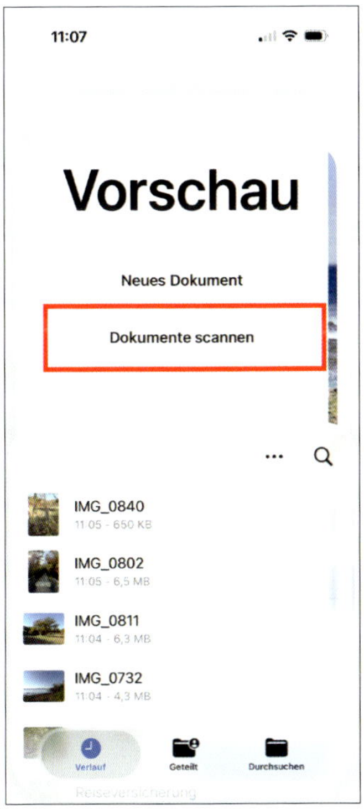

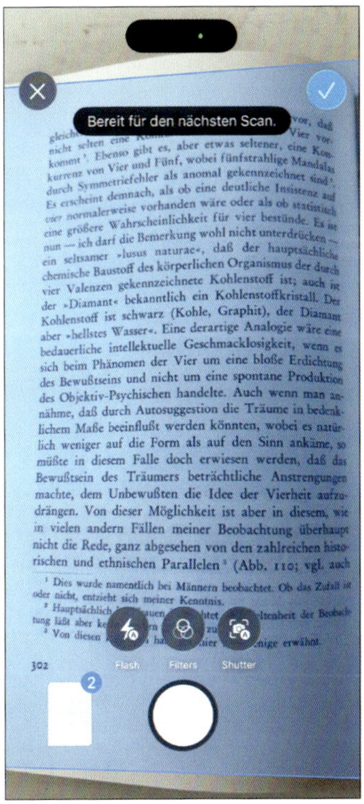

Unter anderem dank Shutter-Funktion gelingt das Einscannen schnell und komfortabel.

Die eingescannten Dokumente werden in der App *Vorschau* gesichert. Sie erhalten darauf unter anderem in der Rubrik *Durchsuchen* Zugriff. Möchten Sie ein Dokument versenden oder in einer anderen App öffnen, wählen Sie bei geöffnetem Dokument das Symbol und entscheiden sich für die gewünschte Option, etwa das Senden per *Mail* oder die Übernahme in die App *Notizen*.

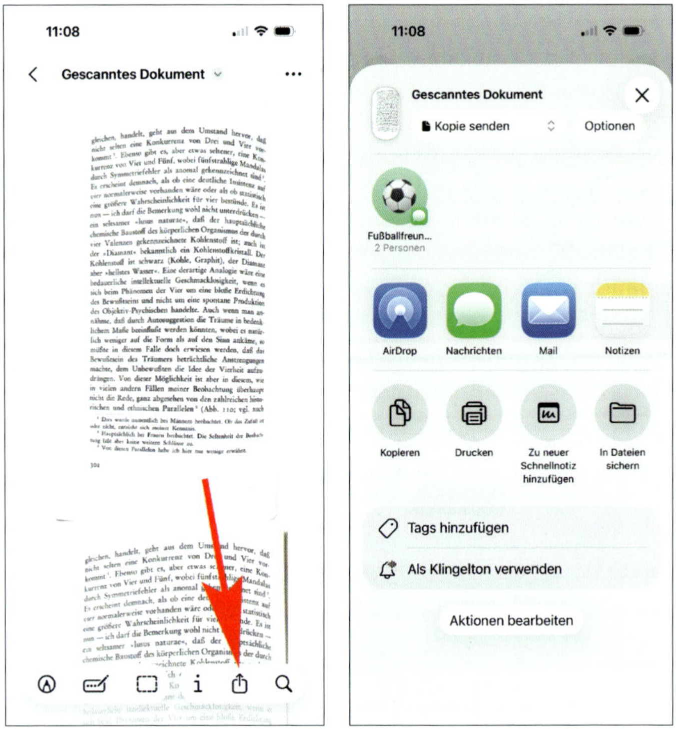

Ein eingescanntes Dokument lässt sich direkt aus der Vorschau-App versenden.

Kapitel 11

Übersetzung, Karten und mehr für unterwegs

Sie wünschen sich eine Begleitung für unterwegs, die alle Wege kennt und viele Sprachen beherrscht? Mit deren Hilfe Sie Ihre Gesundheitsdaten verwalten und einen Notfallpass immer dabeihaben können? Die Ihnen das Wetter vorhersagt, Ihre Tickets für Sie speichert und einfach immer zur Hand ist? Natürlich ahnen Sie es bereits: Ihr iPhone ist eine solche Begleitung! In diesem Kapitel zeige ich Ihnen die besten Funktionen und Apps für unterwegs – sie sind Ihnen nützlich, egal, ob Sie lediglich eine kürzere Autofahrt oder eine längere Reise unternehmen.

> **Datenübertragung im Ausland**
>
> Die Handynutzung im Ausland kann mitunter teuer werden – dies betrifft nicht nur Telefonate, sondern auch Datentransfers. Erkundigen Sie sich in jedem Fall vor einer Reise bei Ihrem Mobilfunkanbieter, welche Kosten bei Telefonaten und Datentransfers im jeweiligen Ausland auf Sie zukommen. Eine gute Nachricht für Reisende innerhalb der Europäischen Union: Wer in Deutschland über einen Datentarif verfügt, kann diesen auch im EU-Ausland ohne zusätzliche Kosten verwenden. Die Übertragung von Daten im Ausland ist standardmäßig deaktiviert, lässt sich aber in den iPhone-Einstellungen unter *Mobilfunk* jederzeit aktivieren, indem Sie dort die Option *Datenroaming* einschalten. Im Nicht-EU-Ausland kann es häufig sinnvoll sein, per eSIM einen Mobilfunktarif des jeweiligen Landes hinzuzufügen (vgl. Kapitel 2).

Mit dem iPhone in mehrere Sprachen übersetzen

Sie haben bereits in Kapitel 6 erfahren, dass Sie die Sprachassistenz Siri für Übersetzungen aus oder in Fremdsprachen einsetzen können. Zusätzlich steht eine systemweite Übersetzungsfunktion zur Verfügung sowie die App *Übersetzen*, die Sie standardmäßig auf der zweiten Seite des Home-Bildschirms finden. Bei Redaktionsschluss verstand die App immerhin 19 Sprachen (Sprachvarianten nicht mitgerechnet).

Das systemweite Übersetzen funktioniert so: Markieren Sie in einer App den zu übersetzenden Text und entscheiden Sie sich dann im Menü für die Option *Übersetzen*. Dank der bereits erwähnten Live-Text-Funktion Ihres iPhones können Sie auch die Kamera auf einen zu übersetzenden Text richten und ihn unter dem Symbol für die Übersetzung markieren.

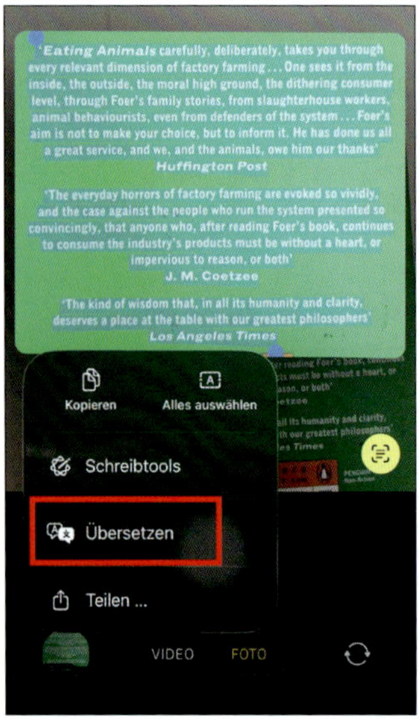

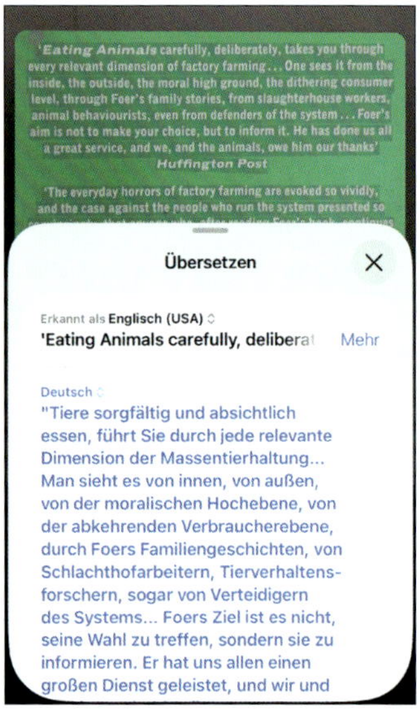

Hier wird Text mit der Kamera erfasst und vom iPhone automatisch übersetzt – so können Sie sich etwa auch Schilder im Ausland übersetzen lassen.

Für die Übersetzung fremdsprachiger Gespräche kann Ihnen die App *Übersetzen* gute Dienste leisten. Gern zeige ich Ihnen, wie Sie in dieser App die Übersetzungssprachen auswählen und dann Übersetzungen entweder durch Text- oder Spracheingabe vornehmen:

1. Rufen Sie die App *Übersetzen* auf.

2. Ihnen werden zwei Sprachen angezeigt. Die Sprache oben ist die Quellsprache und die Sprache darunter die Zielsprache. Tippen Sie eine Sprache an, um diese zu ändern.

3. Nun können Sie den Text, den Sie übersetzen möchten, entweder eintippen oder aber Sie betätigen das Mikrofonsymbol, um dem iPhone den zu übersetzenden Text zu diktieren.
4. Entscheiden Sie sich in der App für die Rubrik *Konversation*, um den Konversationsmodus zu verwenden.

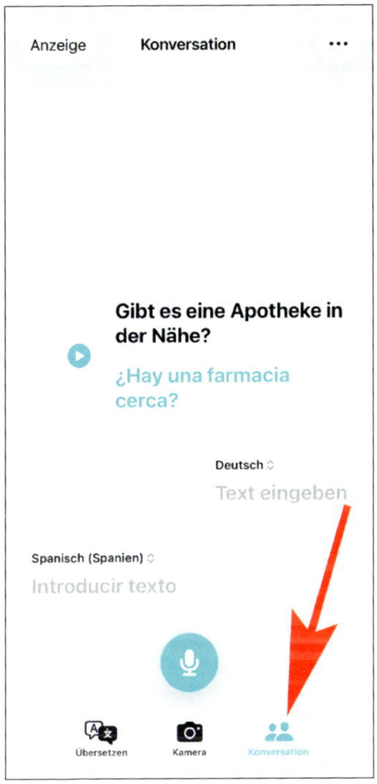

Übrigens: Sprachen lassen sich auch auf das iPhone herunterladen, sodass Sie ohne Internetverbindung übersetzen können. Dazu wählen Sie unter dem Symbol ··· die Option *Sprachen* und entscheiden sich anschließend für die gewünschte Sprache.

Gesundheitsdaten tracken, Notfallpass bereithalten: die App Health

Die App *Health* steht auf Ihrem iPhone bereits zur Verfügung. »Health« ist das englische Wort für Gesundheit. Tatsächlich besteht der Sinn dieser App darin, Ihre Gesundheitsdaten aller Art übersichtlich zu verwalten und durch Checklisten und Trend-Mitteilungen alles Wichtige rund um Ihre Gesundheit im Blick zu behalten. Sogar ein Schrittzähler ist eingebaut, es lassen sich jedoch auch Daten aus anderen Gesundheits-Apps, z. B. der

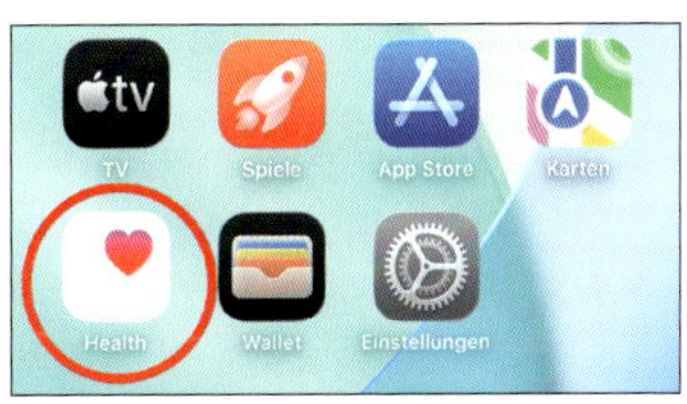

Die App Health dient dem Sammeln aller möglichen Gesundheitsdaten.

App Ihres Fitness-Trackers, übernehmen. Eine Funktion, auf die Sie auf gar keinen Fall verzichten sollten, ist der Notfallpass, auf den andere Personen dann auf dem Sperrbildschirm zugreifen können.

Gesundheitsdaten eintragen und übersichtlich verwalten

Sie können die App *Health* mit Gesundheitsdaten wirklich aller Art füttern. Schritte werden, wie gesagt, automatisch gezählt, sofern Sie das iPhone dabeihaben. Weitere Daten lassen sich manuell ergänzen – z. B. von einem Spaziergang, bei dem Sie das iPhone zu Hause gelassen haben, eingenommene Medikamente, Einschätzungen zu Ihrem seelischen Wohlbefinden oder Werte einer Blutuntersuchung. Hier zeige ich Ihnen das Erfassen von Gesundheitsdaten am Beispiel von Cholesterinwerten:

1. Entscheiden Sie sich in der App *Health* für die *Lupe*, wählen Sie die Kategorie *Ernährung* und anschließend den gewünschten Eintrag, in diesem Fall *Cholesterin*.

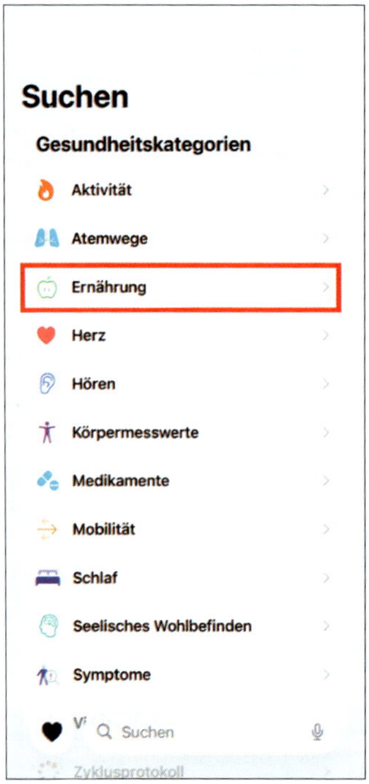

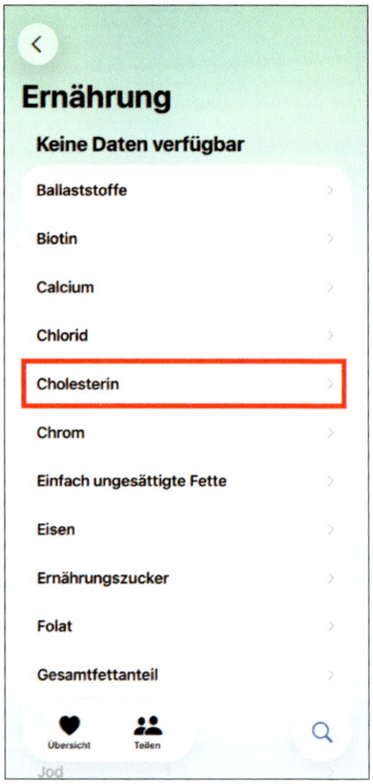

2. Nun möchten Sie das Ergebnis Ihrer letzten Cholesterinmessung speichern. Tippen Sie dazu rechts oben auf das Plussymbol.

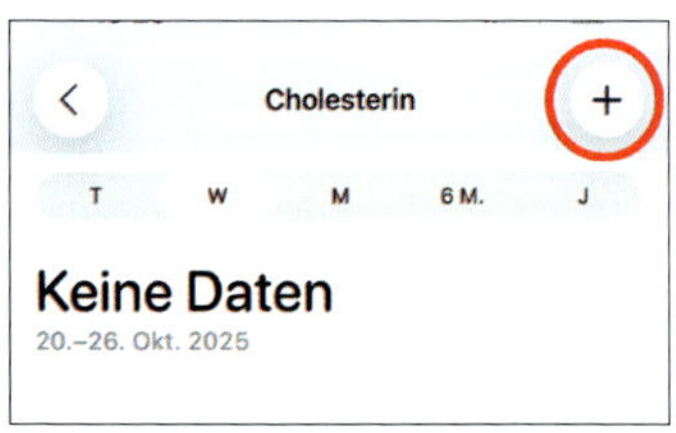

3. Geben Sie im nächsten Schritt die entsprechenden Messwerte ein und bestätigen Sie Ihre Eingabe mit dem Häkchensymbol.

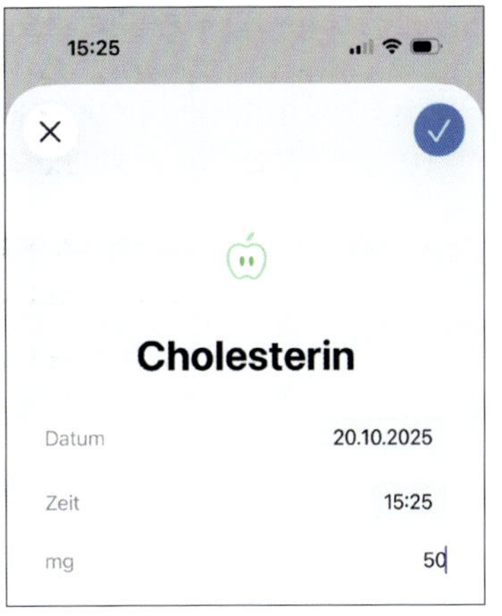

4. Die eingetragenen Werte werden grafisch dargestellt, wobei die Ansichten *Tag*, *Woche*, *Monat*, *6 Monate* sowie *Jahr* zur Verfügung stehen.

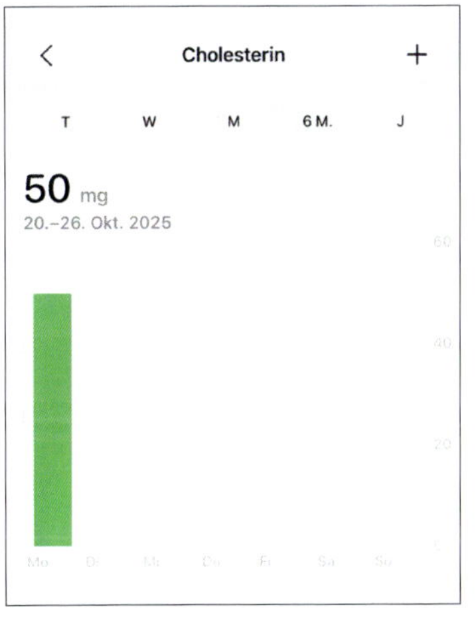

So einfach ist das! Welche Werte Sie speichern möchten, bestimmen Sie selbst. Wenn Sie sich unten in einer Kategorie für *Datenquellen & -zugriff* entscheiden, werden die Apps angezeigt, die Informationen in der Health-App speichern können. Wenn Sie dies bei einer App nicht wünschen, wählen Sie den entsprechenden Eintrag aus und deaktivieren den zugehörigen Schalter. Bei für Sie wichtigen Werten wählen Sie *An Übersicht anpinnen*, um diese in der Rubrik *Übersicht* aufrufen zu können.

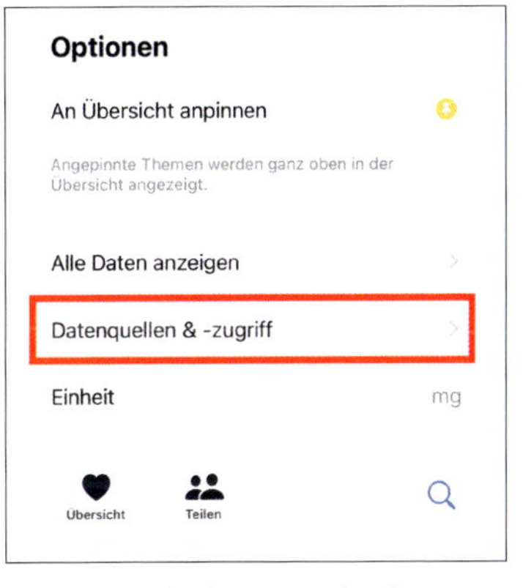

Die App Health kann verschiedene Apps als Datenquellen heranziehen.

Möchten Sie Ihre Gesundheitsdaten mit anderen Personen teilen, z. B. mit Ihrem Arzt? Dazu rufen Sie unten in der App *Health* die Rubrik *Teilen* auf. Gehen Sie mit Ihren Gesundheitsdaten aber auf alle Fälle behutsam um!

So richten Sie den Notfallpass ein

Eine weitere sinnvolle Einrichtung der App *Health* ist der Notfallpass, der es anderen Personen gestattet, auch auf dem Sperrbildschirm auf wichtige Notfalldaten zuzugreifen. Teilen Sie Ihren Rettern mit, wer im Notfall informiert werden soll, geben Sie Ihre Blutgruppe an, sagen Sie anderen, ob Sie Organspender sind oder nicht, und geben Sie noch einige weitere Daten ein. Öffnen Sie dazu die App *Health*, tippen Sie rechts oben in der Rubrik *Übersicht* auf Ihr Profilbild bzw. den Bildplatzhalter und dann auf *Notfallpass*. Sie können nun einen neuen Notfallpass erstellen bzw. einen bestehenden Notfallpass bearbeiten.

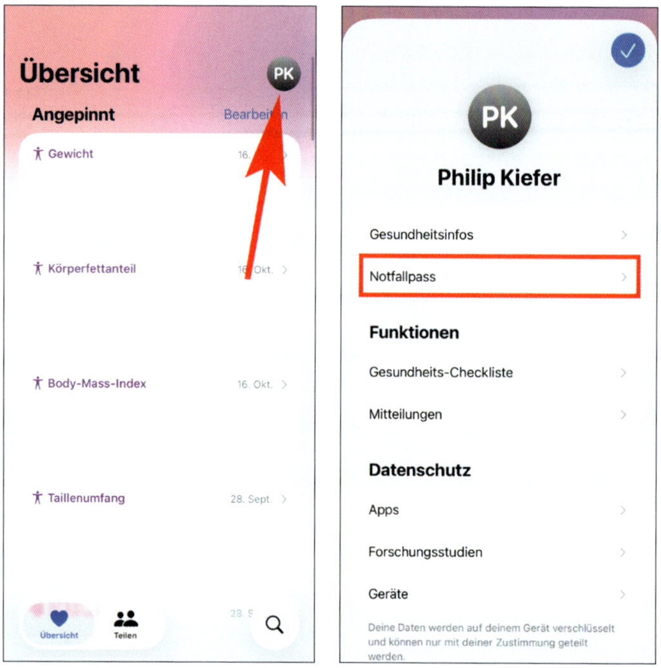

Erstellen Sie einen Notfallpass für Fälle, die hoffentlich nie eintreten werden.

Machen Sie anschließend Ihre persönlichen Angaben: Geben Sie z. B. Ihre Blutgruppe ein und wählen Sie einen oder mehrere Notfallkontakte aus. Achten Sie darauf, dass die Option *Im Sperrzustand zeigen* aktiviert bleibt.

Ein Retter wird mit hoher Wahrscheinlichkeit Ihr iPhone checken, um auf Ihre persönlichen Daten zugreifen zu können. Versucht er, das iPhone zu entsperren, erscheint links unten der Hinweis *Notfall*.

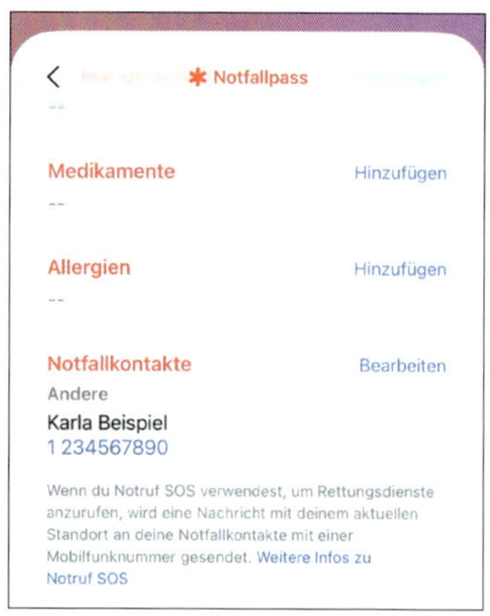

Welche Angaben Sie im Notfallpass machen möchten, bleibt ganz Ihnen überlassen.

Tippt er diesen Hinweis an, kann er einen Notruf tätigen. Links unten findet sich außerdem der Hinweis *Notfallpass*, den er nur antippen muss, um die von Ihnen hinterlegten Daten zu finden.

Auf den Notfallpass kann standardmäßig auch im Sperrzustand zugegriffen werden.

Um einen Notruf abzusetzen oder auf den Notfallpass zuzugreifen, gibt es noch eine simplere Funktion, die Sie in Notlagen kennen sollten: Standardmäßig werden Ihnen die Not-Optionen auch dann angeboten, wenn Sie die Seitentaste sowie eine der Lautstärketasten gedrückt halten.

In den *Einstellungen* unter *Notruf SOS* können Sie zusätzlich festlegen, dass ein Notruf nach einem kurzen (und lauten) Countdown direkt abgegeben wird, wenn Sie fünfmal schnell hintereinander die Seitentaste drücken.

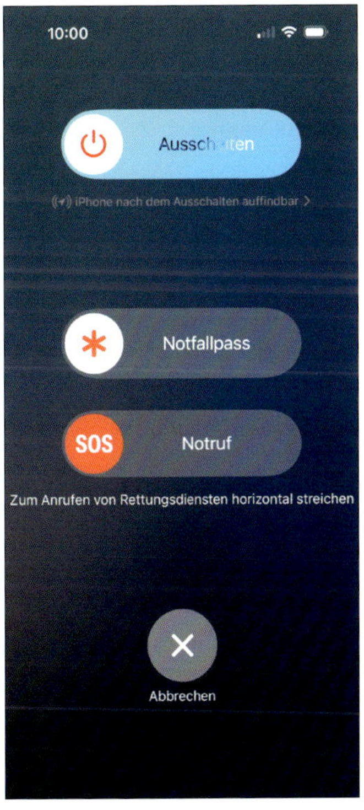

In Notfällen hilfreich: die Not-Optionen des iPhones.

Gut zu wissen: Ihr iPhone 17 kann einen schweren Unfall automatisch erkennen und entsprechend einen Notruf ausführen. Wenn Sie diese Option nicht wünschen, deaktivieren Sie den Schalter *Nach schwerem Unfall anrufen* in den *Einstellungen* unter *Notruf SOS*.

Die Wettervorhersage stets mit dabei: die Wetter-App

Damit Sie nie wieder unvorbereitet im Regen stehen, befragen Sie vor einer Fahrt oder dem Ausflug zum Strand Ihr iPhone, wie das Wetter wohl werden wird. Auch über Unwetterwarnungen, die Luftqualität vor Ort und Co. werden Sie in dieser App informiert. Hier zeige ich Ihnen, wie Sie die App *Wetter* mit wenigen Handgriffen einrichten:

1. Die App *Wetter* kann Ihnen das Wetter an Ihrem jeweiligen Standort anzeigen (Sie müssen der App *Wetter* dazu den Zugriff auf die Ortungsdienste gestatten). Sie können aber auch noch beliebige weitere Orte hinzufügen. Streichen Sie im oberen Bereich der App oder ganz unten mit dem Finger von rechts nach links bzw. nachher auch umgekehrt, um sich die Wetterprognose für die angelegten Orte anzusehen. Um mehr Orte hinzuzufügen, tippen Sie rechts unten in der App *Wetter* (öffnen Sie diese per Fingertipp auf das App-Symbol oder auf das Wetter-Widget) auf das Symbol . Übrigens: Der Hintergrund der App passt sich der jeweiligen Wetterprognose an.

2. Sie erhalten nun eine Übersicht über die bereits verfügbaren Orte. Um einen Ort zu entfernen, tippen Sie ihn an, streichen mit dem Finger nach links und tippen auf den Papierkorb. Zum Hinzufügen eines Ortes tippen Sie in das Suchfeld.

3. Suchen Sie nach dem Ort, den Sie hinzufügen möchten, und tippen Sie den gewünschten Eintrag an.

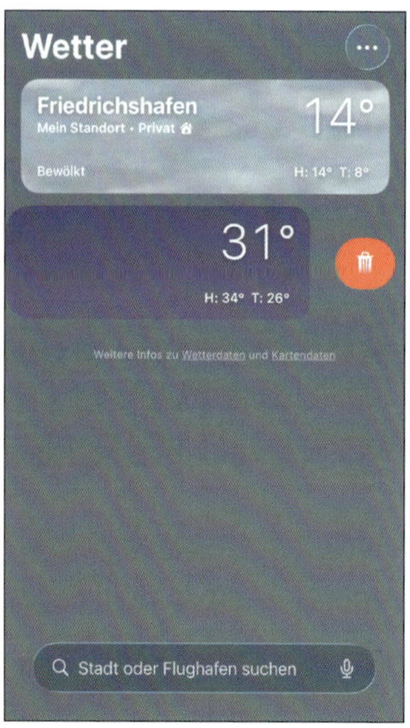

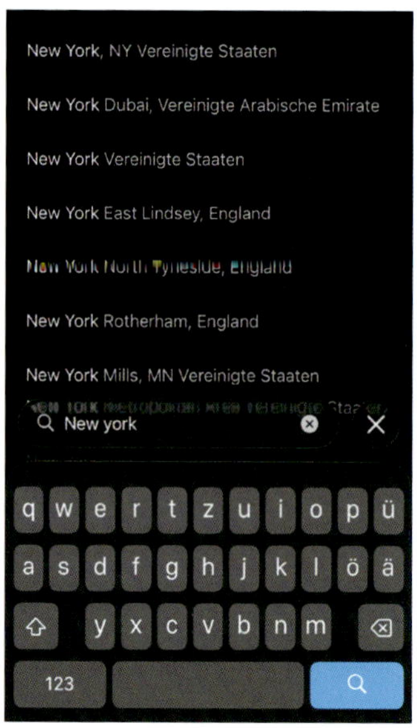

4. Bestätigen Sie mit dem Plussymbol [+], um den Ort zu übernehmen. Sie können nun jeweils durch Antippen in der Übersicht bzw. durch horizontales Streichen den gewünschten Ort auswählen.

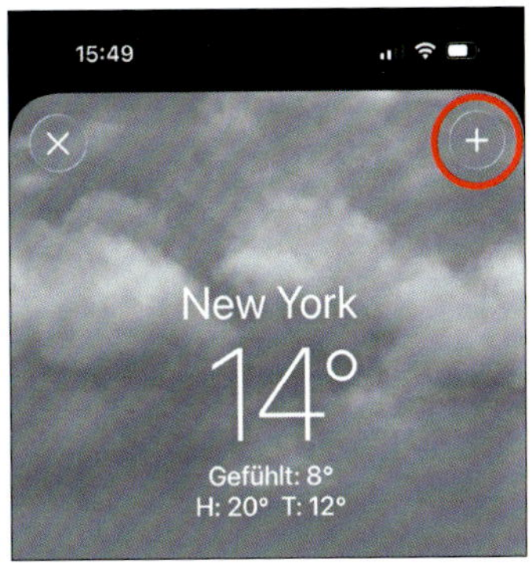

Im App Store lassen sich noch massenhaft weitere Wetter-Apps aufspüren. Beliebt ist beispielsweise die App *wetter.com*, die in der kostenlosen Version allerdings durch Werbung finanziert wird. Es gibt viele weitere Alternativen, stöbern Sie im App Store einfach mal nach dem Suchbegriff *wetter*.

Wertpapiere immer im Blick

Ihnen ist sicherlich nicht entgangen, dass sich auf der zweiten Seite des Home-Bildschirms auch die Standard-App *Aktien* finden lässt. Verfolgen Sie darin die Wertentwicklung verschiedener Indizes sowie einzelner Wertpapiere, die Sie in der App hinzufügen. Suchen Sie dazu eine Aktie in der App und klicken Sie beim gefundenen Eintrag auf das Plussymbol.

Hotelsuche, Routenplanung und Navigation mit Bordmitteln: die Karten-App

Straßenpläne, einen Routenplaner und sogar ein Navigationssystem haben Sie auf Ihrem iPhone ebenfalls bereits mit an Bord, nämlich in Form der App *Karten*. Selbst ein GPS-Empfänger wurde in Ihr iPhone eingebaut, der die Ortung durch GPS-Satelliten in der Erdumlaufbahn ermöglicht.

Der Nachteil der App *Karten* zuerst: Für die Nutzung ist in der Regel eine Internetverbindung erforderlich, wobei Sie aber auch Kartenausschnitte herunterladen können. Für die Offlinenavigation setzen Sie eine alternative App ein wie z. B. *HERE WeGo* (kostenlos). Natürlich gibt es kostenpflichtige Navigations-Apps, die aber immer noch weniger kosten als ein Navigationsgerät.

Die App *Karten* hat Ihnen in jedem Fall eine Menge zu bieten. Lassen Sie mich Ihnen auf den folgenden Seiten die besten Funktionen der App vorstellen.

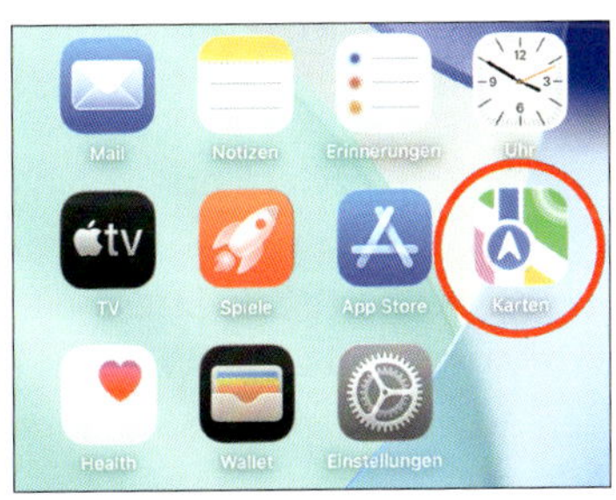

Die App Karten bietet Straßenkarten, Satellitenaufnahmen, Navigation und noch mehr.

Straßenkarte oder Satellitenaufnahme aufrufen

In der App *Karten* wird Ihnen zunächst Ihr aktueller Standort auf einer Straßenkarte angezeigt (Sie müssen der App den Zugriff auf die Ortungsdienste erlauben). Per Symbol rechts in der App können Sie jederzeit zu Ihrem aktuellen Standort zurückkehren. Außerdem finden Sie in der App *Karten* ein Suchfeld, um Adressen oder Points of Interest weltweit zu suchen. Tippen Sie in das Suchfeld und geben Sie die vollständige Adresse ein oder nur einen Ortsnamen. Wählen Sie anschließend einen der Vorschläge aus oder tippen Sie auf die Lupentaste, um den entsprechenden Ort zu öffnen.

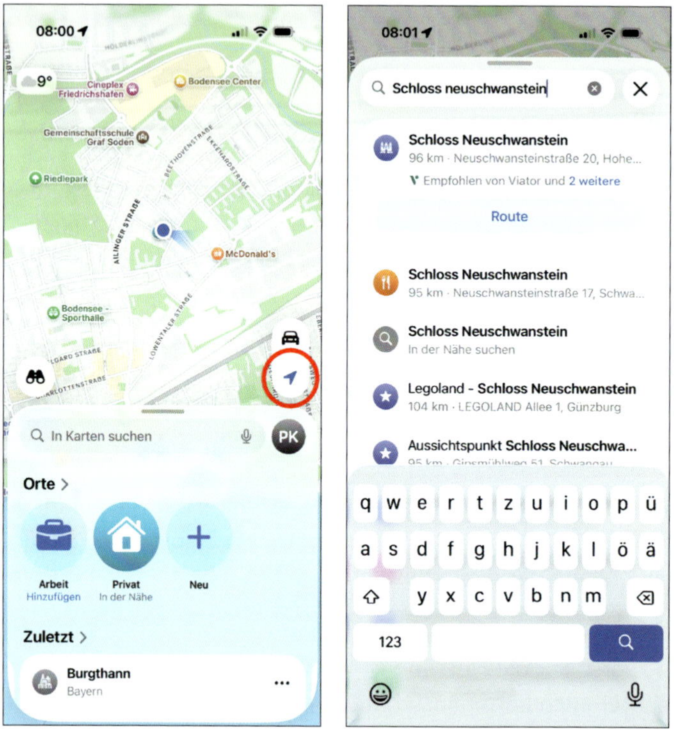

Rufen Sie in der Karten-App Ihren eigenen Standort oder einen beliebigen weiteren Ort auf.

Die entsprechende Straßenkarte wird daraufhin prompt geladen. Durch Auseinander- bzw. Zueinanderbewegen von Daumen und Zeigefinger auf dem Display können Sie die Ansicht heran- bzw. herauszoomen. Das Heranzoomen kann auch durch Doppeltippen mit einem Finger erfolgen und das Herauszoomen durch Doppeltippen mit zwei Fingern.

Wenn Sie mit zwei Fingern – in der Regel Zeigefinger und Mittelfinger – auf der Karte eine Streichbewegung von unten nach oben vollführen, wandeln Sie außerdem die 2D-Karte in eine 3D-Karte um. Streichen Sie mit zwei Fingern von oben nach unten, um wieder die 2D-Karte zu erhalten. Wird ein Fernglassymbol eingeblendet, lässt sich zur aufgerufenen Adresse auch eine Straßenansicht aufrufen, in der Sie sich durch Antippen einer Stelle fortbewegen können.

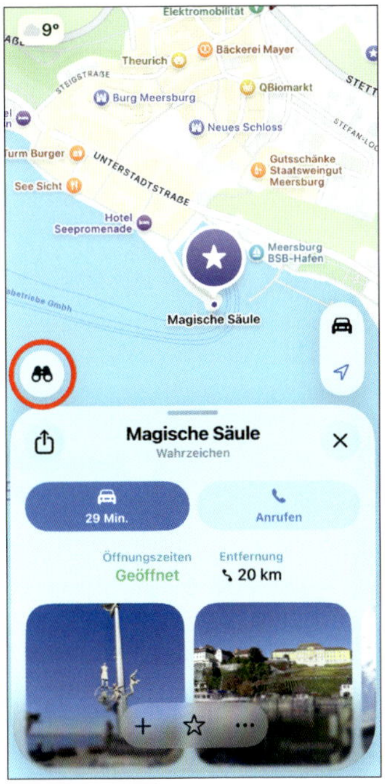

Die linke Abbildung zeigt die aufgerufene Straßenkarte, in der rechten Abbildung wurde eine Straßenansicht aufgerufen.

Standardmäßig ist die Karte nach Norden ausgerichtet. Das lässt sich ganz leicht ändern, indem Sie auf der Karte mit Daumen und Zeigefinger eine Drehbewegung nach links bzw. rechts durchführen. Wenn Sie wieder die Ausrichtung nach Norden erhalten möchten, tippen Sie einfach auf den eingeblendeten Kompass.

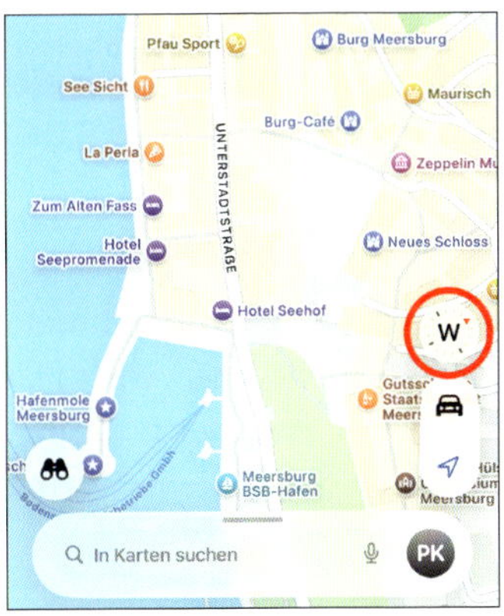

Durch eine Drehbewegung auf dem Display richten Sie die Karte anders aus.

Statt der Straßenkarten lassen sich auch Satellitenaufnahmen und unter dem Reiter *ÖPNV* außerdem Stationen des öffentlichen Nahverkehrs einblenden. Um die Ansicht zu wechseln, tippen Sie rechts in der App *Karten* auf das aktuelle Symbol (hier Kartenmodus *Fahren* 🚘). Im sich öffnenden Menü haben Sie dann die Auswahl. Das Symbol wird der jeweiligen Ansicht angepasst.

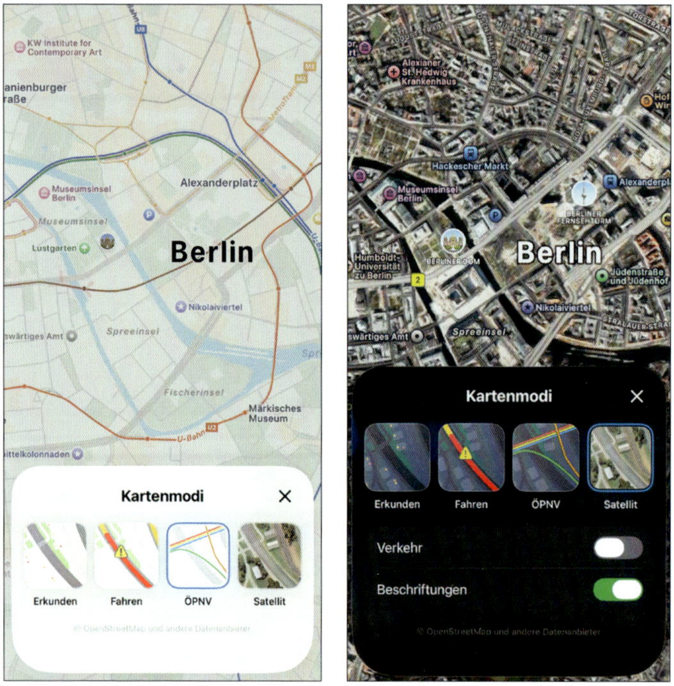

Die Karten-App bietet mehrere Ansichten; hier werden Verbindungen des öffentlichen Nahverkehrs sowie Satellitenaufnahmen eingeblendet.

Wenn Sie die Ansicht *Satellit* auswählen, lassen sich Beschriftungen auf dem Satellitenbild aus- oder einblenden – mit *Beschriftungen* erhalten Sie eine Hybridansicht, bei der auf den Satellitenaufnahmen wie bei den Straßenkarten Straßennamen und Co. dargestellt werden. Das Ein- bzw. Ausblenden erfolgt nach Auswahl der Ansicht *Satellit* per Schalter.

Entscheiden Sie per Schalter, ob Sie Beschriftungen und Verkehrsinfos in der Satellitenaufnahme einblenden möchten oder nicht.

Auch für die Ansicht *Satellit* gelten die bereits kennengelernten Möglichkeiten zum Zoomen, zur Anzeige in 3D oder für eine andere Ausrichtung. Suchen Sie doch einmal bekannte Gebäude weltweit in der App *Karten* auf und lassen Sie sich diese auf ansprechende Weise anzeigen. Nützlich, falls Sie gerade eine Fahrt planen und wissen möchten, wie es an einem Ort mit dem Verkehr aussieht: Im Kartenmodus *Fahren* (Symbol), werden Ihnen nicht nur Straßenkarten, sondern auch nützliche Verkehrshinweise in der Karte angezeigt, z. B. gesperrte Straßen oder Staus.

Karten offline speichern

Möchten Sie bestimmte Kartenausschnitte offline speichern, sodass Sie auch ohne Internetverbindung darauf zugreifen können? Suchen Sie dazu nach einer Karte bzw. erstellen Sie eine Stecknadel und wählen Sie im Infobereich der Adresse die *Laden*-Option. Beachten Sie aber, dass geladene Karten relativ viel Speicherplatz beanspruchen.

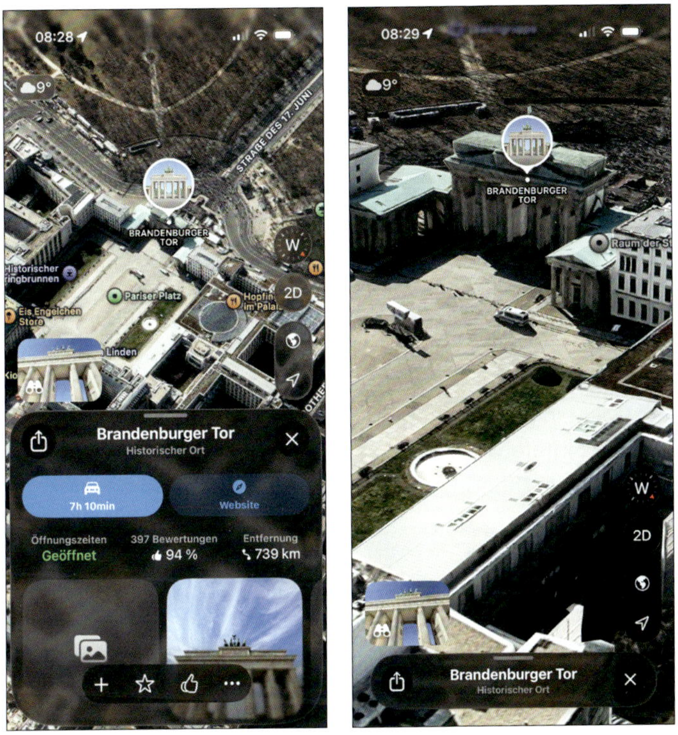

Hier werfe ich einen 3D-Blick auf das Brandenburger Tor in Berlin.

Indoor-Karten von Flughäfen und anderen großen Gebäuden aufrufen

Auch Indoor-Karten von Flughäfen und anderen großen Gebäuden stehen in der App *Karten* zur Verfügung. Lassen Sie mich Ihnen das Ganze am Beispiel des Münchener Flughafens zeigen:

1. Suchen Sie in der App *Karten* nach *flughafen münchen* und tippen Sie den entsprechenden Eintrag an.
2. Der Flughafen wird Ihnen nun in der App *Karten* angezeigt. Um ins Innere des Flughafens zu gelangen, zoomen Sie sich näher ran.
3. Stehen mehrere Stockwerke zur Verfügung, wird rechts oben eine Zahl angezeigt. Tippen Sie die Zahl an, um das Stockwerk zu wechseln.

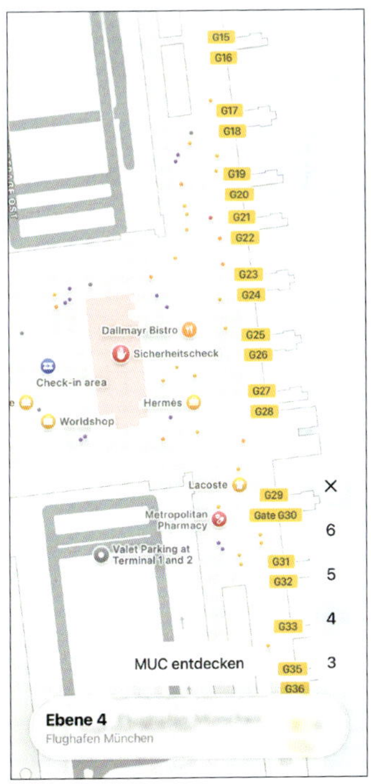

In der Karten-App nach einer Tankstelle, einem Hotel usw. suchen

Mit der App *Karten* suchen Sie nicht nur nach Adressen, sondern auch nach Geschäften aller Art. Wenn Sie lediglich nach der Art des Geschäfts suchen, etwa nach dem Begriff *hotel*, werden die gefundenen Geschäfte in der gerade geöffneten Ansicht angezeigt. Genauso können Sie die Suche aber auch mit einer Ortsangabe verknüpfen, suchen Sie also z. B. nach *hotel in wien*.

Jedes eingeblendete Symbol (die Symbole unterscheiden sich je nach gesuchtem Geschäft) entspricht einer gefundenen Örtlichkeit. Wenn Sie ein Symbol antippen, wird Ihnen der Name des Geschäfts angezeigt. Sie können unten in der App *Karten* eine Liste der Geschäfte einblenden. Um sich über ein Geschäft näher zu informieren, tippen Sie auf den angezeigten Namen und ziehen das Infofenster von unten auf den iPhone-Bildschirm. Sie erhalten dann die Adresse sowie weitere Daten.

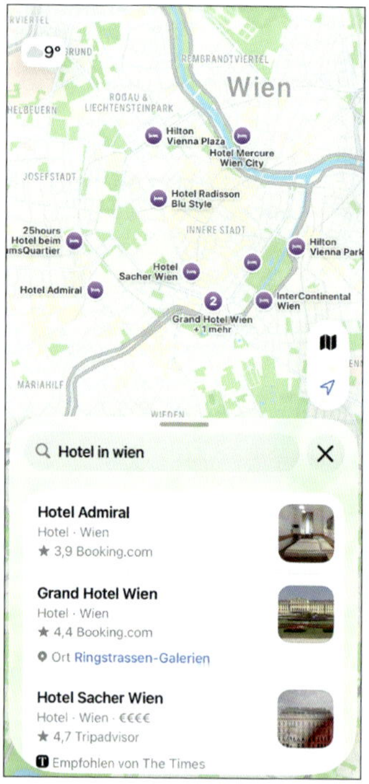

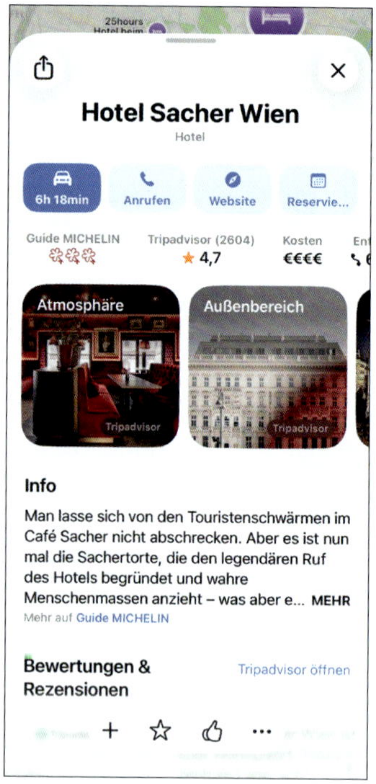

Die Karten-App können Sie auch als eine Art »Gelbe Seiten« für Geschäfte auf der ganzen Welt einsetzen.

Eine Route zum Zielort planen und sich zum Ziel navigieren lassen

Nun möchten Sie sich von Ihrem iPhone zuverlässig von Ihrem aktuellen Standort zu einer gefundenen Adresse bzw. einem gefundenen Geschäft navigieren lassen. Das iPhone bietet eine Navigation für Kraftfahrzeuge, aber auch für Fußgänger und Radfahrer. Außerdem lassen sich ggf. Verbindungen des öffentlichen Nahverkehrs aufrufen. Falls Sie über ein kompatibles E-Fahrzeug verfügen, können Sie sogar passende Routen entlang von Ladesäulen planen. Und auch das Einplanen von Stopps ist möglich. Wie Sie eine einfache Kfz-Route planen, zeigt Ihnen die folgende Anleitung:

1. Suchen Sie in der App *Karten* nach dem Zielort und tippen Sie im Infofenster unten auf die Schaltfläche mit der geschätzten Fahrzeit.

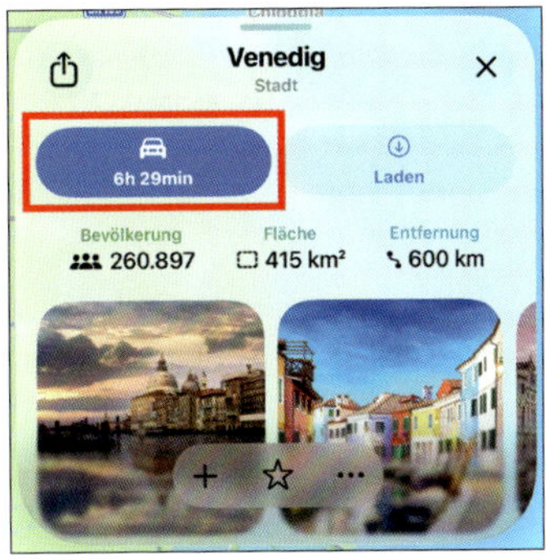

2. Wählen Sie im Menü das Verkehrsmittel aus, falls Sie statt mit einem Kraftfahrzeug mit dem Fahrrad oder zu Fuß unterwegs sind bzw. ein öffentliches Verkehrsmittel oder eine Mitfahrgelegenheit nutzen möchten. Wünschen Sie eine Routenplanung mit mehreren Stopps, entscheiden Sie sich für *Stopp hinzufügen*. Auf der Karte wird Ihnen eine Route angezeigt. Falls mehrere Routen eingeblendet werden, wählen Sie die für Sie passende aus. Um sich Details zu einer Route in Listenform anzeigen zu lassen, tippen Sie diese an. Tippen Sie auf *Los*, um sich zum Ziel navigieren zu lassen.

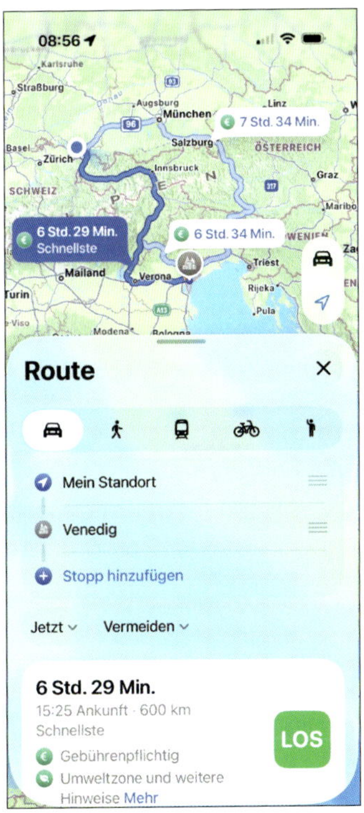

3. Die Navigation wird prompt gestartet. Noch ein kleiner Tipp: Auf längeren Autobahnstrecken schalten Sie das Display am besten aus, um den iPhone-Akku zu schonen (die Navigation übers Internet strapaziert den Akku ziemlich). Die Navigationsführung wird auch auf dem Sperrbildschirm angezeigt.

Stopps können Sie übrigens auch noch nachträglich hinzufügen. Dazu ziehen Sie auf dem Navigationsbildschirm den Infobereich nach oben – schon erhalten Sie die entsprechende Option. Zum Beenden der Navigation tippen Sie hier auf *Route beenden*.

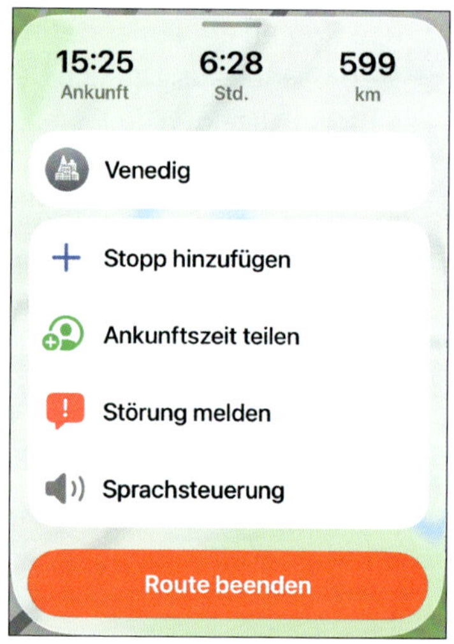

Einen Stopp hinzufügen, die Ankunftszeit teilen, die Lautstärke der Sprachsteuerung anpassen oder die Navigation beenden – diese Optionen erhalten Sie im Infobereich.

Im Infobereich zu einer in der App *Karten* aufgerufenen Örtlichkeit erhalten Sie noch weitere nützliche Optionen. Mit der Auswahl der Option *Neuen Kontakt erstellen* (unter dem Symbol) lässt sich beispielsweise ein von Ihnen gebuchtes Hotel Ihren Kontakten hinzufügen.

> **Gebührenpflichtige Wege meiden**
>
> Möchten Sie gebührenpflichtige Straßen, Tunnel oder Brücken bei der Routenplanung meiden? Dann entscheiden Sie sich in den iPhone-Einstellungen unter *Apps* für den Eintrag *Karten* und dort für *Fahren*. Aktivieren Sie im Abschnitt *Vermeiden* den Schalter *Gebühren*.

Reiseführer verwenden

Für verschiedene Orte der Welt stehen in der App *Karten* Reiseführer zur Verfügung. Diese wollen Sie in einer fremden Stadt zu interessanten Örtlichkeiten führen, allerdings unterscheidet sich die Qualität der vorhandenen Reiseführer stark. Wenn Sie eine Stadt wie Paris aufrufen, werden Ihnen die zugehörigen Reiseführer im Infofenster angezeigt und Sie können einen Reiseführer durch Antippen öffnen. Schauen Sie sich einfach mal einige Reiseführer an, um sich einen Eindruck zu verschaffen. Leider sind die Reiseführer meistens fremdsprachig.

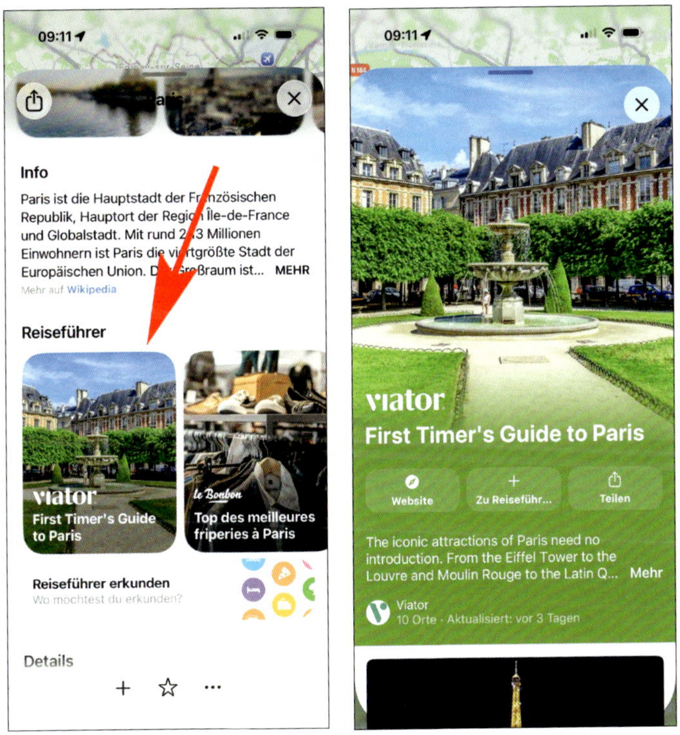

Nutzen Sie einen vorgeschlagenen Reiseführer, um sich in einer fremden Stadt zurechtzufinden.

Ihre Lieblingsorte als Favoriten speichern

Um Lieblingsorte jederzeit schnell wiederzufinden, fügen Sie diese Ihren Favoriten hinzu oder erstellen einen eigenen Reiseführer. Dies kann z. B. auch für die Planung einer Rundreise sehr praktisch sein. Ein Verlauf der von Ihnen aufgerufenen Orte wird sowieso gespeichert.

Um eine Örtlichkeit einem eigenen »Reiseführer« hinzuzufügen, gehen Sie folgendermaßen vor:

1. Um einen neuen Reiseführer zu erstellen, tippen Sie im Infobereich der App *Karten* auf *Deine Reiseführer*.

2. Ein Favoritenordner steht bereits zur Auswahl zur Verfügung. Um einen neuen Reiseführer anzulegen, tippen Sie auf das Plussymbol ⊞.

3. Geben Sie dem Reiseführer eine sinnvolle Bezeichnung und bestätigen Sie mit dem Häkchensymbol ✓.

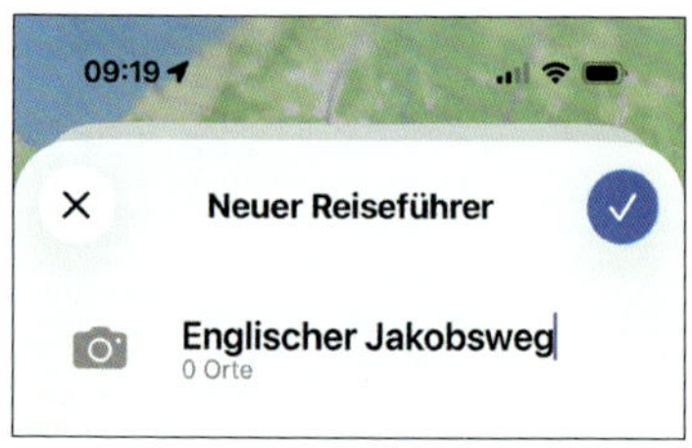

4. Wählen Sie den Reiseführer anschließend aus, um die gewünschten Örtlichkeiten hinzuzufügen. Dazu tippen Sie auf das Plussymbol ⊞.

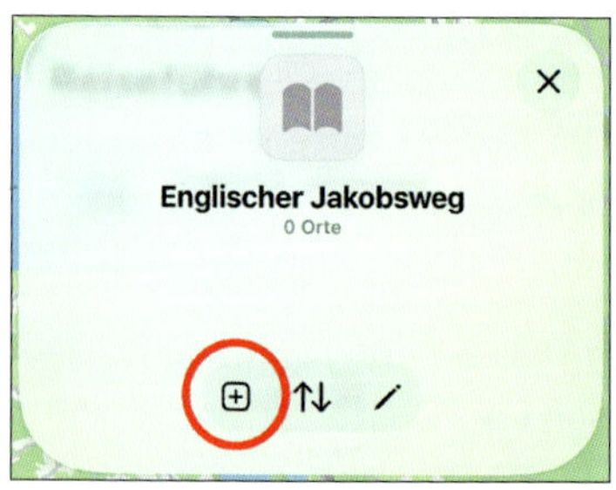

5. Suchen Sie jeweils nach einer Stadt, Adresse oder Sehenswürdigkeit und fügen Sie diese mit dem Plussymbol + hinzu.

6. Haben Sie dem Reiseführer alle gewünschten Orte hinzugefügt, bestätigen Sie mit dem Häkchensymbol.

7. Der Zugriff auf den Reiseführer erfolgt im Infobereich der App *Karten* im Abschnitt *Deine Reiseführer*, indem Sie dort den erstellten Reiseführer antippen. Es wird eine Karte mit den hinzugefügten Orten angezeigt.

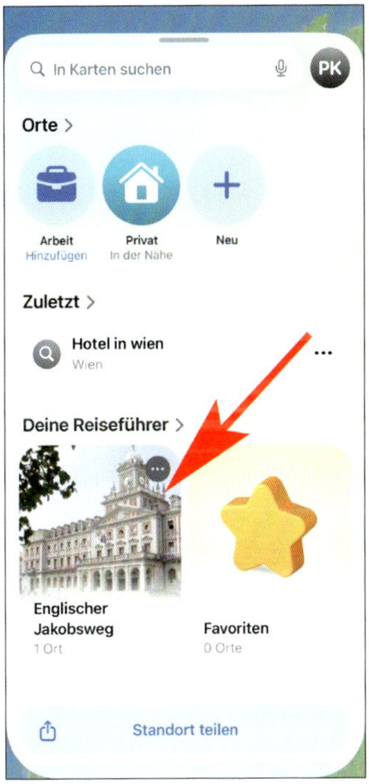

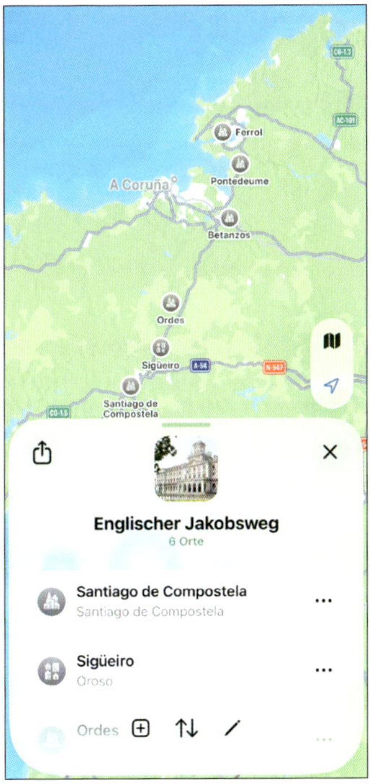

Standort markieren

Damit Sie nie wieder vergessen, wo Sie Ihr Auto in einer fremden Stadt geparkt haben, markieren Sie auf der Karte den Abstellort. Dazu rufen Sie zunächst per Fingertipp auf das Symbol Ihren aktuellen Standort auf. Tippen Sie anschließend den Standort auf der Karte an und halten Sie diesen zum Markieren gedrückt. Um eine Markierung wieder zu entfernen, tippen Sie diese auf der Karte an und wählen *Entfernen*. Gut zu wissen: Entsprechende Hardware im Auto vorausgesetzt, kann sich Ihr iPhone dessen Position auch automatisch merken.

Schneller zu Ihren favorisierten Adressen navigieren

Während die Reiseführer zum Speichern von Favoriten und der Tourplanung dienen, werden Adressen, die Sie unter *Orte* speichern, für die Navigation zu besonders wichtigen Örtlichkeiten verwendet. Um einen Ort hinzuzufügen und später jederzeit aufzurufen, gehen Sie folgendermaßen vor:

1. Tippen Sie in der App *Karten* im Abschnitt *Orte* auf den Button *Neu*.

2. Suchen Sie nach der gewünschten Adresse und tippen Sie den gefundenen Eintrag an.

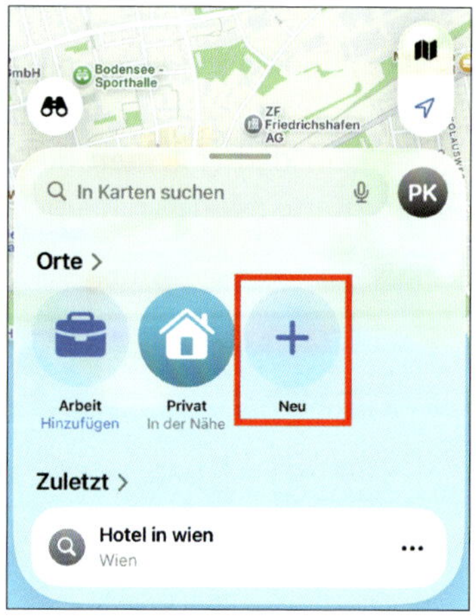

3. Passen Sie ggf. noch die Angaben zum Favoriten an, bevor Sie mit dem Häkchensymbol bestätigen.

4. Die Adresse lässt sich ab sofort im Abschnitt *Orte* aufrufen.

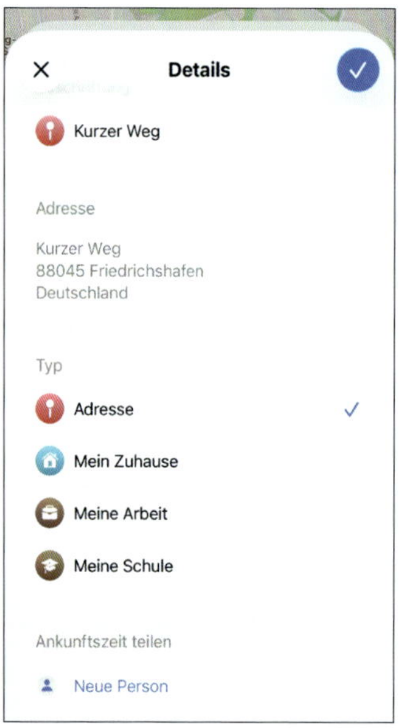

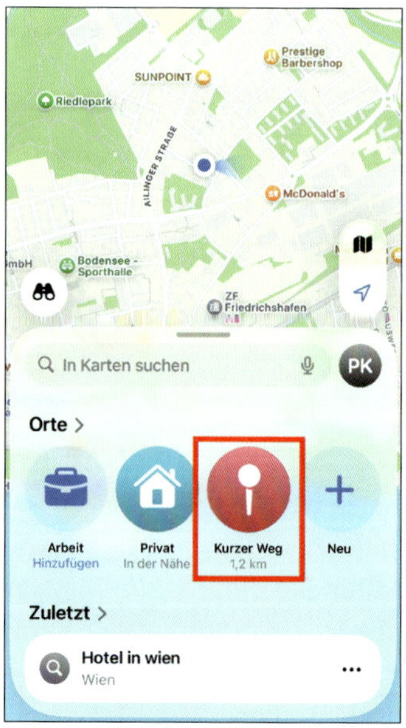

Um Ihre gespeicherten Örtlichkeiten zu verwalten, tippen Sie im Infobereich der App *Karten* auf den Abschnittsnamen *Orte*. Nun erhalten Sie eine Übersicht über die gespeicherten Adressen, aber auch Reiseführer und Co., und können z. B. nicht mehr benötigte Adressen löschen.

Sie sehen: Die App *Karten* kann mehr, als es auf den ersten Blick erscheinen mag. Unternehmen Sie doch gleich mal eine kleine virtuelle Weltreise, um die tollen Funktionen der App *Karten* zu verinnerlichen!

Impfnachweis, Tickets und Co. auf einen Blick: die App Wallet

Für Ihre realen Reisen, aber auch fürs tägliche Shoppen oder Events steht die App *Wallet* auf dem Home-Bildschirm für Sie bereit. Damit haben Sie Ihre Boardingkarten, Tickets, Coupons oder Ihren Impfnachweis immer mit dabei. In der App lassen sich außerdem Kreditkarten für die Zahlung mit Apple Pay speichern. Wallet bedeutet übersetzt so viel wie »Brieftasche« – und in der Tat sparen Sie sich damit das Herumtragen so mancher Dokumente, die normalerweise in einer Brieftasche Platz finden. Selbst elektronische Zimmerkarten von Hotels lassen sich ggf. in der App speichern.

Mit der App Wallet lassen sich unter anderem die verschiedensten Karten und Coupons verwalten, etwa Boardingkarten oder Konzerttickets.

Wenn Sie die App *Wallet* öffnen, werden Sie zunächst aufgefordert, eine Kreditkarte für Apple Pay hinzuzufügen, außerdem werden Sie auf die für *Wallet* im App Store verfügbaren Apps verwiesen – vertreten sind viele Fluglinien, aber auch Ticket-, Coupon-, Mietwagenanbieter usw. Tickets und Co. lassen sich auch per Link in einer E-Mail oder auf einer Webseite hinzufügen. Darüber hinaus steht in der App ein Codescanner zur Verfügung.

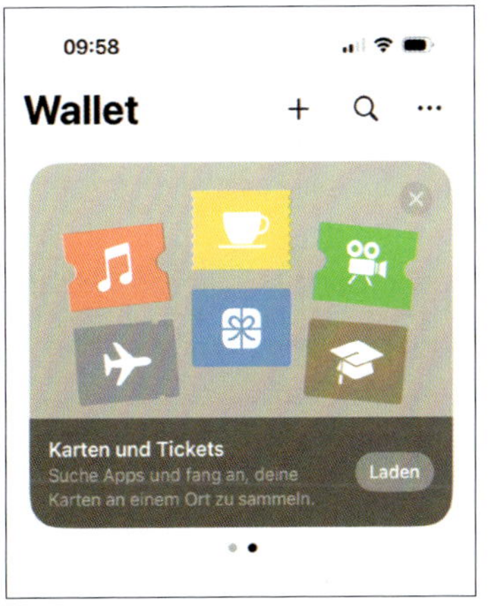

Bei einer leeren Wallet-App werden Sie zum Hinzufügen einer Kreditkarte sowie zum Laden von Apps aufgefordert, die Wallet unterstützen.

Aus den entsprechenden Apps heraus lassen sich Tickets und Co. per Fingertipp der App *Wallet* hinzufügen. In der App *Wallet* tippen Sie ein Ticket, einen Coupon usw. einfach an, um Ihre Auswahl anzuzeigen. Wenn Sie die gewählten Tickets nicht mehr brauchen, schieben Sie sie mit dem Finger nach unten, um wieder alle Inhalte des Wallets zu sehen.

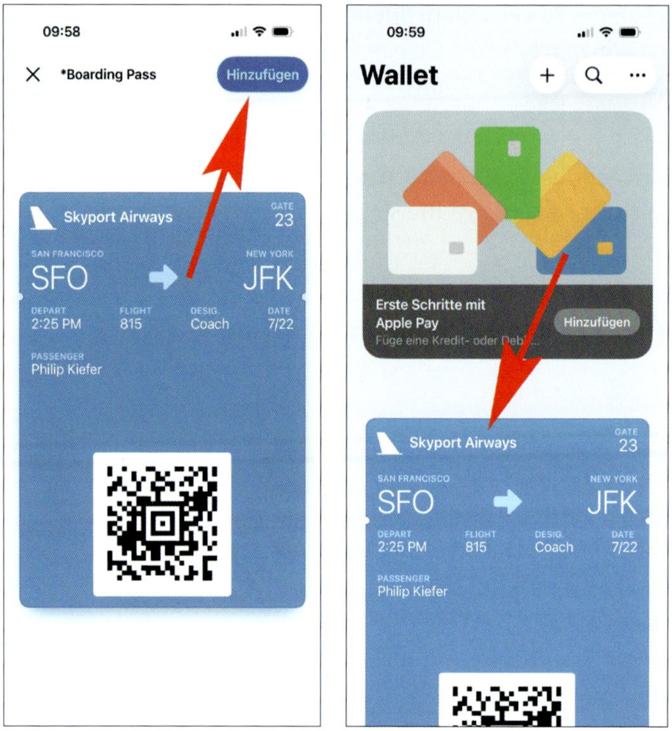

Fügen Sie Ihre Tickets, Coupons usw. der App Wallet hinzu, um sie dort jederzeit übersichtlich verfügbar zu haben; in diesem Fall wurde ein eigenes Ticket auf der Seite www.passsource.com erstellt.

Unter dem Symbol ••• oberhalb des eingeblendeten Tickets erhalten Sie die Option zum Entfernen eines Tickets sowie ggf. weitere Informationen.

Die besten Reise-Apps für Sie zusammengestellt

Auf ein paar Zusatz-Apps sollten Sie auf Ihren Fahrten und Reisen nicht verzichten. Entnehmen Sie der folgenden Tabelle in diesem Zusammenhang empfehlenswerte Apps, die im November 2025 allesamt kostenlos zu haben waren.

App-Name	Symbol	Kurze Beschreibung
Sicher reisen		Mit dieser App des Auswärtigen Amtes sind Sie stets über alles informiert, was Sie zum sicheren Reisen wissen müssen.
TripAdvisor		Verlassen Sie sich bei der Auswahl einer Reise nicht auf die Hochglanzprospekte der Reisebüros! Die App *TripAdvisor* bietet Bewertungen, Bilder und weitere Informationen direkt von Reisenden.

App-Name	Symbol	Kurze Beschreibung
HolidayCheck	Holiday Check	Auch HolidayCheck ist ein beliebtes Portal zur Reisebewertung. Mit dieser App checken Sie Hotels und mehr komfortabel auf Ihrem iPhone.
KAYAK	K	Eine sehr nützliche App für die Reisevorbereitung: Finden Sie damit den günstigsten Flug und das beste Hotel, schlagen Sie Gepäckgebühren nach, rechnen Sie Währungen um usw. 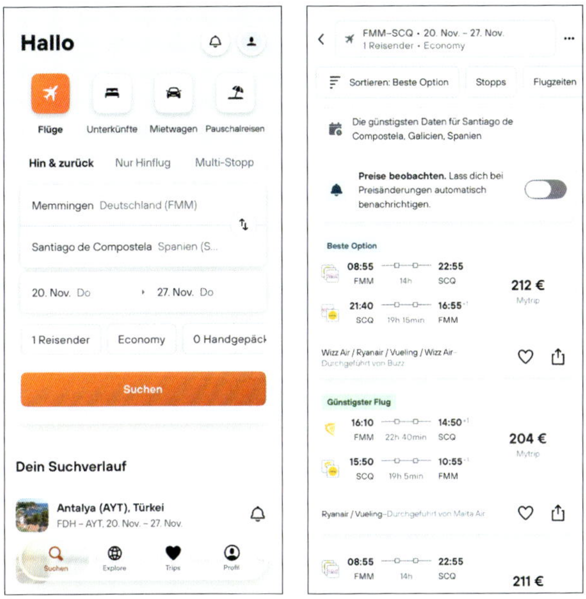
Booking.com	Booking	Für die Suche nach Hotels kann ich Ihnen diese App empfehlen. Grundsätzlich bietet es sich aber an, die gefundenen Angebote mit denen anderer Anbieter zu vergleichen, um wirklich den besten Preis zu erhalten.
Check24	CHECK24	Auf der Jagd nach Reise-Schnäppchen kann Ihnen diese App eines großen Vergleichsportals gute Dienste erweisen. Sie eignet sich nicht nur dazu, um nach Pauschalreisen zu stöbern, auch weitere Preisvergleiche sind im Angebot.
HERE WeGo		Diese Gratis-App wurde an anderer Stelle bereits kurz erwähnt. *HERE WeGo* ermöglicht eine kostenlose Navigation in Europa – bei Bedarf auch offline, sodass Sie dafür beispielsweise im Ausland keine Internetverbindung benötigen.

App-Name	Symbol	Kurze Beschreibung
mehr-tanken		Auf der Suche nach den aktuell günstigsten Benzinpreisen kann Ihnen diese App behilflich sein – der eine oder andere Euro lässt sich damit in jedem Fall sparen. 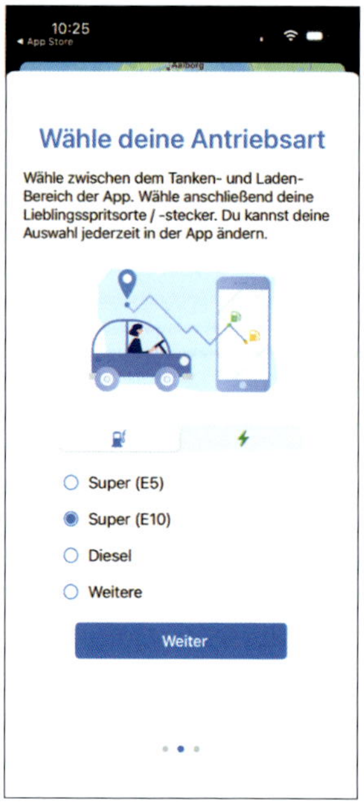 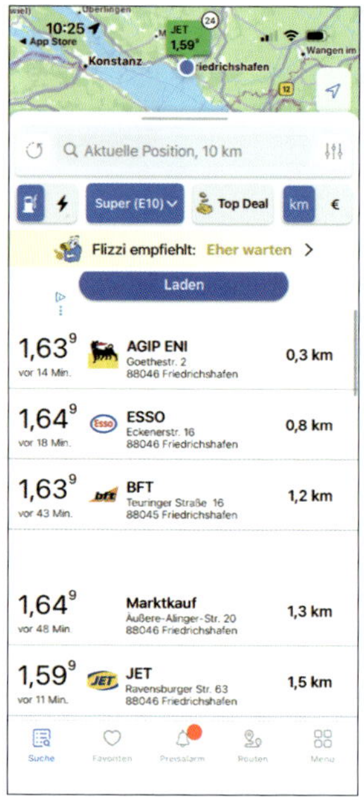
Skyscanner		Sie unternehmen eine Flugreise und möchten ein passendes Hotel oder direkt am Flughafen einen Mietwagen buchen? Beim Preisvergleich hilft Ihnen diese App.
DB Navigator		Ohne langes Anstehen am Bahnschalter: Planen Sie Ihre Bahnreisen zukünftig mit dieser App der Deutschen Bahn. In Österreich nutzen Sie die App *ÖBB Scotty*, in der Schweiz die App *SBB Mobile*.
Freenow		Ein Taxi rufen, dessen Weg auf einer Karte verfolgen, den Fahrpreis berechnen und noch mehr – in vielen Großstädten können Sie das mit dieser App tun, deren Vorgänger *mytaxi* war.
Uber		Mit dieser App können Sie in einigen Großstädten einen »privaten« Fahrer anheuern, der Sie von A nach B bringt. Im Vergleich zu einem herkömmlichen Taxi können Sie dabei einiges an Geld sparen.

App-Name	Symbol	Kurze Beschreibung
Grab		Grab ist eine weitere Fahrdienst-App, die sich unter anderem für Fahrten, aber auch für Essensbestellungen im südostasiatischen Raum als nützlich erweisen kann.
Moovit		Eine äußerst nützliche App für alle, die viel mit öffentlichen Verkehrsmitteln unterwegs sind: Fragen Sie Haltestellen in der Umgebung sowie Abfahrts- und Ankunftszeiten ab.
Outdoor-active		In dieser App greifen Sie auf tolle Wandertouren, Bergtouren, Skitouren usw. zu. Verzichten Sie bei Ihren Wanderungen zukünftig auf übergroße Wanderkarten, sondern lassen Sie sich den richtigen Weg dank GPS-Ortung von Ihrem iPhone weisen. 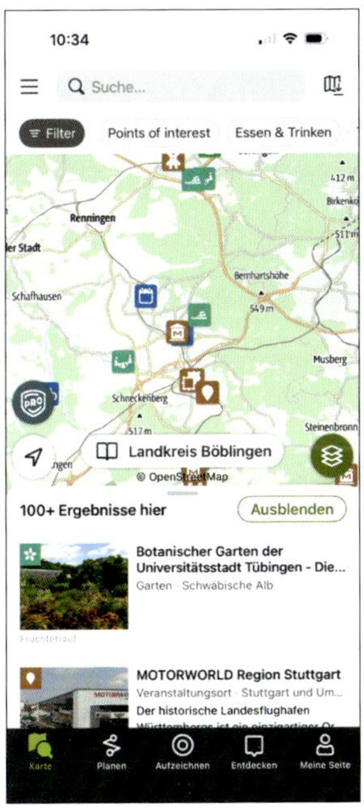 
Bikemap		Eine tolle App für Radfahrer: Finden Sie darin Hunderttausende Routen weltweit – ganz sicher ist da auch die passende für Sie dabei!
Google Übersetzer		Wenn Ihnen die 19 Sprachen der bereits vorhandenen App *Übersetzen* nicht reichen: Die App *Google Übersetzer* bietet automatische Übersetzungen von und in über 100 Sprachen.

Denken Sie daran: Die vorgestellten Apps bilden lediglich eine kleine Auswahl aus dem schier unendlichen Fundus des App Stores. Ganz sicher finden Sie im App Store genau die App, die Sie für Ihre individuelle Reise benötigen!

Und noch etwas: Aufgepasst bei Flugbuchungen auf einem Apple-Gerät! Es wird gemunkelt, dass diese deutlich teurer ausfallen können, als wenn Sie sie auf einem Windows-PC tätigen. Die Anbieter können nämlich sehen, von welchem Gerät eine Buchung erfolgt, und unter Umständen höhere Preise festlegen, wenn die Buchung z. B. auf einem iPhone 17 Pro Max vorgenommen wird.

Dank Kompass stets gut orientiert

Für die Orientierung in freier Wildbahn sehr nützlich: Setzen Sie auf Ihrem iPhone die bereits verfügbare App *Kompass* ein, die Sie standardmäßig auf der zweiten Seite des Home-Bildschirms im Ordner *Dienstprogr.* finden, um damit Ihre aktuelle Position zu bestimmen und die zugehörigen Koordinaten anzuzeigen.

KAPITEL 12

E-Books und Magazine auf dem iPhone lesen

Zugegeben: Das elektronische Lesen auf dem iPhone ist anfangs etwas gewöhnungsbedürftig. Aber so haben Sie Ihre Lektüre immer mit dabei, ohne schwere Bücher oder Zeitschriften mit sich rumzuschleppen. Dank des Retina Displays zeigt Ihr iPhone alle Texte gestochen scharf an. Lediglich vom Lesen am späten Abend raten Wissenschaftler ab, denn die Hintergrundbeleuchtung kann bei längerem Lesen zu einem unruhigen Schlaf führen. Doch erst mal wird ja nicht geschlafen, sondern Sie lernen in diesem Kapitel die besten Funktionen rund um E-Books (elektronische Bücher) und News-Apps kennen.

Kostenlose Klassiker oder aktuelle Bestseller in der Bücher-App lesen

Zum Herunterladen und Lesen von E-Books (sowie auch von Hörbüchern) steht Ihnen auf Ihrem iPhone die App *Bücher* bereits zur Verfügung. In diesem Zusammenhang ist zu erwähnen, dass es neben der App *Bücher* bzw. dem Book Store noch viele andere E-Book-Anbieter auf dem Markt gibt. Weitere bekannte Apps sind z. B. *Tolino*, *Skoobe* und *Kindle*. Mit der App *Onleihe* können Sie sogar E-Books aus einer Stadtbibliothek ausleihen. Entscheiden Sie selbst, welchen E-Book-Anbieter Sie verwenden möchten. Ich empfehle aber grundsätzlich, möglichst bei einem E-Book-Anbieter zu bleiben, ansonsten verlieren Sie schnell die Übersicht. Auf den folgenden Seiten stelle ich Ihnen die App *Bücher* vor.

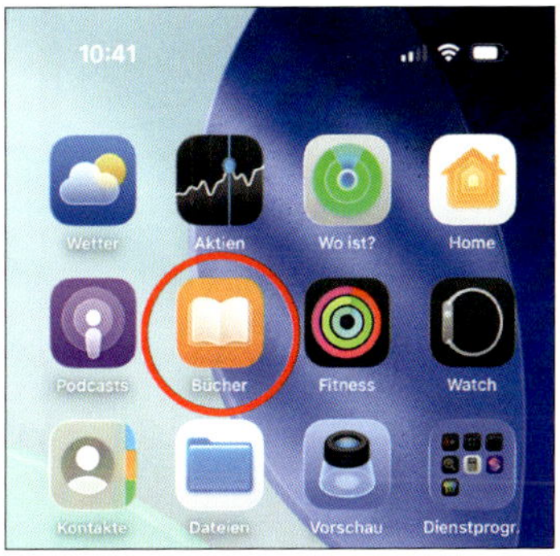

Dank der Bücher-App können Sie eine ganze Bibliothek auf dem iPhone mit sich herumtragen.

E-Books aus dem Book Store laden

Der Vorteil der App *Bücher*: Das Herunterladen von Büchern im Book Store funktioniert mit Ihrem Apple Account genauso, wie Sie es bereits im Zusammenhang mit dem Herunterladen von Apps bzw. Inhalten aus dem App Store kennengelernt haben. Und wie die Inhalte aus dem App Store sowie iTunes Store lassen sich auch die einmal im Book Store gekauften Bücher jederzeit erneut herunterladen. Sie müssen also nicht alle Titel auf dem iPhone gespeichert lassen.

Entscheiden Sie sich in der App *Bücher* unter *Book Store* für ein E-Book (Sie können alternativ auch die Suchfunktion nutzen, um nach Buchtiteln oder Autoren zu fahnden) und laden Sie dieses per Fingertipp auf die Schaltfläche *Laden* bzw. auf den angezeigten Preis herunter. Bei kostenpflichtigen E-Books empfehle ich Ihnen, zunächst die Option *Auszug* zu wählen, um sich in ein Buch erst mal einzulesen. Nur wenn es Ihnen zusagt, kaufen Sie den Rest. Der Auszug umfasst meist 10 % des E-Books. Logisch, dass für einen kostenpflichtigen Download Ihr Apple Account mit Zahlungsdaten verknüpft sein muss, wie ja bereits in Kapitel 3 kennengelernt. Neben E-Books lassen sich im Book Store übrigens auch Hörbücher erwerben und direkt in der App anhören.

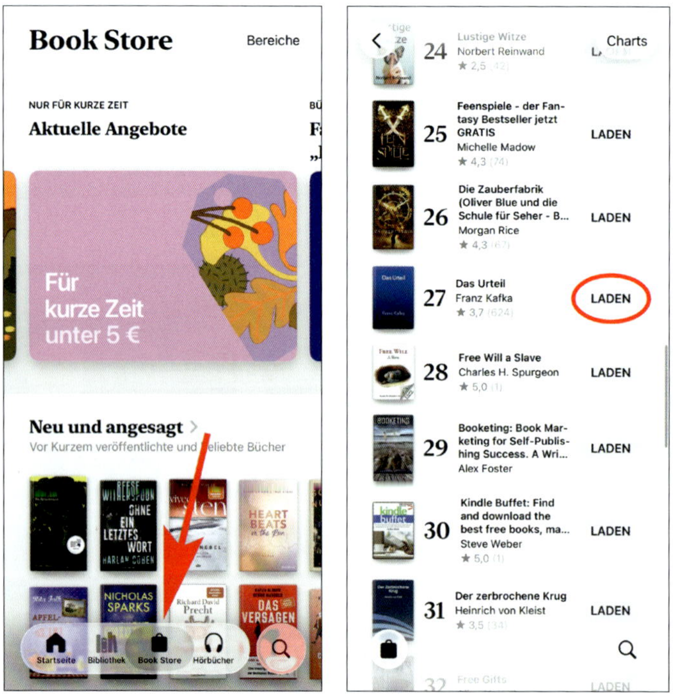

Stöbern Sie im integrierten Book Store nach Büchern, die Sie interessieren.

Bestätigen Sie das Herunterladen durch Eingabe des zu Ihrem Apple Account gehörenden Passworts bzw. per Face ID. Nach dem Herunterladen steht das E-Book in der App *Bücher* unter *Bibliothek* zur Verfügung.

Greifen Sie sofort nach dem Download auf das heruntergeladene Buch zu.

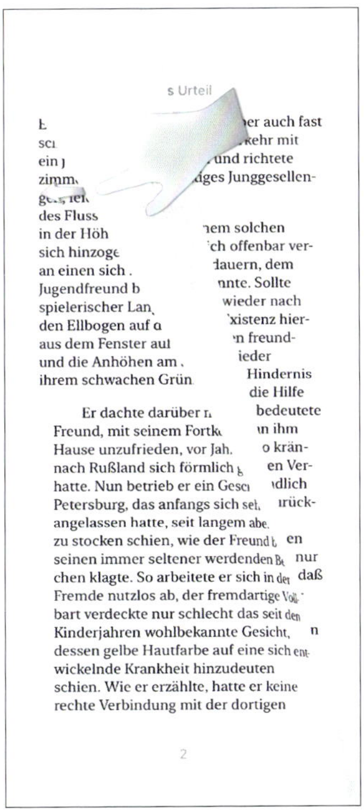

Um ein E-Book zu lesen, tippen Sie es unter *Bibliothek* an. Das Umblättern erfolgt durch horizontales Streichen nach links bzw. rechts oder per Fingertipp auf den rechten bzw. linken Displayrand. Gut zu wissen: Die App *Bücher* merkt sich die Stelle, die Sie zuletzt gelesen haben, und öffnet das E-Book beim nächsten Mal automatisch an dieser Stelle.

Gut zu wissen: Sie können ein E-Book auch auf einer Webseite aufrufen und in der App *Bücher* öffnen, sind also bei der E-Book-Nutzung keineswegs an den Book Store gebunden.

Das Umblättern erfolgt in der App Bücher entweder durch Streichen oder Tippen.

Bereits vorhandene E-Books importieren

Haben Sie E-Books im gängigen E-Book-Format EPUB oder als PDF-Datei auf Ihrem PC gespeichert und möchten diese auf Ihr iPhone übertragen? Zur Synchronisierung von E-Books auf dem Computer mit der App *Bücher* machen Sie sich in Kapitel 13 vertraut.

E-Books auf dem iPhone verwalten

Ihr iPhone riecht nicht so gut wie ein Buch und es fühlt sich auch anders an. Aber das Lesen von E-Books bietet auch Vorteile. So hat auf Ihrem iPhone eine komplette Bibliothek Platz, weitere online gespeicherte Bücher lassen sich innerhalb kürzester Zeit abrufen. Ihre E-Books beanspruchen keinerlei zusätzlichen Platz in Ihrer Wohnung und sie verstauben nicht. Aber das ist natürlich noch nicht alles. Erfahren Sie nachfolgend zunächst, wie praktisch das Verwalten Ihrer E-Books mit dem iPhone und der App *Bücher* ist.

- **E-Book-Suche:** Auch bei vielen gespeicherten E-Books brauchen Sie keinen Bibliothekar einzustellen. Wählen Sie in der App *Bücher* die Lupe, um ein Suchfeld einzublenden und damit schnell jedes gesuchte Buch ausfindig zu machen – nicht nur im Book Store, sondern auch in Ihrer Bibliothek.
- **E-Books sortieren:** Tippen Sie rechts oben in der Bibliothek auf das Symbol ···, wird Ihnen unter anderem ein Sortiermenü angezeigt. Tippen Sie einen Eintrag an, um die gewünschte Sortierung vorzunehmen.

Die E-Books in Ihrer Bibliothek lassen sich nach unterschiedlichen Kriterien sortieren.

- **Sammlungen erstellen:** Ähnlich wie mit den Bücherregalen in Ihrem Wohnzimmer lassen sich auch in der App *Bücher* Sammlungen erstellen, um Ihre Bücher thematisch zu sortieren. Tippen Sie dazu oben unter *Bibliothek* auf das Symbol ☰. Wählen Sie *Neue Sammlung*, geben Sie der neuen Sammlung eine sinnvolle Bezeichnung und bestätigen

Sie mit *Fertig*. Um E-Books einer Sammlung hinzuzufügen, tippen Sie unter *Bibliothek* auf das Symbol ⋯, tippen auf den Menüeintrag *Auswählen* und wählen die gewünschten E-Books aus. Entscheiden Sie sich dann für *Hinzufügen* und tippen Sie die Sammlung an, in die die E-Books verschoben werden sollen.

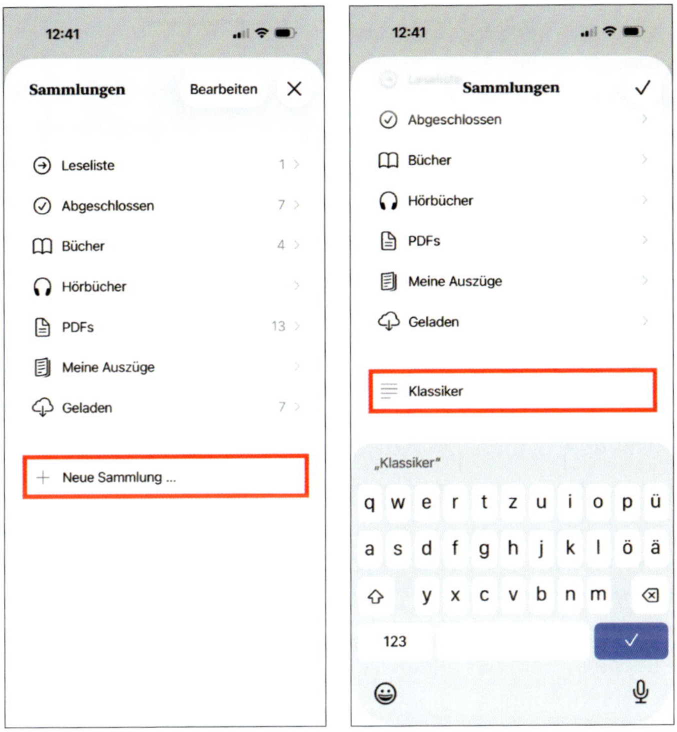

Bei einer umfangreichen Bibliothek sortieren Sie Ihre E-Books am besten in Sammlungen.

Clevere Funktionen beim Lesen von E-Books

Und auch zum Lesen von E-Books wird mit einigen Funktionen aufgewartet, die ein gedrucktes Buch nicht bietet. Tippen Sie in ein geöffnetes E-Book und wählen Sie unten das Symbol ☰, um die verschiedenen Lese- und Anzeigeoptionen aufzurufen. Die folgende Auflistung gibt Ihnen einen kleinen Überblick.

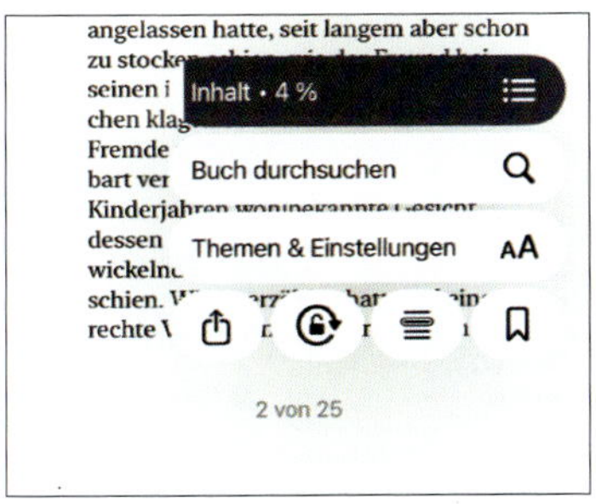

Rufen Sie Lese-, Anzeige- und weitere Optionen für das jeweils geöffnete E-Book auf.

- **Themen & Einstellungen:** Sie möchten die Schrift vergrößern, die Schriftart ändern oder beim Lesen die Hintergrundbeleuchtung dimmen? Wünschen Sie den automatischen Nachtmodus oder möchten Sie, statt ein Buch umzublättern, vertikal scrollen? Wählen Sie dazu den Eintrag *Themen & Einstellungen* und legen Sie im sich öffnenden Menü Ihre gewünschten Einstellungen fest.

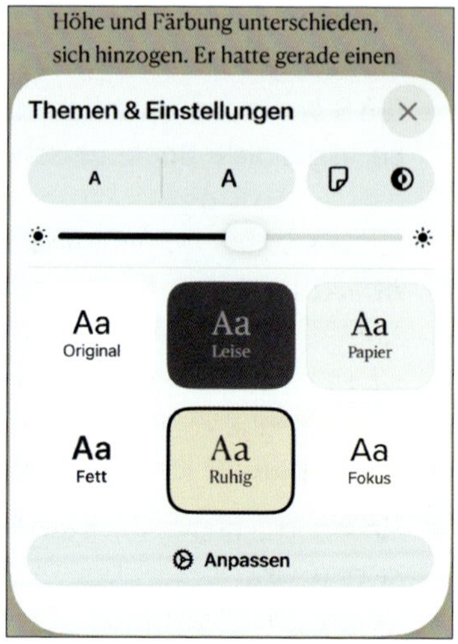

Die Bücher-App bietet eine Reihe von Optionen für angenehmeres Lesen.

- **Zeilenhervorhebung:** Für übersichtlicheres Lesen steht in der App *Bücher* eine Zeilenhervorhebung zur Verfügung, die Sie mit dem Symbol aktivieren und deaktivieren.
- **Buch durchsuchen:** Besonders interessant für Recherchen, aber auch, wenn Sie in einem Krimi zu einer erhellenden Passage wechseln wollen, ist die Textsuche. Starten Sie unter dem Eintrag *Buch durchsuchen* eine beliebige Suche im Text des aktuell aufgeschlagenen E-Books. Durch Antippen eines Treffers gelangen Sie zur jeweiligen Position.

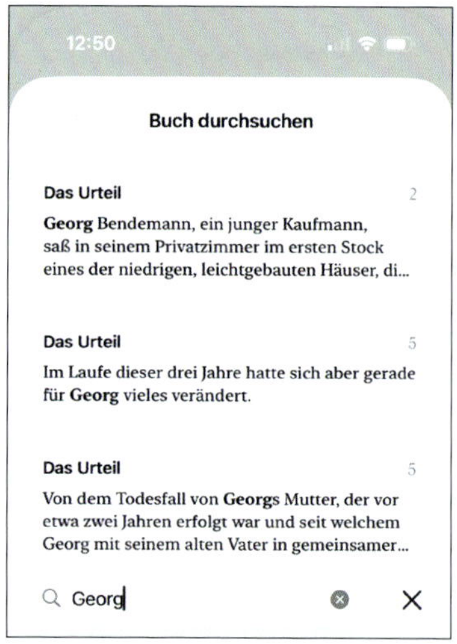

In einem E-Book können Sie nach bestimmten Begriffen suchen und sich die passenden Textstellen anzeigen lassen.

- **Lesezeichen setzen:** Wie bereits erwähnt, startet *Bücher* ein E-Book jeweils mit der zuletzt aufgeschlagenen Seite. Wenn Sie dennoch ein Lesezeichen setzen möchten, etwa um interessante Inhalte zu markieren, tippen Sie auf das Symbol . Das Abrufen der Lesezeichen erfolgt unter dem Eintrag *Lesezeichen & Markierungen*. Dieser wird dann eingeblendet, wenn entsprechende Inhalte zur Verfügung stehen.

Setzen Sie mindestens ein Lesezeichen, wird der entsprechende Eintrag im Menü eingeblendet.

- **Notizen und Co. hinzufügen:** Falls Sie schon den Einwand auf den Lippen haben, dass Sie in einem E-Book doch keine Notizen eintragen und keine Textpassagen markern könnten – doch, das geht! Halten Sie ein Wort gedrückt, um es auszuwählen, passen Sie anschließend ggf. die Markierungen an. Im sich öffnenden Menü finden Sie unter anderem die Optionen *Markierung*, *Notiz hinzufügen*, *Nachschlagen*, *Übersetzen*, *Suchen*, *Kopieren* sowie *Teilen*. Auch Ihre Markierungen und Notizen rufen Sie jederzeit unter dem Eintrag *Lesezeichen & Markierungen* auf.

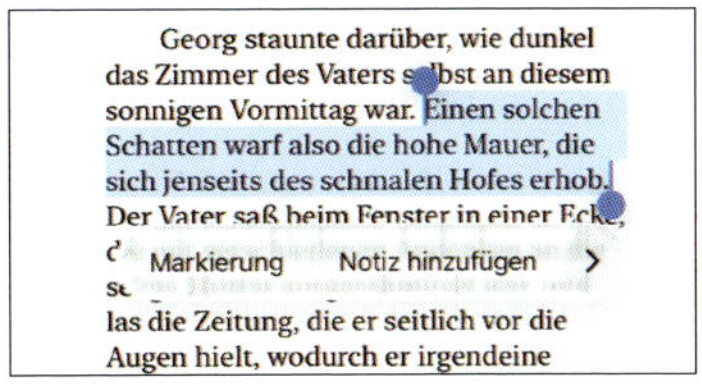

E-Book-Texte lassen sich unter anderem mit Markierungen und Notizen versehen.

- **Kapitelauswahl**: Möchten Sie zu einem bestimmten Kapitel springen, entscheiden Sie sich unter dem Symbol ☰ für den Eintrag *Inhalt* und wählen anschließend im Inhaltsverzeichnis das gewünschte Kapitel aus.

Aktuelle News und Magazine lesen

Wie Ihnen sicher schon aufgefallen ist, wird Ihnen auf der Seite links neben dem Home-Bildschirm ein Standard-Widget mit Schlagzeilen aus unterschiedlichen Medien angezeigt. Tippen Sie eine solche Schlagzeile an, wird der vollständige Artikel im entsprechenden Medium in der Browser-App *Safari* aufgerufen. Die Auswahl wird Sie aber eventuell nicht zufriedenstellen.

Bevorzugen Sie das E-Paper oder die Onlineausgabe? Bei vielen Anbietern haben Sie die Wahl.

Kein Problem! Sie finden im App Store massenhaft Apps von News-Anbietern und Magazinen – sowohl als E-Paper als auch in Onlineausgaben. Nur ein Beispiel sind die Apps des Nachrichtenmagazins »Focus«, nämlich *FOCUS Online* (Onlineausgabe) und *FOCUS+* (E-Paper und weitere Inhalte). Meistens bietet die Onlineausgabe gegenüber dem E-Paper nicht viel weniger Inhalte und noch einiges an interaktiven Möglichkeiten. Bei der App *FOCUS Online* lassen sich beispielsweise auch Push-Mitteilungen zu verschiedenen Nachrichtenthemen (kostenlos) abonnieren.

Verschiedene News-Apps lassen sich auch als Widget auf dem Home-Bildschirm anlegen, wie Sie es in Kapitel 3 kennengelernt haben. Dies ist z. B. bei der App *Google News* möglich, die Nachrichten aus verschiedenen Quellen sammelt und sich nach eigenen Interessen anpassen lässt. So behalten Sie wichtige News stets im Blick.

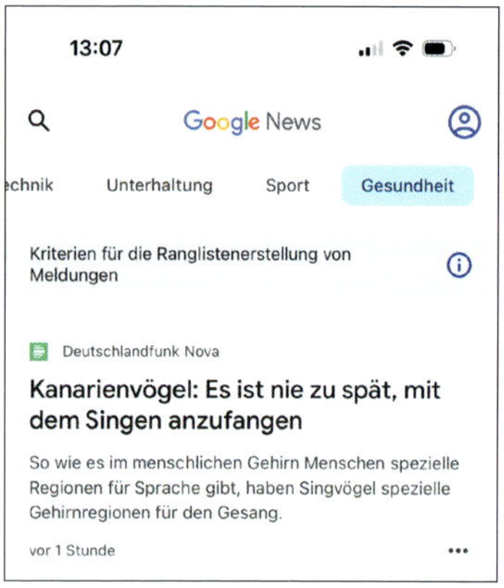

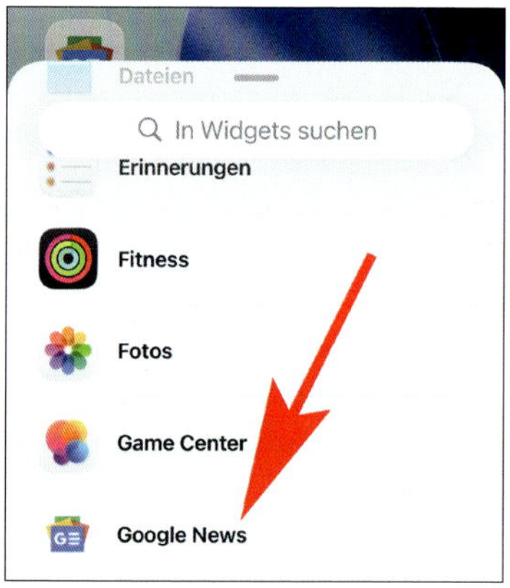

Verschiedene News-Apps wie upday ermöglichen das Hinzufügen eines News-Widgets auf dem Home-Bildschirm.

Falls Sie auf die Zusatzfunktionen der Apps keinen Wert legen, rufen Sie entsprechende News-Seiten einfach direkt in der App *Safari* auf, also etwa *www.handelsblatt.com*. In diesem Zusammenhang ist zu beachten, dass viele News-Anbieter ihre Inhalte nur noch teilweise kostenfrei zur Verfügung stellen. Für den vollen Zugriff ist dann ein Abo notwendig. Dies gilt für die Webseiten und Apps gleichermaßen.

Tausende Abos in einem

Apropos Abo: Die App *Readly* bietet gegen einen monatlichen Pauschalbetrag (bei Redaktionsschluss 14,99 Euro pro Monat) den Zugriff auf sehr viele Zeitungen und Zeitschriften. Ebenfalls bei Redaktionsschluss bot diese App ein dreimonatiges Testangebot zum Preis von 0,99 Euro an.

Kapitel 13

Ihre Daten mit iCloud und Co. sichern und teilen

Um Ihre auf dem iPhone gespeicherten Daten zu sichern, mit anderen Geräten zu synchronisieren oder mit anderen Personen auszutauschen, ist Apples Cloud-Dienst iCloud das Mittel der Wahl. Alternativ können Sie Ihr iPhone aber auch per Kabel oder WLAN mit dem Computer verbinden und Daten auf diesem Wege austauschen. Lassen Sie mich Ihnen in diesem Kapitel ausführlich zeigen, wie Sie bei all dem vorgehen.

iCloud: Daten im Internet sichern und austauschen

Dank iCloud ist der Zugang zu einem PC für die iPhone-Nutzung nicht zwingend notwendig, und wichtige Daten stehen Ihnen sofort auch auf Ihren anderen Apple-Geräten (Mac, iPad und Co.) zur Verfügung. 5 GB Onlinespeicherplatz sind pro Apple Account kostenlos. Weiterer Speicherplatz lässt sich bei Bedarf per Monatsabo nachrüsten. Wenn der Speicher knapp wird, erhalten Sie auf Ihrem iPhone einen entsprechenden Hinweis, Sie haben dann in der Regel immer noch genügend Zeit zu handeln.

Entscheiden Sie, welche iCloud-Funktionen Sie nutzen

Tippen Sie oben in den iPhone-Einstellungen auf Ihren Account, um diesen Dienst individuell einzurichten. Die iCloud-Nutzung würde ich Ihnen generell empfehlen, dabei müssen Sie aber nicht alle iCloud-Funktionen nutzen.

Nachdem Sie Ihren Account angetippt haben, finden Sie zunächst mal verschiedene Optionen, um ihn zu verwalten, beispielsweise um, wie bereits kennengelernt, eine Zahlungsmethode hinzuzufügen oder das zu Ihrem Apple Account gehörende Passwort zu ändern. In Kapitel 14 zeige ich Ihnen die Vorgehensweise zum Ändern des Passworts Schritt für Schritt.

Auch zum Einrichten der Familienfreigabe, die auf iCloud beruht, finden Sie eine Option. Um Inhalte verschiedener Art mit den Mitgliedern Ihrer Familie zu teilen, muss die Familienfreigabe zunächst eingerichtet werden. Wie Sie dazu vorgehen, zeige ich Ihnen noch später in diesem Kapitel.

Nehmen Sie zunächst Ihre individuellen Einstellungen zum Onlinespeicherdienst iCloud vor, indem Sie sich für den Eintrag *iCloud* entscheiden.

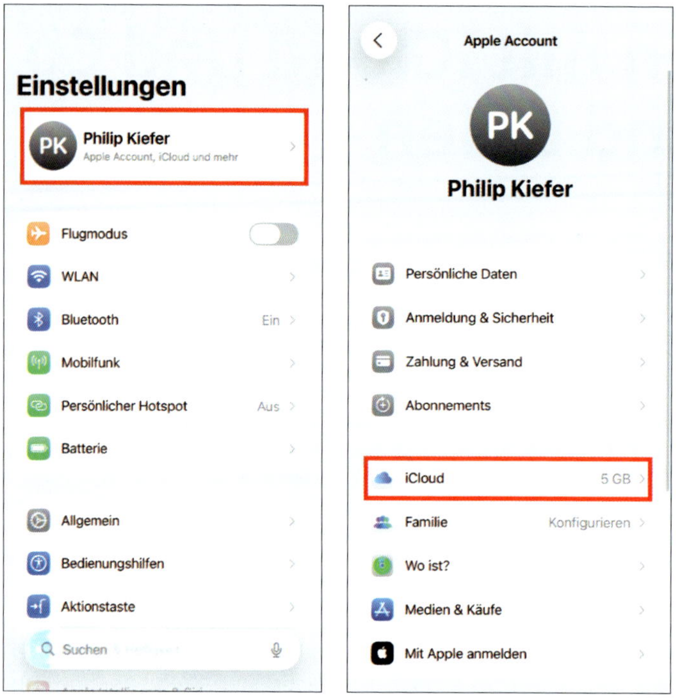

Tippen Sie in den iPhone-Einstellungen Ihren Account an, um ihn zu verwalten, aber auch, um auf die iCloud-Einstellungen zuzugreifen.

Wählen Sie unter *iCloud* im Abschnitt *In iCloud gesichert* nun noch *Alle anzeigen*. Diese iCloud-Optionen stehen Ihnen zur Verfügung:

- *iCloud-Fotos:* Diese Option zum Aktivieren der iCloud-Fotomediathek sowie den geteilten Alben und Mediatheken kennen Sie bereits aus Kapitel 10. Speichern Sie Ihre Aufnahmen im Internet, um auch auf anderen Geräten darauf zugreifen und sie mit anderen Personen teilen zu können. Dazu muss allerdings ausreichend iCloud-Speicherplatz zur Verfügung stehen.

Achtung! Wenn Sie alle Ihre Aufnahmen in iCloud hochladen, kann der kostenlose Onlinespeicher schnell voll sein.

- *iCloud Drive:* Mit der Option gestatten Sie den unterschiedlichsten Apps, Daten in iCloud zu speichern. Wenn der Schalter aktiviert ist, können Sie wiederum per Schalter für die einzelnen Apps festlegen, ob diese Daten in iCloud Drive speichern dürfen oder nicht.
- *iCloud-Mail:* Wenn Sie eine iCloud-E-Mail-Adresse einrichten und in der App *Mail* automatisch nutzen möchten, dann aktivieren Sie diese Option.
- *Passwörter & Schlüsselbund:* Wenn Sie den iCloud-Schlüsselbund nutzen, können Sie auch auf anderen Geräten auf die Zugangs- und Kreditkartendaten zugreifen, die Sie auf Ihrem iPhone speichern.
- *Notizen:* Machen Sie mit dieser Option Ihre Notizen auch auf anderen Apple-Geräten verfügbar.
- *Nachrichten in iCloud:* Entscheiden Sie mit dieser Option, ob Sie auch Ihre Nachrichten aus der gleichlautenden App über iCloud synchronisieren möchten.
- *Health:* Auch in der App *Health* eingetragene Gesundheitsdaten lassen sich in iCloud sichern und synchronisieren.
- *iCloud-Kalender:* Ihre Termine im Internet sichern und, wenn gewünscht, für andere Personen freigeben – diese iCloud-Option macht es möglich.
- *Kontakte:* Laden Sie Ihre auf dem iPhone gespeicherten Kontaktdaten zur Sicherung und für den Zugriff auch von anderen Geräten aus in den Onlinespeicher.
- *Erinnerungen:* Ihre in der App *Erinnerungen* erstellten Listen und Einträge lassen sich ebenfalls im Internet sichern und so auf einfache Weise mit anderen Apple-Geräten synchronisieren.
- *Safari:* Wenn Sie diese Option aktivieren, werden Ihre in Safari gesicherten Lesezeichen im Internet gespeichert, außerdem stehen die iCloud-Tabs auf Ihren anderen Apple-Geräten zur Verfügung, auf denen Sie mit demselben Apple Account angemeldet sind.
- *Aktien:* Verwenden Sie die App *Aktien* für die Verwaltung Ihrer Wertpapiere, können Sie die Daten mit dieser Option ebenfalls über iCloud synchronisieren.
- *Home:* Diese Option betrifft Daten kompatibler Heimelektronik, die sich mit dem iPhone und der darauf befindlichen App *Home* steuern lässt.
- *Wallet:* Die in die App *Wallet* aufgenommenen Tickets, Coupons und Co. lassen sich ebenfalls in den Onlinespeicher laden.
- *Game Center:* Spieledaten speichern und synchronisieren – auch das ist mit iCloud möglich.
- *Siri:* Speichern und synchronisieren Sie auch Ihre Siri-Daten, um diese auf allen Ihren Apple-Geräten verfügbar zu haben.
- *Freeform:* Die mit Apples Whiteboard-App erstellten Dateien lassen sich ebenfalls mit iCloud synchronisieren.
- *Journal:* Auf Ihrem iPhone befindet sich eine Tagebuch-App, deren Inhalte Sie ebenfalls mit iCloud synchronisieren können.

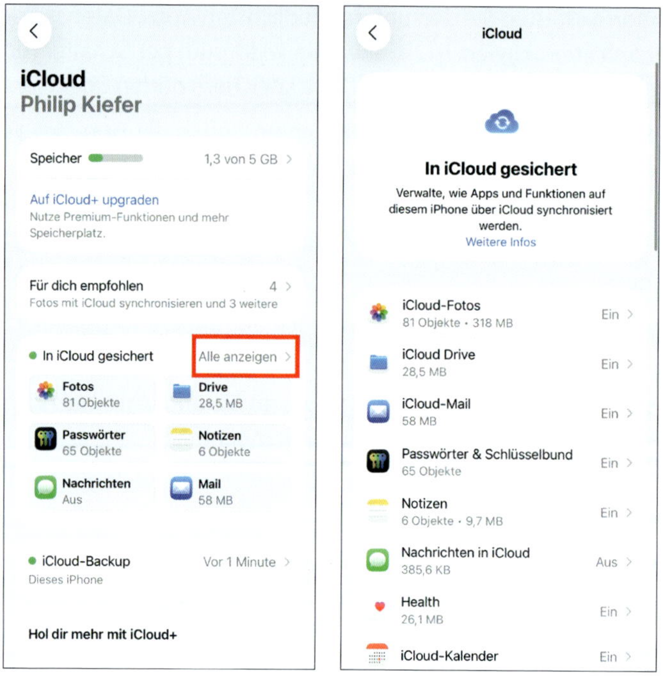

Welche Daten in iCloud gespeichert werden dürfen, bestimmen allein Sie.

- *Telefon & FaceTime:* Synchronisieren Sie mit dieser Option Ihre Anrufdaten aus den Apps *Telefon* und *FaceTime*.
- *Image Playground:* Auch die mithilfe künstlicher Intelligenz erzeugten Bilder lassen sich über iCloud synchronisieren.
- *Mich finden:* Unter diesem Eintrag erhalten Sie eine Übersicht, welche Apps auf Ihren Apple Account zugreifen.

Auch weitere Apple-Apps wie beispielsweise die App *Bücher* oder die App *Sprachmemos* erlauben das Speichern in iCloud, das Gleiche gilt auch für Apps von Drittanbietern wie etwa WhatsApp. Entscheiden Sie selbst, welche Optionen Sie nutzen möchten. Wenn es Ihnen lediglich um die Datensicherung geht, können Sie auch nur die gleich im Anschluss beschriebene Backup-Funktion nutzen – ein Backup lässt sich allerdings nur vollständig wiederherstellen, das Importieren einzelner Daten ist bei dieser Funktion nicht möglich.

So einfach erstellen Sie ein iCloud-Backup

Um Ihre Daten unabhängig vom verwendeten Gerät im Internet zu sichern und jederzeit wiederherstellen zu können, erstellen Sie ein iPhone-Backup in iCloud. Das Erstellen eines solchen iCloud-Backups dauert nur beim ersten Mal etwas länger, da eine große Menge Daten ins Internet geladen werden muss. Bei den weiteren Backups werden dann nur noch Änderungen hochgeladen.

So einfach geht's:

1. Entscheiden Sie sich in den *Einstellungen* für Ihren Account und dann unter *iCloud* für den Eintrag *iCloud-Backup*.

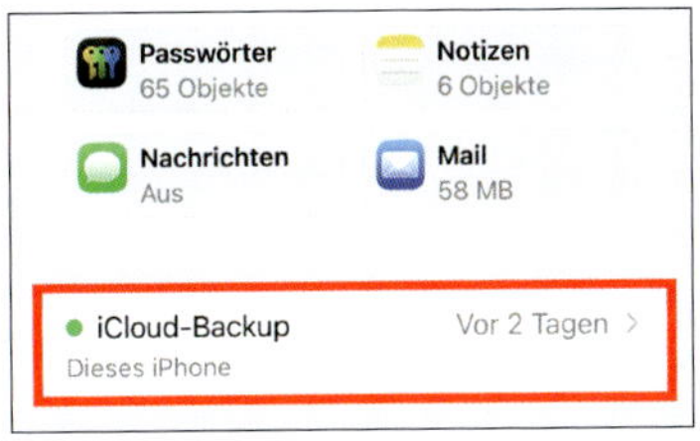

2. Aktivieren Sie, falls noch nicht erfolgt, die Option *Backup von iPhone erstellen*. Entscheiden Sie per Schalter außerdem, ob das Backup auch im Mobilfunknetz erfolgen darf oder nur bei einer WLAN-Verbindung.

3. Wenn Sie Ihr iPhone mit dem Stromnetz verbinden und es sich im gesperrten Zustand befindet, wird ein Backup automatisch durchgeführt. Eine WLAN-Verbindung ist Voraussetzung. Um ein Backup manuell zu veranlassen, tippen Sie auf den Eintrag *Backup jetzt erstellen*. Die Backup-Dateien werden daraufhin ins Internet geladen.

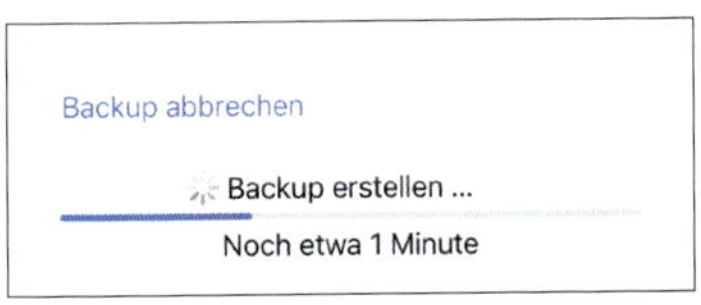

Das war's schon! Wenn Sie ein iCloud-Backup nach dem Zurücksetzen des iPhones bzw. bei der Inbetriebnahme eines neuen iPhones einsetzen möchten, entscheiden Sie sich während der Inbetriebnahme für die Option *Von iCloud-Backup*.

Den iCloud-Speicher gekonnt verwalten

Da mitunter größere Datenmengen in iCloud gespeichert werden (insbesondere dann, wenn Sie mit mehreren Apple-Geräten auf den gleichen Onlinespeicher zugreifen), sollten Sie die Speicherbelegung stets im Blick behalten.

Auf Ihrem iPhone entscheiden Sie sich dazu in den *Einstellungen* für Ihren Account und dann für *iCloud*. Oberhalb der iCloud-Einstellungen wird Ihnen die Speicherbelegung angezeigt. Um den iCloud-Speicher zu verwalten, tippen Sie auf diesen Eintrag.

Behalten Sie in den iPhone-Einstellungen den iCloud-Speicher im Blick.

Ihnen wird nun angezeigt, mit welchen Daten der iCloud-Speicher belegt ist. Viel Speicherplatz benötigen unter anderem die Backups. Löschen Sie unbedingt nicht mehr benötigte Backups, etwa das Backup eines älteren Gerätes, das Sie bereits verkauft haben, oder von Apps, die längst deinstalliert wurden. Sie können ein Backup auch auswählen und per Schalter im Einzelnen festlegen, welche Daten ins Backup aufgenommen bzw. vom Backup ausgeschlossen werden sollen. Die Sortierung der Apps erfolgt nach der Datenmenge, die eine App im Backup jeweils beansprucht.

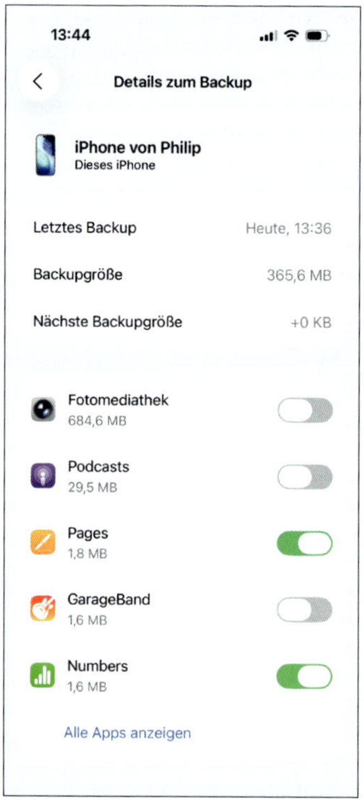

Bestimmte Daten müssen nicht unbedingt im Backup gespeichert werden? Dann deaktivieren Sie die entsprechenden Daten für das Backup, um iCloud-Speicherplatz zu sparen.

Und falls doch eine Erweiterung des iCloud-Speicherplatzes notwendig sein sollte, können Sie diesen direkt auf dem iPhone abonnieren. Entscheiden Sie sich dazu in den iPhone-*Einstellungen* erneut für Ihren Account und dann unter *iCloud* für *Auf iCloud+ upgraden*. Wählen Sie das nächstmögliche Abo aus (Sie können später bei Bedarf immer noch upgraden) und bestätigen Sie mit *Auf iCloud+ upgraden*. Voraussetzung ist auch hier, dass für Ihren Apple Account Zahlungsdaten hinterlegt wurden, wie ich es in Kapitel 3 beschrieben habe. Sie profitieren mit einem kostenpflichtigen iCloud-Abo zusätzlich von den Funktionen von iCloud+.

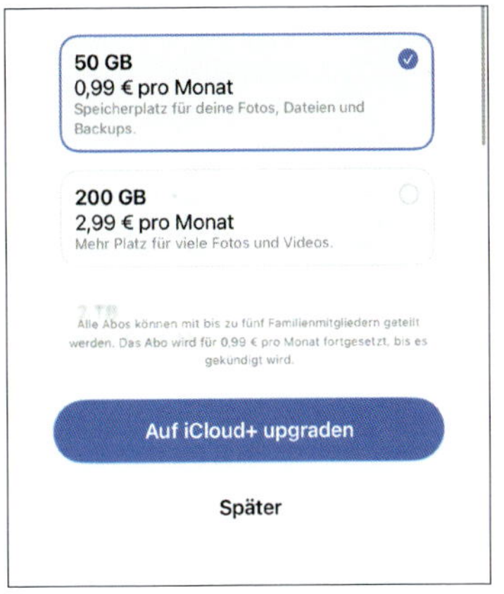

Wenn die 5 GB iCloud-Speicher nicht mehr ausreichen, können Sie zusätzlichen Speicherplatz abonnieren.

Dank Familienfreigabe gekaufte Apps und weitere Inhalte mit der ganzen Familie teilen

Die Familienfreigabe ermöglicht es mehreren Personen, auf dieselben Käufe zuzugreifen. Um die Familienfreigabe durchzuführen, entscheiden Sie sich zunächst in den *Einstellungen* für Ihren Account und dann für den Eintrag *Familie*.

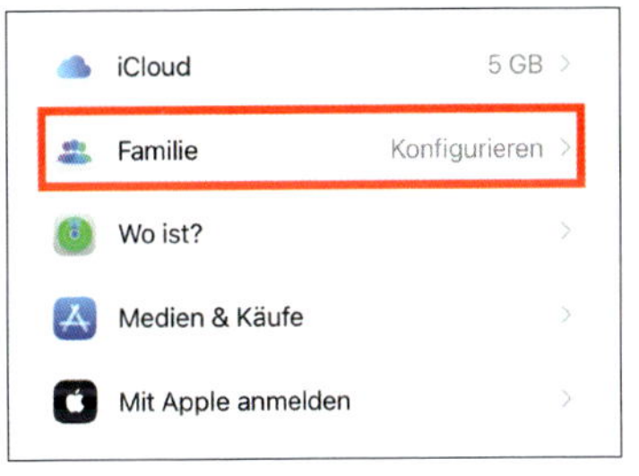

Verwenden Sie die Familienfreigabe für den gemeinsamen Zugriff auf Einkäufe, aber auch auf Fotos, Standorte oder Termine.

Familienmitglieder hinzufügen

Lesen Sie sich anschließend die Hinweise zur Familienfreigabe durch und starten Sie die Einrichtung mit *Weiter*. Nun folgt ein Assistent, mit dessen Unterstützung Sie Ihre Familienmitglieder hinzufügen. Jede der Personen muss über einen Apple Account verfügen und auf dem eigenen Apple-Gerät auch bei iCloud angemeldet sein. Wählen Sie eine der verfügbaren Optionen, um die anderen Familienmitglieder einzuladen.

Einem Kind möchten Sie im Normalfall die Verwendung Ihrer Kreditkarte nicht selbst überlassen. Kein Problem, denn es lässt sich direkt im Zusammenhang mit der Familienfreigabe ein Apple Account für das Kind erstellen. Wählen Sie dazu unterhalb des Eintrags *Andere Personen einladen* die Option *Kinderaccount erstellen*.

Fügen Sie Ihrer Familie bis zu fünf Mitglieder hinzu.

Die Familienfreigabe verwalten

Wenn Sie die Familienfreigabe aufrufen, erhalten Sie eine Übersicht über die Familienmitglieder mit der Option, weitere Mitglieder hinzuzufügen oder vorhandene Mitglieder wieder zu entfernen. Außerdem können Sie unter den einzelnen Einträgen festlegen, welche Funktionen der Familienfreigabe Sie nutzen möchten und welche nicht, also z. B. die Funktion *Kauffreigabe*.

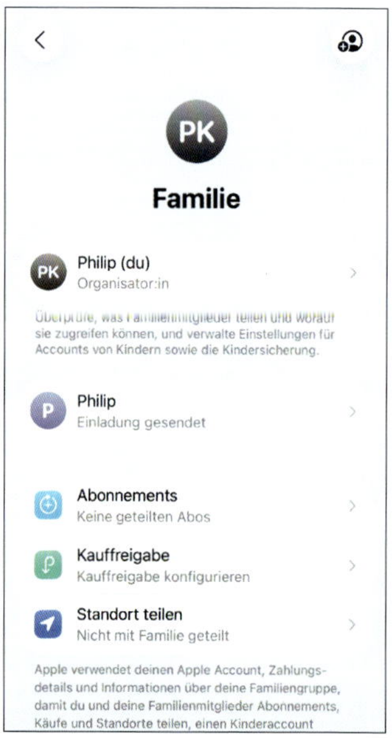

Nachdem Sie die Familienfreigabe eingerichtet haben, können Sie diese individuell verwalten.

Möchten Sie die Familienfreigabe wieder beenden, tippen Sie unter *Familie* Ihren eigenen Namen an und wählen *Nutzung der Familienfreigabe beenden*.

Auf viele iCloud-Daten auch im Webbrowser zugreifen

Um auch unterwegs auf viele der in iCloud gespeicherten Daten zugreifen zu können, muss nicht unbedingt ein Apple-Gerät parat sein. Der Zugriff kann auch ganz einfach im Webbrowser an jedem beliebigen PC erfolgen. Melden Sie sich dazu unter der Webadresse *www.icloud.com* mit Ihrem Apple Account an.

Hier rufe ich die iCloud-Website im Webbrowser auf einem Windows-PC auf und melde mich mit den zu meinem Apple Account gehörenden Zugangsdaten an.

Ihnen bieten sich nun auch auf der Webseite verschiedene Widgets (in diesem Fall Kacheln genannt) sowie Apps, mit denen Sie auf die unterschiedlichen Daten zugreifen können.

Klicken Sie das Symbol einer Web-App im Browser an, um die Web-App zu öffnen. Mit der Mail-App erhalten Sie z. B. Zugriff auf Ihre iCloud-Mails.

Wenn Sie die iCloud-Seite anpassen möchten, wählen Sie unterhalb der Widgets die Schaltfläche *Anpassen*. Am wichtigsten sind aber sicherlich die Web-Apps. Tippen Sie eine Web-App an, um diese zu öffnen. Hier der Überblick:

- **Mail:** Greifen Sie in dieser Web-App auf Ihr iCloud-E-Mail-Konto zu, d. h., Sie können genauso wie auf dem iPhone E-Mails senden und empfangen sowie Ihre Mails verwalten.
- **Kontakte:** Um auch unterwegs auf Ihre in iCloud gespeicherten Kontakte zuzugreifen und ggf. neue Kontakte hinzuzufügen, wählen Sie diese Web-App.
- **Kalender:** In dieser Web-App erhalten Sie Zugriff auf alle Ihre Termine und Kalender sowie die Option, neue Termine und Kalender anzulegen.
- **Fotos:** Mit dieser App greifen Sie im Webbrowser auf Ihre iCloud-Fotos zu, sofern Sie diese iCloud-Einstellung aktiviert haben.
- **Drive:** Diese Web-App gestattet nicht nur den Zugriff auf Daten, die von verschiedenen Apps in das iCloud Drive hochgeladen wurden, sondern auch das Anlegen neuer Ordner in iCloud Drive und das Hochladen beliebiger Dateien in denselben.

iCloud Drive lässt sich auf der iCloud-Website mit eigenen Ordnern und Dateien bestücken.

- **Notizen:** Greifen Sie mit dieser Web-App auf die mit der App *Notizen* erstellten und in iCloud gespeicherten Notizen zu.
- **Erinnerungen:** Auch für Ihre mit der App *Erinnerungen* erstellten Listen und Aufgaben steht eine Web-App zur Verfügung, natürlich auch hier inklusive der Option, weitere Listen anzulegen und Aufgaben einzutragen.

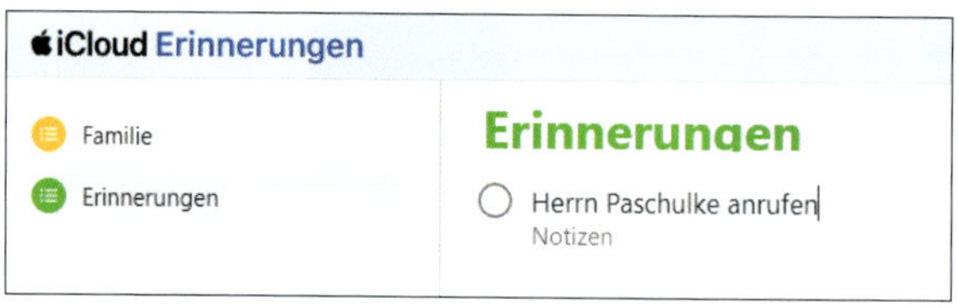

Verwenden Sie vom iPhone her vertraute Apps auch im Webbrowser.

- **Einladungen**: Diese Web-App zum Erstellen pfiffiger Einladungen für Partys, Hochzeiten und Co. ist iCloud+-Abonnenten vorbehalten.
- **Pages:** In dieser Web-App können Sie nicht nur auf Dokumente zugreifen, die Sie in der App *Pages* auf dem iPhone erstellt haben – es lassen sich auch neue Dokumente anlegen und direkt im Webbrowser bearbeiten.
- **Numbers:** Diese Web-App bietet den Zugriff auf Tabellen und Diagramme, die Sie mit der App *Numbers* auf dem iPhone erstellt haben – sie bietet aber ebenfalls gleichzeitig das Anlegen und Bearbeiten neuer Dateien an.
- **Keynote:** Schließlich können Sie mit dieser Web-App auch auf Präsentationen zugreifen, die Sie mit der App *Keynote* auf dem iPhone erstellt haben, sowie neue Dateien anlegen und bearbeiten.
- **Wo ist?:** Wenn Sie auf Ihrem iPhone die iCloud-Option *Wo ist?* aktiviert haben, können Sie es mit dieser Web-App orten. Den genauen Vorgang beschreibe ich noch ausführlich in Kapitel 14.

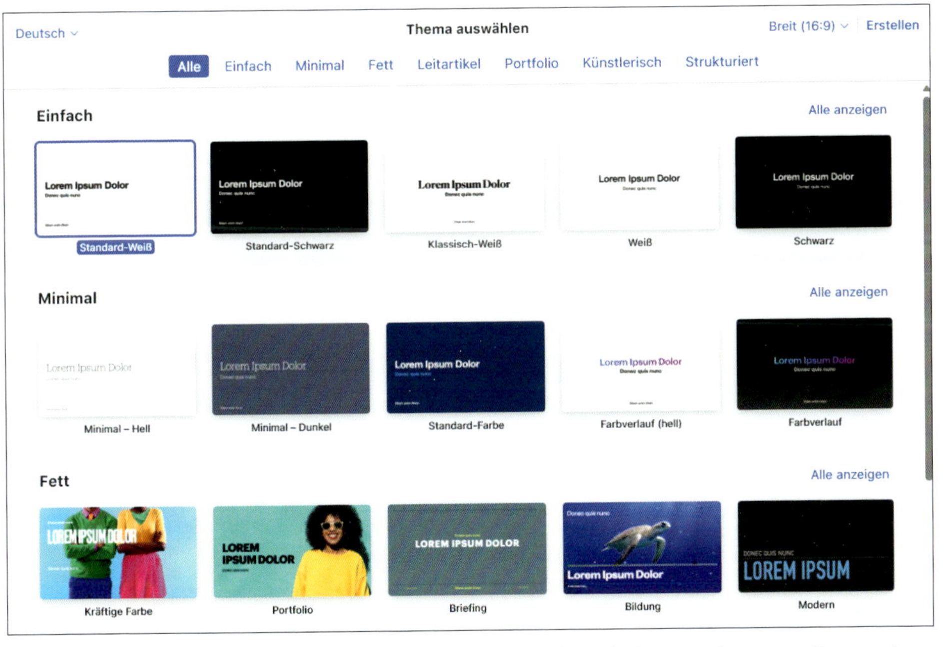

Sie können mit den Web-Apps nicht nur leere Dokumente, Tabellen oder Präsentationen erstellen, sondern auch auf zahlreiche Vorlagen zurückgreifen.

Unter dem Profil-Icon rechts oben auf der Seite finden Sie den Eintrag *iCloud-Einstellungen*. Verwalten Sie in den iCloud-Einstellungen beispielsweise Ihren Apple Account oder die Familienfreigabe.

Wichtig auf fremden PCs: Speichern Sie bei der Anmeldung nicht Ihre Anmeldedaten und melden Sie sich nach einer Session jeweils ab, indem Sie rechts oben auf der Seite auf das Profil-Icon klicken und im sich öffnenden Menü den Eintrag *Abmelden* wählen.

Vergessen Sie nach einer Session im Browser das Abmelden nicht.

iCloud auf einem Windows-PC installieren

Wie Sie gesehen haben, erhalten Sie mithilfe des Webbrowsers Zugriff auf eine ganze Menge Ihrer in iCloud gespeicherten Daten. Auf einem Mac lassen sich alle diese Daten automatisch mit den entsprechenden Mac-Apps synchronisieren – dazu gehören dann auch noch Fotos, die Sie in iCloud geladen haben, sowie Lesezeichen, die Sie in Safari auf dem iPhone gespeichert haben.

Auch auf einem Windows-PC lassen sich Ihre in iCloud Drive gespeicherten Dateien, Ihre Fotos, Lesezeichen sowie ggf. mit Outlook erstellte Kalender, Kontakte und Aufgaben synchronisieren. Installieren Sie dazu *iCloud für Windows*. Sie finden die App kostenlos im Microsoft Store.

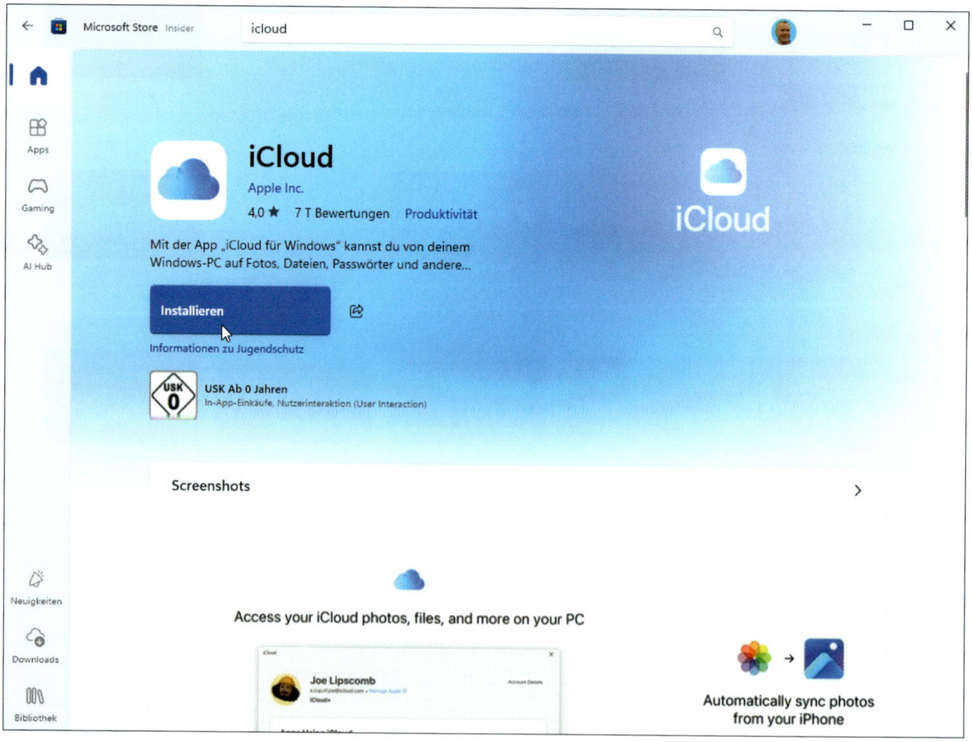

Installieren Sie die App iCloud aus dem Microsoft Store auf einem Windows-Computer.

Nachdem Sie iCloud installiert haben, finden Sie einen entsprechenden Eintrag im Windows-Startmenü. Klicken Sie diesen an. Wenn Sie iCloud eingerichtet haben, finden Sie auch ein Symbol im Infobereich, um auf die iCloud-Einstellungen zuzugreifen.

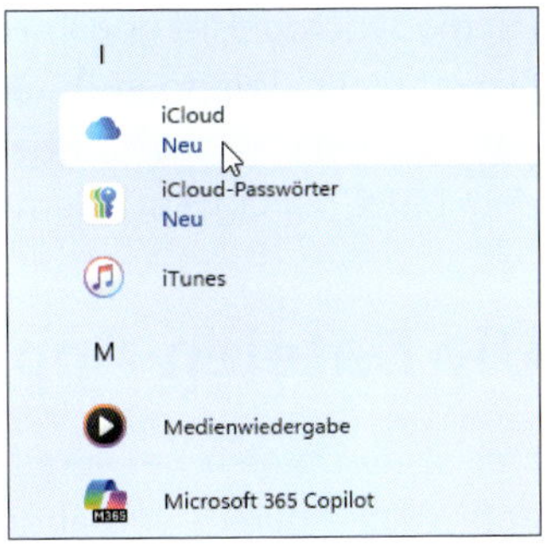

Rufen Sie die App iCloud nach der Installation im Windows-Startmenü auf.

Melden Sie sich nun mit Ihrem Apple Account an. Anschließend können Sie festlegen, welche iCloud-Daten Sie synchronisieren möchten und welche nicht. Wenn Sie die Option *iCloud Drive* aktivieren, wird ein entsprechender Eintrag der Navigationsleiste des Windows-Explorer hinzugefügt, was einen einfachen Dateiaustausch zwischen Ihrem iPhone und dem Windows-Computer ermöglicht.

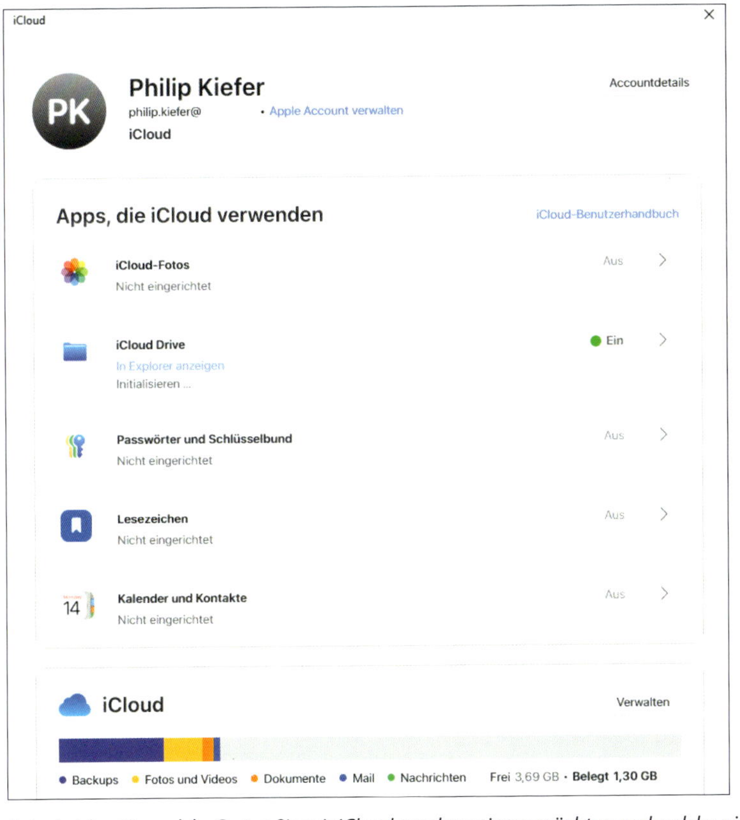

Entscheiden Sie, welche Daten Sie mit iCloud synchronsieren möchten und welche nicht.

Für die Synchronisierung Ihrer Käufe im App Store, iTunes Store und Book Store verwenden Sie auf einem Windows-PC die Software iTunes, die ich Ihnen in diesem Kapitel ebenfalls noch vorstellen werde. Auf einem Mac erfolgt die Synchronisierung mit dem Finder, also dem Datei-Manager auf dem Mac.

Die Dateien-App gekonnt verwenden

Wer seine Dateien bei verschiedenen Cloud-Anbietern auslagert, wird sich über die auf dem iPhone bereits vorhandene App *Dateien* freuen, die Sie standardmäßig auf der zweiten Seite des Home-Bildschirms finden. Die App erlaubt es, auf Dateien zuzugreifen, die bei unterschiedlichen Cloud-Anbietern gespeichert sind. Voraussetzung ist lediglich, dass Sie die jeweilige App des Cloud-Anbieters auf dem iPhone installiert haben. Die folgende Anleitung zeigt Ihnen, wie Sie zunächst eine Datei in der App *Dateien* sichern und anschließend darauf zugreifen:

1. Wählen Sie beispielsweise in der App *Fotos* eine Fotoaufnahme aus, tippen Sie auf das Symbol und entscheiden Sie sich nun für die Option *In Dateien sichern*.
2. Legen Sie den gewünschten Cloud-Anbieter fest und bestimmen Sie den Cloud-Ordner, in dem die Datei gespeichert werden soll. Bestätigen Sie mit *Sichern*.

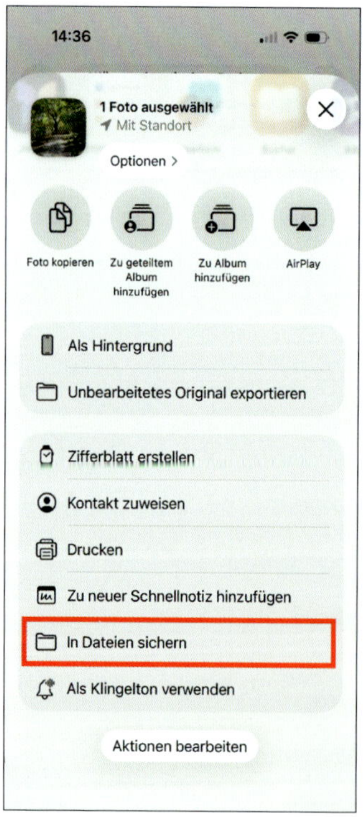

3. Um auf die gespeicherte Datei zuzugreifen, tippen Sie auf der zweiten Seite des Home-Bildschirms auf die App *Dateien*.
4. Wählen Sie in der App *Dateien* den entsprechenden Speicherort aus.
5. Schon erhalten Sie Zugriff auf die Datei. Das Herunterladen einer in der Cloud gespeicherten Datei erfolgt durch Antippen derselben.

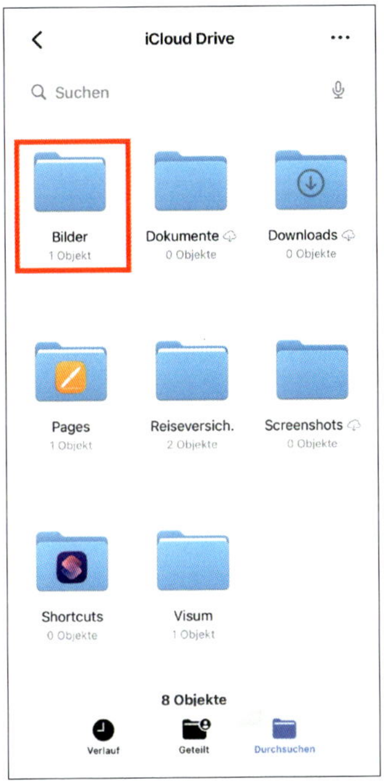

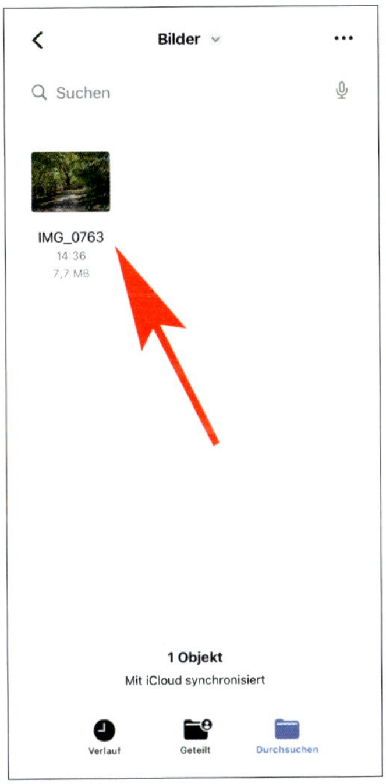

Um auch bei vielen in der App *Dateien* gespeicherten Dateien schnell die benötigte Datei zu finden, stehen einige pfiffige Funktionen zum Suchen und Verwalten zur Verfügung. Tippen Sie beispielsweise links unten auf *Verlauf*, um die Dateien in einer chronologischen Übersicht zu betrachten. Um nach einer bestimmten Datei zu suchen, tippen Sie in das Suchfeld und geben einen Suchbegriff ein, um passende Dateien angezeigt zu bekommen.

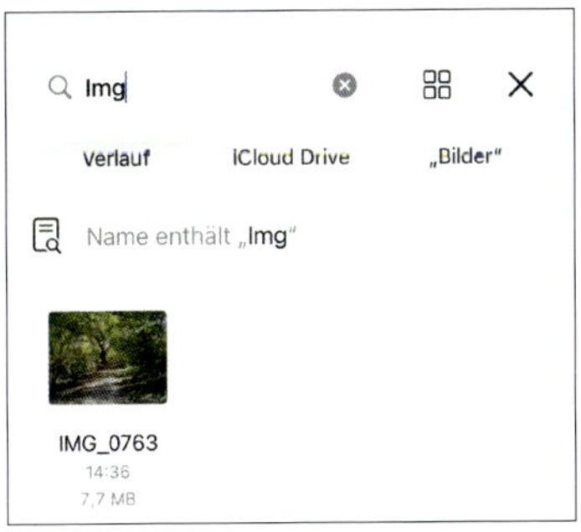

Bereits während Sie einen Suchbegriff eintippen, werden Ihnen die jeweils passenden Treffer angezeigt.

> **Speicherorte in der Dateien-App ein- oder ausblenden**
>
> Möchten Sie Dateien von bestimmten Speicherorten ein- oder ausblenden, entscheiden Sie sich bei geöffneter Speicherorte-Übersicht (ganz links in der App *Dateien*) oben für das Symbol ··· und wählen *Bearbeiten*. Nun werden bei den einzelnen Speicherorten Schalter eingeblendet und Sie können einzelne Speicherorte per Schalter aktivieren bzw. deaktivieren.

Dateien taggen

In der App *Dateien* werden unterhalb der Speicherorte-Übersicht mehrere Tags aufgeführt, mit denen Sie Ihre Dateien kennzeichnen können. Der Vorteil von Tags: Sie können ein und dieselbe Datei mehreren Kategorien zuweisen, ohne ihren Speicherort zu verwenden. Um einer Datei ein Tag hinzuzufügen, gehen Sie folgendermaßen vor:

1. Wählen Sie in der App *Dateien* eine oder mehrere Dateien aus, die Sie taggen möchten. Entscheiden Sie sich dazu an einem Speicherort rechts oben für das Symbol ··· und dann für *Auswählen*. Tippen Sie anschließend unten auf das Symbol ⎙.

2. Im sich öffnenden Menü entscheiden Sie sich für den Eintrag *Tags hinzufügen*.

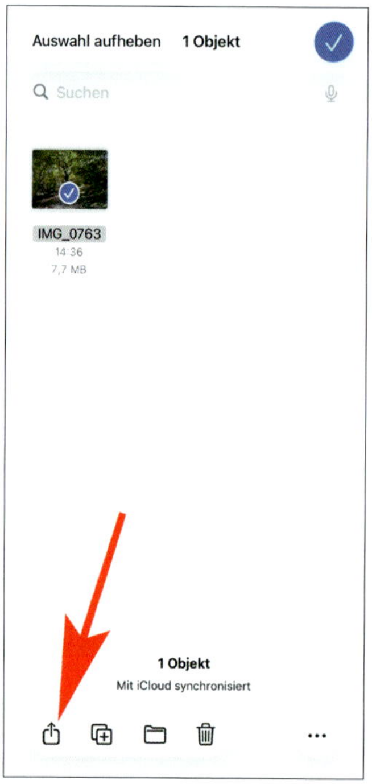

3. Wählen Sie anschließend ein Tag aus oder erstellen Sie ein neues Tag, indem Sie sich für *Neues Tag hinzufügen* entscheiden.

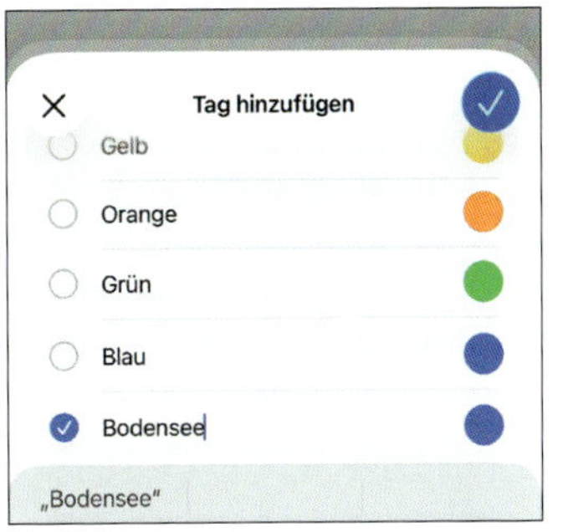

4. Geben Sie dem Tag eine sinnvolle Bezeichnung und wählen Sie ggf. eine andere Tag-Farbe aus. Bestätigen Sie mit *Tag hinzufügen*.
5. Schließen Sie das Taggen mit dem Häkchensymbol  ab.
6. Tippen Sie auf der Seite mit den Speicherorten und dort im Abschnitt *Tags* auf ein Tag, um die entsprechend getaggten Dateien aufzurufen.

Ordner erstellen und Dateien hineinbewegen

Auch klassische Ordner lassen sich in der App *Dateien* anlegen, um Ihre Dateien thematisch zu sortieren, also einzuordnen. In der folgenden Anleitung zeige ich Ihnen, wie Sie einen neuen Ordner auf dem iCloud Drive erstellen und Dateien hineinbewegen:

1. Wählen Sie in der App *Dateien* iCloud Drive aus. Um einen neuen Ordner zu erstellen, halten Sie eine freie Fläche gedrückt und wählen im eingeblendeten Kontextmenü den Eintrag *Neuer Ordner*.
2. Geben Sie dem neuen Ordner eine sinnvolle Bezeichnung und bestätigen Sie über die Tastatur.

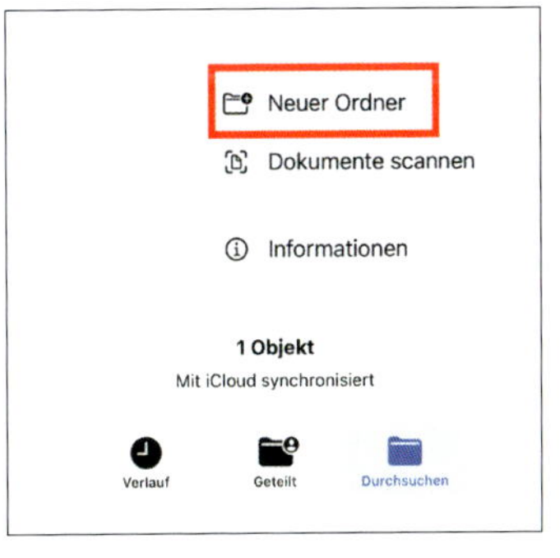

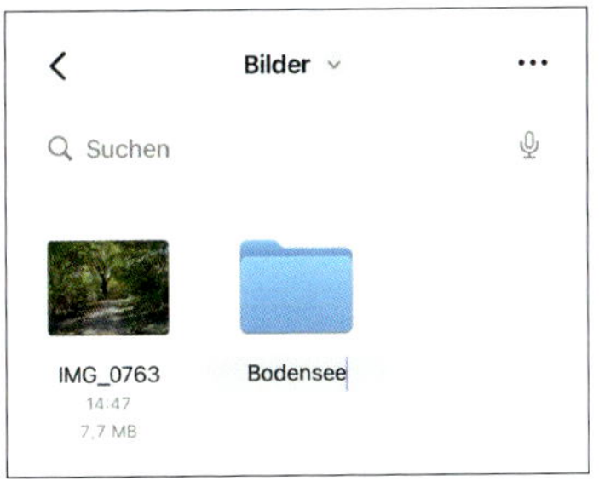

3. Tippen Sie jetzt in einem Ordner, der Dateien enthält, die Sie in den neuen Ordner verschieben möchten, rechts oben unter dem Symbol ··· auf *Auswählen*.

4. Entscheiden Sie sich für eine oder mehrere Dateien, die Sie dem neuen Ordner hinzufügen möchten.

5. Tippen Sie unten auf das Symbol 🗀.

6. Wählen Sie den Ordner aus, in den Sie die Datei(en) verschieben möchten, und bestätigen Sie mit *Bewegen*.

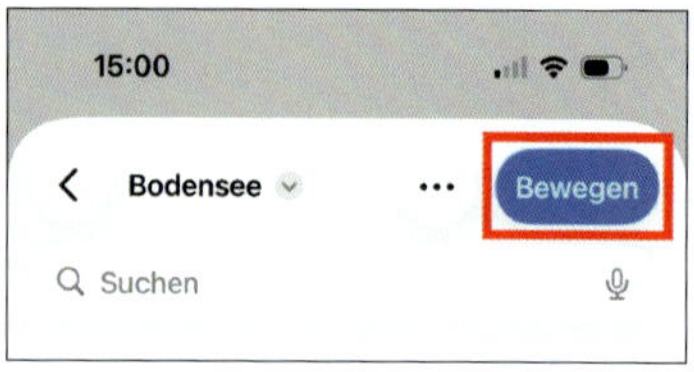

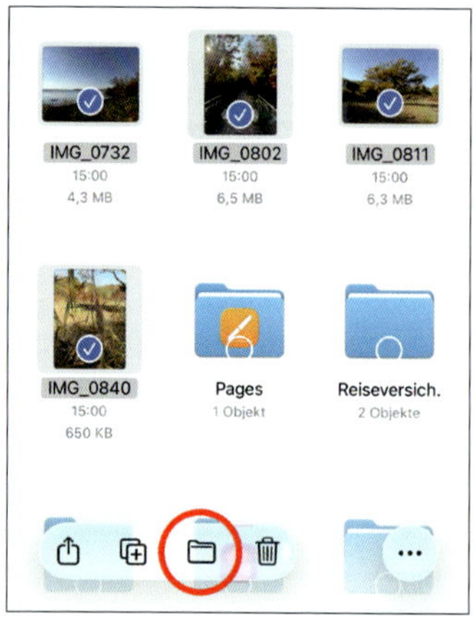

7. Die verschobenen Dateien können ab sofort in dem Ordner aufgerufen werden.

Standardmäßig werden die Dateien an einem Speicherort bzw. in einem Ordner alphabetisch nach Namen sortiert. Unter dem Symbol ··· können Sie jedoch auch eine andere Sortierung – eine chronologische Sortierung nach Datum, eine Sortierung nach Größe, eine Sortierung nach Art oder eine Sortierung nach Tags – vornehmen.

> **Listendarstellung**
>
> Wünschen Sie eine Darstellung als Liste statt als Symbole? Das Umschalten der Ansicht erfolgt ebenfalls unter dem Symbol ···.

Dateien komprimieren

Besonders praktisch zum Versenden: Komprimieren Sie mehrere Dateien sowie Ordner zu einem ZIP-Archiv. Auch das gelingt in der App *Dateien* ganz einfach, wie Ihnen die nächste Anleitung zeigt:

1. Wählen Sie – indem Sie unter dem Symbol ··· rechts oben auf *Auswählen* tippen – die gewünschten Elemente aus.

2. Tippen Sie dann rechts unten auf das gleiche Symbol ···. Im sich öffnenden Menü tippen Sie auf den Eintrag *Komprimieren*.

3. Das ZIP-Archiv wird am gleichen Speicherort erstellt. Um ein Archiv zu entpacken, tippen Sie es einfach an.

4. Zum Dekomprimieren sowie für weitere Optionen, etwa das Umbenennen des ZIP-Archivs, halten Sie dieses gedrückt und treffen im folgenden Menü Ihre Auswahl.

Datensicherung, Datenaustausch und Medienverwaltung per Computer

Die meisten iPhone-Nutzer werden auch über einen Computer verfügen, meist einen Windows-PC oder einen Mac. Auf einem Mac erfolgt das Synchronisieren zwischen iPhone und Computer im *Finder*, dem Datei-Manager auf dem Mac. Für die Medienverwaltung gibt es auf dem Mac so wie auf dem iPhone einzelne Apps für Musik, TV usw. Auf einem Windows-PC setzen Sie zum Synchronisieren Ihrer Daten mit dem iPhone sowie für die Medienverwaltung in der Regel die Software *iTunes* ein. Sie können im Microsoft Store aber alternativ auch die Apps *Apple Music*, *Apple TV* sowie *Apple-Geräte* installieren.

Auf einem Mac lässt sich das iPhone mit dem Finder – dem Datei-Manager unter macOS – synchronisieren.

Da die meisten Leser doch einen Windows-PC nutzen und nur ein Programm verwenden möchten, soll im Folgenden die Vorgehensweise mit der Software *iTunes* vorgestellt werden. Aber keine Bange, falls Sie einen Mac verwenden sollten: Zwar verwenden Sie andere Software, die Funktionen sind aber prinzipiell die gleichen.

Nun also zur Software *iTunes*. Mit iTunes holen Sie sich eine kostenlose Software zur Verwaltung von Mediendateien auf Ihren PC, die es gleichzeitig erlaubt, Mediendateien mit dem iPhone zu synchronisieren. Laden Sie iTunes aus dem Microsoft Store.

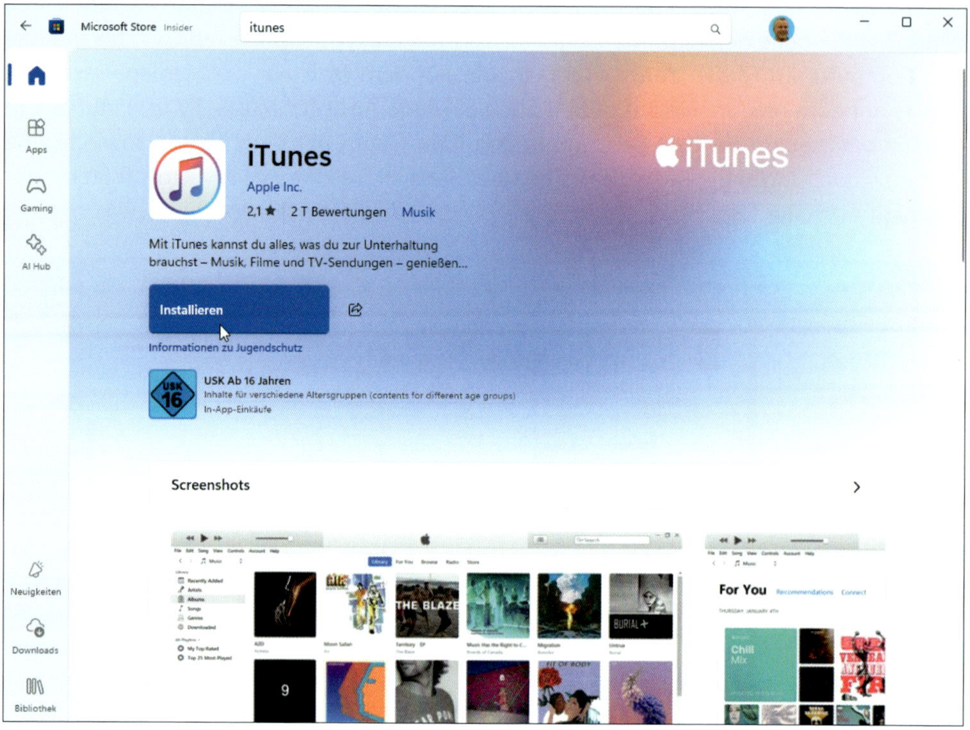

Laden Sie die Apple-Software iTunes kostenlos herunter und installieren Sie sie auf Ihrem PC.

Ihre Mediendateien mit iTunes verwalten

Bevor Sie darangehen, Daten zwischen Ihrem iPhone und iTunes auszutauschen, machen Sie sich zunächst mit den wichtigsten iTunes-Funktionen vertraut. Mit iTunes lassen sich Mediendateien verwalten, aber auch wiedergeben. Auch der bereits auf dem iPhone kennengelernte iTunes Store ist enthalten, und Sie können darin etwas komfortabler stöbern als auf dem iPhone.

Um in der Software *iTunes* den iTunes Store anzuzeigen, klicken Sie in iTunes in der Leiste oben auf *Store*. Welche Medieninhalte im iTunes Store angezeigt werden, bestimmen Sie mithilfe des Menüs links in der Leiste. Wenn Sie den iTunes Store geöffnet haben, nutzen Sie das eingebaute Suchfeld, um den iTunes Store nach Medieninhalten aller Art zu durchsuchen.

Um Einkäufe tätigen zu können, wählen Sie sich mit Ihrem Apple Account an, und zwar in der Menüleiste unter *Account/Anmelden*. Ein Einkauf im iTunes Store erfolgt genauso wie auf dem iPhone, d. h., Sie klicken auf den angezeigten Preis eines Songs, eines Albums, eines Films usw. und bestätigen anschließend wiederum per Mausklick den Kauf, um den Download der entsprechenden Datei zu starten.

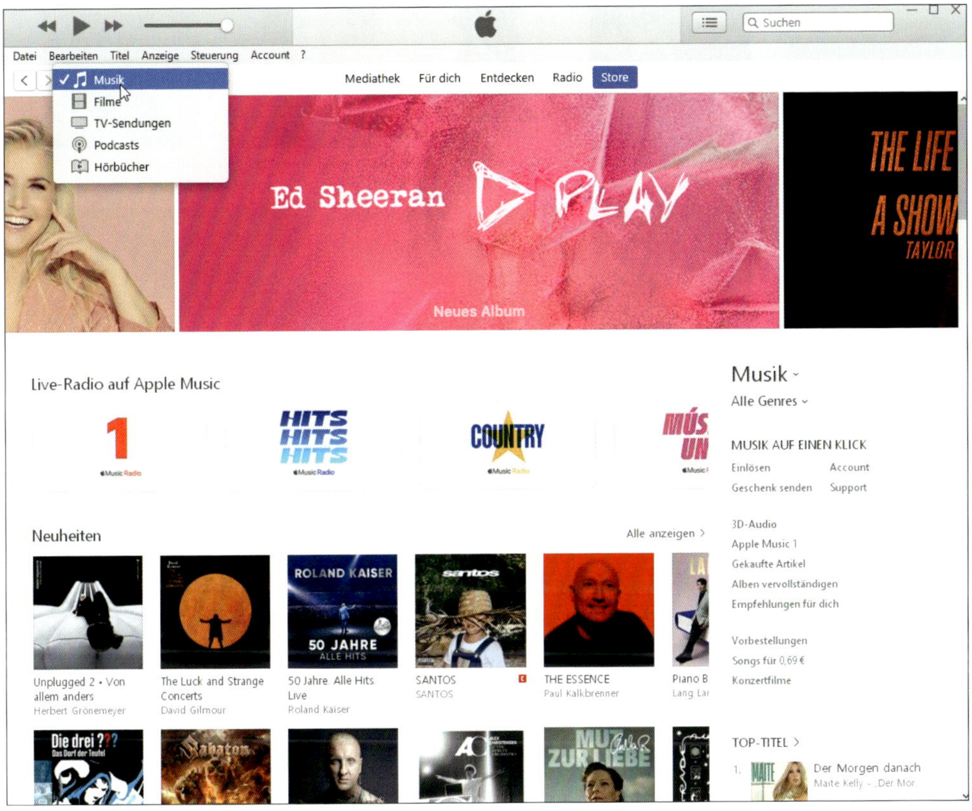

Der iTunes Store auf dem PC funktioniert wie der auf dem iPhone, ist allerdings deutlich übersichtlicher.

Die gekauften Dateien finden Sie in Ihrer iTunes-Mediathek vor. Diese öffnen Sie, indem Sie in der Leiste oben in iTunes auf *Mediathek* klicken – was in der Mediathek angezeigt wird, richtet sich erneut danach, was Sie im Menü links in der Leiste ausgewählt haben. Zu Beginn ist die Mediathek noch leer und iTunes bietet Ihnen an, diese per iTunes Store zu füllen bzw. auf dem Computer vorhandene Dateien zu importieren.

Um die Mediathek zu füllen, können Sie im iTunes Store einkaufen. Selbstverständlich stehen auch die Einkäufe zur Verfügung, die Sie bereits auf dem iPhone getätigt haben. Diese werden in der Mediathek angezeigt, wenn Sie sich (in der Menüleiste unter *Account/Anmelden*) mit Ihrem Apple Account anmelden und unter *Anzeige* die Option *Alle Musikdateien* wählen. Diese Einkäufe werden auch in iTunes am PC durch ein Wolkensymbol gekennzeichnet und lassen sich – wie schon auf dem iPhone kennengelernt – entweder herunterladen oder übers Internet streamen.

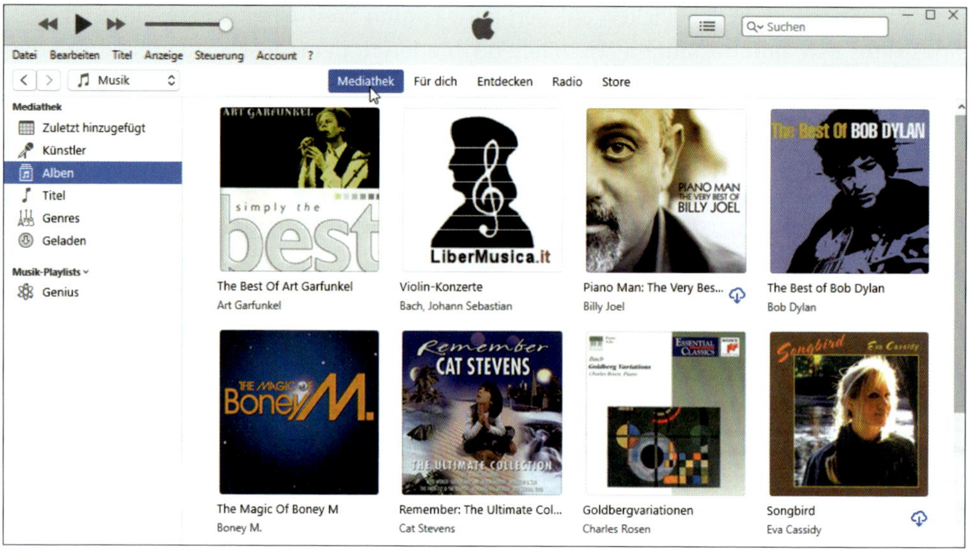

Hier lasse ich mir in der Mediathek meine Musik anzeigen.

Sie möchten Dateien, die Sie auf anderen Geräten gekauft haben, automatisch auch in iTunes am PC laden? Dazu klicken Sie in der Menüleiste auf *Bearbeiten* und wählen im sich öffnenden Menü den Eintrag *Einstellungen*. In den iTunes-Einstellungen klicken Sie oben auf *Downloads* und bestimmen anschließend im Abschnitt *Automatische Downloads* per Kontrollkästchen, welche Dateien automatisch heruntergeladen werden sollen.

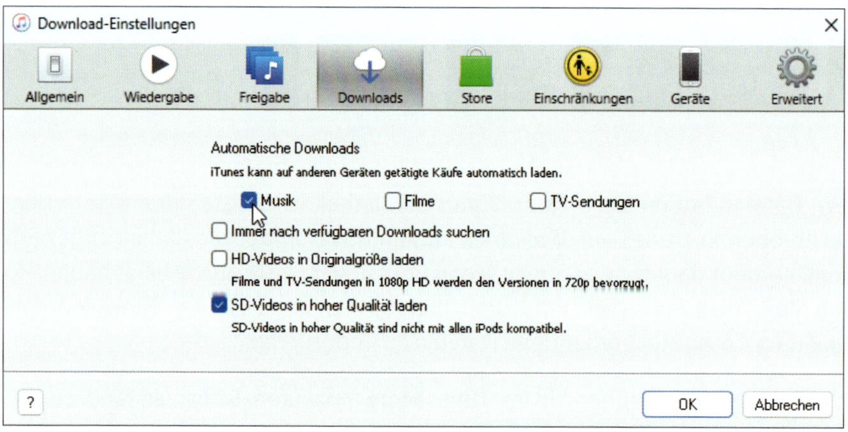

Automatische Downloads von Dateien, die Sie auf anderen Geräten gekauft haben, sind auch in iTunes am PC kein Problem.

Beachten Sie zudem die weiteren Einstellungen unter *Store*, z. B. das geräteübergreifende Synchronisieren von Wiedergabeinformationen.

Speicherort der iTunes-Mediathek

Ihre iTunes-Mediathek wird übrigens standardmäßig im Benutzerordner *Musik* gespeichert und dort im Unterordner *iTunes*. Sie können in iTunes auch mehrere Mediatheken anlegen, halten Sie dazu einfach beim Starten des Programms die ⇧-Taste gedrückt. Ihnen wird dann angeboten, eine neue Mediathek zu erstellen bzw. eine von mehreren iTunes-Mediatheken auszuwählen. Beim Starten ohne Taste wird jeweils die zuletzt verwendete Mediathek geladen.

Auf dem Computer befindliche Dateien in iTunes importieren

Der iTunes Store ist nicht die einzige Quelle, aus der Sie Mediendateien beziehen können. Wenn Sie bereits Mediendateien auf dem PC gespeichert haben, lassen sich diese – kompatible Formate vorausgesetzt – mit wenigen Handgriffen in iTunes importieren. Beachten Sie: Wenn iTunes ein Format nicht unterstützt, ignoriert die Software die gewählten Dateien einfach. So gehen Sie zum Importieren eines ganzen Medienordners vor:

1. Entscheiden Sie sich in der iTunes-Menüleiste für *Datei*.
2. Wählen Sie im sich öffnenden Menü den Eintrag *Ordner zur Mediathek hinzufügen*.

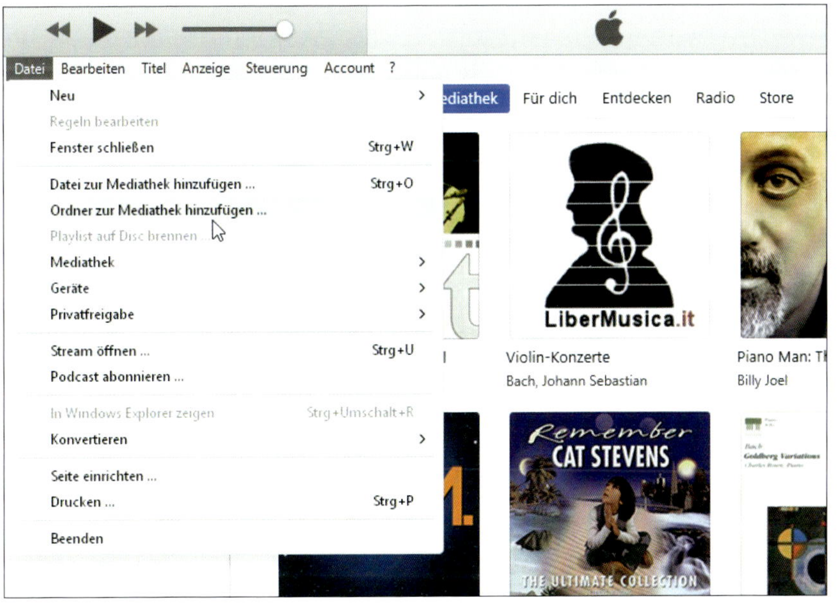

3. Wählen Sie einen oder – bei gedrückter Strg-Taste – mehrere Ordner aus, deren Inhalte Sie der Mediathek hinzufügen möchten. Bestätigen Sie mit *Ordner auswählen*.

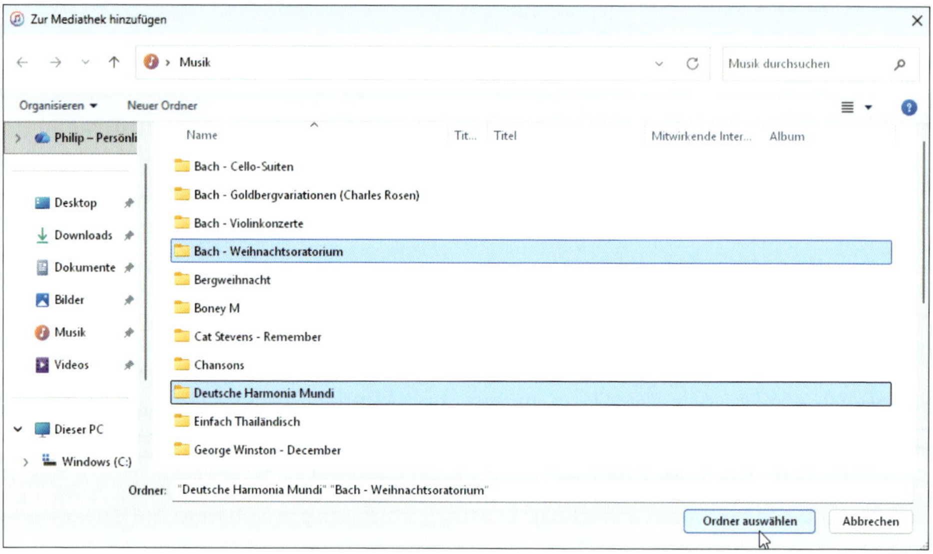

4. Die importierten Inhalte stehen anschließend in der iTunes-Mediathek zur Wiedergabe – sowie nachher auch zum Synchronisieren mit dem iPhone – zur Verfügung.

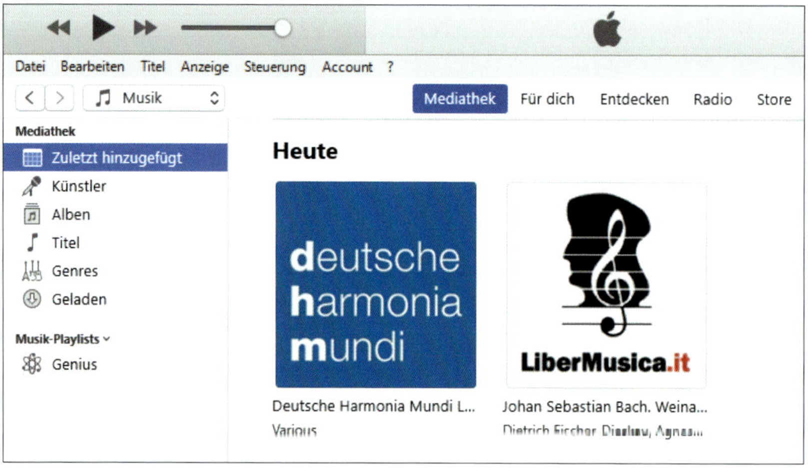

Andere Darstellung gewünscht?

Sie wünschen sich in der iTunes-Mediathek eine andere Darstellung? Klicken Sie in der Seitenleiste links eine Option an, um sich z. B. statt der Alben einzelne Songs anzeigen zu lassen.

Audio-CDs in iTunes importieren

Sie verfügen über eine größere CD-Sammlung und möchten diese Musik ebenfalls auf dem iPhone verfügbar machen? Mit iTunes lassen sich Audio-CDs sehr einfach importieren. Voraussetzung ist natürlich, dass Ihr Computer über ein optisches Laufwerk verfügt bzw. Sie ein optisches Laufwerk angeschlossen haben.

Bevor Sie eine Audio-CD in das Laufwerk einlegen, um diese zu importieren, nehmen Sie zunächst einige Importeinstellungen vor. Klicken Sie dazu in der Menüleiste auf *Bearbeiten* und wählen Sie *Einstellungen*.

In den *Einstellungen* unter *Allgemein* finden Sie, sofern ein optisches Laufwerk verfügbar ist, das Menü *Beim Einlegen einer CD*. In diesem Menü können Sie auswählen, dass eine Audio-CD beim Einlegen – sofern iTunes geöffnet ist – automatisch importiert und ausgeworfen wird. Das wäre dann sinnvoll, wenn Sie vorhaben, eine größere CD-Sammlung zu importieren. Wichtiger ist aber die Schaltfläche *Importeinstellungen*, die Sie rechts neben dem Menü anklicken.

Standardmäßig werden Audio-CDs in hoher Qualität im AAC-Format importiert. Daran gibt es an sich nichts zu mäkeln, was die Wiedergabe auf dem iPhone betrifft. Für die Wiedergabe auch auf anderen Playern wäre jedoch das MP3-Format universeller. Meine Empfehlung ist deshalb die Importeinstellung *MP3-Codierer* und *Höhere Qualität*, die Sie über das Menü auswählen und mit *OK* bestätigen.

Welche Importeinstellungen Sie selbst vornehmen, richtet sich aber ganz nach Ihren individuellen Bedürfnissen.

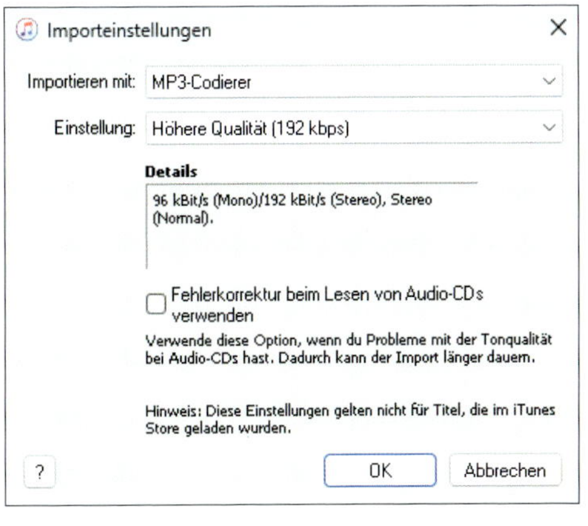

Hier entscheide ich mich für das Importieren von Audio-CDs im MP3-Format in höherer Qualität.

Nachdem Sie Ihre Importeinstellungen festgelegt haben, brauchen Sie nur noch die Audio-CD ins Laufwerk einzulegen und den Import zu starten.

Damit ein Hörbuch in iTunes als Hörbuch erkannt wird

Normalerweise kann iTunes die Titelinformationen zu importierten Audio-CDs automatisch aus dem Internet abrufen. Doch das klappt nicht immer. Ein krasser Fall ist es außerdem, wenn importierte Hörbücher der Musik-Mediathek hinzugefügt werden.

Bevor Sie Ihre Mediendateien mit dem iPhone synchronisieren, sollten Sie in jedem Fall die Informationen anpassen, und zwar so:

1. Klicken Sie mit der rechten Maustaste auf ein Album und wählen Sie im Kontextmenü den Eintrag *Albuminformationen*.

2. Wenn Sie mehrere Titel gleichzeitig bearbeiten möchten, erscheint ein Hinweisfenster, das Sie mit *Objekte bearbeiten* bestätigen.

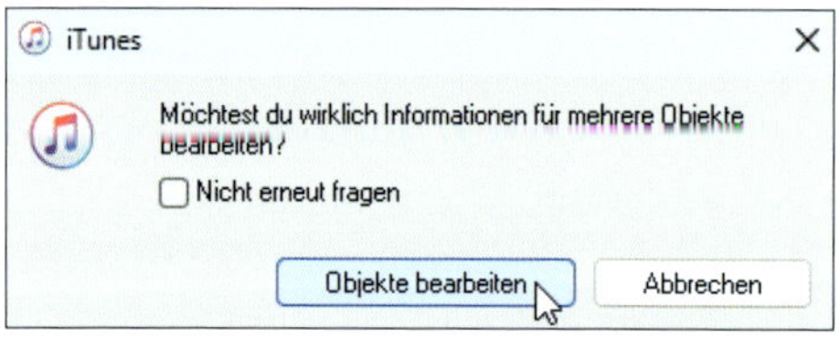

3. Im folgenden Informationsfenster können Sie unter *Details* Informationen zu Interpreten, Album und Co. hinzufügen bzw. bearbeiten; unter *Cover* lässt sich entsprechend das Albumcover ändern bzw. überhaupt erst mal ein Cover einfügen. In meinem Fall soll ein Album statt der Musik-Mediathek der Hörbuch-Mediathek hinzugefügt werden, deshalb entscheiden Sie sich im Informationsfenster für *Optionen*.

4. Entscheiden Sie sich unter *Medienart* für die Auswahl *Hörbuch* und bestätigen Sie mit *OK*.

5. Das Hörbuch wird prompt in die entsprechende Mediathek verschoben. Das Abrufen derselben erfolgt durch die Auswahl *Hörbücher* im Menü links oben in iTunes.

Die Medienwiedergabe in iTunes erfolgt ganz ähnlich wie die auf dem iPhone: Doppelklicken Sie auf eine Datei, um die Wiedergabe zu starten, verwenden Sie die Steuerelemente oben in iTunes, um die Wiedergabe zu steuern usw. Ich denke mal, dazu benötigen Sie nicht noch mal die entsprechenden Anleitungen, oder?

Das iPhone mit dem PC verbinden

Nun geht's los! Nachdem Sie iTunes auf dem Windows-PC installiert und mit Mediendateien bestückt haben, können Sie endlich das iPhone anschließen. Auf einem Mac stellen Sie die Verbindung, wie bereits erwähnt, ohne zusätzliche Software mit dem Finder her. Beim ersten Mal verwenden Sie dazu in jedem Fall das dem iPhone beigelegte Kabel, ggf. ist für die Verbindung zusätzlich ein USB-C-Adapter erforderlich. Später kann die Synchronisierung auch im WLAN erfolgen. Bestätigen Sie das Herstellen der Verbindung auf dem iPhone mit *Vertrauen*. Wenn Sie das iPhone anschließen, wird dieses in iTunes automatisch erkannt, und es lässt sich in der Leiste oben unter dem Symbol 📱 auswählen.

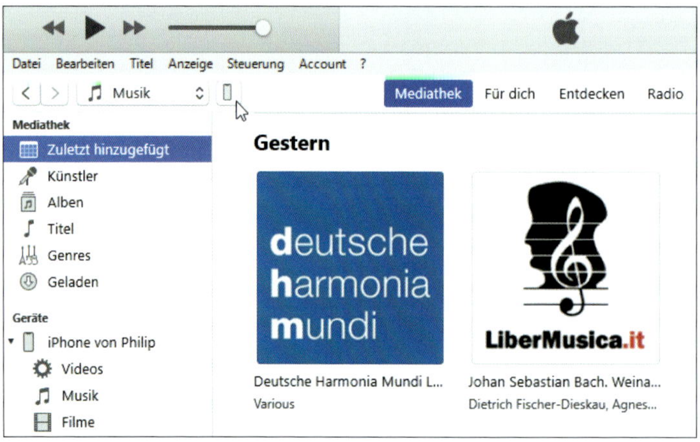

Das angeschlossene iPhone wird in der Software iTunes erkannt.

Ihnen wird nach dem Auswählen des iPhones in iTunes zunächst die *Übersicht* angezeigt, die unterschiedliche Informationen und Optionen beinhaltet:

- *iPhone:* In diesem Abschnitt finden Sie eine Angabe zur Speicherkapazität, Ihre Handynummer sowie die Seriennummer Ihres iPhones. Mit der Schaltfläche *Nach Update suchen* können Sie Aktualisierungen am PC herunterladen und von dort auf das iPhone übertragen (alternativ zur Softwareaktualisierung, wie sie in Kapitel 14 beschrieben wird). Wenn Sie die Schaltfläche bei gedrückter ⇧-Taste anklicken, können Sie aus dem Internet heruntergeladene Dateien manuell installieren. Mit der Schaltfläche *iPhone wiederherstellen* stellen Sie ein iPhone aus einem Backup wieder her.

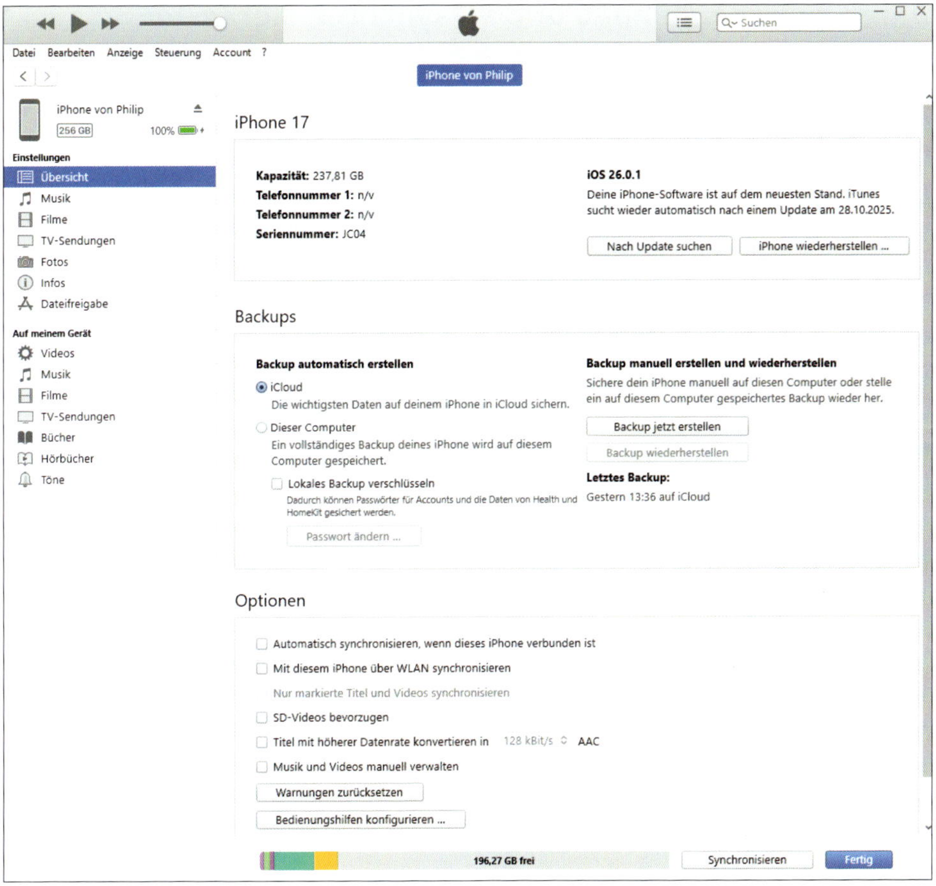

Sie erhalten Informationen zum iPhone sowie Optionen zum Aktualisieren oder Wiederherstellen über iTunes.

- *Backups:* In diesem Abschnitt legen Sie fest, ob Sie Ihre Backups in iCloud oder mithilfe von iTunes auf dem Computer sichern möchten. Sie können das iPhone-Backup verschlüsselt auf dem Computer speichern, indem Sie das entsprechende Kontrollkästchen aktivieren.

- *Optionen:* In diesem Abschnitt bestimmen Sie per Kontrollkästchen etwa, ob die Synchronisierung mit dem verbundenen iPhone auch im WLAN erfolgen darf, sodass Sie sich zukünftig das Verbinden mit dem USB-C-Kabel sparen.

> **Den iPhone-Speicher im Blick**
>
> Wenn Sie Ihr iPhone in iTunes auswählen, wird ganz unten in der Bedienoberfläche eine bunte Leiste angezeigt, in der Sie – geordnet nach Themen – über die Speicherbelegung des iPhones in Kenntnis gesetzt werden.

Daten zwischen iPhone und PC synchronisieren

Links neben der Übersicht wird eine Leiste eingeblendet, in der Sie die Abschnitte *Einstellungen* sowie *Auf meinem Gerät* sehen. Unter *Auf meinem Gerät* lassen Sie sich später anzeigen, welche Dateien synchronisiert wurden. Unter *Einstellungen* bestimmen Sie aber zunächst mal, welche Dateien synchronisiert werden sollen. Wählen Sie hierzu jeweils eine Rubrik per Mausklick aus. Um eine Synchronisierung manuell vorzunehmen, finden Sie rechts unten in iTunes eine entsprechende Schaltfläche.

Wählen Sie in der Leiste links aus, welche Synchronisierungseinstellungen Sie vornehmen möchten.

Musik, Filme, Bücher und Co.

Die Synchronisierung von Musik, Filmen und weiteren Mediendateien erfolgt auf jeweils ähnliche Weise, d. h., Sie wählen die jeweilige Rubrik in der Leiste links aus und bestimmen rechts, welche Dateien synchronisiert werden sollen. Lassen Sie mich Ihnen die Vorgehensweise am Beispiel der Synchronisierung von Musikdateien vorstellen.

1. Entscheiden Sie sich – bei ausgewähltem iPhone – in der Leiste links für die Rubrik *Musik*.
2. Aktivieren Sie das Kontrollkästchen *Musik synchronisieren*.
3. Legen Sie fest, ob die gesamte in iTunes verfügbare Musik synchronisiert werden soll oder lediglich eine von Ihnen getroffene Auswahl. Bestimmen Sie außerdem, ob Sprachmemos und Musikvideos in die Synchronisierung einbezogen werden sollen oder nicht.

4. Bestätigen Sie rechts unten in iTunes mit *Anwenden*, um die Synchronisierung durchzuführen.

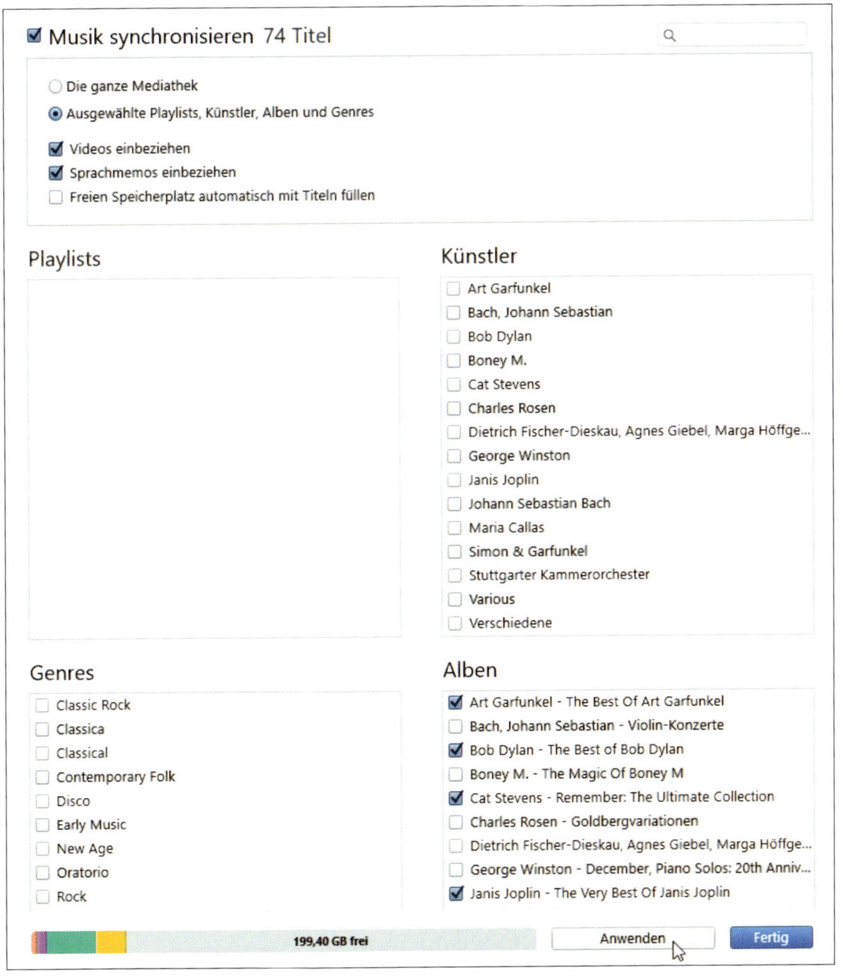

Auch Wiedergabelisten lassen sich synchronisieren – und diese lassen sich in iTunes am PC ebenfalls komfortabler anlegen als auf dem iPhone. Zum Erstellen einer Wiedergabeliste klicken Sie – bei eingeblendeter Musik-Mediathek – mit der rechten Maustaste in den Bereich *Musik-Playlists* in der Seitenleiste. Wählen Sie im Kontextmenü den Eintrag *Neue Playlist*, geben Sie der Wiedergabeliste eine sinnvolle Bezeichnung und fügen Sie die gewünschten Songs hinzu.

Fotos

Fotos synchronisieren Sie im Prinzip ebenso. Das Besondere hier: Bilderordner, die Sie für die Synchronisierung auswählen, werden auf dem iPhone als Alben angelegt – jeder Ordner wird zu einem Album. Bringen Sie deshalb auf Ihrem PC zunächst Ordnung in Ihre Bildersammlung, bevor Sie diese mit dem iPhone synchronisieren.

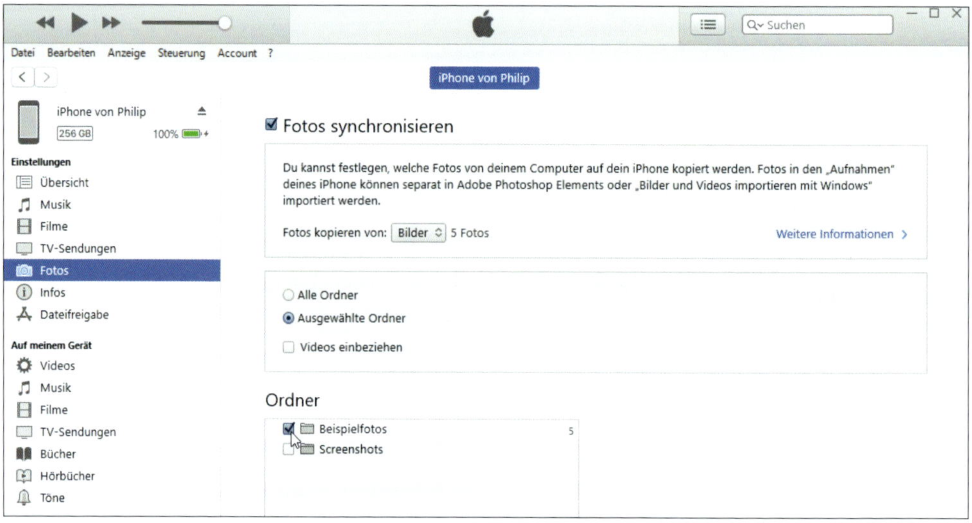

Wählen Sie aus, welche Bilderordner Sie mit dem iPhone synchronisieren möchten.

Eine weitere Besonderheit: Synchronisierte Alben lassen sich nicht direkt auf dem iPhone löschen. Sie müssen das entsprechende Häkchen wieder in iTunes entfernen und die Synchronisierung erneut starten, um das Album vom iPhone zu löschen.

Infos

Unter *Infos* lassen sich schließlich Infodaten synchronisieren: Kontakte, Kalender, Mail-Accounts sowie Lesezeichen. Das klappt aber nur dann, wenn Sie nicht die entsprechende iCloud-Synchronisierungsoption ausgewählt haben. Eine weitere Voraussetzung ist, dass auf Ihrem PC ein kompatibles Programm zur Verfügung steht, z. B. eine unterstützte Outlook-Version. Die Auswahl erfolgt ansonsten wie gehabt. Beachten Sie aber den Hinweis in iTunes, dass diese Synchronisierungsfunktion in zukünftigen Softwareversionen wegfallen könnte, da sie nicht mehr den neusten Stand der Technik widerspiegelt.

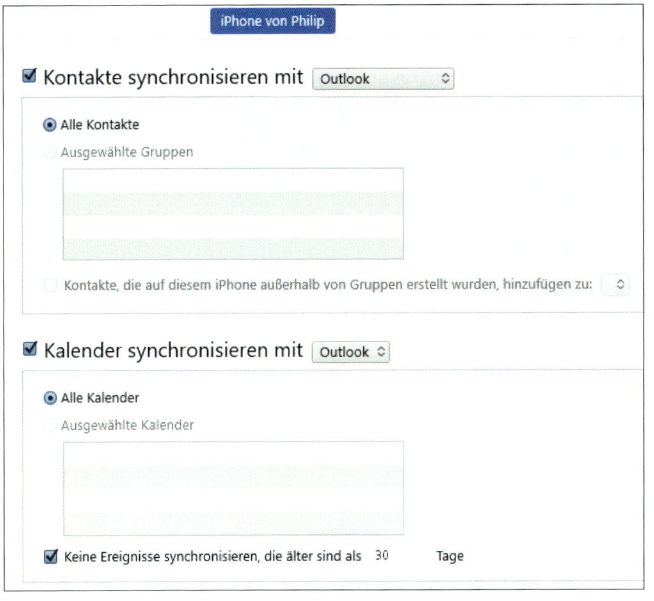

Unter anderem lassen sich Kontakte und Kalender zwischen iPhone und iTunes synchronisieren.

Dateifreigabe

Ganz unten in der Liste finden Sie noch die Option *Dateifreigabe*. Hier findet der Dateiaustausch mit Apps statt, die diese Möglichkeit anbieten. Wählen Sie dazu links eine App aus. Rechts werden die verfügbaren Dateien angezeigt, die mit *Speichern* auf den PC heruntergeladen werden können. Mit *Datei hinzufügen* lassen sich Dateien vom PC in eine App laden.

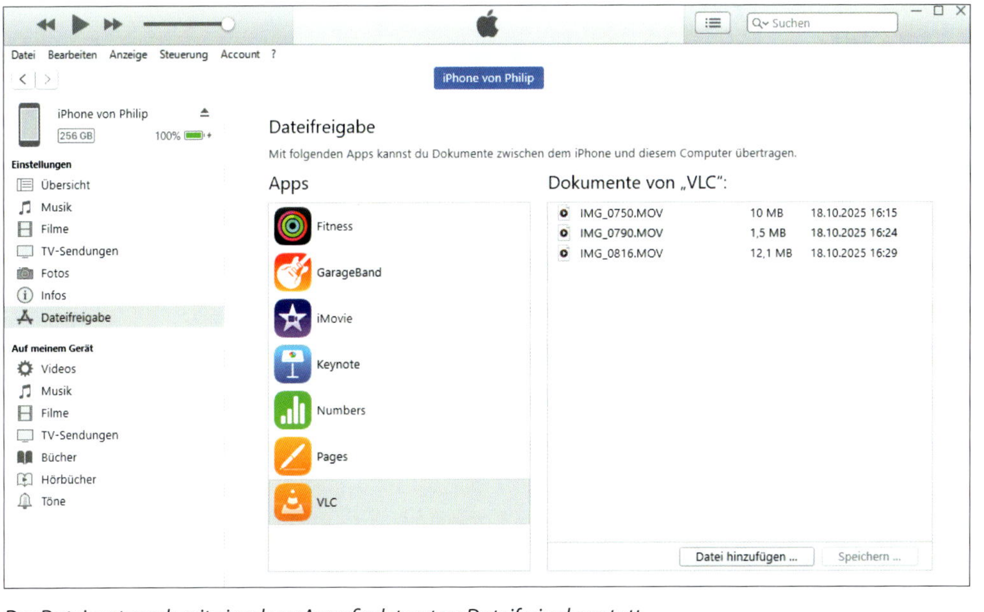

Der Dateiaustausch mit einzelnen Apps findet unter »Dateifreigabe« statt.

Per Privatfreigabe auf Ihre Mediathek zugreifen

Sie können auf Ihre Mediathek auch ohne Synchronisierung zugreifen. Dies erfolgt durch eine auf Ihrem Apple Account basierenden Privatfreigabe. Das Aktivieren der Privatfreigabe erfolgt auf einem Windows-PC und einem Mac auf unterschiedliche Weise. Auf einem Windows-PC nehmen Sie die Privatfreigabe in der Software iTunes vor. Klicken Sie dazu in der iTunes-Menüleiste auf *Datei* und wählen Sie unter *Privatfreigabe* den Eintrag *Privatfreigabe aktivieren*. Geben Sie anschließend Ihren Apple Account ein und bestätigen Sie per Schaltfläche *Privatfreigabe aktivieren*. Klicken Sie zum Abschluss des Vorgangs auf *OK*.

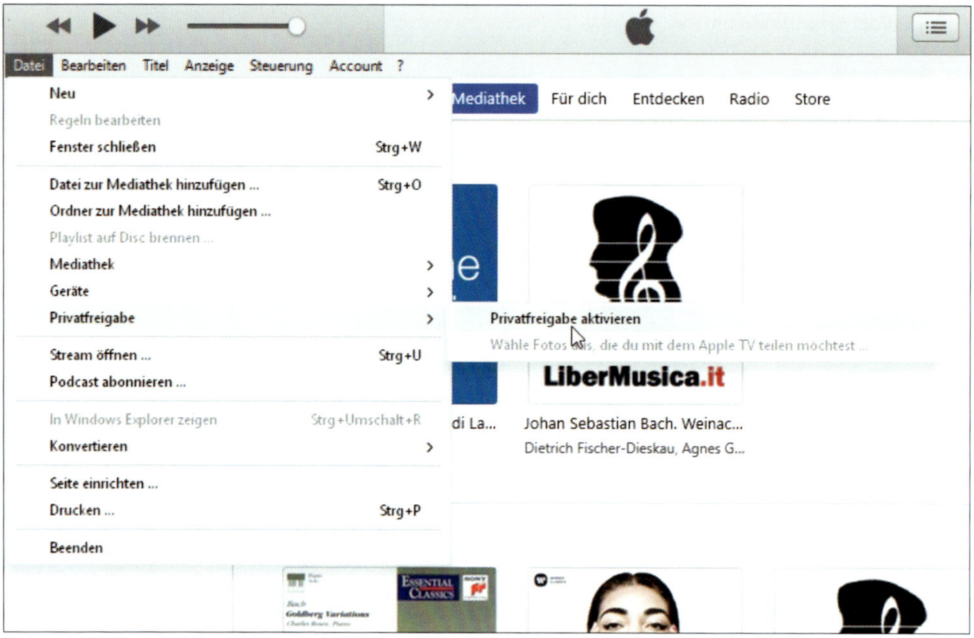

So aktivieren Sie die Privatfreigabe in iTunes am PC.

Auf einem Mac mit aktuellem macOS nehmen Sie die Privatfreigabe in den *Systemeinstellungen* vor. Entscheiden Sie sich dort für die Kategorie *Allgemein* und wählen Sie anschließend in der Unterkategorie *Teilen* das Symbol ⓘ bei *Medien teilen*. Aktivieren Sie nun das Kontrollkästchen *Privatfreigabe*. Geben Sie danach auch hier Ihre Daten ein und bestätigen Sie mit der Schaltfläche *Privatfreigabe aktivieren*.

Auf dem Mac erfolgt die Aktivierung der Privatfreigabe in den Systemeinstellungen.

Auf dem iPhone wird die Privatfreigabe z. B. in den *Einstellungen* unter *Apps* und dort unter *Musik* im Abschnitt *Privatfreigabe* aktiviert. Der Zugriff auf die iTunes-Mediathek erfolgt dann auf dem iPhone in der App *Musik* sowie in der App *TV*. Wählen Sie in der Musik-App unter dem Symbol ··· die freigegebene Mediathek aus. In der App *TV* wählen Sie die freigegebene Mediathek in der Rubrik *Mediathek* aus.

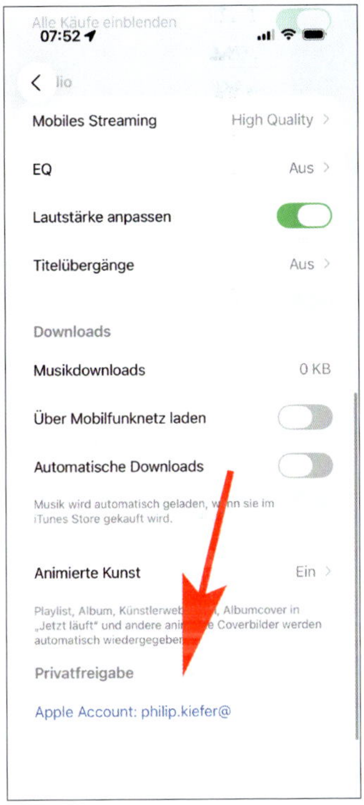

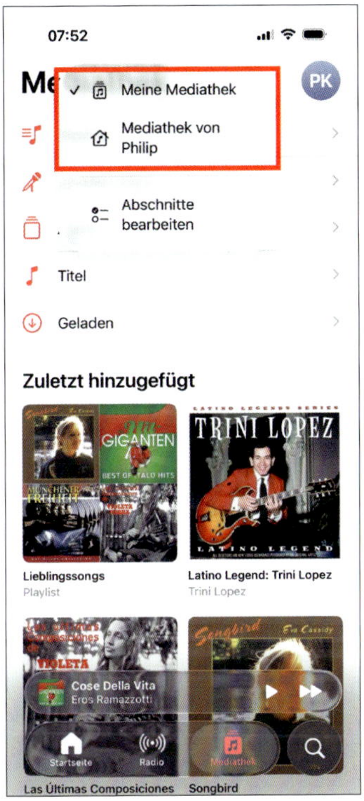

Mediendateien vom PC auf das iPhone streamen – das geht per Privatfreigabe.

Das iPhone als Fernsteuerung verwenden

Um Ihr iPhone als Fernsteuerung für iTunes am PC, aber auch für ein Apple TV einzusetzen, holen Sie sich die kostenlose Apple-App *iTunes Remote* aus dem App Store. Aktivieren Sie auch in dieser App die Privatfreigabe, um auf eine freigegebene Mediathek bzw. das Apple TV zugreifen zu können.

Mit AirDrop Dateien mit anderen Apple-Nutzern austauschen

Eine weitere Option zum schnellen Austauschen von Dateien zwischen Ihrem iPhone und anderen Apple-Geräten (allerdings nur solchen neueren Datums) nennt sich *AirDrop*. Zunächst mal legen Sie im Kontrollzentrum fest, wem Sie eine AirDrop-Verbindung erlauben möchten – jedem oder nur auf dem iPhone gespeicherten Kontakten? Dazu gehen Sie folgendermaßen vor:

1. Streichen Sie das Kontrollzentrum vom unteren Displayrand auf das Display.
2. Rufen Sie im Kontrollzentrum den Bereich mit den Datenoptionen auf und wählen Sie nun *AirDrop*.

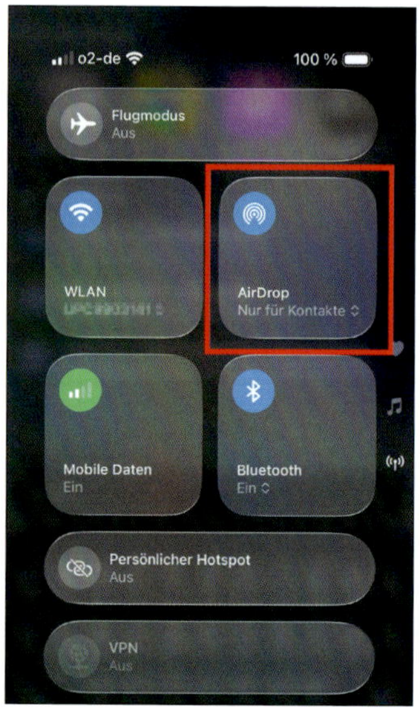

3. Entscheiden Sie, ob Sie AirDrop für alle Personen in der Nähe freigeben möchten, nur für die von Ihnen gespeicherten Kontakte oder ob Sie AirDrop ganz deaktivieren möchten. Standard ist, dass AirDrop nur für den Datenaustausch mit den gespeicherten Kontakten zur Verfügung steht. Die AirDrop-Freigabe *für alle* ist auf zehn Minuten begrenzt.

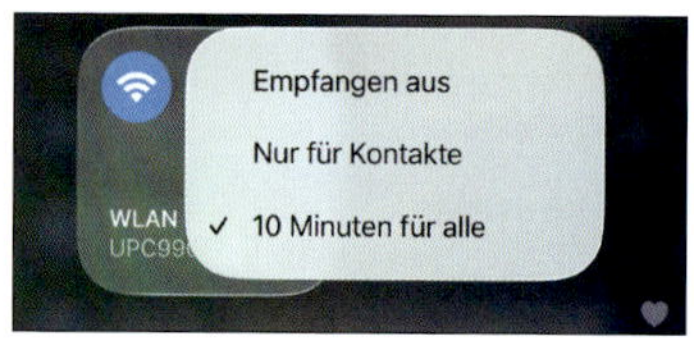

Wenn AirDrop aktiviert ist und die empfangende Person ihr eigenes iPhone entsperrt hat, tippen Sie in einer App – z. B. in der App *Fotos* – auf das Symbol ⎙, um das ausgewählte Element mit AirDrop zu versenden. Wählen Sie dazu den AirDrop-Nutzer aus, an den der Versand erfolgen soll – erkennbar am Symbol. Unter *AirDrop* finden Sie ansonsten eine Liste der möglichen AirDrop-Empfänger. Der andere Nutzer sieht auf seinem Gerät, dass eine Datei übertragen werden soll, und muss lediglich die Annahme bestätigen.

Wählen Sie einen Empfänger aus, um die Datei via AirDrop an diesen zu versenden.

KAPITEL 14

Von A wie Akku bis Z wie Zurücksetzen

In diesem letzten Kapitel möchte ich Ihnen noch einige wichtige Hinweise zum Thema Wartung und Sicherheit des iPhones geben – damit Sie Schwierigkeiten von vornherein vermeiden können. Lesen Sie unter anderem, wie Sie die Akkulaufzeit Ihres iPhones erhöhen, wie Sie Ihr iPhone vor unbefugten Zugriffen schützen, wie Sie Speicher- und Datenfresser entlarven oder ein verloren geglaubtes iPhone orten. Sie werden sehen: Auch das ist mit dem iPhone alles ganz einfach!

So hält der Akku möglichst lange durch

Für das, was Sie mit dem iPhone alles anstellen, hält der Akku schon recht lange. Doch Sie werden sich, besonders dann, wenn Sie unterwegs sind, eine noch längere Akkulaufzeit wünschen. Beherzigen Sie in diesem Zusammenhang die folgenden Tipps:

- Aktivieren Sie, wenn Sie gerade nicht den vollen Funktionsumfang Ihres iPhones benötigen, den *Stromsparmodus*, und zwar entweder per Steuerelement im Kontrollzentrum oder in den *Einstellungen* unter *Batterie* und dort unter *Strommodus*. Der Stromsparmodus reduziert das automatische Abrufen von E-Mails sowie die Hintergrundaktivitäten. Den aktivierten Stromsparmodus erkennen Sie am gelben Batteriesymbol in der Statusleiste. Bei einer Akkuladung von 20 % wird der Stromsparmodus automatisch aktiviert. Für automatische Leistungsanpassungen bei hohem Stromverbrauch belassen Sie unter *Strommodus* die standardmäßig bereits aktivierte Option *Adaptive Leistung* aktiviert.

Der Stromsparmodus sorgt für eine kurzfristige Verlängerung der Akkulaufzeit.

- Benötigen Sie stets einen proppenvoll geladenen Akku? Mit dem optimierten Laden, das das iPhone in den *Einstellungen* unter *Batterie* und dort unter dem Eintrag *Laden* anbietet, können Sie die Lebensdauer des Akkus verlängern. Der Akku wird dann nur bei tatsächlichem Bedarf über ein Limit von 80 % aufgeladen. Sie können alternativ auch ein eigenes Ladelimit festlegen.

Das optimierte Laden kann die Lebensdauer des iPhone-Akkus verlängern.

- Das iPhone-Display kann außer durch Drücken der Systemtaste aktiviert werden, indem Sie es anheben (Option *Beim Anheben aktivieren*) oder wenn Sie auf das Display tippen oder vom unteren Rand nach oben streichen (Option *Zum Aufwecken streichen oder tippen*). Doch das geschieht häufig auch dann, wenn Sie es gar nicht benötigen – und das kostet Strom. Falls Sie die Funktionen lieber deaktivieren möchten, erfolgt dies für die Option *Beim Anheben aktivieren* in den *Einstellungen* unter *Anzeige & Helligkeit* und für die Option *Zum Aufwecken streichen oder tippen* in den *Einstellungen* unter *Bedienungshilfen* und dort unter *Tippen*. Unter *Anzeige & Helligkeit* können Sie, wie bereits an anderer Stelle gezeigt, auch das Always-on-Display des iPhone 17 abschalten.

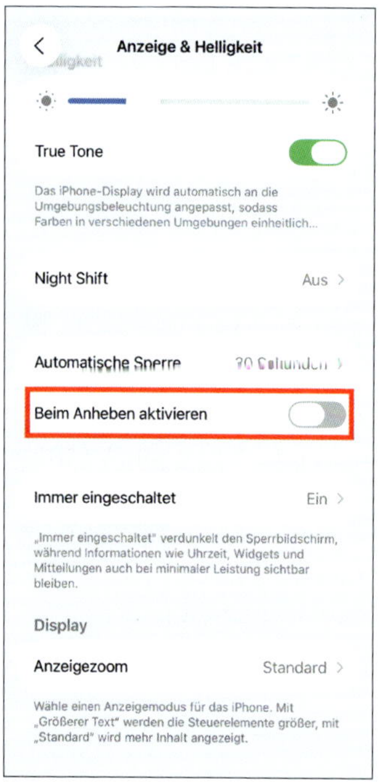

Das automatische Aktivieren des iPhone-Displays bietet Komfort, kann allerdings auch unnötig Strom kosten.

- Sie benötigen die schnelle Internetverbindung übers Mobilfunknetz nicht bzw. möchten gar keine mobilen Daten senden oder empfangen? Deaktivieren Sie die mobilen Daten ganz einfach per Symbol im Kontrollzentrum oder in den *Einstellungen* unter *Mobilfunk*.
- Deaktivieren Sie auch weitere nicht benötigte Funktionen, die Strom verbrauchen: Benötigen Sie Bluetooth im Moment? Falls nicht, deaktivieren Sie die Funktion im Kontrollzentrum bzw. in den *Einstellungen* unter *Bluetooth*. Brauchen Sie die Ortungsdienste in nächster Zeit? Wenn nicht, deaktivieren Sie diese in den *Einstellungen* unter *Datenschutz & Sicherheit* und dort unter *Ortungsdienste*. Nutzen Sie die Push-Option zum automatischen Empfang neuer E-Mails? Sofern nicht benötigt, deaktivieren Sie auch diese Option, und zwar in den *Einstellungen* unter *Apps* und hier unter *Mail*, indem Sie dort *Mail-Accounts* und dann *Datenabgleich* wählen.

Die mobilen Daten sind ein nicht zu unterschätzender Stromfresser.

- Wie Sie bereits wissen, können zahlreiche Apps im Hintergrund weiterlaufen, während Sie eine andere App benutzen. Beenden Sie nicht mehr benötigte Hintergrund-Apps, indem Sie diese im App-Umschalter (Sie erinnern sich: mit dem Finger vom unteren Displayrand nach oben ziehen und dann innehalten, um den App-Umschalter zu öffnen) nach oben aus dem Display schieben. Sie können außerdem in den *Einstellungen* unter *Allgemein* und dort unter dem Eintrag *Hintergrundaktualisierung* die Hintergrundaktualisierung für Apps insgesamt oder für einzelne Apps verbieten.

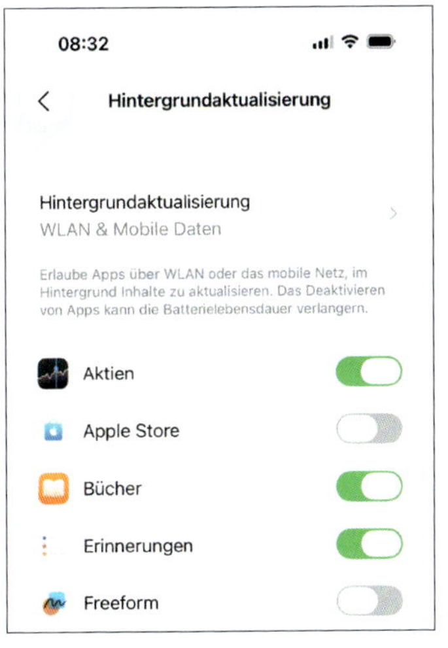

Passen Sie die Einstellungen zum Thema Hintergrundaktualisierung sinnvoll an.

Um die größten Stromfresser zu ermitteln, schauen Sie sich regelmäßig an, welche Apps in den jeweils letzten Tagen am meisten am Akku gesaugt haben. Entscheiden Sie sich dazu in den iPhone-Einstellungen für *Batterie*. Ihnen wird direkt ein Diagramm über den täglichen Verbrauch angezeigt. Tippen Sie unterhalb des Diagramms auf *Gesamte Batterienutzung anzeigen*. Tippen Sie nun einen Balken im Diagramm an, werden Ihnen die Apps angezeigt, die den Stromverbrauch verursacht haben.

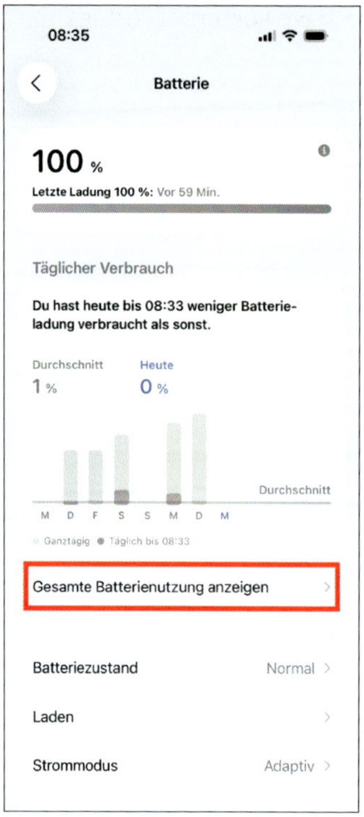

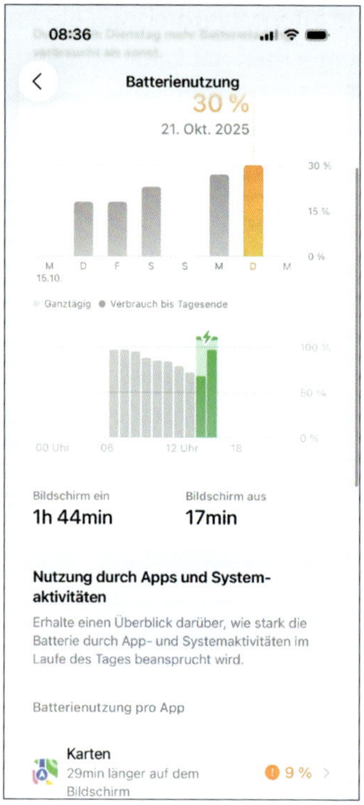

Ermitteln Sie in den iPhone-Einstellungen, welche Ihrer Apps besonders viel Strom verbrauchen.

Batteriezustand prüfen

Wählen Sie in den *Einstellungen* unter *Batterie* den Eintrag *Batteriezustand*, wird Ihnen die maximale Kapazität des eingebauten Akkus angezeigt. Diese sollte für längere Zeit 100 % betragen. Doch wenn das iPhone älter wird, wird sich das auch bei der maximalen Akkukapazität bemerkbar machen. Als Faustregel wird empfohlen, den Akku austauschen zu lassen, sobald die Marke von 80 % unterschritten wird. Pflicht ist das jedoch nicht.

Den iPhone-Speicher unter Kontrolle

Um den iPhone-Speicher zu verwalten, gehen Sie in den *Einstellungen* auf *Allgemein* und dann auf *iPhone-Speicher*. Im Abschnitt *Speicher* wird Ihnen zunächst mal angezeigt, wie viel Speicher belegt und wie viel noch frei ist.

Unterhalb der Speicheranzeige erhalten Sie Tipps, um Speicher auf dem iPhone freizumachen (je nachdem, ob Sie die entsprechenden Optionen bereits aktiviert haben oder nicht). Tippen Sie bei den Empfehlungen auf *Alle einblenden*, um sich alle Tipps anzusehen. Einer dieser Tipps betrifft, sofern noch nicht aktiviert, die schon in einem anderen Kapitel erwähnten *iCloud-Fotos*. Allerdings: Diese Funktion frisst zwar keinen iPhone-Speicher, aber dafür viel iCloud-Speicher, sodass Sie voraussichtlich schnell auf ein kostenpflichtiges Speicherabo umsteigen müssten.

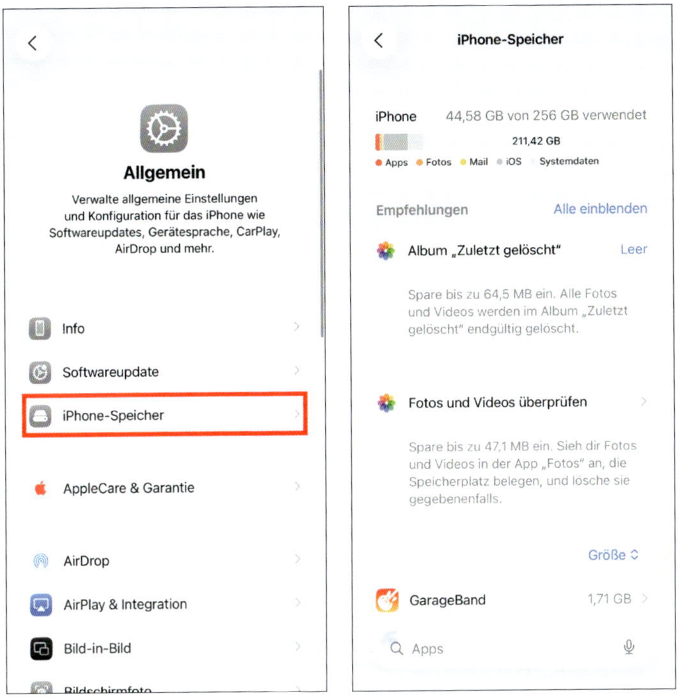

Erhalten Sie Tipps, um Speicherplatz auf dem iPhone einzusparen.

Ein weiterer Tipp betrifft das Auslagern ungenutzter Apps. Falls kaum mehr Speicher zur Verfügung steht, werden die Apps ins Internet ausgelagert, um auf dem iPhone mehr Speicherplatz zur Verfügung zu stellen. Um die Funktion zu aktivieren, tippen Sie auf *Aktivieren* bzw. aktivieren in den *Einstellungen* unter *Apps* und dort unter *App Store* den Schalter *Unbenutzte Apps auslagern*.

Auch das Auslagern von Apps, hier in den App-Store-Einstellungen, schont den kostbaren iPhone-Speicherplatz.

Unterhalb der Tipps erhalten Sie eine Übersicht über die einzelnen Apps und können einen Speicherfresser direkt an Ort und Stelle löschen, aber auch Daten innerhalb einer App. Tippen Sie eine App zum Löschen in der Übersicht an und wählen Sie *App löschen*. Diese Funktion kann übrigens auch weiterhelfen, wenn sich eine App einmal nicht direkt auf dem Home-Bildschirm löschen lässt, was bei mir in meiner langjährigen iPhone-Karriere aber erst ein- oder zweimal vorkam. Zum Löschen von Daten innerhalb einer App tippen Sie diese an und ziehen mit dem Finger von rechts nach links. Tippen Sie dann auf *Löschen*.

Entlarven Sie Speicherfresser und löschen Sie diese ggf. direkt vom iPhone.

Mit den mobilen Daten sparsam umgehen

Sie wissen bereits, dass die mobilen Daten einen teils erheblichen Stromverbrauch verursachen können. Hinzu kommt, dass bei einem Vertrag meist das verfügbare schnelle Datenvolumen stark begrenzt ist. Legen Sie deshalb genau fest, welche Apps die mobilen Daten verwenden dürfen und welche nicht.

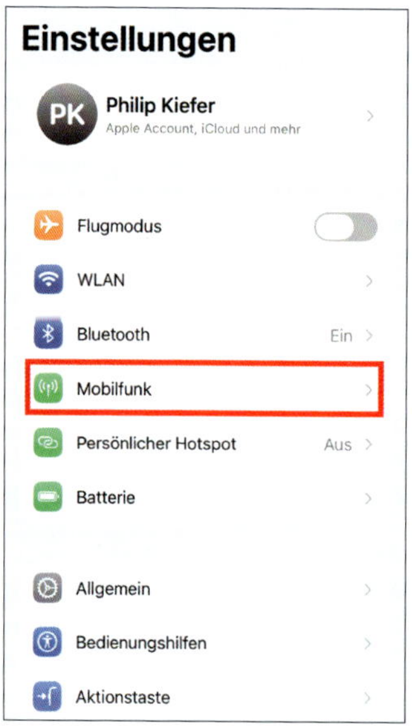

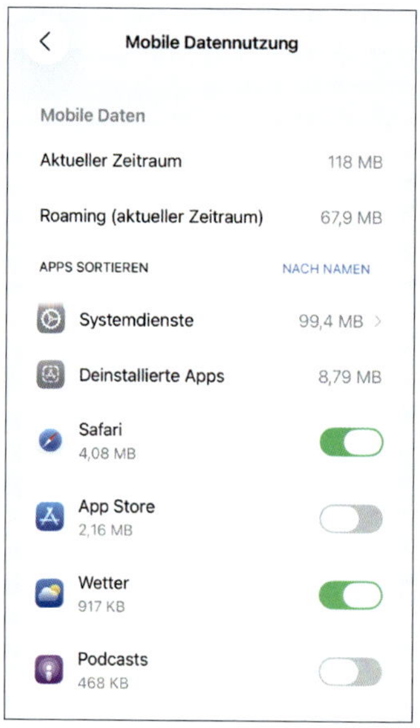

Deaktivieren Sie die mobilen Daten für Apps, die Sie unterwegs nicht unbedingt benötigen.

Tippen Sie dazu in den iPhone-Einstellungen auf *Mobilfunk*, scrollen Sie nach unten zum Abschnitt *Mobile Daten* und wählen Sie *Alle anzeigen*. Sie erhalten eine Übersicht über diejenigen Apps, die die mobilen Daten verwenden, und zwar sortiert nach dem Datenverbrauch. Per Schalter können Sie die mobilen Daten hier für einzelne Apps deaktivieren. Außerdem finden Sie den Eintrag *Systemdienste*, der mit interessanten Infos aufwartet, welche iOS-Funktionen wie viel Datenvolumen beanspruchen.

Schutz vor unbefugten Zugriffen

Mit der Zeit werden Sie Ihr iPhone mit sehr vielen privaten Daten füllen: mit E-Mails, Kontakten, Fotos und mit noch vielem mehr. Zumindest dann, wenn Sie unterwegs sind, sollten Sie Ihr iPhone deshalb vor unbefugten Zugriffen schützen. Nicht zuletzt dank der Face ID auf Ihrem iPhone 17 schränkt das den Bedienkomfort kaum ein. Werfen Sie einen näheren Blick auf die diesbezüglichen Funktionen.

Das iPhone mit einer Code-Sperre sichern

Sie werden bereits bei der Inbetriebnahme Ihres iPhones dazu aufgefordert, einen sechsstelligen Code einzugeben, den Sie dann beim Entsperren Ihres iPhones eintippen müssen (früher war der Standardcode nur vierstellig). Sie können den sechsstelligen Code durch einen einfacheren, aber auch weniger sicheren vierstelligen Code oder durch einen noch sichereren alphanumerischen Code ersetzen. Bestimmen Sie außerdem, auf welche Daten auch im Sperrzustand zugegriffen werden darf.

Entscheiden Sie sich in den iPhone-Einstellungen für den Eintrag *Face ID & Code*. Oben auf der Seite werden Ihnen zunächst die Optionen zur Face ID angezeigt. Darunter erhalten Sie die Code-Optionen. Diese sind:

- *Schutz für gestohlene Geräte:* Diese Option soll einen zusätzlichen Schutz bieten, selbst wenn einem iPhone-Dieb Ihr Code bekannt sein sollte. Die Option beinhaltet eine Authentifizierung per Face ID sowie eine Verzögerung bei sicherheitsrelevanten Aktionen.
- *Code aktivieren* bzw. *Code deaktivieren:* Wählen Sie diese Option, um einen Code anzulegen bzw. um einen bestehenden Code zu deaktivieren. Dazu ist jeweils die Eingabe des Codes erforderlich.
- *Code ändern:* Finden Sie das eigene Geburtsdatum als Code nicht mehr sicher genug? Dann tippen Sie auf *Code ändern*, um einen anderen Code zum Schutz Ihres iPhones einzugeben. Während der Eingabe lassen sich andere Codeoptionen aufrufen, die da lauten: *Eigener alphanumerischer Code* (Buchstaben und Ziffern), *Eigener numerischer Code* sowie *Vierstelliger numerischer Code.*
- *Code anfordern:* Hier ist die Voreinstellung, dass der Code sofort nach dem Sperren des iPhones angefordert wird, bereits aktiviert.

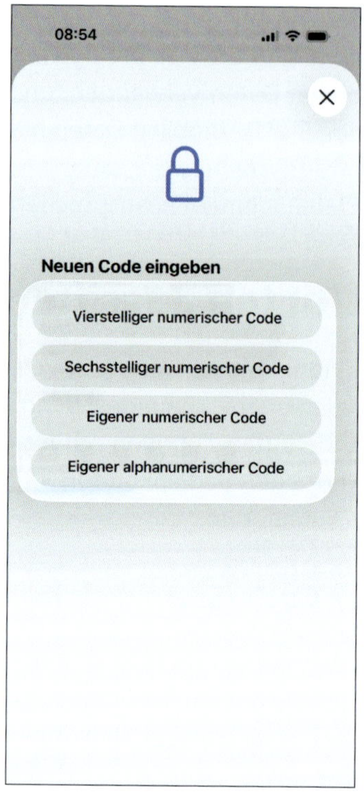

Schützen Sie Ihr iPhone mit einem sicheren Code, etwa einem sechsstelligen Zahlencode oder einem alphanumerischen Code, der aus Buchstaben und Ziffern besteht.

Neben den Optionen zur Face ID (dazu gleich mehr) und zum iPhone-Code finden Sie noch einige weitere Optionen, die Sie kennen sollten:

- *Im Sperrzustand Zugriff erlauben:* In diesem Abschnitt können Sie verschiedenen Funktionen per Schalter den Zugriff auf dem Sperrbildschirm untersagen, etwa der Sprachassistenz Siri oder der Mitteilungsansicht.
- *Daten löschen:* Wenn Sie diese Option aktivieren, dürfen Sie sich bei der Eingabe des Codes nicht zu oft vertippen – nach zehn Fehlversuchen werden alle Daten vom iPhone gelöscht.

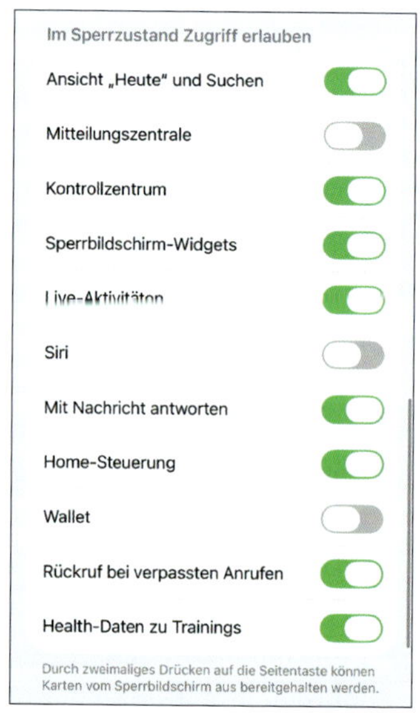

Entscheiden Sie, worauf im Sperrzustand zugegriffen werden darf.

Die Face ID zum Entsperren und Anmelden verwenden

Alle Varianten des iPhone 17 verfügen über einen Gesichtsscanner, der unter anderem das automatische Entsperren oder Anmelden bei verschiedenen Apps ermöglicht. Die Face ID erfolgt durch die Frontkamera des iPhones. Achten Sie bei der Nutzung darauf, dass Sie das Gesicht nicht zu nah ans iPhone halten, denn sonst klappt es häufig nicht mit dem Einscannen. Der Abstand zwischen Gesicht und iPhone sollte etwa 25 bis 50 cm betragen.

Das Einrichten der Face ID erfolgt bereits bei der Inbetriebnahme des iPhones. Sie können jedoch noch ein zusätzliches alternatives Erscheinungsbild sowie ein Erscheinungsbild mit Schutzmaske einscannen, um die Gesichtserkennung zu verbessern. Hierzu eine kurze Anleitung:

1. Wählen Sie in den *Einstellungen* den Eintrag *Face ID & Code*.
2. Tippen Sie in diesem Fall auf *Alternatives Erscheinungsbild konfigurieren*.

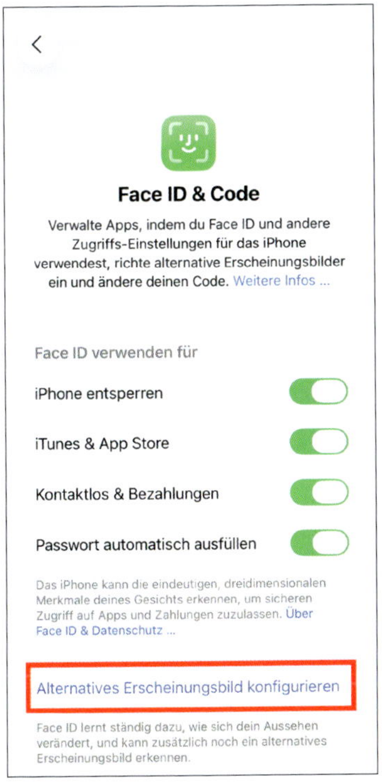

3. Tippen Sie auf die Schaltfläche *Konfigurieren*.
4. Halten Sie nun das iPhone mit einer Armlänge (ca. 25–50 cm) Abstand vor Ihr Gesicht, und zwar so, dass Sie von oben darauf blicken. Eine Brille oder Kontaktlinsen können anbehalten werden. Schauen Sie auf das iPhone und achten Sie darauf, dass sich Ihr Gesicht im dargestellten Rahmen befindet.

5. Kreisen Sie nun Ihren Kopf so, dass er in einer Rundumsicht aufgenommen wird – so lange, bis der angezeigte Kreis vervollständigt wird.

6. Bestätigen Sie mit *Fertig*, um den Vorgang abzuschließen.

Info zum Datenschutz

Die Face ID wird laut Apple nur auf Ihrem iPhone gespeichert und nicht übers Internet verschickt.

Sie finden in den *Einstellungen* unter *Face ID & Code* noch weitere Einstellungen für die Face ID:

- *Face ID verwenden für:* In diesem Abschnitt entscheiden Sie, wofür Sie die Face ID einsetzen möchten, also zum Entsperren des iPhones, für Ihre Einkäufe in den integrierten Stores, zum automatischen Ausfüllen von Passwörtern oder – sofern vorhanden – auch für die Anmeldung in Apps von Drittanbietern.

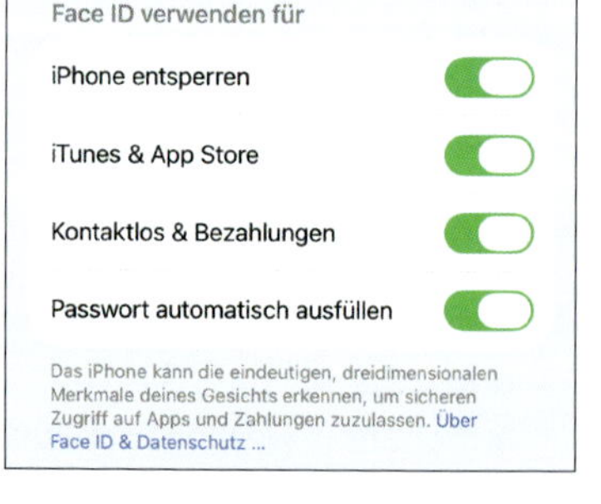

Dank Face ID sparen Sie sich so manche Passworteingabe.

- *Face ID zurücksetzen:* Wenn Sie den Eindruck gewinnen, dass die Face ID nicht zuverlässig genug funktioniert, wählen Sie diese Option und führen einen erneuten Gesichtsscan durch.
- *Aufmerksamkeitsprüfung für Face ID:* Diese Option ist standardmäßig aktiviert und sorgt dafür, dass das Entsperren per Face ID nur erfolgt, wenn Sie auf das iPhone blicken.
- *Aufmerksamkeitssensible Funktionen:* Auch diese Option ist standardmäßig aktiviert. Bei bestimmten Funktionen wie beispielsweise dem Ändern der Hinweislautstärke wird ebenfalls zunächst die Aufmerksamkeit geprüft, bevor sie ausgeführt werden.

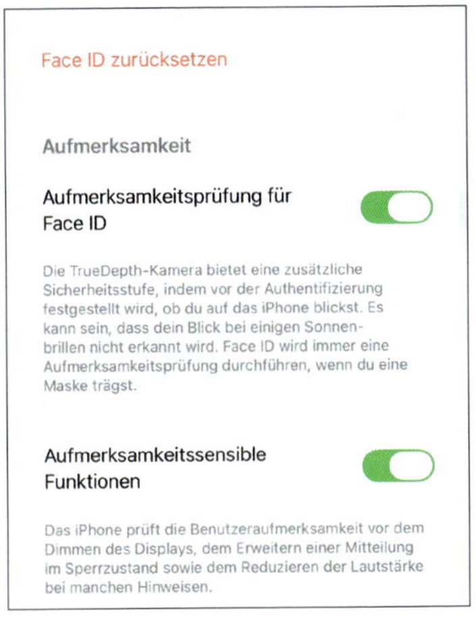

Damit die Face ID nicht missbraucht werden kann, etwa wenn Sie schlafen, wird bei der Nutzung Ihre Aufmerksamkeit überprüft.

Die SIM-Karte mit einer PIN schützen

Die SIM-Sperre haben Sie bereits im Zusammenhang mit dem Entsperren der Nano-SIM-Karte kennengelernt. Grundsätzlich ist die SIM-Sperre eine nützliche Einrichtung, denn damit schützen Sie die Funktionen der SIM-Karte, damit diese nicht einfach in einem anderen Mobiltelefon weiterverwendet werden kann.

Das Einrichten der SIM-Sperre erfolgt in den *Einstellungen* unter *Mobilfunk*, indem Sie sich dort für eine SIM-Karte und dann für den Eintrag *SIM-PIN* entscheiden, die Option *SIM-PIN* aktivieren und die zugehörige Geheimzahl eintippen, die Sie zusammen mit der Nano-SIM-Karte erhalten haben.

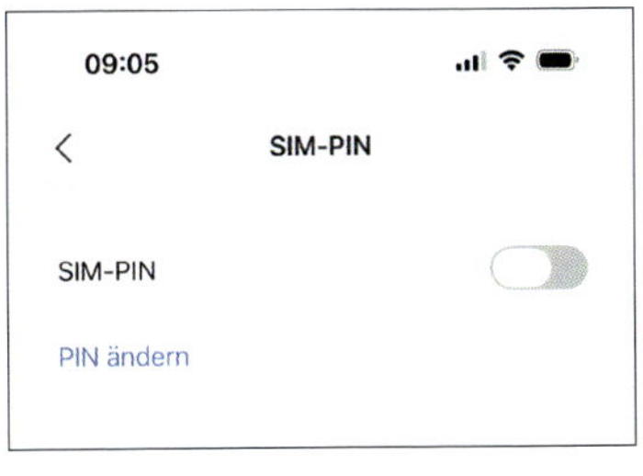

Aktivieren Sie die Option »SIM-PIN«, um die Nano-SIM-Karte vor unbefugter Benutzung zu schützen.

Regelmäßig das zu Ihrem Apple Account gehörende Passwort ändern

Schließlich gehört zum Thema Sicherheit auch Ihr Apple Account bzw. das zu Ihrem Apple Account gehörende Passwort. Auch im Zusammenhang mit Ihrem Apple Account werden eine Menge Daten gespeichert, die es unbedingt zu schützen gilt. Ich empfehle Ihnen, das Passwort in regelmäßigen Abständen zu ändern. Ein sicheres Passwort besteht aus einer willkürlichen Folge von mindestens acht Groß- und Kleinbuchstaben, Ziffern sowie Sonderzeichen. Verwenden Sie als Passwort nicht die Namen von Familienmitgliedern oder Haustieren oder sonstige einfach zu erratende Passwörter! Um das zu Ihrem Apple Account gehörende Passwort zu ändern, gehen Sie folgendermaßen vor:

1. Öffnen Sie die *Einstellungen* und tippen Sie auf Ihr Benutzerkonto.
2. Wählen Sie den Eintrag *Anmeldung & Sicherheit*.
3. Entscheiden Sie sich als Nächstes für die Option *Passwort ändern*.

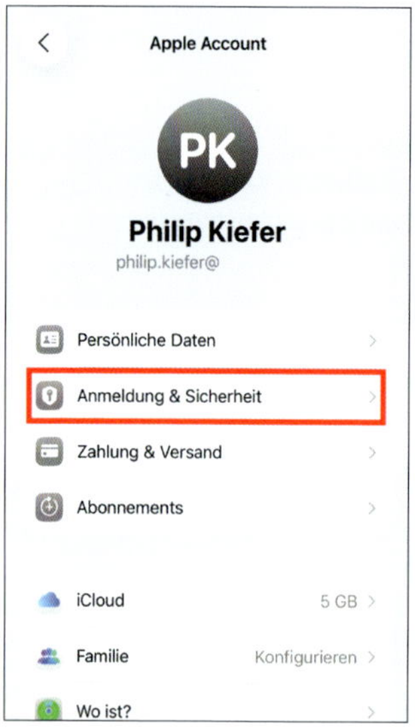

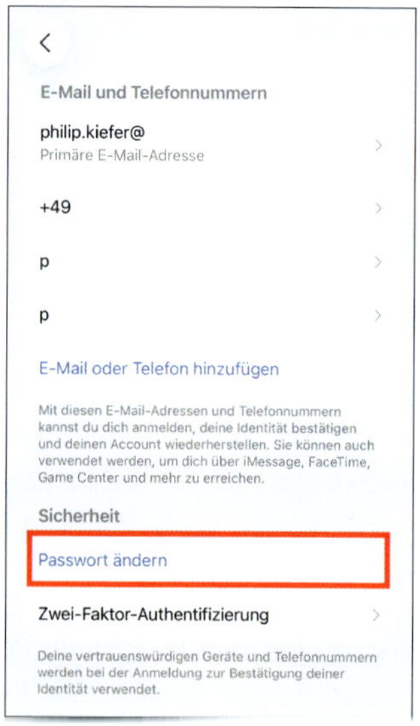

4. Geben Sie den Code zum Entsperren Ihres iPhones ein.
5. Geben Sie zweimal das neue Passwort ein und bestätigen Sie die Änderung.

Das zum Apple Account gehörende Passwort kann alternativ auch unter der Webadresse *account.apple.com* geändert und verwaltet werden. Als zusätzliche Absicherung empfiehlt sich die ebenfalls angebotene Zwei-Faktor-Authentifizierung.

Ein verloren geglaubtes iPhone übers Internet orten

Ihr iPhone ist Ihnen während einer Busfahrt aus der Tasche gerutscht oder Sie haben es beim Shoppen in der Umkleidekabine verloren? Kein Problem, denn Ihr iPhone lässt sich übers Internet orten. Voraussetzung ist, dass das iPhone eingeschaltet ist und dass Sie die Option *Mein iPhone suchen* festgelegt haben. Prüfen Sie dies, indem Sie in den *Einstellungen* Ihren Account antippen und dann *Wo ist?* wählen. Falls noch nicht geschehen, aktivieren Sie unter dem Eintrag *Mein iPhone suchen* den Schalter *Mein iPhone suchen*; schalten Sie hier ggf. auch die Optionen *„Wo ist?"-Netzwerk* sowie *Letzten Standort senden* ein, um den letzten Standort im Internet zu speichern, wenn der Akku schlappmacht.

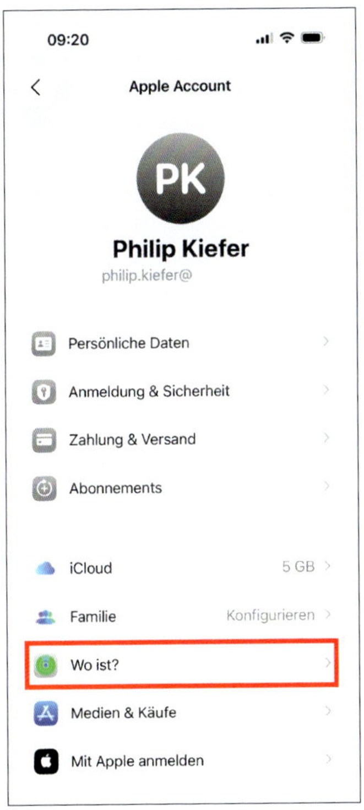

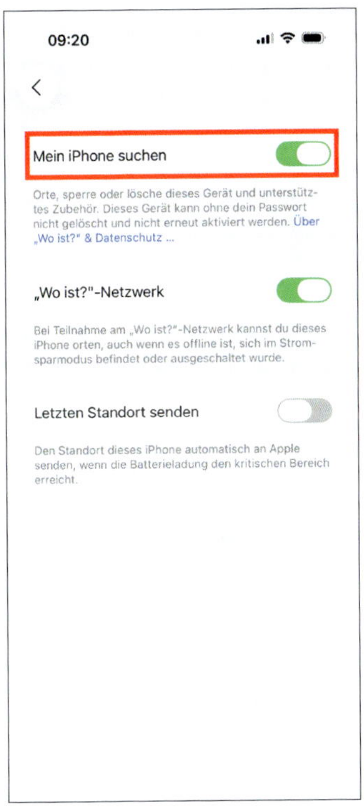

Aktivieren Sie die Option »Mein iPhone suchen«.

Die Option *Mein iPhone suchen* empfehle ich in jedem Fall zu aktivieren, da sie den zusätzlichen Vorteil bietet, dass bei eingeschalteter Option ein iPhone nicht ohne Eingabe des zum Apple Account gehörenden Passworts zurückgesetzt bzw. aktiviert werden kann. Ein potenzieller Dieb könnte mit dem Gerät also relativ wenig anfangen.

Das Orten des iPhones kann entweder in einem Webbrowser erfolgen oder alternativ mit der App *Wo ist?*, die auf iPhones, iPads und Macs zur Verfügung steht. Diese App kann übrigens auch für die Ortung anderer Nutzer (sofern diese es wünschen) verwendet werden.

Hier stelle ich die Ortung des iPhones Schritt für Schritt im Browser am PC dar:

1. Öffnen Sie die Webadresse *www.icloud.com* und melden Sie sich mit Ihrem Apple Account an.

2. Klicken Sie im nächsten Schritt auf die Web-App *Wo ist?*.

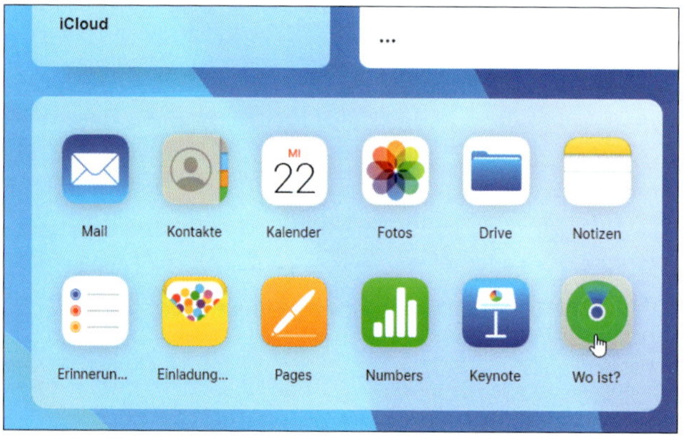

3. Wählen Sie in der Geräteliste Ihr iPhone 17 aus.

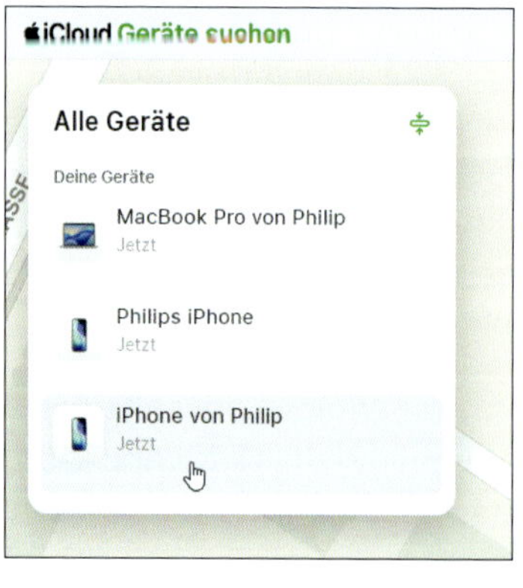

4. Der Standort des iPhones wird auf der Karte angezeigt. Gleichzeitig wird ein Menü mit verschiedenen Optionen eingeblendet.

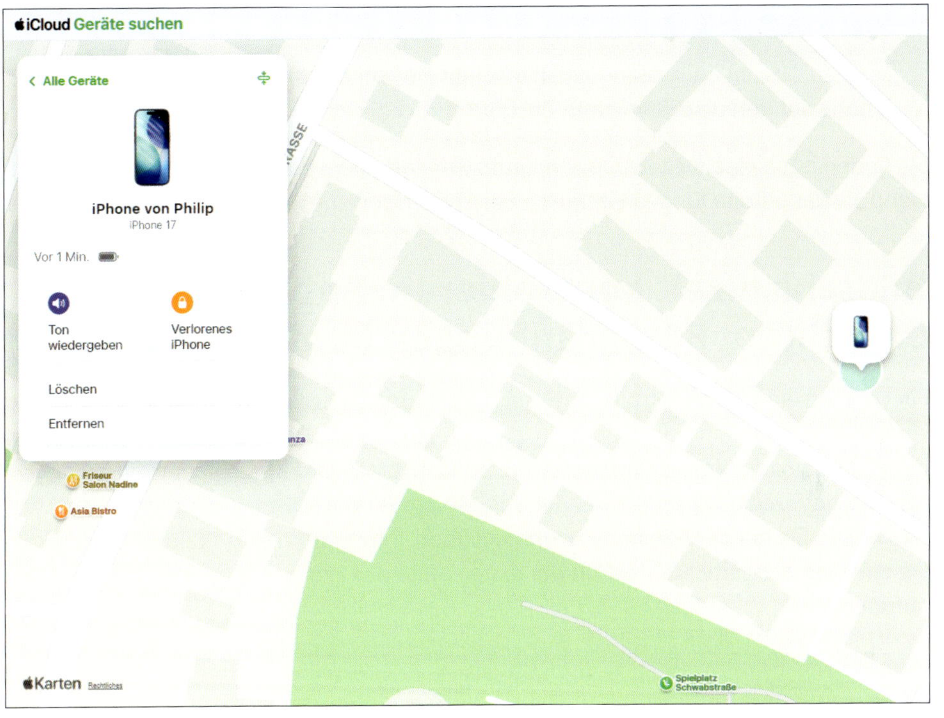

Die eingeblendeten Optionen verwenden Sie, wenn Sie denken, dass es länger dauern wird, bis Sie wieder an Ihr iPhone gelangen – oder wenn Sie dies gar nicht mehr erhoffen. Dies sind die Optionen:

- *Ton wiedergeben:* Wenn Sie sich für diese Option entscheiden, wird auf dem iPhone ein lauter Signalton wiedergegeben und es erscheint ein Hinweis auf dem Display. Diese Option kann übrigens auch dann hilfreich werden, wenn Sie Ihr iPhone mal im Haus verlegt haben.

Ihr iPhone wurde geklaut? Dann löschen Sie sämtliche Daten, damit wenigstens diese nicht in unbefugte Hände fallen.

- *Verlorenes iPhone:* Mit dieser Option versehen Sie Ihr iPhone aus der Ferne mit einer Code-Sperre, falls Sie eine solche zuvor nicht schon eingerichtet hatten. Sie können außerdem Ihre Rufnummer für die Kontaktaufnahme durch den ehrlichen Finder auf dem iPhone anzeigen lassen.
- *Löschen:* Nur im äußersten Notfall machen Sie von dieser Option Gebrauch, bei der das iPhone auf den ursprünglichen Zustand zurückgesetzt wird.

Sie finden noch eine weitere Option, und zwar *Entfernen*. Diese Option können Sie nutzen, wenn Sie das iPhone für den Eintausch bei Apple oder eine Reparatur vorbereiten möchten.

Bildschirmzeit kontrollieren, App-Limits einrichten, Beschränkungen konfigurieren

Für die mediale Selbstkontrolle, aber auch als »Kindersicherung« für minderjährige iPhone-Nutzer interessant sind die Optionen, die sich auf Ihrem iPhone in den *Einstellungen* unter dem Eintrag *Bildschirmzeit* finden lassen. Zunächst mal wird Ihnen in den *Einstellungen* unter *Bildschirmzeit* angezeigt, wie viel Zeit Sie am iPhone-Display verbringen und welche Aktivitäten Sie bei der iPhone-Nutzung ausüben. Informationen zur Bildschirmzeit können Sie auch auf der Seite links neben der ersten Seite des Home-Bildschirms in einem Widget aufrufen.

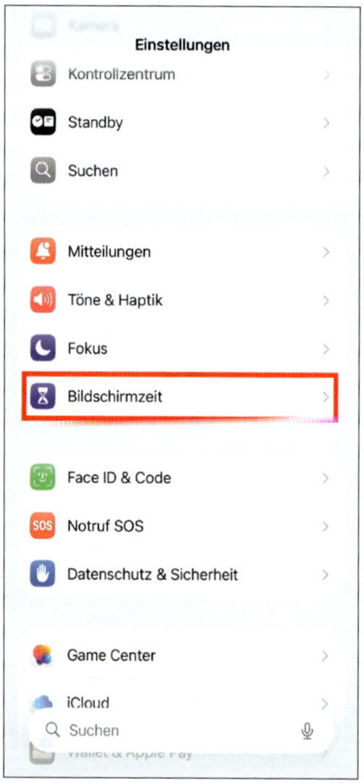

Erhalten Sie automatisierte Informationen, wie Sie die Zeit am iPhone-Bildschirm nutzen.

Sie können nun für sich selbst oder für einen Sprössling, der das iPhone verwendet, Auszeiten, App-Limits und weitere Beschränkungen einrichten. Die *Auszeit* aktivieren Sie unter dem gleichlautenden Eintrag, um anschließend eine bildschirmfreie Zeit festzulegen, in der nur diejenigen iPhone-Apps zur Verfügung stehen, die Sie unter dem Eintrag *Immer erlauben* festlegen. Unter *Kommunikationslimits* können Sie zudem Kontakte auswählen, die auch während der bildschirmfreien Zeit mit Ihnen selbst bzw. dem Sprössling kommunizieren dürfen. Sogar eine gesunde *Bildschirmentfernung* lässt sich einfordern, um bei Heranwachsenden Kurzsichtigkeit vorzubeugen.

Eine Alternative zur globalen Auszeit sind Zeitbeschränkungen für bestimmte Apps. Diese Zeitbeschränkungen legen Sie unter dem Eintrag *App-Limits* fest, indem Sie einen App-Typ auswählen, dann die entsprechenden Apps markieren und auf *Limit hinzufügen* tippen, um die gewünschten Einstellungen vorzunehmen.

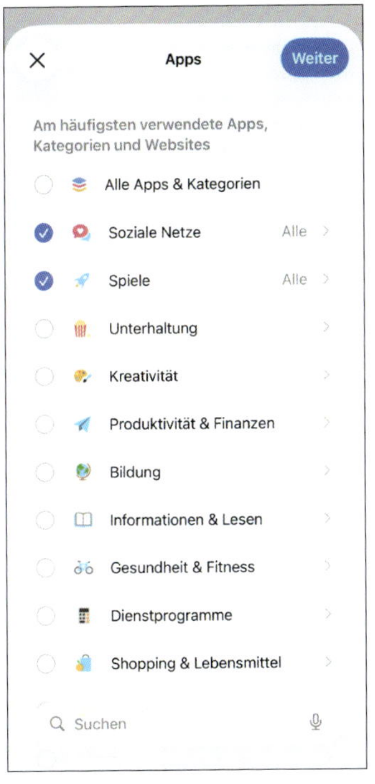

Schränken Sie Ihre Bildschirmzeit durch Auszeiten und App-Limits ein.

Ein ganzer Strauß weiterer Beschränkungen lässt sich unter dem Eintrag *Beschränkungen* einrichten. Damit lassen sich unterschiedliche – beispielsweise nicht jugendfreie – Inhalte ausblenden oder ungewünschte Änderungen verhindern. Tippen Sie jeweils einen Eintrag an, um Ihre Einstellung dazu vorzunehmen.

Ihre Einstellungen zur Bildschirmzeit lassen sich übrigens auch auf mehreren Geräten nutzen, wenn Sie in den *Einstellungen* unter *Bildschirmzeit* den Schalter *Geräteübergreifend teilen* aktivieren.

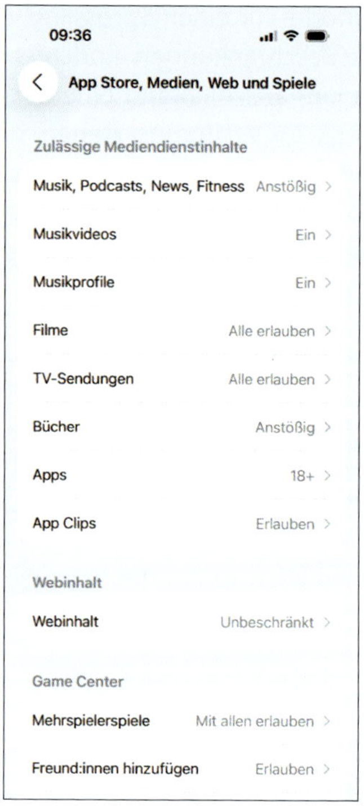

Nehmen Sie die unterschiedlichsten Beschränkungen vor, beispielsweise Inhaltsbeschränkungen für Filme, abhängig von deren Altersfreigabe.

iOS auf dem aktuellsten Stand halten

Für das iPhone-Betriebssystem iOS gab es in den letzten Jahren jedes Jahr ein großes Update. Es gibt aber auch immer wieder mal kleinere Aktualisierungen, die Fehler ausmerzen oder Funktionen verbessern. Wenn ein Update vorliegt, wird Ihnen dies auf Ihrem iPhone durch ein Kennzeichen auf dem Symbol der *Einstellungen* angezeigt. Standardmäßig werden die Updates automatisch durchgeführt, jedoch können Sie sich auch für eine manuelle Installation der Updates entscheiden.

Um Ihre Einstellungen zu den iOS-Updates zu prüfen bzw. um zu sehen, ob ein iOS-Update vorliegt, wählen Sie in den *Einstellungen* unter *Allgemein* den Eintrag *Softwareupdate*. Es wird nach Updates gesucht. Falls ein solches vorliegt, wird es Ihnen zur Installation angeboten. Beachten Sie, dass bei größeren Updates ausreichend Speicherplatz auf dem iPhone zur Verfügung steht – falls der Speicherplatz nicht ausreicht, weist Ihr iPhone Sie darauf hin.

Die Softwareaktualisierung kann direkt auf dem iPhone durchgeführt werden – entweder automatisch oder manuell.

Mit Updates manchmal lieber warten

Seien Sie bei den Updates nicht einer der ersten, sondern warten Sie mit der Installation einer Aktualisierung lieber einen oder zwei Tage ab. Es kam schon vor, dass Apple fehlerbehaftete iOS-Versionen veröffenticht hat und im schlimmsten Fall bei einigen Nutzern das iPhone während der Installation im Wartungszustand hängen blieb. Lassen Sie ruhig andere erst mal das Update testen, bevor Sie es selbst auf das iPhone ziehen.

Für den Verkauf oder einen Neuanfang: das iPhone zurücksetzen

Wenn Sie Ihr iPhone irgendwann mal verkaufen oder an einen Verwandten weiterreichen sollten, z. B., weil Sie ein neueres Modell erworben haben, oder wenn Sie auf Ihrem iPhone mit den in diesem Buch gewonnenen Erkenntnissen einfach noch mal neu anfangen wollen, setzen Sie das iPhone auf die Werkseinstellungen zurück, wobei sowohl sämtliche Inhalte als auch alle Einstellungen gelöscht werden. Legen Sie zuvor, wie in Kapitel 13 beschrieben, ein Backup an! Zum Zurücksetzen auf die Werkseinstellungen gehen Sie nun folgendermaßen vor:

1. Entscheiden Sie sich in den *Einstellungen* für *Allgemein* und wählen Sie anschließend ganz unten den Eintrag *iPhone übertragen/zurücksetzen*.
2. Tippen Sie auf *Alle Inhalte & Einstellungen löschen*.
3. Bestätigen Sie die folgenden Hinweise mit *Fortfahren*.

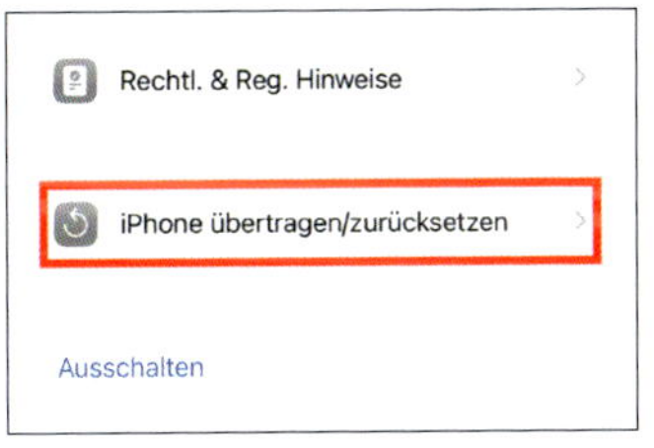

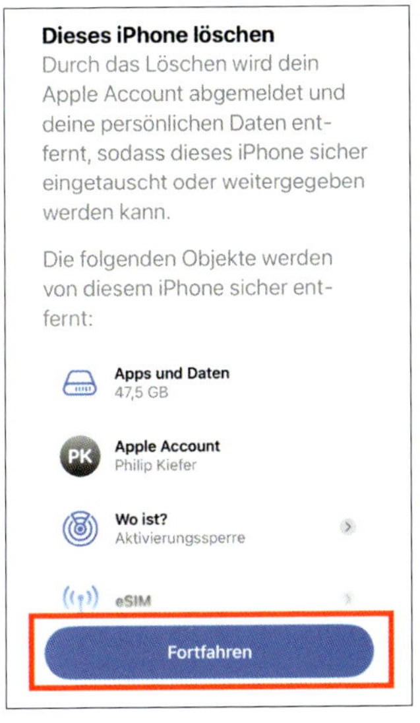

4. Falls Sie eine eSIM verwenden, können Sie nun entscheiden, ob diese nach dem Löschen der Daten weiter zur Verfügung stehen soll oder nicht. Treffen Sie die gewünschte Auswahl zum Löschen des iPhones.

5. Geben Sie den Code ein, mit dem Sie Ihr iPhone schützen.

6. Es wird nochmals ein iCloud-Backup durchgeführt. Wenn Sie dieses nicht benötigen, können Sie das Hochladen des Backups aber auch überspringen.

7. Sie werden außerdem dazu aufgefordert, die iPhone-Suche zu deaktivieren, indem Sie das zu Ihrem Apple Account gehörende Passwort eingeben und auf *Deaktivieren* tippen.

Sie müssen nicht gleich das ganze iPhone zurücksetzen, sondern es lassen sich unter *iPhone übertragen/zurücksetzen* und dort unter *Zurücksetzen* auch einzelne Elemente zurücksetzen. Hier die weiteren Optionen:

- *Alle Einstellungen zurücksetzen* löscht sämtliche von Ihnen vorgenommenen Einstellungen, jedoch nicht die auf dem iPhone vorhandenen Apps und Dateien.
- *Netzwerkeinstellungen* löscht sämtliche WLAN-Verbindungsdaten, die entsprechenden Passwörter müssen für eine Verbindung neu eingegeben werden.
- *Alle eSIMS löschen* entfernt die auf dem iPhone gespeicherten eSIMs. Beachten Sie, dass manche eSIMs sich anschließend nicht neu installieren lassen!
- *Tastaturwörterbuch* löscht sämtliche Daten, die das Tastaturwörterbuch durch Ihre Eingaben mit der Zeit »gelernt« hat.
- *Handschriftstil zurücksetzen* setzt einen vom iPhone erlernten Handschriftstil zurück.
- *Home-Bildschirmlayout zurücksetzen* richtet den Home-Bildschirm wieder im ursprünglichen Zustand ein, wobei aber keine von Ihnen installierten Apps gelöscht werden – diese werden lediglich alphabetisch sortiert.
- *Standort & Datenschutz:* macht alle im Hinblick auf Standortzugriff und Datenschutz gemachten Freigaben rückgängig.

Sie sehen: Mit Ihrem iPhone können Sie gar nichts falsch machen bzw. Fehler aller Art lassen sich schnell wieder korrigieren. Haben Sie einfach viel Freude damit!

Seite für Fortgeschrittene

Sie möchten Kenntnisse darüber erlangen, wie Sie Ihr iPhone in den DFU-Modus versetzen (DFU steht für **D**evice **F**irmware **U**pdate) oder einen Jailbreak durchführen (einen »Gefängnisausbruch«)? Unter der Webadresse *iszene.com* finden Sie ein großes iPhone-Forum, in dem auch solche Themen zur Sprache kommen.

Stichwortverzeichnis

B

C

L

M

V

W

Y

Z